# 人才研究

第六辑

齐秀生　主编

山东大学出版社

**图书在版编目（CIP）数据**

人才研究．第六辑/齐秀生主编．—济南：山东大学出版社，2020.12

ISBN 978-7-5607-6912-7

Ⅰ.①人…　Ⅱ.①齐…　Ⅲ.①人才—发展战略—研究—中国　Ⅳ.①C964.2

中国版本图书馆 CIP 数据核字（2021）第 075689 号

责任编辑　肖淑辉
封面设计　杜　婕

出版发行　山东大学出版社
社　　址　山东省济南市山大南路 20 号
邮政编码　250100
发行热线　(0531)88363008
经　　销　新华书店
印　　刷　济南巨丰印刷有限公司
规　　格　184 毫米×250 毫米　1/16
　　　　　19.5 印张　410 千字
版　　次　2020 年 12 月第 1 版
印　　次　2020 年 12 月第 1 次印刷
定　　价　59.00 元

# 出版说明

山东省高等教育人才研究会成立以来，认真贯彻落实习近平总书记关于人才工作、教育工作的重要论述，适应国家人才和教育发展战略需要，高度重视科研工作，在每年召开学术年会暨研讨会开展大规模研讨交流、编辑出版《人才研究》、组织编纂《人才发展研究丛书》等学术活动的同时，有计划地组织开展了课题立项研究。根据会员申报情况，经专家委员会评审，分别于2017年、2019年立项科研课题共69项。

课题立项后，会员们正确处理做好本单位工作和搞好研究会科研工作的关系，课题研究得以有序开展。特别是2020年新冠肺炎疫情发生以来，会员们克服各种困难，统筹疫情防控和科研工作，取得了很好的效果，确保了课题质量。经过会员的积极努力，大部分课题已经结项，达到了较高水平，得到了专家们的高度评价。为加强课题成果的学习交流，推动学术研究再上新水平，为人才工作和高等教育事业的发展提供更多理论和学术支撑，研究会决定将目前尚未公开发表的课题成果通过《人才研究》集中出版。

相关课题负责人根据研究会通知要求，严格遵循中央的方针、政策和学术行为规范，重新审视和修改完善课题。经过筛选，本辑收入其中33篇，作为研究会开展课题研究的阶段性成果，也是抗击新冠肺炎疫情期间交出的一份特殊答卷。本辑《人才研究》的出版，得到了省内外人才专家和山东大学出版社的大力支持，在此表示衷心感谢！

编　者

2020年10月

# 目　录

## 人才发展战略研究



## 人才学科建设



## 教育人才



## 人才培养

## 实践探索

# 人才发展战略研究

# 五大发展理念引领下人才工作创新研究

## ——以山东省普通本科高校为例*

张玉龙　倪天辉　牟新博　郭　晶　王　伟**

**摘　要**　党的十八届五中全会提出了“创新、协调、绿色、开放、共享”五大发展理念具有深厚的哲学基础，对于做好和创新人才工作具有重要的方法论指导意义。以五大发展理念为指引，结合山东省普通本科高校人才工作实际，全面分析山东人才发展面临的重要机遇和诸多挑战，深刻把握未来人才工作的指导思想和总体要求，提出了创新人才工作的重要措施。

**关键词**　五大发展理念　人才工作　高校　创新

党的十八届五中全会提出了“创新、协调、绿色、开放、共享”五大发展理念，集中反映了我们党对经济社会发展规律认识的深化，这是关系我国发展全局的一场深刻变革，影响十分深远。五大发展理念是经济社会发展的指挥棒，同样也是人才工作的基本遵循。人才工作要实现更好、更快发展，必须把五大发展理念贯穿到人才工作全过程、各方面，不断改进工作思路和办法，提高工作能力和水平，从而为协调推进“四个全面”战略布局、顺利实现“十三五”发展目标提供坚强的人才保证。明确五大发展理念对人才工作引领作用的具体内涵，结合山东省普通本科高校人才工作实际，全面分析山东人才发展面临的重要机遇和诸多挑战，深刻把握未来人才工作的指导思想和总体要求，对于创新人才工作、建设规模宏大的高素质人才队伍具有重要意义。

### 一、五大发展理念与人才工作观念更新

理念指一种理想的、永恒的、精神性的普遍范型。《辞海》释“理念”有两条：一

---

* 本文为山东省高等教育研究会2017年度课题“五大发展理念引领下人才工作创新研究”（RK17-1）结项成果。

** **作者简介**：张玉龙（1976～　），山东沾化人，滨州医学院党委委员、宣传部部长，研究方向为医学人文和传统文化现代化；倪天辉（1977～　），山东乳山人，滨州医学院人力资源处，研究方向为人力资源管理与发展改革；牟新博（1981～　），山东寿光人，滨州医学院人力资源处人才科科长，研究方向为人力资源保障与现代信息技术发展；郭晶（1983～　），山东惠民人，滨州医学院人力资源处人事科科长，研究方向为医学人文与人力资源管理；王伟（1981～　），山东泰安人，滨州医学院人力资源处副处长、教师发展中心主任，研究方向为教师发展规划与设计。

是“看法、思想，思维活动的结果”。二是“观念（idea）。通常指思想，有时亦指表象或客观事物在人脑里留下的概括的形象。”① 一般来说，理念决定世界观，人们的一切社会活动的成功与否最终均取决于世界观，而落实于方法论。创新、协调、绿色、开放、共享的发展理念，是我党在国家治理现代化过程中理论探索逐步推进的结果，创造性地回答了新形势下我们要实现什么样的发展、怎样实现发展的重大问题，是对自然和人类社会发展规律认识的深化和升华，已经成为指引当今和未来中国的马克思主义世界观、方法论。

五大发展理念显示出中国共产党人对中国现实的深度关切，属于战略思维，具有深厚的哲学基础。第一，创新发展是马克思主义世界观的本质核心。创新是历史进步的动力、时代发展的推手。习近平同志强调“把创新摆在国家发展全局的核心位置”，“创新是引领发展的第一动力”②，创新带来的是生产力的进步与更加稳固的经济基础，决定了发展的速度、规模、结构、质量和效益。第二，协调发展是马克思主义普遍联系和永恒运动原理的具体运用。马克思主义认为，人类社会是一个由各种相互联系、相互制约、相互转化的因素和领域构成的“有机体”，并通过这一切因素间的交互作用推动社会历史向前发展。协调发展是“五位一体”“四个全面”的共同指向，是持续健康发展的内在要求。第三，绿色发展既是中国古代天人合一的哲学思想的具象化，又是马克思主义哲学关于人与自然和谐相处基本原理的深化。绿色发展是建设生态文明的必然要求，也是世界各国人民的共同愿景。习近平同志多次强调绿色发展理念，着眼全球，注重整体，是对马克思主义物质统一性科学认识的高度体现。第四，开放发展是对马克思主义开放性特质的最好诠释，马克思主义从来就是一个与时俱进的开放系统，“海纳百川，有容乃大”是其重要的理论品格。第五，共享发展是马克思主义作为科学理论的核心要义和根本所在。人民群众是历史的创造者，发展成果能否由全体人民共享，不仅关系到执政党的性质和命运，而且还关系到能否实现马克思主义发展观的中国化、当代化、大众化。作为五大发展理念的落脚点，共享发展回答了发展为了谁、发展依靠谁、发展成果由谁共享的问题，充分体现了中国共产党对发展规律系统而准确地理解和把握，进一步彰显社会主义的本质和党的宗旨，为全面建成小康社会提供了最深厚、最强大的持久动力。由此，五大发展理念是中国共产党科学运用唯物辩证法的重大成果，具有重要的马克思主义科学方法论意义。

五大发展理念旨在解决我国在发展中突出的矛盾和问题，具有前瞻性、整体性、统领性，而人才是支撑经济社会发展的第一资源，也是当前推动新旧动能转换的根本力量，在五大发展理念的指引下，人才工作有了新的视野、观念和遵循。

一是要以创新理念激发人才工作的生机活力。人才，特别是高层次人才这一特定

---

① 辞海编辑委员会编：《辞海》，上海辞书出版社 1999 年版，第 3275、1353 页。

② 中共中央宣传部：《习近平总书记系列重要讲话读本》，学习出版社、人民出版社 2016 年版，第 133 页。

个体或群体，其培育、生成、发展、成长具有复杂多变性，但其中也有规律性。一段时间以来，不遵循规律，不按规律办事，是造成人才大量涌现局面无法出现的最大障碍。只有通过创新，找准当前人才发展体制机制中存在的突出弊端，进行务实、有效的改革，才能打破束缚人才成长的陈旧制度羁绊，充分发挥人才作为市场中的第一要素、第一资源的决定作用，实现“择天下英才而用之”的生动局面。

二是要以协调理念促进人才工作的全面发展。[①] 人才发展既要一枝先秀，也要万紫千红；既要锦上添花，也要雪中送炭。人才工作必须突出重点、兼顾各方、相互促进、整体推进，注重在协调发展中拓展发展空间，在加强薄弱领域中增强发展后劲。要协调统筹推进各类人才队伍建设，盘活现有人才存量，提高人才增量，调整优化人才结构，促进人才在经济社会领域和城乡、产业、所有制之间的合理分布。

三是要以绿色理念营造良好的人才生态环境。党的十八届五中全会提出：“绿色是永续发展的必要条件和人民对美好生活追求的重要体现。”[②] 人才工作贯彻绿色发展理念，必须把营造人才培育、成长和发展的生态环境作为重要任务，树立正确的用人导向，建立科学的用人制度，用真情服务温暖人心，为人才发挥无限的创造性和潜能提供广阔的平台。

四是要以开放理念扩大人才引育的交流合作。习近平同志指出：“一个国家的对外开放，必须首先推进人的对外开放，特别是人才的对外开放。……对外开放要着眼于人、着力于人，推动人们在眼界上、思想上、知识上、技术上走向开放。”[③] 在经济发展新常态下，要着眼于战略全局、长远发展的高度，推进更高水平的人才对外开放，不断扩大和深化对外人才智力交流合作，创新交流合作模式，挖掘合作潜力，丰富合作内涵，优化交流合作环境，以促进各类人才智力自由流动。真正实现不唯地域、不求所有、不拘一格，真正让各类人才发挥聪明才智。

五是要以共享理念实现人才创新的创造价值。人人共同参与发展，是共享理念的前提；人人共享发展成果，是共享理念的精髓。实现社会价值是人才的最高层次需求，社会尊重和认可是人才创新创业最强大的动力。我们要学会用共享发展的理念，把各类优秀人才作为合伙人，建立起平等互惠、开发包容的伙伴关系，在共同愿景下结成奋斗共同体、利益共同体和命运共同体，让广大人才的创造潜力充分释放出来，在共享发展中成就梦想，焕发更大的创新创造活力。

## 二、山东省高等学校人才工作面临的新形势、新挑战

实现“十三五”的圆满收官，事关我国全面建成小康社会的决胜，事关山东由大

① 参见李颖：《走出人才发展的误区》，《学习时报》2016 年 5 月 19 日。

② 任采文：《人才工作要自觉践行创新、协调、绿色、开放、共享的发展理念》，《中国人才》2016 年第 1 期。

③ 《习近平关于社会主义经济建设论述摘编》，中央文献出版社 2017 年版，第 290 页。

变强战略性转变，事关山东高等教育综合改革成败，其制约在人才，潜力在人才，突破也在人才。以五大发展理念引领人才工作创新，必须深刻把握大局，深入分析形势挑战，谋定而后动。

从国际形势上看，当今世界所有领域的竞争，归根结底都是人才的竞争。全球经济进入调整期，人才流动的速度明显加快，各国对人才的争夺进入白热化。为确保率先实现经济复苏，各经济体都在寻求强有力的人才支撑，着力培养和引进高层次人才。以美国、日本、德国为例，美国国土安全部宣布拟允许10万高科技人才异国配偶在美工作，进一步简化外国教授及研究人员延长在美国停留手续，以此吸引外国高科技、高技能人才到美创业；日本在深化“240万科技人才综合推进计划”的基础上，决议通过了面向高学历、高技术海外人才的《出入境管理及难民认定法》修正案，为引进海外科技人才提供条件；早在2012年，德国就推出“欧盟蓝卡”（Blue Card EU），旨在吸纳更多国际高技能人才，在许多国家收紧投资移民政策的情况下，该计划优势凸显。另外，如加拿大的税收减免、新加坡的财政补助，韩国、越南、菲律宾和巴西的双重国籍等政策，也在世界人才市场上影响广泛。这些政策的深度实施，催生了人才大规模回流和国际环流，引发了全球范围内高层次人才的大争夺、大竞争。激烈的国际竞争和国际人才竞争，给我们党和国家的人才事业带来了严峻的挑战。

从国内经济发展的新常态来看，转型发展已成为全国各地经济社会发展的主线，破解发展难题，核心是培育“大众创业，万众创新”引擎，关键在于实现人才驱动。2010年以来，中国发布了1949年以后首个《国家中长期人才发展规划纲要（2010～2020年）》，从中央到地方立即掀起一股吸引高层次人才的热潮。当前，在人才结构性短缺和结构性过剩同时并存的矛盾下，全国各地纷纷调整人才发展战略，培养引进高层次人才的改革力度可谓前所未有。① 比如，浙江实施领军型创新创业团队引进培育计划，对每个团队投入经费不低于2000万元，对具有国际顶尖水平的领军型创新创业团队，省级财政最高资助1亿元。2016年4月，广东出台了《“珠江人才计划”海外青年人才引进计划》，月薪最高达25万元。安徽、江苏等省市大力实施股权等人才发展体制机制创新，吸引人才势头强劲。同时，新一轮的人才竞争愈加激烈，以高校国家“优青”评选结果为例，北京大学以27人高居第一位，清华大学22人居第二位，浙江大学18人居第三位，中国科技大学16人居第四位，上海交通大学14人居第五位，人数超过10人的仅有以上5所高校。另外，复旦大学9人居第六位，北京航空航天大学8人居第七位，南京大学、哈尔滨工业大学和中山大学都挤入前十。在非“985”的高校中，苏州大学继续表现出色，共计有5人被选入“优青”，继续超过部分“985”大学，而在江苏的高校中，南京理工大学、南京农业大学等都有3人入围，南京医科大

① 参见张波：《上海浦东新区高层次人才发展及对策》，《科学发展》2016年第89期。

学也有2人入围，江苏的高校总体表现值得肯定。在“千人计划”网站上，类似“最高450万元个人补贴＋500万元科研经费＋120万元年薪，深圳大学诚邀海内外学子申报2016年度千人计划!”的招聘信息也是俯首即是。这说明，各地各行业对人才的需求持续扩张，对人才特别是紧缺人才的竞争将更加激烈。

从山东特别是省属普通高校人才聚集来看，人才工作、人才发展进入新阶段，呈现出阶段性特征。《2015年山东省国民经济和社会发展统计公报》中指出，一方面，我省坚持人才优先，围绕实施“人才强省”和创新驱动发展战略，统筹国际、国内两个市场，大力推进引才、育才、聚才工作，“五年新增住鲁院士、全国杰出专业技术人才、国家百千万人才工程人选、国务院政府特殊津贴专家、省有突出贡献中青年专家分别为7人、2人、38人、236人、497人，总数分别达40人、5人、162人、3136人、1197人”，新增国家“外专千人计划”专家19人，居全国前列。[①] 人事人才工作得到长足发展，优秀人才加速集聚创新能力日益增强。另一方面，人才整体状况还不能全面适应经济社会发展的新需求，这突出表现为：一是在人才结构上，高层次人才特别是世界水平的科学家、科技领军人才、工程师和高水平创新团队的缺乏；二是在人才引育方式上，一些地方对人才发展的战略地位和作用认识不到位，对人才发展规律缺乏深刻把握，运用市场机制配置人才资源的路子不宽，调动社会力量引才聚才的办法不多；三是在人才制度创新上，人才公共服务体系不健全，阻碍人才流动的障碍依然很多，人才顺畅流动的机制还没有形成，分类评价工作处于起步阶段，人才创新创造活力亟待进一步激发；四是在人才投入上，有的地方重物质投入轻人才投入、重招商引资轻招才引智的格局没有根本改变，政府人力资本投入不足、比重偏低的问题比较突出，政府、社会、用人单位和个人多元化的人才投入体系还没有真正形成。仅就高等学校而言，高层次领军人才和科研创新团队数量不足，重大创新平台和基地建设不够，2015年我省高校有院士29人，江苏、浙江、湖北三省分别有80人、35人、66人；我省高校有国家重点实验室4个，上述三省分别为20个、14个、17个。我省比较优势较差，特别是高校人才发展体制方面，人员编制紧缺，生师比居高不下，专业技术高级岗位偏少，省级以上科研平台数量不足，科研仪器等招标程序烦琐，人才引进配套政策不完善，校企人才流通不畅，高校用人自主权还没有充分到位。

综上分析，山东人才特别是普通高等学校人才工作面临严峻的挑战和空前压力，必须抢抓机遇，创造有利条件。一是中央对人才工作的新要求，党的十九大以来，习近平总书记就人才工作和人才发展作出了一系列重要指示，为山东深入实施人才强省战略指明了方向；二是人才引领创新驱动新趋势深入人心，在发展的重要拐点时期，全省上下对转方式、调结构、谋创新、促跨越的要求十分紧迫，深入发掘人才潜力，

---

① 参见韩金峰：《坚持以五大发展理念为引领　开创人力资源和社会保障工作新局面》，《山东经济战略研究》2016年第Z1期。

充分运用人才的先进思想、知识、方法和技术，才能为转向创新驱动增添内生动力，激发生机活力已成为共识，这为实施好“十三五”人才规划提供了思想基础；三是山东教育、科技、卫生等领域综合改革走在了全国前列，在高等教育、职业教育、技工教育、科技体制、科研经费管理制度等方面改革取得较大进展。这些改革都与人才发展息息相关，为“十三五”时期的人才工作和人才发展提供了有利条件①；四是以中央出台的《关于深化人才发展体制机制改革的意见》为统领，统筹各级各部门在人才政策制定、体制机制创新、人才工程实施、人才培养引进、服务体系建设等方面的探索创新，人才发展的生态环境不断优化。以上都是大力推进全省高校人才工作的有利时机，只要我们进一步增强紧迫感和责任感，准确把握新形势对人才工作提出的新要求，珍惜机遇，把握机遇，应对挑战，攻坚克难，就一定能够在新的起点上推动和实现山东由人才大省向人才强省的历史跨越。

## 三、五大发展理念下做好高校人才工作的新要求

高等学校是国家创新体系的重要组成部分，是推进人才强国战略的关键力量之一。面对新的挑战和机遇，山东高校渴求人才程度是空前的，特别需要突破人才工作既有格局，构建新的人才开发培养引进体系，加快人才发展体制机制改革和制度创新，增强我省高等学校人才竞争优势和综合实力，推动创新驱动发展。

### （一）确立指导思想

五大发展理念对人才工作的世界观和方法论意义，前文我们已有所阐述。对于确定新时期人才发展的指导思想和总体要求的引领性，将在本部分展开论述。② 全面贯彻党的十八大和十八届三中、四中、五中全会精神，以邓小平理论、“三个代表”重要思想、科学发展观为指导，深入学习贯彻习近平同志关于人才工作的重要指示和对山东发展的新要求，坚持党管人才原则，大力实施“人才强省”和创新驱动发展战略，推动体制机制创新，提升政策开放水平，以凝聚创新型高端人才为重点，以充分激发各类人才的创新创造活力为根本，以构建具有国际竞争力的服务环境体系为保障，努力开创人人皆可成才、人人尽展其才的生动局面，推动我省高校特色发展、争创一流，提高人才培养质量，提升智力支撑能力，服务经济社会发展。

### （二）找准关键环节

落实上述总体要求，以五大发展理念为指导，必须牢牢抓好以下几个关键环节：一是高校人才队伍要在服务中心战略上发挥主力资源作用，高校是学术专家、科研领

---

① 参见《加快建立集聚人才体制机制——中央组织部负责人就〈关于深化人才发展体制机制改革的意见〉答记者问》，《当代广西》2016 年第 7 期。

② 参见高锦宏、杨振宇：《以“五大理念”引领高校教育事业发展》，《党建》2016 年第 4 期。

军人物的集聚地，肩负着培养人才、科技创新、服务社会的历史使命，是国家创新体系的重要组成部分，高校人才队伍是山东省高层次人才队伍的重要组成部分。当前，我省经济社会发展正处在重要转型时期，要实现加快经济方式转变，调整优化经济结构，建设经济文化强省，高校人才队伍作为提高自主创新能力、促进科学发展的主力资源，理应承担重要职责，为建设经济文化强省和创新型省份提供强有力的支撑。二是高校人才队伍建设要在结构调整布局优化中走在前列，要加强领军人才、核心技术研发人才队伍和创新团队建设，形成科研人才和科研辅助人才衔接有序、梯次配备的合理结构，引导党政机关、科研院所和高等学校专业技术人才向企业、社会组织和基层一线有序流动，促进专业技术人才合理分布，实现人才在地区、行业中结构和布局合理化。三是通过高校人才队伍质量促进竞争优势提升，要把提升人才质量紧紧抓在手上，聚集各种资源，动员各种力量，向开发高质高效高端人才聚焦用力，注重提高人才国际竞争力，使高质高效高端人才成为拉动经济发展和社会进步的主体力量。四是高校人才队伍要成为高等教育特色发展的核心动力。2016 年山东省《关于推进高等教育综合改革的意见》的出台实施，提出要推动我省高校特色发展、争创一流，发掘人力资源创造作为高校发展的主要动力，人才队伍是核心动力和根本保障。这就要求我们把人才队伍建设真正放在高校发展的首要位置，努力打造一支师德高尚、业务精湛、结构合理、充满活力的高水平人才队伍，推动高等教育事业科学发展。

（三）把握基本原则

1. 坚持人才优先发展原则

要贯彻五大发展理念，树立人才优先发展的工作指导，坚持服务优先、发展优先的工作思路，确保人才资源优先开发、人才结构优先调整、人才投入优先保证、人才制度优先创新，使人才发展与经济社会发展需要相适应。

2. 坚持以用为本原则

要贯彻五大发展理念，把充分发挥人才作用作为高等学校人才工作的根本任务，把有利于人尽其才、才尽其用作为制定政策、部署工作的出发点，以用好用活人才为标准，来引进、培养、选拔和评价人才，积极为人才干事创业和实现价值提供良好的条件，努力使人才用当适任、用当其时、用当其才。

3. 坚持特色发展原则

要贯彻五大发展理念，充分考虑学校人才规模、专业特长和办学层次，巧用差异，科学谋划，明确学校人才发展的方向和重点，突出学校特色，科学制定学校人才发展规划，在不同层次、不同领域争创一流。

4. 坚持质量与数量并重原则

要贯彻五大发展理念，把人才质量建设和人才数量规划作为人才工作的两个重点来抓，科学规划人才规模，切实保障人才质量，在实现人才总量稳步增长的同时，注重人才质量的提高，形成人才竞争优势，提高高等学校综合实力。

## 四、五大发展理念下做好高校人才工作的新举措

在五大发展理念引领下，落实高校人才工作创新总要求，要在党管人才的总原则、总指导和总保障下，切实遵循社会主义市场经济规律、人才成长规律，切实在以下五个方面实现突破：

### （一）整合碎片化的人才管理模式，构建人才工作立体化治理新体系

系统深入研究中央多部委出台的20多个人才规划计划和山东省各个行政层设计的人才创新计划，强力推进教育、人事、组织、户籍等部门之间的政策协同，加强人才发展政策体系建设，在省级层面规划高层次人才发展目标、任务和路径，制定高层次人才队伍建设专项政策，体现政策的系统性、执行的可操作性和竞争力。

要建立一个既能充分发挥市场配置人才的决定性作用，又能切实履行党和政府宏观人才管理职能的人才治理新体系。[①] 一方面，要在宏观层面上形成一个制度构架和协调机制，充分发挥执政党在推动人才发展中的集聚力、协调力和感召力。[②] 历史经验证明，坚持党管人才原则是我国人才发展的一项重要制度优势，有助于人才工作沿着正确的政治方向、路线和方针持续推进，形成择天下英才而用之，实现人才强国战略目标的有力工作体系。另一方面，要把遵循市场规律和人才成长规律作为思想路线和行动指南，不断提升人才开发、配置的效率和公平性，增强人才活力和竞争力，推动各类人才价值的实现。将党管人才原则和充分发挥市场配置人才的决定性作用、遵循人才成长规律统筹起来，形成符合中国实际，具有蓬勃活力的集聚、使用天下英才的有效治理体系。

### （二）重点突破人才体制机制，为人才涌流创设良好的制度环境

五大发展理念要求我们要持续不断地完善创新体制机制，形成各类人才充分释放活力的制度优势。要着手制定颁发人才发展体制机制改革的实施意见，下大气力创新人才培养开发、评价发现、流动配置、激励保障等机制。在人才培养开发机制上，要在提升人才队伍整体素质、完善多元化人才引进格局的基础上，大力引进包括世界知名的“猎头”公司、国际专业培训机构等在内高端人才服务机构，利用行业和中介组织，开展全球人才引育业务。在人才评价方面，加快推进专业技术职务制度改革，建立完善能力素质标准，突出以品德、业绩和贡献评价人才，确立以社会组织专家委员会评审人才资格与绩效为主导的人才评价模式，形成科学合理的分类人才评价体系。

---

① 参见孙锐：《构建具有中国特色的人才治理体系——学习习近平总书记人才工作系列重要讲话精神》，《行政管理改革》2015年第5期。

② 参见蒋锋：《推动人才工作“四个转变”》，《中国组织人事报》2016年5月23日。

在人才激励保障方面，以市场价值回报人才价值，以财富效应激发聪明才智，最大限度地释放人才红利和科技红利，加快下放科研成果使用和处置权，让高等院校、科研院所乃至研发团队对科研成果具有收益权，建立科研成果市场化定价机制，利用收益转化、股权激励、所得税递延等政策让发明人获得利益。在人才流动方面，彻底打破身份界限、部门单位所有，加快形成党政机关、事业单位、各类企业和社会各方面人才顺畅流动的制度体系。通过上述改革，坚决破除那些不合时宜、束缚人才成长和作用发挥的观念、做法和体制，营造充满活力、富有效率、鼓励创造的人才制度环境。

（三）着力提高政策开放度，在引进领军人才和创业团队上实现新突破

充分利用国家和山东省改革战略叠加优势，抢抓山东半岛国家自主创新示范区建设机遇，通过一批更加开放的制度来保证人才集聚计划的实施。一是制定与国际人才竞争接轨的人才引进政策，积极实施高校人才凝聚工程，引进和培养一批能够活跃在国际学术前沿和国家、省重大战略需求领域的一流科学家和学科领军人才，打造一批德才兼备、具有创新精神和竞争实力的重点学科、重点实验室和人文社会科学研究基地首席专家，培育一批具有国际化视野、发展潜力大的高素质青年后备人才，建立结构合理、富有创新活力的优秀创新团队，为我省高等教育发展和科研实力提升及成果转化夯实人才基础。二是把握政策重点，改变现有政策主要集中在评审遴选、配偶安置、子女教育、住房保障等基础性环节的状况，着力在创新技术移民、永久居留、人才签证、“绿卡”发放、柔性引智等政策上下功夫，健全人才社会化服务配套支持体系，持续增强留学人员、海外华人的吸引力，大幅度提高引进外裔人才的比例。三是健全“特支”政策。当前，全球经济结构性改革步履维艰，欧洲各国家和地区经济持续低迷，要抓住这一难得机遇，支持省内高校“走出去”，设立海外研发机构，就地吸引和使用海外人才和智力资源。四是建立奖励制度，建立健全以政府奖励为导向、用人单位和社会力量奖励为主体的人才奖励体系，要设立引进海外人才奖励基金等专项资金，鼓励高等院校依托海外校友会、海外办事机构等，广开渠道，拓展领域，更多引进急需紧缺的海外高层次人才。

（四）强化人才载体建设，改革人才工程结构性优化人才布局

选准方向，加大措施吸引、支持国内外著名高等学校、国家级重点科研院所等到我省设立分支机构；加强与国家有关部委合作，积极争取共建一批国家级重点实验室、工程技术研究中心、海外高层次人才创新创业基地和留学人员创业园等对我省经济社会发展有重大影响、起关键作用的高位平台。同时，要以现有各类平台为基础，集中力量提升建设一批对增强我省自主创新能力具有重大带动作用的重点平台。

深化重点人才工程结构性改革，在更大范围、更宽领域、更高层次，敞开引进更多的人才、将才、帅才。认真落实国家专项人才计划，依托国家“千人计划”“万人计划”“新世纪百千万人才工程”等人才项目引才聚财，同时也鼓励让更多优秀人才参加

培训深造；深入实施泰山产业领军人才工程，支持一批对产业创新具有引领性、标志性、颠覆性技术开发的领军人才和创新团队；实施创新型专业技术人才培养工程，加大对青年创新人才选拔培养力度，继续做好“山东省有突出贡献的中青年专家”“山东省青年科技奖”“山东省青年教师成长计划”等选拔管理工作，建立适应我省经济社会发展需要的创新型人才梯队。

坚持区域人才协调发展，引导区域间人才合理流动和优化配置，着力破解地区、行业人才短缺问题，构建全方位、多层次、有特色的区域人才开发体系。基本覆盖山东半岛蓝色经济区、黄河三角洲高效生态经济区、胶东半岛高端产业聚集区、鲁南产业带等重点区域带动战略所需学科门类，满足其对智力支持的实际需要。加强高层次人才创新创业基地建设，整合各类资源，形成各具特色的“人才特区”。①

（五）优化人才公共服务体系，打造高品质的国际化人才发展生态环境

优化人才创业环境，通过多种方式积极主动地为各类人才提供创业机会、干事舞台和发展空间；改善人才生活环境，建立省级高层次人才库，建立健全党委、政府联系人才的具体措施和工作制度，做好高层次人才的关怀服务工作；构建规范的法制环境，加强人才工作立法步伐，紧密结合经济社会发展的实际，把在培养、吸引、用好人才等方面已初步形成的人才政策上升为法规，努力营造公正、和谐、包容、平等的法制环境；营造良好的社会环境，依靠全社会的文化和精神力量，大力倡导“鼓励创新，宽容失败”的社会风气，在科学研究上营造宽松、自由、民主、平等、公开、公正的人文氛围，充分利用传统和新媒体，宣传党的人才政策，总结推广人才工作先进经验做法，弘扬优秀人才创新创业的先进事迹，在全社会努力营造尊重劳动、尊重知识、尊重人才、尊重创造的浓厚氛围。

---

① 参见莫蕾钰：《打造世界人才汇聚高地》，《神州学人》2016年第3期。

# 工匠精神内涵及其当代意蕴*

葛续华　王海燕　赵　静**

**摘　要**　准确把握工匠精神的时代内涵及其当代价值，是在当今社会做好传承和弘扬的重要前提。随着时代的发展，工匠及工匠精神在内涵和外延上均与以往发生重大变化。当今的工匠不再局限于手工业者范畴，而是指具有专门技艺特长、技术水准较高者；工匠精神则是指具有一定专业特长的从业人员对自身专业、职业所具有的淡泊名利、做事专注、爱岗敬业、追求卓越、善于创新的专业追求与职业敬畏的内在素养与价值追求。工匠精神在当今社会具有重要的社会价值、创新价值、行业价值、品牌价值以及教育价值。

**关键词**　工匠　工匠精神　当代意蕴

习近平同志在党的十九大报告中明确提出："建设知识型、技能型、创新型劳动者大军，弘扬劳模精神和工匠精神，营造劳动光荣的社会风尚和精益求精的敬业风气。"① 在2016年12月召开的全国职业教育现代化座谈会上，李克强总理提出要"加快培育大批具有专业技能与工匠精神的高素质劳动者和人才"②。准确把握工匠精神内涵及其当代价值，对于更好地加强工匠精神培育工作具有重要的理论意义和现实意义。

## 一、工匠精神的概念界定

工匠精神，是对工匠这一主体所具有的内在精神品质的一种提炼。要明确其内涵，首先需要明确传统工匠与当代工匠的范畴，概括和归纳工匠精神的传统内涵以及当代意蕴。

---

* 本文系山东省高等教育人才研究会2017年度课题"高职院校工匠精神人才培育研究与实践"（RK17-12）结项成果。

** **作者简介**：葛续华（1978～　），山东费县人，山东交通职业学院副教授，研究方向为思想政治教育；王海燕（1979～　），辽宁锦州人，山东交通职业学院讲师，研究方向为思想政治教育；赵静（1980～　），黑龙江宝清人，山东交通职业学院副教授，研究方向为思想政治教育。

① 习近平：《决胜全面建成小康社会　夺取新时代中国特色社会主义伟大胜利——在中国共产党第十九次全国代表大会上的报告》，人民出版社2017年版，第31页。

② 董洪亮：《李克强：切实把职业教育摆在更加突出的位置　加快培育大批具有专业技能与工匠精神的高素质劳动者和人才》，《人民日报》2016年12月3日。

### （一）“工匠”内涵

目前，学界对于工匠内涵的认识尚不统一，在对其产生的社会条件看法上也存有差异。在对工匠的理解上，有学者认为其是指“精于技艺，巧于动手的人”，他们拥有专门的技艺，譬如鲁班、庖丁①；有学者认为，就传统意义上而言，工匠是指手工业劳动者，他们既从事简单劳动又有专门的技艺特长，还具有一定的创新创造能力②；也有学者认为，从现代意义上讲，工匠指“高技能工作者”。③ 从对我国工匠的历史文献考究来看，“工”与“匠”起初是分开的。《考工典·考工总部汇考》中将“工”描述为：“工，百工也，考察也；以其精巧工于制器，故谓之工。”④《考工记》总序中指出：“国有六职，百工与居一焉。”这里的“工”或“百工”意思相同，指一官职；同时又指出：“知者创物，巧者述之，守之世，谓之工。”这里的“工”则意为能工巧匠。《论语·子张》中指出：“百工居肆以成其事，君子学以致其道。”这里的百工指手工业者。“匠”从本意上讲，是木工之意，后指具有专门技艺的人。例如《韩非子·定法》所述：“夫匠者，手巧也，而医者齐（同‘剂’）药。”在很多情况下，“工”同“匠”。从概念范围上来看，工匠应指手工业者。随着时代的发展，人类进入工业文明以后，工匠的内涵也随之发展，应将其理解为拥有一定专业特长的技能型人才。从概念主体上来看，“工匠”并非指所有手工业者，而是指其中的“能工巧匠”，即具有专门技艺特长、技术水准较高者。

学界对工匠产生的社会条件也认识不一。中国职业技术教育学会副会长李小鲁认为，工匠“是长期受到工业文明熏陶，训练、培育出来的一种专门人才”，“一般的小手工作坊、一般的简单熟练工，不能称之为工匠”；工匠是从人类进入工业文明时代后才出现的，与工业文明的出现和发展密切联系。⑤ 而中国人民大学刘建军教授则认为，工匠是指“手工业技术工人”，对工匠的考察应回溯到手工业时代。⑥ 客观地讲，从对我国工匠的历史考究来看，将对工匠的考察追溯到手工业时代更为恰当。我国是一个以农耕为主的大国，就不乏能工巧匠。显然，对工匠的考察不应局限于工业文明。

随着社会的发展，人类进入工业文明时代，工匠的内涵和外延也发生变化，不仅单纯地指传统意义上的“手工艺者”，而且在当今应扩展为各行各业具有一定专业特长和技艺的技术工作者，是“发展型、复合型、创新型的高素质技术技能人才”⑦。有人

---

① 参见史俊：《工匠、工匠精神、工匠文化》，《思想政治研究》2016 年第 4 期。

② 参见邹仲海、徐小龙、谢荫：《工匠精神的当代解读：内涵与价值》，《沈阳大学学报》（社会科学版）2017 年第 6 期。

③ 参见陈行、钱耕森：《论中国工匠及其精神》，《社会科学动态》2018 年第 10 期。

④ 广陵书社编：《中国历代考工典》卷一《考工总部汇考》，江苏古籍出版社 2003 年版，第 4 页。

⑤ 参见李小鲁：《工匠精神：职业教育的灵魂》，《中国教育报》2016 年 5 月 13 日。

⑥ 参见刘建军：《工匠精神及其当代价值》，《思想教育研究》2016 年第 10 期。

⑦ 娄权鑫：《工匠精神：没有工匠哪来精品》，《中国职业技术教育》2018 年第 19 期。

将工匠界定为第二产业中“依靠高技术技能提供优质产品或服务的人”①。

（二）工匠精神的内涵

目前学界对工匠精神的概念界定和内涵理解并不相同，有人认为工匠精神是工匠对自己生产的产品精雕细琢、精益求精和追求完美的精神理念②；有人将其理解为是工匠对自身专业技术精益求精、崇尚极致的追求③；也有人将其定义为“从业人员的一种职业价值取向和行为表现，是其人生观、价值观在工作行为中的体现，是从业过程中对职业的态度和精神理念总和”④。客观地讲，第三种观点更为全面，突出了职业价值、职业态度和职业理念。李小鲁教授指出，工匠精神是专业精神、职业态度和人文素养三者的统一体。

从工匠的内涵来看，传统意义上的工匠精神是指手工艺者对自己的技艺及产品的一种内在的精益求精、追求卓越、不断创新的精神品质。在现代意义上，工匠不仅局限于手工业者，而且指具有一定专业特长的从业人员。因而，当代意义的工匠精神应指具有一定专业特长的从业人员对自身专业、职业所具有的淡泊名利、做事专注、爱岗敬业、追求卓越、善于创新的专业追求与职业敬畏的内在素养与价值追求。

## 二、工匠精神的当代意蕴

随着时代的发展和社会的进步，工匠精神就具体内容而言与以往社会有所不同，但所体现出的专注、严谨、细致的职业态度和职业精神对当前社会发展具有重要的现实意义。本文重点围绕职业教育的特点挖掘和分析工匠精神所具有的重要价值。

（一）工匠精神的社会价值

现在大学生的就业压力逐年上升，而选择职业教育进行职业发展的生源逐年减少，这在一定程度上受20世纪80年代实行计划生育政策的影响，现今的学生人数减少。但大学扩招、社会意识的影响和职业教育的影响力不强是导致生源下降的重要原因。自古以来就存在的“唯有读书高”“劳心者治人，劳力者治于人”的社会风气导致社会家庭对职业教育的选择度低。同样，职业教育培养的人才层次和人才未来发展不佳也是其对学生和家长的吸引力不强的原因。这就导致整个经济社会出现技工岗位的缺口，阻碍了经济的转型升级和良好社会风尚的形成。具有高技能高素质的人才，不仅拥有对自我工作的一颗热忱之心，而且还拥有一颗服务他人的责任心，在自我技能和素养

---

① 李迪：《高职生工匠精神内化研究》，广西师范大学硕士学位论文，2018年。

② 参见何慧敏：《工匠精神内涵分析与当代大学生职业认同的理论维度》，《苏州市职业大学学报》2017年第3期。

③ 参见李小鲁：《对工匠精神庸俗化和表浅化理解的批判及正读》，《当代职业教育》2016年第5期。

④ 邹仲海、徐小龙、谢萌：《工匠精神的当代解读：内涵与价值》，《沈阳大学学报》（社会科学版）2017年第6期。

的要求下，必然保证产品的品质，要求自我在平凡的岗位上能够坚持不懈，持之以恒地做好自己的工作。这需要工匠精神作为支撑。在职业教育的教育过程中注入工匠精神，培养学生专业技能的同时也培育学生的职业素养和职业态度，使得学生在走上工作岗位后更加适应工作，实现自我发展并更好地服务社会和他人，从而提升职业教育在社会中的地位，增强职业教育吸引力。充分注重培养工匠精神，能够使工匠充分地注重产品的品质，并提升产品的相关服务质量，打造优质产品和服务，有利于树立对中国制造业的信心，有利于民族品牌的成长，有利于良好社会风尚的形成。

（二）工匠精神的创新价值

工匠精神自古以来就存在着一份创新的底蕴，在古代技艺的发展过程中，创新亦内含于其中。而今，创新发展成为国家发展的重要内生动力。党的十八大明确提出了“实施创新驱动发展战略”，创新能力的不断提升是助力国家发展的重要内容，是国家经济发展的重要内容。现今中国高铁的发展成为世界的领跑者，这其中关键的部分不是从国外引进了技术，而是在技术引进后通过本国技术和理念进行创新和研发，在本着服务化、安全性的初心下进行技术创新，促成如今优质、快捷、安全的高铁技术。技术创新成就国家和民族的成长，只有在众多的产品中拥有自己的特色，拥有自己的品牌，才能被消费者熟知，才能在行业中占据一席之地。一位具有工匠精神的工匠，并不是进行简单重复的机械劳动，他的精神活动存在于经验与对默会知识的反思、提升和改进，在此过程中蕴含创新，在原有的基点上突破，带来全新的产品。日本著名的“hard lock”螺丝的诞生就是很好的注解。其创造者在纯熟的技术下创造了第一份固定螺丝，但还未达到真正的不松动的效果，其创造者在收回第一批螺丝后，进行不断地研磨和实验，并在无意中观察到寺庙挂钩的方式后，把这个方式改进后用到螺丝固定上，解决了技术困境，最终创造出“hard lock”永不松动的螺丝。其品牌占据日本各大建筑、运输领域，并畅销海外。可见，创新能力不仅在个人职业生涯中发挥着重要的作用，而且还对企业的发展与转型发挥着重要的作用。

（三）工匠精神的行业价值

从手工业时代转变到工业社会，工业制造业一直是一个国家和社会的支柱性产业，制造业产品存在于人们生活的各个方面。虽然机器替代了手工作业，但是工匠精神的精神内涵依旧在制造业中存在有重要的价值。工业革命初期的德国产品遭受其他国家的抵制和批判，德国的产品成为劣质产品的代表。但是，德国通过职业教育改革逆转局面，打造世界品牌，成为世界高端品质制造产品的标志。这一切归功于德国职业教育中强势回归的工匠精神，德国工匠素有严谨、精益求精的职业态度和职业素养。在德国生产的零配件上都标有一串代码，记载了产品的相关信息，这样确保产品在使用过程中的质量保障责任能够明确到生产者和企业负责者。这使得德国的产品在欧洲强势前进，并享誉全世界，成为品质的代名词。日本的“马桶盖”成为畅销品，不仅代表日本的产品在海外著称，而且还代表着日本的制造业在世界上的声望。技术的进步使得机器代替了许多劳动力并提升了劳动效率，使得工业革命快速推动人类社会与技术发展。但在工业革命不断深入的过程中，人性化、服务化、绿色化的制造理念的凸显，使得在制造过程中需要将“制造”转变为“智造”。在此过程中，工匠精神不断嵌入“制造”理念中，注入工匠精神的“制造”才能有效转变为“智造”，才能实现现代工业中人性化、服务化、绿色化的制造理念，使得人类和技术向前发展。中国提出“中国制造 2025”的发展战略，推动制造业转型升级，以应对日益发展的科学变化和消费需求的变化。从制造大国转变为制造强国的发展基础是人才转型升级，由粗放型转变为密集型的产业需要复合型的高技能人才。高技能人才培养的重要内容就是工匠精神，精益求精、追求细致的职业行为和职业态度是高技能人才的基础，是制造业品质构建的基础，是由制造大国转变为制造强国的关键点。

（四）工匠精神的品牌价值

在中国古代社会，品牌形象体现在“勒名制”。勒名制是在产品生产的过程中，在产品上刻有生产者的名字，在之后的产品使用和售后的各个过程中，能够直接有效地找到产品的保障者和负责人。如果产品品质过硬，将会受到大众的喜爱，那么消费者在以后的购买中就认准名字。“勒名制”中的名字便代表了这份产品的品牌形象。现今的某些企业在短时间内以低廉的价格获得大众的消费，但是随着人们生活和消费观念的提高，企业的产品品质没有得到保证，就不能在大众的心目中树立好的品牌形象，在后续发展中也无法长久。一个品牌的形成和持续发展，其中最重要的是对产品品质始终如一的坚持。据统计，截至 2012 年，世界范围内约有 5586 家企业的寿命超过 200 年。① 这些“百年老店”存在的重要原因是在于他们传承了现代化大生产时代的工匠精神。在工匠精神的底蕴支撑下，企业能够保持一如既往的高品质，树立大众信赖的品牌形象。

（五）工匠精神的教育价值

职业教育从古至今的定位是以就业谋生为导向的。协调市场的人才需求而进行人才的供给，这一行为在工业革命前期发挥了很好的作用。但这样的人才供需方式的弊端日渐显现出来，企业得不到好的人才，高技能人才没得到相应的待遇。学生学习技能的重要驱动力是为了将来的就业谋生，而为匹配市场需求，职业教育的学生学习内容和技能的单一化，不利于学生未来的职业发展和个人发展。要使技能人才具备在职业生涯发展中实现自我价值的两种实力（一种是硬实力，主要指主体所具有的知识水平、技能水平；另一种是软实力，主要指主体所具有的职业精神）。在实现自我价值的过程中，充分注入工匠精神，使得其内涵支撑自我发展和自我价值的实现。在职业教

---

① 参见梁菁：《工匠精神视阈下基于校企合作的德育模式探析》，《广东教育（职教）》2019 年第 8 期。

育中嵌入工匠精神，让职业教育中成长的学生充分塑造和养成工匠精神，拥有对工作的热情和责任心，对生产的产品的专注、细致的职业态度和职业行为，最终在学生这一“源头”保证产品的高质量。同时，在科技发展的今天，岗位转变速度和岗位内容的更新速度加快，需要具备更强的学习能力和岗位适应能力。工匠精神的培育可以有效弥补这一弊端，增强学生的岗位学习能力和岗位迁移能力，使得学生在个人发展和工作岗位间游刃有余，能够适应新的岗位和岗位内容，以获得自我成功。

## 三、在职业教育中加强工匠精神培育的重要意义

职业教育承担着为国家和社会培养技能型人才的重任，是提升劳动者素质的重要阵地。加强高职院校工匠精神培育的研究与实践，对于培养学生良好的职业素养，增强其对劳动光荣的价值认同，帮助他们养成关爱集体、热爱劳动、诚实守信、追求卓越、做事专注等优秀品质具有积极的现实意义。在全面深化改革的大背景下，职业教育更要以社会发展为导向，以助力国家发展战略目标实现为己任，为国家和社会培养符合社会需求的新型的、素质全面的高技能型人才。

首先，加强工匠精神培育工作是当前社会发展的迫切需要。党的十八大以后，国家提出由“制造大国”向“制造强国”迈进的发展目标，加强高职院校工匠精神培养研究，既是对各高职院校自身精神文化的提炼和重塑，也是对“中国制造 2025”的理解和回应。

其次，加强工匠精神培育有助于进一步明确和增强职业教育人才培养工作的针对性。在全面深化改革的今天，职业教育要紧跟社会发展，在对学生进行技术教育的同时，更要注重培养其优秀的精神品质，在培养目标设置上要注重培养学生劳动光荣、诚实守信、爱岗敬业、精益求精等品质，把当代工匠精神融入理论教学、实践教学、校园活动、社会实践和其他各项具体的教育教学工作中。

此外，加强工匠精神培育有助于深化落实立德树人教育的根本任务，促进学生的全面发展。立德树人，是教育永恒的主题。职业院校作为我国高等教育的重要组成部分，需要根据自身实际，主动承担起为中国特色社会主义事业培养德智体美劳全面发展的建设者和接班人之重任，促进学生形成正确的世界观、人生观和价值观，强化学生对职业道德、职业素养和职业精神的认同。

# 女性人才职业成长的行为事件访谈与结果分析*

樊立三　冯彩玲　姜俐余**

**摘　要**　女性人才成长成为人力资源管理领域的研究热点之一。本文通过行为事件访谈法分析了婚前家庭环境和婚后家庭环境对女性人才职业成长的影响，提出了女性人才职业发展的应对策略。

**关键词**　女性人才　职业成长　行为事件访谈

研究表明，女性成才的最佳年龄有两个阶段。第一个最佳年龄是青少年时期，即十几岁到二十岁，这是女性从青春期逐步发育成熟的时期，也是女性最富有魅力、风华正茂的岁月。如果该时期培养得当，便是出成绩、成人才的好时机。第二个高峰期是30～50岁，这时期的中年女性有相当的生活阅历和丰富的知识经验。研究表明，人的智力就中年期与青年期相比非但没有下降，反而有所提高。生活实践使这一时期的女性的世界观日益成熟，思维的广度和深度都有所上升。① 基于此，本文以30～60岁女性人才为研究对象。

## 一、研究方法

1. 行为事件访谈法

采用行为事件访谈法收集资料，了解企业女性管理者职场成长及影响因素。质性研究，即定性研究，是相对量化研究而言，指研究者参与自然情境之中，对社会现象进行整体性的探究，采用归纳而非演绎的思路来分析资料和形成理论，通过与研究对象的实际互动来理解他们的行为，在自然状态中获得整体理解的研究态度和方式，主

* 本文系国家自然科学基金青年项目（71402067）、教育部人文社科青年项目（19YJCZH029）、山东省自然科学基金面上项目（ZR2019MG002）和山东省社科规划项目（18CGLJ14）资助项目、山东省高等教育人才研究会2017年度立项课题“高层次女性科技人才成长规律与培养对策”（RK17-11）结项成果。

** **作者简介**：樊立三，山东工商学院行政管理人员，研究领域为高等教育人力资源管理；冯彩玲，管理学博士，鲁东大学人力资源创新与人才发展研究院院长、教授，研究领域为人力资源管理与组织行为、女性领导力等；姜俐余，烟台市牟平区公共就业人才服务中心综合业务科经济师，研究领域为人力资源。

① 参见刘德中、牛变秀：《中国的职业性别隔离与女性就业》，《妇女研究论丛》2000年第4期。

要是要探讨当事人的内心世界，从而去了解他们对人、事、物的描述和看法。因此本文以个案研究法来达成研究目的，有利于深入了解女性职业生涯发展历程。

调查采用一对一深度访谈。为保证访谈信息准确无误，访谈过程中将全程录音，访谈时间每次约1小时，地点以受访者方便为优先考量。研究者在进行访谈前要做好充足的准备工作，收集研究参与者的相关信息，查找并大体了解相关访谈技巧。仔细阅读信息处理的书籍，以提高分析处理能力。事先将访谈大纲发送给研究参与者，以便她们做好准备。研究者不但策划、执行这场访谈，而且还是此次访谈的记者。他们要通过访谈大纲来梳理整体要点，采取半结构式的深度访谈。访谈大纲分为两个部分：第一部分为基本资料；第二部分为开放式的访谈，回答其职场发展历程中的相关问题。在进行完一次访谈之后，及时结合访谈大纲将录音整理为访谈札记，形成文字稿。将文字稿逐句断开，进行编码，以大写英文字母来代替研究参与人员的名称，以数字来记录进行采访的次数以及该整句回答是第几个问题的答案。

2. 研究样本（见表1）

表1　　受访女性的基本资料

| | A女士 | B女士 | C女士 | D女士 | E女士 | F女士 |
|---|---|---|---|---|---|---|
| 年龄段 | 41～50岁 | 41～50岁 | 31～40岁 | 31～40岁 | 51～60岁 | 31～40岁 |
| 学历 | 博士 | 博士 | 博士 | 博士 | 博士 | 博士 |
| 婚姻状况 | 已婚 | 已婚 | 已婚 | 已婚 | 已婚 | 已婚 |
| 子女个数 | ＞2 | ＞2 | 1 | 1 | 1 | 1 |
| 工作年限 | 21 | 25 | 16 | 5 | 36 | 7 |
| 组织类型 | 事业 | 国有 | 事业 | 事业 | 事业 | 事业 |

## 二、女性人才职业成长结果分析

### （一）家庭环境

1. 婚前家庭环境

每个个体在成长的过程中都会受到家庭的影响。父母是孩子的启蒙老师，父母的观念对于子女的成长有着很大的影响。他们也许不会手把手地教孩子应该怎么做，但会以实际行动导向孩子朝什么方向前进，更多的时候会以潜移默化的形式影响着子女的成长。改革开放以来，改革的不仅是政治、经济，而且还有人们的思想。女性同样可以接受教育；响应计划生育这一政策，原本人丁众多的家庭渐渐演变成了三口之家，重男轻女观念也在退化，女性在家庭成长和求学的各个阶段中可以发挥自身优势和才能，在成长中认识自我，开拓出一片更为广阔的天地。

通过访谈六位女性科技人才，由家庭背景的分析发现：经济状况不是很好的家庭，在教育子女时通常会给予厚望，倒不是希望有多大出息，只是希望生活的艰辛不要将她们打败，可以乐观向上。但是，越是有这种想法，子女越是能够在成长中理性成熟。正所谓“穷人家的孩子早当家”，懂事的子女会暗下决心：我一定要比别人强，要改变家里的现状，我要父母过上好日子。在有兄弟姐妹的家庭中，这种自尊心主要表现为各方面都要做到最好，不比任何人差。如 A 女士，她有一个比自己长一岁的哥哥，虽然家里有些重男轻女的观念，但是在升学时她也会为自己争取机会，会为了家里只让哥哥上学而让自己放弃求学机会而不甘。在学习上，为了能让自己不比哥哥差，她付出了加倍的努力，她不甘心被贴上女性没能力的标签。她要证明自己，即使是在丈夫劝自己要是压力大就换份工作时，她依然我行我素，坚持自我。但在当今社会中，她还是被现实磨去了些棱角，认为女性只要证明自己的能力就好，不要过于强势。B 女士受父母重男轻女观点影响较重，认为女性就应该相夫教子，以至于她在工作了 16 年之久才走上管理岗。倒不是她有多大野心，只是工作经验丰富的她有了一套大方得体的待人之道，使她在人事科如鱼得水。其他四位被调查者均是从小被灌输“女儿当自强”的观念，家庭不会重男轻女，在事业上拼劲会相对多一些，会为了自己的事业勇敢拼搏，有着丰富的工作经历，在一番拼闯之下发现自己的闪光点，并将其发扬光大。当下竞争的日趋激烈，父母的殷切期盼，来自心底的那份对改善生活的迫切需要，都使得女性在组织创新中勇往直前，义无反顾。

2. 婚后家庭环境

以下对访谈中的 10 位女性管理者关于婚后家庭环境问题回答的访谈记录进行分析：

(1) 丈夫是否支持工作，最大的抱怨点是什么？

A：支持。我们都理解对方的工作。在工作累了的时候，他会帮我洗衣煮饭，帮我烧好洗澡水。在我因为工作中的不顺心而发脾气的时候，他会先选择沉默离开，给我时间冷静，等我平和下来时再跟我聊，不会在我累的时候跟我发脾气。这一点我很感动。(A1-2-03)

丈夫会埋怨我不会好好照顾自己，糟蹋自己的身体。我明白他是在担心我，当然，因为他本身也很忙，知道工作到处都是压力，不进则退，所以他很是理解我。将心比心，我们都了解。(A1-2-04)

B：比较支持。比如很多我的工作总结，都是他帮我修改的。(B1-2-03) 我的工作时间比较正常，偶尔加班他也没什么怨言。(B1-2-04)

C：还是很支持的。我的工作有时候会需要加班，如果我晚回家，他从不会有怨言，还一定会为我热好饭菜。即使有怨言，也是埋怨我为什么这么晚还不吃饭，胃痛

了怎么办。(C1-2-03)

不顾时间地工作，会累坏身体，（丈夫）总是抱怨我不会照顾自己。我也知道他是关心我，所以一般会稍微撒娇，也会尽量照顾好自己，尽量不让他担心。(C1-2-04)

D：支持，帮我解决了很多工作中的难题。(D1-2-03) 没有抱怨。(D1-2-04)

E：谈不上支持。(E1-2-03) 他曾经抱怨我把工作带回家，曾经劝我如果压力太大可以选择换一个工作。我不跟他计较，继续我行我素，但也有必要的解释。(E1-2-04)

F：很支持。在我工作忙的时候，他会承担家里的一切，照顾孩子，照顾老人。还会把我也打点得很好，让我全身心地工作。当然，我并不是一直如此。只是在处理紧急事务的时候，一般我会事先做好预案。(F1-2-03) 没什么怨言，还是很支持的。他那沉稳的性格也不会跟我抱怨什么。而且我们约定吵架不过夜，不让矛盾激化，一般都可以自行调节。(F1-2-04)

(2) 在遇到时间冲突时，在家庭和事业中是如何平衡的？

A：我们一直认为家和万事兴，所以跟公婆的关系也很融洽。在我们忙不过来的时候，老人一般会来帮我们的。一来，一家人在一起，老人也可以享受天伦之乐；二来，老人会帮我们填补一些双方忙于工作、疏于照顾孩子的时间空缺；三来，老人也会心疼我们拼命工作，会帮我们处理一些生活上的琐事。真的是“家有一老，如有一宝”。(A1-2-06)

B：遇到冲突的时候，当然是以家庭为主。(B1-2-06)

C：我现在的工作，即使有加班，也不是把大部分时间用在工作上。家人对我都是持支持态度的。女人一定要独立，是我从小接受的教育理念。(C1-2-06)

D：我向双方老人求助，依然以事业为重。但如果老人有事，我会选择处理家庭的事。照顾孩子占用很多时间。看哪方面的要求更急一些，会选择必须马上做的去做。有一次孩子生病，单位又有任务，找老人帮忙照顾孩子，自己去工作。(E1-2-06)

基于以上内容，我们不难看出，女性人才的成功与丈夫的支持是分不开的。同时，与长辈相处融洽是她们在职场成长的基石，这可以帮助其解决后顾之忧。她们既要做员工心中的好上司，同时也要成为丈夫的贤内助、公婆的好儿媳。家庭与事业是生命中不可或缺的，只有在双方不存在重大冲突和矛盾时，才可以全身心地完成自身的使命，让自身能力在用武之地得以发挥。

3. 自身个性

性格决定命运。性格是在成长过程中逐渐形成的，体现自身素养、家庭教育等。我们是透过其言行举止来深入了解一个人的。一般来说，性格开朗的女性更容易获得机会，她们积极地展现自身的优势，让他人接受。女性有着本能的温柔，柔性管理是她们的选择。柔性管理，从本质上说是一种对“稳定和变化”进行管理的新方略。女性善解人意的一面在处理问题上会更为人性化，更注重团队合作；与人沟通时也会换位思考，从对方立场出发，更容易解决问题。

在工作中，性格也许会被披上一层神秘的面纱。这不是在自我欺骗，而是在自我保护，并且对职场晋升起着重要的作用。在采访6位被调查者时，其中的5位都表示，自己不管是在职场还是在生活中，都是那种乐天派，开朗外向，有点大大咧咧。但这并不影响其生活、家庭以及职场，相反，给他人一种更好相处的感觉。拥有此性格的女性，在面对工作带来的巨大压力时，她们大都选择通过运动来排解压力，羽毛球、排球、瑜伽是她们的选择，其中5位便是如此。至于性格温顺的D女士，她的解压方式有些不同，她更喜欢徜徉于书海，享受一个人的清幽，在知识的殿堂汲取养分，获取正能量。

4. 外在环境

(1) 职场环境

在人才济济的环境下，有才能不代表一定会受到赏识，千里马还需要伯乐的挑选。职场格局在女性晋升的过程中发挥着助推作用。在已有女性拼搏获取成功的环境中，女性的晋升相对会容易些，毕竟同为女性员工，深知要晋升所需要付出的努力，这并非是给予特殊照顾，只是能够提供一个公平的舞台来展示自身的能力。而对于没有女性管理者在位的公司，女性想要突破这一传统，打破常规，成为公司“首个吃螃蟹的人”，可以想象她需要付出的努力。女性需要经受更大的压力，承担更多的责任。所以，对未来有规划的女性，在进入职场前要做好准备工作，了解公司内部情况，这会为职场发展提供便利和捷径。

(2) 社会环境

每个个体都生活在社会大家庭之中，是社会的一员，感受着社会中的气息。“人言可畏”，并非危言耸听。虽然身为21世纪的新女性，有着超前的思维，但是却改变不了固有的观念。当耳边一直盘旋着“你没有这个能力独当一面”“家庭才是你的中心”“女人的天职是相夫教子，工作场所在厨房”诸如此类的言语，不受影响是假的。女性多多少少会在心里质疑：到底该如何，真的不可以吗？不仅是自己深受舆论干扰，家人也会被累及。当看到年迈的父母在为自己辩解时，无力感会充满全身。在身心俱疲的情况下，工作进度也会大幅下降。社会环境是我们所共有的，是我们共同创造的“家”，倡导的“男女平等”，不是一个简单的口号，而是这个时代所赋予我们共同的使命。给女性一定的空间，让其自由飞翔，女性需要这样的社会。

## 三、女性人才成长发展的路径与对策

### （一）针对家庭环境，女性人才刚性做事，柔性顾家

鉴于家庭环境对于未来发展的影响之重，首先在家庭中成长阶段，需要来自家庭的正确导向，家长的观念尤为重要。家长在对待女儿的态度上需要端正。溺爱女儿，限制其展翅高飞，不但会阻碍其发展，而且也会使其丧失锻炼的机会。女性在成长的

过程中，需要家长灌输正确的思想，以身作则，证明身为女性一样可以独当一面。当女儿在外面遇到困难时，不要直接帮女儿解决问题，让她形成这种依赖意识，认为家长会处理一切；而是先让其自己分析问题，了解情况后给予建议，让她自己学会处理，养成独立的性格，培养敢于承担、刚性做事的性格。在教育问题上，不设置过多的限制，以女儿自身发展情况作参考。

女性本身需要有思想上的觉悟，不褒不贬，正视性别。女性不是弱者的代名词，而是芸芸众生中的“半边天”。她们虽然缺乏男性的刚毅，却有着似水柔情；虽然缺乏男性的果断，却往往谨言慎行，将风险降至最低。

在家庭中，她们不仅是丈夫的贤内助，还是孩子的好妈妈、公婆父母的好儿媳和好女儿。她们同样也要是公司的好职员。这一天平很不好把握。到底该如何解决矛盾？在了解的这 6 位被调查者中，她们都将这一问题处理得不错，共同的做法便是不将工作带回家。在回到家的那一刻起，便抛开员工的角色，一切不良情绪随鞋子脱在了家门口。在需要加班时，也会先取得丈夫的谅解，做好前期的准备工作。当然，父母公婆的理解也为她们的成功做出了不少贡献，为她们减去了后顾之忧。处理好家庭关系，她们才可以张开翅膀，在职场的天空中自由翱翔，从而实现家庭和睦，事业安定。

同时，不要设置过多的条条框框，背负过大的压力。首先为自己定位，确定主次关系。着眼于未来几年的计划，明白自己在每一个阶段所要追求的是什么，并为这个目标不断努力。其次，找到现在最大的障碍是什么，作出的选择会带来哪些后果。做到心里有谱，深思熟虑机会成本，将家庭事业的威胁系数控制在可掌控的范围之内。最后，衡量这般取舍是否有其原本的价值，在能保证问心无愧的情况下，作出选择并全心全意地为这一选择努力，不留遗憾。

### （二）针对自身个性，认识并释放自我

开朗的性格会带来更大的机遇，女性管理者需正视性格这一因素。性格并非与生俱来，而是在后天的环境中形成的。要想在事业上实现自身价值，便需要对自己进行一番改造，发挥主观能动性，做到自立自强。职业生涯的根本出路还在于能否充分地发挥主观能动性。女性要不断更新观念，勇于完善和挑战自我。要正确认识自我价值，做到自信、自立、自强。自信心是通过社会实践不断培养起来的。女性要想成功，就要把握一切机遇表现自己，展示自己的特长。女性要自强，在遇到挫折时要越挫越勇，在逆境中不断完善和超越自己。

### （三）针对社会环境，女性人才呼吁公平

女性人才需要一个公平的社会环境，在这一环境中，需要扭转长期以来禁锢女性思想的传统理念。女性的以身作则便是最为直接的方法。当更多的女性开始为自己的事业奋斗，通过不懈的努力，以实力证明自己可以独当一面。女性凭借自身能力改变这一不平衡的格局，为后辈创造更为合理的职场格局，循序渐进，为进一步强化男女

平等提供更为广阔的平台。同时，女性也需要强化心理素质，增加对舆论的承受能力。对他人的嫉妒，要摆正心态，不要逃避，不轻易为外界所干扰。

1. 完善相关法律法规

推进促进男女平等的法律保障体系的建设。为了防止职业性别隔离所引起的劳动力市场刚性和社会不公等问题，国家必须采取措施防止市场歧视的存在和恶化，提供在劳动力市场上公平对待每个人的政策保证。政府应该通过加强立法（如教育法、劳动法、社会保险法等）来为高学历女性的职业生涯发展创造条件。将社会性别纳入决策主流，健全职场中性别平等的法律法规，完善女性职工劳动保护制度，完善生育保险制度；促进性别文化的进步，促进家务社会化和现代化，提高女性教育程度。

2. 营造健康的舆论氛围

倡导先进的性别文化观念。舆论导向对成功女性的良好形象塑造起着重要作用。舆论宣传应该从关注女性的生理特征和传统性别角色逐步向心理特征、职业成就和社会贡献转移，要在全社会营造出一种尊重知识、尊重女性人才的良好的社会风气。要深入地宣传马克思主义妇女观，普及男女平等、男女互荣、尊重妇女的先进理念。尤其要加大优秀女性榜样宣传教育的力度，逐步扭转社会对女性的偏见和片面认识，使全社会包括女性本身提高对女性社会价值的认识，进一步促进男女两性健康、和谐地共同发展。要通过媒体营造有利于女性高层次人才成长的人文环境，坚决摒弃传统文化中“干得好不如嫁得好”等不利于女性发展的旧思想，纠正广告、影视作品等舆论中对“女强人”形象的误读。利用各种形式宣传性别平等的先进性别文化，鼓励和引导女性高层次人才通过自我奋斗实现人生价值，为女性参政以及进入社会组织营造良好的社会氛围。

### （四）组织为女性人才创造更多的职业发展机会

组织或团体应积极为女性创造更多再教育和职业再培训的机会，加大女性人才人力资本的投入，促进女性员工职业生涯的良性发展和成长。教育是改变女性职业发展困境的基础。女性经过系统化的教育，尤其是大学教育，可以掌握更多的科学知识，加强专业素质，开阔视野，获得职业发展道路上必备的资本。[①] 实践证明，接受过大学教育的女性人才能够更好地理解他人，并且具有较高的修养，可以更好地关心上一代、教育下一代。另外，应根据职业女性的职业特点专门开设相应继续教育和成人教育的课程。例如，协调各种角色、减轻压力等课程或讲座，更好地帮助女性提高情商，调整和控制不良情绪，协调好各方面的关系，促使工作、生活和谐有序开展。

---

① 参见孟祥斐、徐延辉：《高层次女性人才的性别意识及其影响因素研究——基于福建省的调查》，《妇女研究论丛》2012 年第 1 期。

# 山东省农村籍大学生回乡创业风险评估及对策研究*

王丹丹**

**摘　要**　在山东省乡村振兴战略和“互联网+”的“双创”背景下，创业风险呈现出多样性、不确定性、双重性等特征，对山东省农村籍大学生回乡创业能否成功具有非常重要的影响。本文分为山东省农村籍大学生回乡创业现状分析、山东省农村籍大学生回乡创业风险识别与分析和山东省农村籍大学生回乡创业风险防范对策研究三个部分。在实地调查与问卷调查的基础上，以烟台南山学院为例，全面了解农村籍大学生回乡创业意愿及风险认识，进而分析风险产生的原因，从而提出针对性的防范对策。本文结合山东省农村地区的实际情况对山东省农村籍大学生回乡创业面临的风险进行研究，识别各类风险对创业的影响，从社会网络视角完善了对大学生创业风险评估的理论研究，并为山东省乡村振兴战略的实现提供高素质创新创业人才提供理论参考。

**关键词**　山东省农村籍大学生　回乡创业　创业风险

自1999年高等院校扩招以来，高校毕业生的数量持续增长，中商产业研究院数据显示：2010～2017年的毕业生人数按照2%～5%的同比增长率逐年增长，近7年间累计毕业生人数达到5706万人。而2018年全国高校毕业生首次突破了800万人，根据教育部统计，2019届全国普通高校毕业生预计达834万人，再创近10年毕业生人数新高值，预计在2020年应届毕业生加上未就业的往届毕业生会突破千万。

2004～2019年，中共中央连续16年发布以“三农”（农业、农村、农民）为主题的一号文件，强调了“三农”问题在中国社会主义现代化时期“重中之重”的地位。从2015年开始，每年的一号文件都会提及“一带一路”（丝绸之路经济带和21世纪海上丝绸之路）建设，给中国的进出口贸易打开了新的脉络。中国的优质农产品拥有了更大的销售市场．这也对国内农产品的产出提出了更高的要求。大学生接受了高等教育，有能力开辟新的模式带领当地人民致富。这也要求一批年轻人能够创立自己的品

* 本文系山东省高等教育人才研究会2019年度课题“山东省农村籍大学生回乡创业风险评估及对策研究”（RK19-40）结项成果。

** **作者简介**：王丹丹（1982～　），山东威海人，烟台南山学院副教授，研究方向为流动人口服务与管理。

牌，在当地的“沃土”上摸索出新的发展机遇。

## 一、山东省农村籍大学生回乡创业现状分析

### （一）山东省农村籍大学生回乡创业现状问卷调查

创业不仅是经济问题，而且还是社会问题。大学生作为国家建设的主要接班人，他们的就业问题与社会经济发展有着密切的联系。而现如今由于城市的就业压力越来越大，农村就业压力相对较小以及创业成本相对较低，大学生逐渐转变自身的观念，开始回乡进行自主创业。农村籍大学生是指生源地在农村，但在城市中接受高等教育的大学生群体。这类学生利用自身的知识水平与相关技能，在农村中找到合适自己的工作，从而体现自己的人生价值，促进农村的经济发展。但是，面对我国如今的复杂环境，农村籍大学生返乡创业中也存在着许多问题。

山东省作为人口大省，劳动力供过于求，因此就业形势十分严峻，每年的大学毕业生规模巨大。本次针对山东省农村籍大学生回乡创业问题采用问卷调查法，通过电子版问卷在网上进行问卷调查，发放问卷共400份，收回有效问卷340份。

经过对调查问卷的整理和分析，总结出了山东省农村籍大学生回乡创业所遇到的问题及风险因素。在所调查的对象中，男性占55.88%，女性占44.12%，文科类占比81.76%，而且父母绝大多数都是务农。80%的被调查者表示在校期间学校有专门为学生创业者服务的机构、部门、社团组织，55.29%的被调查者表示大学期间曾接受过学校组织的创业方面的培训，但是62.35%的被调查者认为学校的创业教育并不能满足自己创业的需要，而且绝大部分被调查者在校期间都进行过创业性质的盈利活动。

在回乡创业的意愿调查中发现，24.71%的被调查者认同大学生返乡创业的做法，认为可以实现人生理想；1.76%的被调查者认为现阶段缺乏能力、资金、资源，所以不赞同返乡创业；73.53%的被调查者持中立态度，认为要考虑实际情况适合自己才行。27.65%的被调查者愿意返乡创业，在他们之中，其家人对回乡创业的看法持支持或是中立态度，而且他们的创业想法主要受家庭的影响，但也有少部分反对，绝大部分被调查者认为创业能满足自身对金钱和个人成就感的追求。18.24%的被调查者明确表示不愿意返乡创业，主要是认为创业风险大，不易成功，能力不足，资源不足，家乡扶持政策不到位。

在回乡创业风险识别的调查中，73.53%的被调查者认为，在创业初期遇到的最大障碍是资金问题，而在家乡的人脉主要来自父母的交际圈，但是44.71%的被调查者认为父母对创业项目的发展并没有实际性的帮助，62.35%的被调查者认为筹集初始资金可以从政府设立的创业专项基金中获得或者优惠贷款，而51.76%的被调查者认为可以从银行等金融机构贷款，51.76%的被调查者认为可以来自父母亲朋的资助。现阶段，国家以及政府对大学生创业出台了许多优惠政策，但是52.35%的被调查者对国家政策

了解很少，12.94％的被调查者则完全不了解。

对于已选择好创业项目的27.06％的被调查者的分析中，65.22％的被调查者对所选择的项目先前的了解很少，21.73％的被调查者表示完全没有接触过。65.22％的被调查者认为所选项目进入市场的门槛一般，而19.57％的被调查者认为门槛较高，从而对项目的后续发展有一定的阻力。63.04％的被调查者认为所选项目在当地的竞争者并不是很多。

创业应该是将自己身上已经具有的经过社会和市场考验的能力、资源、人脉变现的过程。综上所述，我们可以看出山东省农村籍大学生在返乡创业中所遇到的问题主要有以下几个方面：资源缺乏、融资渠道单一、存在管理漏洞、不会选择项目、缺乏专业技能。

大部分同学认为，在创业初期遇到的最大障碍是资金的问题，资金的来源主要是父母亲朋的资助、政府设立的专项基金或者是优惠贷款、银行等金融机构的贷款，较大部分同学并不了解国家一级政府对大学生创业出台的优惠政策。影响创业成功的外部因素主要还有供求关系，现阶段市场几乎所有的行业都是竞争激烈。在这种状态下，人脉关系对于初创期企业来讲至关重要，但是大学生在家乡的人脉主要来自父母的交际圈，近半数同学认为父母对创业项目的发展并没有实际性的帮助。

### （二）山东省农村籍大学生回乡创业面临的风险

#### 1. 宏观环境变化导致的风险

根据调查问卷我们可以看出，52.35％的被调查者对国家政策了解很少，12.94％的被调查者完全不了解。只有7.64％的被调查者表示比较了解政府的扶持政策，这说明大学生创业政策的宣传力度有待于进一步加强。同时，政府对农村籍大学生返乡创业的支持力度不够，创业既需要资金，也需要好的政策支持。返乡创业的农村籍大学生的家庭经济情况普遍较差，自筹创业的可能性较低。创业的投资收益不确定，导致大部分金融机构不愿意给他们贷款。虽然近几年政府出台了一系列大学生返乡创业的优惠政策，但是初出茅庐的大学生对创业所需办理的手续并不了解，优惠政策的申请门槛都比较高，导致农村籍大学生创业承担的初期成本太高。

#### 2. 创业融资困难的风险

对于一个刚刚兴起的项目而言，有充足的资金支持是其正常运转的必要条件。而对于大学生创业者来说，融资是他们需要面临的最大的一个问题，许多大学生创业的失败都是由于融资的失败，使得他们的资金链断裂，从而使得企业无法继续开展业务。对于农村籍大学生而言，资金的获取渠道更是十分有限。根据我们所发布的调查问卷可以看出，山东省大学生创业过程中遇到的很大的一个阻碍就是融资困难。所以对于大学生创业融资困境进行研究是十分有必要的，有利于帮助大学生创业者突破当前的融资困境，使其创业走向成功。

3. 自身性格导致的风险

大学生虽然接受了高等教育，有一定的创业思想，但是纸上谈兵和将知识付诸实践还是有一定的差距，尤其是在自身风险承受能力以及心理承受能力方面对创业者也有较高水平的要求。

很多农村籍大学生在就业和创业之间摇摆不定。他们都有“面子观”，认为在农村创业就业会被亲戚朋友瞧不起，认为大学毕业就要去城市里寻求一份体面的工作。他们没有树立正确的创业观念，加上对创业认知的不足，容易缺乏创业的耐心和信心，而由于遇到失败却不会总结经验教训，最终导致创业的失败。

4. 管理能力不足导致的风险

实施有效的管理可以增强企业的运作效率；可以让企业有明确的发展方向；可以使每个员工充分发挥他们的潜力；可以使企业财务清晰，资本合理，投融资恰当；可以向顾客提供满足的产品和服务；可以更好地树立企业形象，为社会多做贡献，最终目的是提高企业的经济效益。然而，管理能力缺陷导致的问题主要体现为经营才能欠缺、团队管理能力不足和财务管理能力不足。

（三）山东省农村籍大学生回乡创业面临风险产生的原因

1. 对宏观政策环境了解不够透彻

通过对农村籍大学生回乡创业风险因素调查可见，绝大多数大学生并不完全知晓政府扶持大学生创业的各项政策法规。一方面，高校很少对大学生创业的相关政策进行宣传和讲解，有些创业政策即使大学生知道，但也不知道该怎样去办理。虽然政府出台了较多好的政策，但并未与大学生接轨，大学生并不知道自己能享受哪些税费减免，哪些补贴以及哪些创业指导与服务。比如，很多地方创立了大学生创业基金，这些基金可以说是无偿的，但是据有关部门统计，这些基金很少人问津，很多要创业的大学生还是宁愿去银行贷款。因此，各项扶持大学生创业的政策如何使得大学生了解并运用是今后政府扶持大学生创业的重点工作。

2. 农村金融市场发展缓慢且不健全

农村大学生创业由于自身的信誉度较低，企业规模较小，缺少合适的贷款抵押物，很难从国有商业银行等大型金融机构中获得资金支持。相比大型金融机构，专业性的农村中小金融机构比较愿意为创业企业提供融资服务，这与农村中小金融机构的特点是分不开的。然而，我国农村金融市场发展依旧很迟缓，农村中小型金融机构的融资能力相对农村地区广大的创业企业的资金需求来说十分有限，资金的供需矛盾非常突出，创业企业通过这一渠道进行融资的方式效果并不理想。融资渠道狭窄、融资程序复杂效率低下成为大学生回乡创业融资困难的主要问题。

3. 自身风险承受能力和心理承受能力较弱

由于受其成长环境的影响，农村大学生缺乏综合素质的全面锻炼，他们更注重学习成绩的提高，把大量时间放在了书本知识的学习上，而思想道德素质、人际交往能力、沟通表达能力等对于创业有着极大帮助的其他素质没有给予足够的重视。高校作为农村大学生接受高等教育的主要场所，其教育质量和培养模式的好坏直接关系到农村大学生的综合素质的高低。高校教育也是农村大学生转变思想观念，接受新兴事物和思想，树立创业理想的关键阶段。部分高校为了片面追求学科建设的“大而全”，盲目设置一些不合理的专业，在师资储备不足的情况下过度扩大生源，导致学生在接受专业教育时偏重于理论知识的学习，忽视了对学生能力的全方位锻炼以及潜能的充分挖掘。

4. 经营管理能力不足

对部分大学生来说，二十几年的学校生活单纯且简单，虽然有些学生在校期间接受过管理方面的培训，但是都以理论知识为主。他们对社会了解不充足，也缺乏一定的社会历练，大部分大学生创业者在经营管理方面，诸如目标市场定位与营销手段组合、专业团队搭建等也全然没有概念。或许凭借以前的学习会有一套知识体系，但是在实践的过程中也是很难推行下去。

## 二、山东省农村籍大学生回乡创业风险识别与分析

创业风险是因创业环境的不确定性，创业机会与创业企业的复杂性，创业者、创业团队、创业投资者的能力与实力的有限性，而导致创业活动偏离预期目标的可能性及后果。下文是笔者对山东省农村籍大学生回乡创业过程中可能遇到的风险进行的简单分析。

### （一）山东省农村籍大学生回乡创业风险识别

1. 外部环境风险

为落实“大众创新，万众创业”政策，山东省各地市相继出台了创业担保贷款办法，但大学生通过正规金融机构获取创业担保贷款的难度较大。一是创业贷款申请程序复杂且耗时长，创业担保贷款申请需要依次通过社区服务站、街道（乡镇）劳动保障服务所、区（县）人社部门、担保机构、经办银行层层审批，就算各环节都顺利，整个周期也需要30多天。二是大学生难以满足创业担保贷款的诸多条件，按国家规定依法在山东省内办理工商税务登记，法定代表人或个体工商户经营者：合伙经营符合资助条件的申报人，所占企业股份比例不得低于30%；吸纳3人（含3人）以上就业；有完备的创业实施计划，健全的财务规章制度，运作良好的团队；创业项目要有一定的技术水平、较为成熟的商业经营模式和较好的市场前景。资金缺乏下的大学生返乡创业，往往选择小微型项目，项目特色不强，工艺与技术要求不高，企业抗风险能力弱、淘汰率高。

2. 资金风险

资金风险在大学生回乡创业初期会一直伴随在创业者的左右，是否有足够的资金

创办企业是创业者遇到的第一个问题。大学生回乡创业者的主要资金来源于自筹和外部资助两种方式。然而，大多数的大学生回乡创业者的资金自筹能力有限，来自外部的资助又有一定的条件限制且来源渠道狭窄，融资难度比较大，这在很大程度上影响了大学生回乡创业的积极性。在问卷调查中，62.35%的同学认为创业资金是影响大学生创业成功的主要因素之一，57.16%的同学的创业资金来源于父母亲朋的资助。

3. 市场风险

大学生回乡创业的创业环境并不友好，虽然国家鼓励支持大学生自主创业，但就现在目前的情况，市场出现饱和现象，自主创业会受到一定的排挤，风险也就随之而来。大学生回乡创业面临的市场风险主要有两种：

(1) 市场需求风险

在有限的市场经营条件下，不同市场在不同时期对于不同产品的需求量不同。而且各个企业获取信息和分析预测市场的能力强弱也不同，这造成了下期市场需求量大不确定性，从而形成了市场需求风险。如果创业者对于产品、市场需求量不了解，就很难作出正确的决定，消费者又对其持观望的态度，这很难被市场接收，很有可能导致消费者作出错误判断，导致产品的市场价值没有办法实现，投资也就没有办法收回，从而造成创业夭折。

(2) 市场竞争者风险

大学生回乡创业面对的竞争者主要包括本地市场竞争者和外来竞争者。市场中竞争者的数量没有办法直接获得，所以竞争者的数量充满了不确定性。再者，竞争者的市场影响力与产品定价都未知，企业与竞争者对信息的获取能力不同，导致企业与竞争者的信息不对称，这些不确定的因素在未来都会造成企业损失。

4. 项目选择风险

创业项目选择风险是指在创业初期因选择的创业项目不当，导致企业无法盈利而难以生存的风险。大学生回乡创业时如果缺乏前期市场的调研和论证，就仅凭自己的兴趣与想象来确定回乡创业的项目，而不去了解市场，不结合自身掌握的资源情况作出决定，那么创业者在创业过程中一定会遇到很多困难，甚至会走向创业失败。

5. 性格承受能力风险

刚毕业的大学生心理承受能力较差且缺乏风险意识。大学生创业者往往在过去的经历中没有受过大的挫折，碰到挫折就容易被击倒。创业是一种积极、主动的行为，创业者的心理承受能力对其创业行为具有指引和调节作用，是决定创业能否成功的关键所在。很多大学生在创业前没有仔细分析自己的性格特征和心理特质，导致他们并不知道自己是否适合创业。创业是一项富有挑战和风险的项目，创业之初，创业者对创业的艰难、市场的残酷、创业的复杂性和困难性没有足够的认识，没有做好积极的防范措施，会大大降低创业成功的概率。

6. 管理技能风险

管理技能风险包括决策随意、信息不通、理念不清、患得患失、用人不当、忽视创新、急功近利、盲目跟风、意志薄弱等。刚刚步入社会的大学生知识单一、经验不足、资金实力和心理素质明显不足，这导致其在管理上存在一定的风险。

### （二）山东省农村籍大学生回乡创业风险评估指标体系

大学生回乡创业风险评估是指对回乡创业风险措施和处理手段的科学性、收益性和适用性进行分析、检查和评估。回乡创业风险的评估主要有以下两个方面的作用：第一是有助于减少风险事故的发生，提高风险决策管理的水平；第二是可以根据风险管理中存在的实际问题，提出一些建设性意见，改进风险管理措施，提高风险管理的收益。

本文结合问卷的实际情况，建立了山东省农村籍大学生回乡创业风险评估的指标体系，该体系可以分为下述三个层次（见表1）：

（1）一级指标为整体评价指标体系。

（2）二级指标是外部环境风险、资金风险、市场风险、项目选择风险、性格承受能力风险、管理技能风险六个因素作为评价标准。

（3）对上一级中的指标进行延伸，能够得出指标，这是评价体系中的三级指标。

**表1　山东省农村籍大学生回乡创业风险评估的指标体系**

| 一级 | 二级 | 三级 |
|---|---|---|
| 整体评价指标体系 | 外部环境风险 $I_1$ | 国家政策及政策的不稳定性 $I_{11}$ |
| | | 申请政府扶持困难 $I_{13}$ |
| | 资金风险 $I_2$ | 在校大学生或者刚毕业的大学生基本没有积蓄，政府的创业担保贷款难 $I_{21}$ |
| | | 资金自筹主要依靠父母亲朋的资助以及个人积蓄 $I_{22}$ |
| | | 外部资助主要来自由山东省政府的资金扶持 $I_{23}$ |
| | 市场风险 $I_3$ | 市场需求风险 $I_{31}$ |
| | | 市场竞争者风险 $I_{32}$ |
| | 项目选择风险 $I_4$ | 项目选择不当 $I_{41}$ |
| | | 缺乏市场调研 $I_{42}$ |
| | 性格承受能力风险 $I_5$ | 心理承受能力差 $I_{51}$ |
| | | 缺乏风险意识 $I_{52}$ |
| | 管理技能风险 $I_6$ | 管理方面的欠缺 $I_{61}$ |
| | | 财务管理上的漏洞 $I_{62}$ |

## 三、山东省农村籍大学生回乡创业风险防范对策研究

### （一）政府层面

1. 完善法律环境，落实创新创业政策

健全的法律制度和法规能够有效地保障创新创业过程的顺利展开，确保创新创业活动所受社会风险的影响被降到最低。许多大学生虽然有着创新创业的热情，但是由于缺少创业保障，加之创业资金和经验的不足，所以大学生不敢铤而走险，创业的热情很容易消退下去。因此，从国家的角度来看，需要加快完善立法，为大学生创业提供制度保障，这是十分紧迫同时也十分重要的。从微观角度来看，应该重点针对农村籍大学生创业的财税、融资等方面的法律条款予以修订，结合市场的发展情况，对不适宜的法律条款进行修改，建立完善的立法保障体系。从外部的风险防控角度着手，为农村籍大学生创新创业提供资金、知识产权等方面的法律保护，包括完善小额贷款等方面的法律法规制度，降低贷款的担保最低额度，合理调控贷款的还款期限，从而避免农村籍大学生创业阶段在融资方面产生的法律纠纷。有针对性地设置大学生创业财税制度，适当地减免创业税费，将农村籍大学生创业所涉及的税种纳入免税范围之中，从而在税收结构方面帮助农村籍大学生规避创业阶段产生的法律风险。

2. 建立社会资本对创业融资政策，降低农村籍大学生创业融资难度与风险

现阶段农村籍大学生创新创业中，融资问题一直都是头等大事，而对于农村籍大学生来说，融资困难则更需要政府出台相关的政策，为大学生创业融资降低难度，降低融资成本，开拓融资的渠道和方式。由于农村的特殊创业环境，需要因地制宜地制定相关政策。例如，农村籍大学生创业者们的创业项目涉及的资源或非物质文化遗产资源，政府可以对农村籍大学生进行特殊行业的创业优惠和资助，建立农村籍大学生创业的投资基金，并为其引进外资、提供技术指导教育等措施；还可以建设具有滚动孵化功能的中小企业的创业园区，引导和鼓励拥有一定技术专长和项目的农村籍大学生进入园区创业，享受园区的有关优惠政策等；引导和鼓励企业广泛参与，并为农村籍大学生创新创业提供切实有效的帮助。这些都可以大力改善大学生创业融资的政策环境，降低创业融资的风险。

3. 加强农村基础建设，优化农村的创业环境

（1）加快农村的基础设施建设

虽然我国农村人口密度和创业投资的额度都低于城市，但是我国农村的配套设施明显落后，这使大部分农村籍毕业生对于返乡创业望而却步。只有大力发展农村的经济，重点优化农村的环境，才能吸引农村籍大学生返乡就业，减少风险的发生。因此，国家应该加大力度对农村地区水电、交通和通信等基础设施的建设，为企业的发展铺好路。地方政府应该紧密结合社会主义新农村建设的方针，推动农业产业化发展，加

快农业综合开发，发展农村社会事业，改善农村居民环境，为返乡创业大学生提供良好的创业环境。

（2）优化农村的市场经济环境

自改革开放后，我国的经济发展迅速，但是农村和农业的发展严重滞后，城乡差距不断加大，工农业发展严重不平衡。因此，中央政府制定了“工业反哺农业、城市带动农村”的国家政策。随着国家政策对“三农”的倾斜，农村经济在一定程度上有了发展，农村面貌也有了较大幅度的改观。但是与工业相比，农业仍然是弱势产业，投资的风险高，回报周期长，回报率低，难以吸引资金技术与科技人才投入其中。因此，如果要进一步发展农村经济，打造农村创业就业的良好环境，就必须实现资源的优化配置。同时，必须加强对市场监管，掌舵市场的发展方向，切实将更多的优质资源投入农村的市场经济建设中。

（二）高校层面

1. 加强创业教育的培养

“双创”的大环境下，鼓励农村籍大学生群体回乡创业，首先需要创新创业教育作铺垫。从现状来看，我国创新创业教育基础比较薄弱，创新创业教育体系同发达国家相比存在较大差距。从长远角度来看，当前的形势下必须探索与构建系统的农村籍大学生创新创业教育和评价体系，提升创新创业教育的针对性。具体来讲，应面向农村籍大学生开设创新创业教育专业的课程，并加入学分的管理。创新教育的方法，注重理论教育与实践教学相结合，着重培养农村籍大学生的创业意识、创业认知以及创业能力，鼓励学生参加各类各级创业大赛，建立大学生创业成果展示平台。同时，高校应为农村籍大学生提供创新创业咨询机构，组建农村籍大学生创业指导顾问团，协助农村籍大学生实施创业项目风险评估，对市场拓展进行有效引导，跟踪农村籍大学生创业的进展，及时解决各种问题。举办创新创业大讲台，让有创新创业想法的农村籍大学生从企业家的创业经历中吸取经验与教训，提升抗风险的能力。

2. 进行风险意识的教育

各大高校可以有计划地对大学生开设有关于创新创业风险的课程，通过实际案例理性分析创新创业活动的复杂性，让农村籍大学生能够清醒地认识到创新创业历程中存在的各种风险，如何防范和应对创业过程中产生的危机，指导农村籍大学生在创业前期、创业过程中如何对待和化解创业的风险，促进农村籍大学生进行创新创业能力的自我培养和技能的提高。

（三）学生层面

1. 积极参加创新创业项目训练

一个好的创业构思是创业项目的重要来源，农村籍大学生一定要选择自己熟悉、擅长、有经验、资源丰富的行业，选择既有市场需求又能符合自己意愿的创业项目。

一旦有了较好的创业构思后，就要围绕这个构思开展一系列的创业训练活动，包括项目的设计、市场的调研、团队的组建、可行性的论证等方面。在认真研究创业项目的过程中及时发现问题，并且提出切实有效的问题解决方案，最终完成创业的计划书。创业计划书是大学生创业者创办企业的宏伟蓝图，一个优秀的创业计划书往往会让大学生创业者获得事半功倍的效果。创业计划书设计完成后，还要积极参与创新创业计划大赛，听取专家评委们的意见，完善改进创业计划书，争取得到省级和国家级大学生创新创业训练项目的立项，取得投资者的青睐，获得资金和政策方面的鼓励与支持，开展项目的前期研究准备工作。在创业项目的训练过程中，更加清晰地进行创业项目的可行性分析，更加清楚地了解自己创业团队的各种利弊，为创新创业实践活动奠定良好和坚实的基础。

2. 转变传统的思想观念

传统思想观念的存在是阻碍农村籍大学生回乡创业的一个重要阻碍，这在精神层面上阻碍着大学生的创业。在多数农村人的思想中，上大学的目的就是走出农村，大学生就要在城市中安家落户。由于农村观念的滞后性，对于走出农村又回到农村的大学生持有一定的偏见。在他们眼中，走出农村是“争气”“有出息”的表现，而毕业后再回到农村是“不争气”“没出息”的表现。因此，大学生创业者要对自身回乡创业有一个客观的认识，应该对回乡创业持有一种观点。首先要认识到回乡创业并不是对现实逃避的一种表现，而是能够更好地解决自身就业的一种有效途径。现在的农村需要发展，农村想要更好发展就需要高素质的劳动力。大学生回乡创业不仅能够带动家乡的经济发展，而且还是回报家乡父老的一种方式。

当前，农村籍大学生创新创业已成为全社会普遍关注的热点问题。农村籍大学生在创新创业过程中应发挥自身专业化水平较高、知识储备较为丰富的优势，并且通过加强认知教育、项目训练、仿真实习、实践活动等环节的训练，克服创新创业认识的不足、创业知识的缺乏、创新创业能力不强、创新创业项目模糊、创业精力不够等方面的不足。农村籍大学生创业者只要能扬长避短，充分利用创新创业环境，就能为创业经验的积累以及更好地自主创业打下良好的基础。农村籍大学生创业者只要拥有担当风险的能力，并有效规避风险，就必定能够成就自己的事业。

## 四、总结

农村籍大学生回乡创业，既能够实现自我价值，又能够为新农村建设注入新的活力，带动农村经济的发展。但是由于我国城乡发展的不平衡，政策、经济、文化等各方面依然存在着影响农村籍毕业生创业价值取向的不利因素。因此，各级政府、金融机构部门以及高校需要研究农村创业的特征，制定符合农村特点的政策与方案，为农村籍大学生回乡创业排除障碍。国家和各级政府出台的一系列优惠政策等积极措施，都为农村籍大学生开辟了更加广阔的就业渠道和多种就业形式，为他们提供了展示个人才华、实现自己人生价值的舞台。这为农村籍大学毕业生达成创新创业目标提供了有利条件和广阔空间。

首先，各级政府要加大落实力度，建立各级落实监督机制，制定进度表，安排专人进行监督，定期通报落实的情况，对于执行力度不足的单位和个人进行追责。其次，要加强农村基础设施建设。农村基础设施建设相对薄弱，建设资金相对不足，建议引进新模式，加强基础设施建设，解决农村籍大学生的实际困难。最后，要加大涉农项目的金融扶持力度。各级部门统筹协调，要适当提高农村籍大学生回乡创业的担保贷款额度。对回乡大学生创办的小微企业增大贴息力度，进一步增强大学生大干、长干的决心。

大学生要想获得创业成功，自身的主观条件也是极其重要的。例如创新创业意识、创业能力、创业知识、个人素质等。因此，高校要按照全程化、全员化、信息化、专业化的要求，进一步提升就业指导以及服务水平，将就业指导课程切实纳入高校教学的计划，鼓励和提倡所有高校开设就业指导的必修课，并依据各校自身的具体情况制定切实可行的教学计划。要让农村籍大学生以理性的态度，认清当前以及今后相当长的时期内依然严峻的就业形势，对此要做好充分的思想准备。要提倡创新创业精神，克服创业的畏难情绪，引导大学生树立创业意识和正确的择业观，帮助他们学好创新创业知识，为他们创设锻炼和提升创新创业能力实践的机会，为未来农村籍大学生回乡创业取得成功打下良好的基础。

农村籍大学生在创业过程中应当发挥自身专业化水平较高、知识储备较丰富的优势，通过加强自身认知教育、项目训练、仿真实习实践活动等环节的训练，克服自身创业认识不足、创业知识缺乏、创业项目模糊、创业能力不强、创业精力不够等五个方面的不足。农村籍大学生创业者只要能够扬长避短，充分利用全新的创业环境，就可以不断积累创业经验，更好地为自主创业打下良好基础。农村籍大学生创业者只要有能够担当风险的能力，并且有效规避风险，必定能成就超凡的事业。

# 乡村振兴背景下山东省新型职业农民培育工作探析*

顾欣欣**

**摘　要**　乡村振兴是一盘大棋，在2018年的全国“两会”上，习近平总书记在参加山东省代表团审议时，作出乡村“五大振兴”的重要论断，并寄语山东要打造乡村振兴的“齐鲁样板”。山东打造“齐鲁样板”既有明显优势，又有诸多不足，更有诸多普遍面临的痛点、难点，找准难点和症结，才能做到科学审慎决策。本文通过山东省新型职业农民培育工作概述，以东营市为例探讨新型职业农民职称评定制度的积极意义，并就如何更好地推进该制度在乡村振兴中发挥更大作用提出建议。

**关键词**　乡村振兴　新型职业农民　培育　职称评定

## 一、山东省新型职业农民培育概况

### （一）从“培训”到“培育”的分类型、分层次培育工作

新型职业农民培育将优选培育对象，以专业大户、家庭农场、农民合作社、社会化服务机构等主体及相应成员为主要对象，统筹考虑种植业、农机、畜牧兽医、渔业等相关产业从业人员状况和人才需求，按照其生产、经营、服务领域及规模的不同，划分为生产经营型、专业技能型、专业服务型三种类型，有针对性地开展职业农民培育工作。新型职业农民培育实现了从单向“培训”到复合式“培育”的转变，通过教育培训、认定管理和政策扶持，培育有文化、懂技术、会经营的新型职业农民。培训对象进一步聚焦到专业大户和龙头企业、合作社、家庭农场领办人与骨干身上，山东省农民培训工作向定向培训、精准培训发展。

在新型职业农民培育过程中，对不同类型新型职业农民按照培养目标不同，分类

---

* 本文系山东省高等教育人才研究会2019年度课题“乡村振兴背景下山东省新型职业农民培育机制研究”（RK19-8）结项成果。

** **作者简介**：顾欣欣（1985～　），山东邹城人，山东管理学院人文学院讲师，研究方向为公共管理、人力资源管理。

施策和因材施教，分类开展系统培训和精准培育，由省里统一制定分类培训规范，具体培训工作由省农村科技教育培训中心负责协调组织和业务指导。在新型职业农民培育工作中，山东省各地市尝试培训模式创新。例如，济南市长清区经营管理培训由省、市农广校集中培训 8 天；产业技能培训由区校承担，培训时间不少于 7 天；采取“请进来”“走出去”，充分发挥“四大课堂”优势，坚持产业、专业、职业三统一“农民点菜，专家下厨”。临沭县自 2014 年开展新型职业农民培训，采取“一点两线”（“一点”就是以当地产业为出发点，“两线”就是分别开展新型职业农民的经营管理和生产技能的培训）的培育模式，打造出一支“爱农业、懂技术、善经营”的新型职业农民队伍，为乡村振兴提供强有力的人才支撑，成为当下乡村振兴的重要力量。

（二）“新六产”模式高效增收

增加农民收入，保障有效供给，是农业供给侧结构性改革的主要目标。山东正以一种新型农业发展模式“新六产”，有效解决这一问题。“新六产”即将第一产业的农产品进行二产加工，由原本一份收入增值为两份，再通过三产的营销服务形成三倍收益，最终获得六份收入。“新六产”的本质是一、二、三产业融合发展。“新六产”模式拉长了农民增收链，是农业产业化的升级版。例如，高青县加快推进的“新六产”模式格外高效，依托所在地区丰富的农业资源，构建完整的食用菌产业链条，白背木耳年平均生产量达到 2000 多吨，并且大都出口到国外，多被用到韩国泡菜、日本料理上，离岸出口价高达每斤 28 元，是货真价实的“黑元宝”。

作为全省农业“新六产”示范县，高青县将发展“新六产”作为培育农业新动能和实施乡村振兴战略的重要举措，加快推进得益乳业一、二、三产业融合生态循环奶业基地、黑牛特色小镇、MAP 智农示范农场等现代农业项目，扶持森阳农业、田源农业等众多新兴产业项目加快做大做强，积极推动一、二、三产业链相加、价值链相乘、供应链相通，在种养加农工贸、产加销一体化的基础上培育新产业、衍生新业态，推动农业转型升级，促进农民脱贫致富。

（三）各种联盟助力新型职业农民事业发展

农产品销路不畅、品牌不响，是制约农产品销售和影响农民增收的关键因素。目前，山东省内基本建立了以县镇为单位的涉农电商联盟的统一销售平台，为客户提供技术支撑、品牌推广以及互联网运营等服务，各成员单位的农产品都在上面进行销售。通过网络平台，可以吸引全国乃至全世界的消费者，不但拓宽了消费群体，而且节约了成本。同时，各地通过已建立的新型职业农民联谊会、新型职业农民创业联盟、同学群等平台，结识了更多的新型职业农民学员，组成了不同产业的学员交流群，以互通信息，交流经验，总结教训，共谋产业发展。在农闲时，学员们举行小范围的聚会，一起学习技术，互相交流新思路、新经验，探讨生产和经营中的问题，邀请专家举办技术讲座，进行现场指导等。在农忙时，将问题发到学员群里寻求帮助，学员能解决的就给解决，解决不了的就想方设法再联系解决，互帮互利已让许多学员尝到了甜头，助力他们在致富奔小康的路上越走越快。学员在培训学习过程中，共同学习，共同交流，共同进步，互相关心，互相帮助，彼此之间结下了深厚的友谊。通过培训学习，广大学员拓宽了发展思路，思想得以解放，视野更加开阔，大家逐渐达成了共识。“一枝独秀”不是春，“百花齐放”春满园。现在的农民，靠单打独斗已不能适应市场，必须联合起来抱团发展，进行规模化、产业化经营，才能闯出名气，打开市场，增强议价能力、市场竞争能力和抗风险能力，才能获得更高效益。

例如，鱼台县王庙镇古李村创业的李小刚联合鱼台的农产品加工企业成立品牌联盟，并以联盟的形式，投资 150 万元成立了鱼台县品牌农产品展销中心，陆续推出鱼台大米、荷叶茶、龙虾等一批具有本地特色的农产品品牌。为了推广鱼台农产品，他和同事们以示范田制定生态农业种植标准，通过培训中心对合作的种植合作社以及家庭农场进行技术培训。通过物联网中心，对合作基地的种植过程进行监管监控，在农产品检测中心对种植出的农产品进行检测，确保农产品原材料达到标准；然后收购合作基地的农产品，储存并进行深加工；最后通过农产品展销中心展示销售。从品牌联盟成立到农产品加工企业新厂区建成，在过去的一年里，回到家乡鱼台县王庙镇古李村创业的李小刚感受到了乡村振兴战略的好处，让他的乡村创业走上了“快车道”，令他在展望新的一年时信心满满。

值得一提的是，自 2011 年返乡创业以来，李小刚设立了“五步走”的规划：第一步，把涉农企业建在农村，通过企业向社会提供绿色健康食品；第二步，通过企业整合当地土地，实现规模经营；第三步，通过企业给当地农民提供就业岗位，让农民变成新型职业农民；第四步，规划建设新型农村社区（田园城市），实现让农民不出农村就能过上城里人的生活；第五步，成立大学生创业联盟，带动大学生回乡创业，复制发展模式。

随着 2018 年古李村社区装配式小别墅项目样板房的建成，李小刚计划在 2019 年走好规划的第四步，以小别墅项目改善农民的居住条件和环境，盘活农村宅基地资源，为下一步发展乡村旅游、乡村养老、乡村医疗、乡村教育等乡村服务行业打下坚实基础。

另外，山东省妇联成立“巾帼返乡下乡”创业联盟，下设政策、金融、科技、法律、媒体五支“乡村振兴巾帼行动”服务队，旨在发挥联盟的人才聚集、示范引领优势，搭建起联盟会员与社会各界联系、沟通、交流、协作的平台，带动更多有志创业女性返乡下乡创业创新。此平台的搭建为向广大乡村女性传输新的发展理念，提供新的知识技能，带动广大乡村女性积极投身农业农村现代化建设发挥重要作用。

### （四）引进专家加入新型职业农民培育队伍

不自建校区，不自聘教师，通过活用共享思维挖掘盘活现有资源。山东省宁阳县创造性地成立了全省首家乡村振兴学院，走出了一条独特的乡村基层干部培训道路。虽然没有自聘师资，但并不影响培训质量，学院构建了沿京沪线“三小时高端师资圈”，与中国人民大学、上海交通大学、山东农业大学等高校合作共享师资，聘请国内知名专家学者100余名，同时邀请实践经验丰富的领导干部、先模人物、村党支部书记兼职教学。学院对外承接了重庆市、江苏省、济南市商河县、淄博市高青县等地培训班62个、培训4340余人次；对内承办各类观摩培训、主题党日活动537批31800多人次；接待青岛、烟台、德州等30多个市、县、区学习交流团队229批。

不求所有，但求所用。为推进乡村人才振兴，威海文登区镇村三级党委整合发力，积极推进与科研院所、知名高校合作，邀请国内外专家学者等高层次人才来文登参观指导、出谋划策，让更多智力资源向乡村汇聚。为智力资源下行“开渠”，文登全力打造乡村振兴研究院，构建智力资源“下乡”的常态化机制。成立短短半年多来，大水泊镇乡村振兴研究院就已引进清华大学等知名高校专家前来授课数十场，培训干部群众1000余人次，为文登新型职业农民培育增砖添瓦。

## 二、特色案例——东营市试点新型职业农民职称评定制度

为加强农村人力资源及“三农”人才队伍建设，山东省以东营市为试点进行职称评定制度。2018年通过职业农民个人申报、差额推荐、材料评议审定及面试答辩结合的形式，评选出24名中级职称职业农民和60名初级职称职业农民。这是从全市各县区推荐的109名人选中评定出的，通过率为77%。2019年12月，该市11名新型职业农民通过现场模拟授课及答辩的形式获评山东省首批高级职称，开创了山东省农村人力资源创新之先河。①

### （一）参评人员年龄及学历结构（见表1）

表1　东营市首届新型职业农民职称评定学历及年龄结构

| 年龄层次 | 大学 | 大专 | 高中/中专 | 初中 | 合计 |
| --- | --- | --- | --- | --- | --- |
| 30～39岁 | 7 | 1 | 3 | 3 | 14 |
| 40～49岁 | 4 | 20 | 11 | 3 | 38 |
| 50～59岁 | 0 | 11 | 18 | 1 | 30 |
| 60～69岁 | 0 | 0 | 1 | 1 | 2 |
| 人数合计/人 | 11 | 32 | 33 | 8 | 84 |
| 占比统计 | 13.1% | 38.1% | 39.3% | 9.5% | 100% |

### （二）参评门槛低，评定依据注重业绩导向

此次新型职业农民职称评定与传统意义上的职称评定审相比有很多不同。专家评

① 参见《乡村振兴，黄河入海口写新篇》，《农村大众》2019年9月25日。

委全部由熟悉农业和农村情况、具有较高农业专业水平的人员组成，考虑到大多农民受教育程度不高，理论知识少但实践经验丰富、实操能力较强的客观实际，对学历、论文等一概不做硬性要求，以此推进职称“业内评价”。评定形式上充分贴合农民工作实际，采取业绩陈述、面试答辩和综合评议相结合的方式进行，更突出考察实践能力，确保评出的人员具有专业性、代表性和示范性。对确有特殊专长，示范带动能力强，业绩贡献突出，获得县级以上政府或市级以上部门与农业相关的荣誉称号的人员开通绿色通道，不受资历等条件限制，可直接申报职业农民中级以上职称。

（三）建立后续激励考核机制，助力乡村振兴

人才培养过程中，合理的激励考核机制是非常必要的，此次评选东营市对获得职称的农民建立三方面激励机制：一是证书肯定机制，分别颁发中高级农民农艺师和农民助理农艺师证书；二是物质奖励机制，对获得初级、中级、高级职称农民分别给予3000元、5000元、8000元一次性补助；三是政策倾斜机制，通过远程教育、集中培训等多种方式开展技术服务，帮助获评农民持续更新知识、提升能力。同时，根据他们在银行贷款、产品推介、项目合作等需求给予绿色通道，另在财政扶持、评先树优等方面优先考虑。建立考核机制以发挥职业农民的示范带动作用，将获评农民全部纳入本地乡土专家库管理，签订《服务乡村振兴发挥示范带动作用承诺书》，明确要求他们必须承担带头应用先进技术、参与组织农民技能培训、发挥参谋助手作用等五项义务。对不履行职责义务的，规定不得申报高一级职称。

## 三、新型职业农民职称评定制度积极意义

（一）打造乡村振兴“齐鲁样板”的制度创新需求

山东省农业厅、农业广播电视学校、山东广播电视台乡村广播、山东省现代农业农村发展研究中心响应习近平总书记打造乡村振兴“齐鲁样板”的要求，携手联动，打造专业、权威，有影响力、公信力，扎根全省农村最基层的“三农”服务综合平台——山东省新型职业农民乡村振兴示范站。计划于2018～2020年，在全省择优建立1800家山东省新型职业农民乡村振兴示范站，每年选拔600家，三年遍布全山东，并评选出全省新型职业农民优秀典型。新型职业农民职称评定制度是乡村人才振兴的重大举措，是打造乡村振兴“齐鲁样板”的制度创新需求。

（二）促使新型职业农民高层次需求得以实现的动力

新型职业农民与传统农民的差别在于，前者是一种主动选择的“职业”，后者是一种被动烙上的“身份”。人们从当初无奈地被选择成为农民，仅将其作为自己谋生的手段，到现在时代要求成为农业主体，要求将农业作为新主体的职业，其意义上是十分不同的。获得的职称评定证书对新型职业农民个人更是一种肯定，更能激发他们进一步学习技术的热情，这使得他们从传统职业农民依靠农业实现生存和安全的需求等较

低层次，提高到拥有社会交际的机会，获得社会尊重等较高需求层次，甚至是实现自我价值的途径。

（三）促使新型职业农民培育工作“以点带面”，提高培育效率

近年来，新型职业农民培育工作实现了从单向培训到复合式培育功能的转变，通过线上线下培训、职称认定与管理和相关政策扶持，培训对象进一步聚焦到专业大户和龙头企业、合作社、家庭农场领办人与骨干身上，农民培育工作向定向培训、精准发挥职业农民带动效应。东营市建立乡土专家库资源，将获得职称评定的新型职业农民在专家库登记备案，签订服务乡村振兴发挥示范带动作用承诺书，明确他们必须承担带头应用先进技术、参与组织农民技能培训、发挥参谋助手作用等五项义务。这对于周边其他农民有明显的带动作用，提高了整体培育效率。这些获评的中高级农艺师和助理农艺师，无疑成为当地人才发展体制机制改革的有力保障，更是脱贫致富的骨干力量。

## 四、乡村振兴背景下进一步完善新型职业农民培育工作的建议

首次新型职业农民职称评定制度也存在一些问题，比如农民参与率较低，并非所有符合条件的职业农民都参加了此次评定活动。对学历无限制虽是此次评定制度的创新，确实适合初期评定，但从长远看并不适宜。在新型职业农民数量较为充足后，仍应设立学历门槛，进一步引导农民主动提升学历，并吸引高学历人才加入新型职业农民队伍。基于此，提出以下四条建议：

（一）加大宣传动员力度，让更多符合条件的农民参加职称评定

调研发现，有不少符合条件的农民并未参加此次职称评定的报名工作，部分因获得消息时间滞后，更多的是因为新农个人对该项政策并未充分了解，积极性不高。基于此，当地人社部门及农业部门应进一步加大宣传动员力度，深入农民群众身边，尤其是在村居社区设置宣传栏，讲解职称评定政策的详细流程和积极意义，让更多符合条件的农民获得职称评定，激励不符合条件的农民加强学习的主动性，提高技能，逐步靠拢，以此间接提升新型职业及农民整体技能水平。另外，着力引进大中专学生、退役军人、科技人员和企业主等乡村实用人才，推动优秀人才向“三农”领域会集，持续推进“头雁引领”“乡土人才库”工程。与此同时，充分发挥和调动广大群众的主观能动性，实施乡村人才技能培训计划，培育新型职业农民，农业职业经理人、乡村工匠、文化能人，鼓励更多农村青年学农务农，不断提升农民队伍的整体素质。

（二）充分利用乡村振兴学院的平台作用

充分利用乡村振兴学院对乡村人才振兴的平台作用。办好乡村振兴学院，既可推动乡村振兴的“人才振兴”，也有助于实现乡村振兴的“组织振兴”。实现好这两个目标，关键就在于把科研和教学活动同乡村振兴实践紧密结合起来，避免凌空蹈虚，力戒一曝十寒。做研究、谋设计、出主意、育人才、促孵化，但凡实施乡村振兴战略过程中涉及

的难点和盲区，乡村振兴学院都可以“管起来”。山东多地已建立乡村振兴学院，乡村振兴学院作为实现乡村组织振兴的中坚力量，同样担负着人才培育的重要任务。作为理论研究、培育人才、孵化基地，乡村振兴学院为农民提供政策及专业咨询，将新型农民培育工作融入乡村振兴学院各项活动中。另外，乡村振兴学院可与推动高校合作进行新型职业农民培育工作，利用职业院校的相关专业的优质教育资源服务乡村振兴战略实施，尤其可将职业院校教师的科研和教学活动同乡村振兴实践紧密结合起来。这样既给职业院校提供了实践基地，又给乡村振兴带来智力支撑。只有两者不断密切合作，理论授课和实践教学相结合，提高为新型职业农民培训的频率和质量，一支懂农业、爱农村、爱农民的“三农”工作队伍才会迅速壮大。基层广阔天地大可作为，乡村振兴学院应当用实用好。

（三）党政先行

“农村富不富，关键看支部；支部强不强，全靠领头羊。”推进乡村振兴和新型职业农民培育工作，选出一个好的村党支部书记很关键。作为乡村振兴的中坚力量，村党支部书记、乡镇街道干部等基层干部工作能力是否过硬，直接关系乡村振兴战略的落地质量。村党支部书记、乡镇干部等基层干部是服务在乡村振兴一线的决策者、组织者，更是实施者，是落实乡村振兴战略的骨干力量和基础力量，提高基层干部能力对于实施乡村振兴战略至关重要。培训好基层干部这些“领头雁”，进一步发挥党支部战斗堡垒作用和党员先锋模范作用，为奋力打造乡村振兴“齐鲁样板”提供坚强的组织保障，能有效动员广大党员干部群众参与实施乡村振兴战略中。

（四）进一步吸纳优秀人才进入村级干部队伍

拓宽选配“村官”路子，通过单位选派和社会公开招聘相结合的方式，选拔靠得住、有本事、群众认可、公道正派的中青年和农村能人担任村干部。重视后备村干部队伍建设，把返乡务工青年、返乡大中专毕业生、退伍军人培养与发展农村党员结合起来，建立一支年富力强、素质优秀的后备村干部队伍。

总之，从人力资源管理角度来看，有效提升新型职业农民的培育效果必须处理好培训需求和培训供给的关系，切实了解农民的真实需求。应提高新型职业农民在乡村振兴工作中的主导性，培养一批有文化、懂技术、会经营的新型职业农民，坚持实际能力业绩导向，通过职称评定制度增强对农民个人的绩效考核。以此制度抛砖引玉，鼓励和吸引各领域专业技术人才投身农业农村发展，切实破解乡村人才瓶颈制约，助力乡村振兴。各地市应结合自己的实际情况进一步加强政策扶持和跟踪服务，坚持按照职业农民的业绩能力为导向，将申报人的经营业绩、技术水平、解决实际问题的能力以及示范带动能力带来的经济社会效益作为主要评价依据，突出农业生产技术水平，提高产业示范带动能力，以职称评定制度抛砖引玉，鼓励和吸引各领域的专业技术人才投身农业农村发展，切实破解乡村人才瓶颈制约，助力乡村振兴。

# 驻潍高职院校创新创业教育与地方经济发展双促进研究*

吴鹏鹏**

**摘　要**　我国高职院校创新创业教育的发展非常迅猛，受益于政府政策的推力，形成了比较成熟的创新创业教育体系。新形势下，面对新旧动能转换的机遇期，如何让创新创业教育活力重现，服务地区经济发展，显得尤为重要。山东省潍坊市具有得天独厚的教育优势，高职院校数量众多、专业设置门类齐全、办学质量高、在部分专业领域具有明显的优势。本文提出了借助虚拟现实技术打造“互联网+”云平台，实现政府监督支持、行业指导帮扶、校企产教融合的运行机制，在提升创新创业教育水平的同时，对于促进地方经济发展具有重要意义。

**关键词**　创新创业　地方经济　双促进

## 一、课题研究背景

### （一）高等职业教育发展面临重大机遇期

自党的十八大以来，中共中央明确提出坚持“教育战略”地位不动摇，教育强则国家强，教育兴则民族兴。2019 年政府工作报告中又旗帜鲜明地指出职业教育与普通教育是两种不同的教育类型，具有同等重要地位，要加快发展现代职业教育，缓解当前就业压力、解决高技能人才短缺、服务当地经济。为此，国家相继出台了《国家职业教育改革实施方案》《中国教育现代化 2035》《加快推进教育现代化实施方案（2018～2022 年）》等文件，把职业教育摆在教育改革创新和经济社会发展中更加突出的位置，为新时代职业教育发展指明了前进方向、提供了根本遵循。

近期，山东省教育厅出台了《关于办好新时代职业教育的十条意见》，将职业教育

---

* 本文系山东省高等教育人才研究会 2019 年度课题“驻潍高职院校创新创业教育与地方经济发展双促进研究”（RK19-26）结项成果。

** **作者简介**：吴鹏鹏（1988～　），山东潍坊人，硕士，山东交通职业学院助教，研究方向为现代轮机管理工程。

摆在现代化教育强省和经济文化强省建设的大格局中系统谋划布局，支持潍坊市建设职业教育创新发展示范区，为全省职业教育改革发展探索新路径、提供新样板。新机遇下，面对众多政策红利，如何优化职业教育、主动服务地区经济发展，具有重大的研究意义。

### （二）高职创新创业教育体系有待进一步优化

2014年政府提出了“大众创业，万众创新”，受益于政府政策的推力，创新创业与经济社会发展深度融合，对推动经济结构升级、扩大就业和改善民生发挥了重要作用。2018年，国务院下发了《关于推动创新创业高质量发展　打造“双创”升级版的意见》，计划通过完善政策、减税减负、优化服务、搭建平台等一系列措施，进一步激发市场活力和社会创造力，推动创新创业向更高质量发展。

潍坊市在2018年政府工作报告中提出：必须以加速新旧动能转换为抓手，同步推进机械、化工、纺织、食品、造纸等传统行业500项技改工程。这些任务的完成必须依靠创新，创新是第一动力，人才是第一资源。如何让创新创业教育重新焕发活力、服务地区经济发展，显得尤为重要。

## 二、高职院校创新创业教育现状

### （一）创新创业教育的本质

创新创业教育是随着社会经济发展而出现的一种新型教育模式，从本质上讲是一种教育理念和育人模式。创新创业教育的核心目标并不是把每个学生都培养成企业家，而更多的是挖掘和培养他们的创业意识、创业精神和创新创业能力，通过提升每位学生的综合素质，最终推动社会的发展和进步。作为一种新型教育模式，创新创业教育更注重以下四个方面的内容：一是需要注重培养学生的创新创业意识，以提高学生的主观能动性；二是需要注重创新创业课程体系的开发，学生需要学习择业创业、战略规划、企业融资、市场开发等一系列内容；三是需要注重实战演练，鼓励学生多从参加技能大赛等实践活动中学习成长；四是需要注重资金投入，从校内的创业孵化中心到各种政府支持政策，需要社会投入更多的教育资源。

### （二）创新创业教育的现状

1. 创新创业教育发展迅猛

创新创业教育最初起源于美国，从初中教育阶段到研究生教育阶段均设置了相关课程，通过建立创新创业研究中心，政府出台相关的支持政策，国家大力发展创新创业教育，逐步形成了完善的教育研究体系，科学的评价体系和稳定的社会保障体系。①

---

① 参见［美］欧内斯特·博耶：《美国大学教育——现状、经验、问题及对策》，复旦大学高等教育研究所译，复旦大学出版社1988年版，第28～31页。

随后，英国、日本、新加坡和印度等国家相继大力推广创新创业教育，形成了自己的教育特色。

我国国内创新创业教育起步较晚，但发展较为迅速，目前主要有三类模式：第一类以中国人民大学为代表，教学重点是培养学生的创业意识，课堂主要进行理论讲授，构建创业所需知识结构，课后鼓励学生参加各种实践活动，通过将创新创业教育与素质教育相结合，提升学生的综合素质。第二类以北京航空航天大学为代表，重点强调学生创业知识和创业技能的培养，并为学生创业提供创业咨询和资金支持。第三类以清华大学为代表，强调创新创业教育和专业课程教育的融合，并为学生提供技术和资金支持，鼓励学生自主创业。

2. 创新创业教育存在的问题

由于国内创新创业教育起步较晚，大多数高校刚刚经过探索和起步阶段，部分高职院校在制定人才培养方案时，对于创新创业课程的系统设置有待进一步优化。这具体表现在四个方面：一是课程设置主要是通过在通识教育模块中开设“创业基础”必修课。此时学生处于刚入学阶段，对专业认知和职业规划了解较少，难以实现预期效果。二是课程内容比较单调，创新创业教师多是辅导员和就业指导教师，对专业学科了解较少。整个学校通用一本教材、一套教案，教学方法千篇一律，讲授过程中以理论课程为主，实践演练较少，学生觉得枯燥无味，学习兴趣不高。三是实践活动参与度不高，政策落实不到位，学生参与实践活动的机会少，覆盖面不广。四是创新创业教育与专业教育的融合程度有待进一步加深，部分高职院校将专业教育与创新创业教育在人才培养方案中独立设置为不同的模块，导致专业教育与创新创业教育融合程度较弱，没有形成培养创新型人才的合力。

## 三、潍坊地区高职教育现状

### （一）高职院校数量众多

作为国家职业教育创新发展试验区、山东省职业教育创新发展示范区，山东省人民政府和潍坊市人民政府出台了一系列政策文件，支持当地高等职业教育的发展。目前，潍坊市拥有山东畜牧兽医职业学院、山东交通职业学院、山东科技职业学院、山东经贸职业学院、潍坊职业学院、潍坊护理职业学院、潍坊工程职业学院、山东海事职业学院、潍坊工商职业学院、潍坊环境工程职业学院共11所高等职业院校，占据山东省高职高专院校总数量的15%，仅次于济南市，位居省内各地市第二。

### （二）不同院校之间特色专业优势明显

山东畜牧兽医职业学院、山东交通职业学院和山东科技职业学院均为中国特色高水平高职学校和专业建设单位。山东交通职业学院开设有车辆工程系、管理与信息系、公路与建筑系、航海系、机电工程系、基础应用系、交通工程系、科学与人文部等8个教学系部，交通特色明显。山东畜牧兽医职业学院设有动物科技系、宠物科技系、动物医学系、经济贸易系、食品与药品科技系、农牧工程与智能化系、基础教学部等“六系一部”，是全国最大的畜牧兽医人才培养基地。山东科技职业学院专业开设商务外语、纺织服装、机电工程、经济管理、建筑工程、机械制造、信息工程、生物与化学、汽车工程、艺术传媒设计等11个系部，办学实力较强。

## 四、创新创业教育与地方经济发展双促进研究

### （一）创新创业教育能有效促进地方经济发展

目前，全球已经进入知识经济时代，经济的发展已经不再单纯依靠劳动力、原材料和资本，而变成主要依靠知识、科技和信息，经济发展的最根本驱动力就是发挥人的创新潜能，以劳动者具备的创新创业能力，促进技术变革，延伸产业链，助推新产业的兴起。国家兴盛，人才为本，高职院校作为技术应用型人才培养的主阵地，只有通过提升创新创业教育水平来培养高质量的技术技能人才，才能为地方发展提供强有力的人才支撑，最终促进地方经济的高速发展。

### （二）地方经济发展能有效促进创新创业教育水平的提升

山东省教育厅在新出台的指导新时代职业教育发展方向文件中明确指出，高等职业院校应根据经济社会发展对技术技能人才的需求，系统规划职业教育培养体系，健全与区域经济社会发展紧密对接的学校和专业布局结构，支持以设区的市为单位，统筹规划市域内职业院校布局调整、专业设置、实训基地、师资队伍建设、人才培养等，统筹各类职业教育资源，与区域产业对接，实现差异化、特色化发展。驻潍高职院校人才培养的主方向应该与潍坊地区发展的战略目标保持一致和协调，为实现这一目标提供人才保证和智力支持。因此以地方经济发展为基础，开展相关研究，优化人才培养方案，对于提高人才培养质量，提高就业率具有重要作用。

## 五、驻潍高职院校创新创业教育与地方经济发展双促进路径探究

创新创业教育并不是孤立存在的，而是需要与地方经济发展相互融合、相互促进。本文针对创新创业教育教育中存在的问题，从优化人才培养体系、细化实践教学过程、提升社会服务水平和精准对接乡村振兴四个方面入手，以培养适合区域经济发展需求的高层次人才。

### （一）以“精准对接”优化人才培养体系

创新创业教育是一个多学科相互交叉的综合课程体系，在制定课程体系过程中应根据区域经济实际情况，结合本专业人才培养特点综合进行课程的构建和设计。本文在研究过程中以潍坊市“十三五”规划为总纲领，开展了大量实地调研，根据企业需求，调整人才培养方案，优化课程体系设置，增加“互联网+”和“课程思政”内容

的课时比例，注重培养学生的科学人文素养、工匠精神、职业道德、职业技能和就业创业能力。

1. 加强基础教育，强化专业基础

创新创业能力不是一蹴而就的，需要慢慢积累和培养，因此课程设计显得尤为重要。要按照人才成长规律，从基础技能到专业技能再到生产实践能力，到最后的创新创业能力，利用课程教学去培养。在设置创新创业课程时，划分成三大模块，分别是通识类课程、学科交叉类课程、研究与提升类课程。通识类课程主要包括“创业实务”“创业知识”等；学科交叉类课程主要包括“创业管理学”“航海创业设计学”等；研究与提升类课程主要包括“创造学研究”“产品开发方法论”等。

2. 加强创业教育与专业教育的融合

创新创业教育要淡化学科限制，注重与专业教育之间的交叉渗透。具体在设计论证过程中，不能所有专业都千篇一律，应综合考虑专业发展方向、人才培养目标、专业课程设置层次、学生学习基础等各方面，采用必修和选修相结合的方式。对于工科类专业的学生应注重创新创业技能的培养，对于人文科学类专业的学生则应注重创新创业思维的培养。同时，也可以让学生跨专业选课，促进学生知识结构的多学科交叉复合。

3. 建立科学合理的评价体系

对于创新创业的评价，不能单纯只看学生知识掌握的熟练程度，也不能单纯考核创办企业的数量，而是要考核其创新创业的综合素质，应建立以政府为主导，学校、中介组织、企事业单位等社会力量共同构成的评价主体，及时跟踪学生毕业后的发展方向和存在的问题。

### （二）以“技术服务”细化实践教学过程

实践是提高学生创新创业水平的重要路径，因此应加快推进“课堂革命”，探索建立课内实践和课外实践相结合、专业实践和创新实践相结合的实践教学模式，利用优质企业资源，促进专业课程渗透创新创业教育，促进学以致用、用以促学、学用相长。

1. 优化实践教学过程

在课题研究过程中，通过探索建立基于虚拟现实技术打造的“互联网＋”“双创”云平台，搭建校校、校企、校地、校所的协同育人新机制。通过搭建的“双创”云平台，企业发布技术攻关任务书，高职院校选择性接单，在坚持以专业教育为核心的前提下，通过将企业技术服务项目融入专业教学课堂，并以“技术服务”为教学主线开展创新创业教学，深化高职院校专业教育和创业教育的协调发展，提升高职创新创业教育教学水平。在技术服务过程中，要充分利用活页教材，及时调整授课内容，将新法规、新技术、新工艺、新规范纳入教学内容，推进现有科技成果的推广和普及。

2. 完善大赛训练机制

以赛促教、以赛促学是提升创新创业教育水平的重要手段，学校应建立并完善三级技能竞赛制度。首先是基于专业知识的技能大赛，包括各种专业技能大赛；其次是基于情景意识的创新大赛，包括校内模拟创业大赛、企业仿真技能实训大赛、网络实践模拟大赛等；最后是社会各级各类比赛，包括中国创新创业大赛等。在开展校内创新创业大赛时，注重遴选一部分优秀作品，配套资金支持，在校内孵化基地进行孵化，组建创新创业教育实验班，形成“导师＋项目＋资源＋文化”的梯队构成，促进科技创新与自主创业的深度融合。

3. 搭建创业孵化基地

以学校为主体，搭建社会各界力量组成的“产、学、研”全面合作联盟，吸引政府、企业和科研院所投入经费和政策支持，为项目培育提供便利条件，以提高学生的热情，保证人才培养好，留得住。一是完善配套支持，配备专业导师，从政策咨询、资金申请、登记注册、市场开拓等方面给予帮扶指导，帮助学生尽快成长为职业人，让更多想创业的学生走上成功之路。二是定期聘请创业成功人士进校园，通过讲述自身真实的创业经历，帮助同学们少走弯路，同时激发大学生们的创业激情，营造浓厚的创业氛围。三是建立创业校友会，搭建校友和母校之间的沟通桥梁，挖掘校友在促进就业方面的资源，鼓励校友回馈母校。

（三）以“跨界融合”提升社会服务水平

科学研究和社会服务是高等院校的重要任务之一，高校可以通过发挥自身学术优势和科研优势，服务区域经济发展，这也是创新创业型人才培育的有效路径。因此，高校教师可以鼓励并带领学生参加科研项目的申报。

1. 综合专业优势，校内专业跨界融合

打破专业限制，在校内组建科研团队。一是可以利用校内实训基地，与国内大型企业探索建立合作机制，主动承担涉农涉海培训和因去产能、淘汰落后产能产生的转岗培训及企业转型升级产生的技术技能提升培训，帮助他们二次就业。二是鼓励学生参加社会实践，探索通过学分置换、志愿服务的形式，带领一部分优异学生，走出去开展社会培训，借助“大篷车下乡”“田间课堂”，帮助农民工、退役军人寻找创新创业突破口。

2. 集中优势专业，校校之间跨界融合

通过搭建基于虚拟现实技术打造的“互联网＋”云平台，建立由高职院校牵头成立，企业、科技社团等共同参与的科技联合体，通过跨校合作机制的运行，实现科技资源开放共享，各高职院校的优势科研力量可以攥成拳，联合开展科研任务，实现“1＋1＞2”的效果。在开展科研任务时，应主要对接区域内的科技企业，特别是“十强产业”，帮助他们进行技术研发和产品升级，鼓励科研人员面向企业开展技术咨询、技术开发、技术服务、技术培训等。通过主动对接“经略海洋”“新旧动能转换”“军民融合”等国家重大战略，促使地域特色资源的经济潜力得到充分释放，开发并形成一批具有较强市场竞争力的新产业，力争由农业大省向农业强省转变。

不同院校之间的创新创业教育水平各不相同，开展的创新创业教育内容也不同。通过校校之间跨界融合，还可以促进相互之间的优质教育资源互通共享。一是成立区域性的创新创业教育研究会，建立专家库，针对区域内的人才培养需求，共同分析问题、探究原因、提出改进策略，促进各高校创新创业教育的良性发展。二是各高校的相同专业之间开展学术交流，通过“互联网＋”打造资源共享平台，定期开展教师讲学、教师访学和创新创业教育论坛等活动，相互取长补短。“他山之石，可以攻玉。”三是创新创业通识教育互通互认，对于创新创业教育开展较早、基础较强的学校，可以将基础课程开设网课，学校之间互通互认，以点带面，促进其他学校的发展。

### （四）以“产业智慧”助力乡村振兴

无论是大众创业，还是万众创新，都少不了一个“众”字。潍坊市作为农业大市，农业资源丰富，全市已经形成粮食、果品、食用菌、肉鸡等16个具有一定商品优势和市场潜力的技术农业重点产品。如何将农产品进行深加工，打造智慧农业，推动科技、人文等元素融入农业，稳步发展体验农业、创意农业、光伏农业等新业态，都需要适应时代发展的新型职业农民。

1. 利用校内优质教育资源培训新型农民

目前，农民适应生产力发展和市场竞争的能力不足，农村人才匮乏是农业农村面临的主要问题，主要表现在三个方面：一是基础教育薄弱，软件和硬件均比较落后；二是终身学习观念淡化，受家庭收入等种种原因的影响，辍学率较高；三是职业技术培训缺失，导致农村劳动力不懂技术，生产开发效益低，又无一技之长，导致致富无门、增收无力。

利用校内优质教育资源培训新型农民，一是完善社会资金引入制度，在合法合规的前提下，探索社会公益力量引入新模式。通过企业订单培养，实现企业资助与国家补助优势互补，解决贫困家庭教育负担问题，确保高中毕业生在没有考上大学之后，通过高职扩招D类学生进入学校，接受职业教育，掌握一技之长。二是优化培训形式，根据不同产业特点，采取集中式、分散式、分段式相结合方式开展技能培训，完善培训评价机制，督促培训专家开展入户指导、田间咨询、网络交流等跟踪服务。三是丰富培训内容，建立潍坊地区职业农民培训师资库，精选高校、科研院所科技拔尖人才作为新型职业农民培训教师，结合实际需求制定培训套餐，因地制宜地组织开展技术培训，培养一批农业职业经理人、经纪人、乡村工匠、文化能人和非遗传承人等。

2. 服务乡村文化振兴，提升“三个模式”软实力

文化振兴是乡村振兴的重要基石。乡村振兴，乡风文明是保障，作为一种精神价值和生活方式，文化在乡村振兴中具有不可替代的重要作用。但实际情况是大多数农村贫困群众接受新思想、新科技的能力差，无论是思维方式、生产方式还是生活方式

都跟不上形势发展，有的甚至存在较严重的“等、靠、要”思想，缺乏自力更生、艰苦创业的劲头，不思进取，无心脱贫。

通过课题研究，探究通过志愿服务的形式开展“四进社区”活动，即文艺汇演进社区、创业宣讲进社区、普法宣传进社区、敬老爱幼进社区，让学生在创新创业实践中和乡村振兴互促互进。通过在重大节日开展相关文艺活动，继承、弘扬、丰富优秀传统文化，在传承传统文化中培养学生的文化自信，将“立德树人”实践化。另外，通过各种形式的活动，可以为乡村振兴提供更加有效的软实力、构筑更加积极健康的文化软环境，为乡村发展提供更基本、更深沉、更持久的力量。

## 四、课题研究意义

### （一）积极响应山东省全面开展的新旧动能转换重大工程

山东省人民政府印发的关于新旧动能转换重大工程实施规划的通知中明确提出要坚定实施科教兴国战略、人才强国战略、创新驱动发展战略。

1. 积极响应科教兴国战略

在课题研究过程中，坚持教育为本，把教育摆在经济、社会发展的重要位置，先通过提升高校创新创业教育质量。有了这个前提条件，才能增强学生利用科学技术转化现实生产力的能力，提高科学技术对潍坊经济发展的贡献率。

2. 积极响应人才强国战略

在课题研究过程中，首先对潍坊地区经济发展展开分析，并以此为基础合理调整高校人才培养方案，保证高职创新创业教育改革方向与潍坊地区经济发展无缝契合，通过培养高质量的毕业生来反哺社会。

3. 积极落实创新驱动发展战略

在课题研究过程中，通过探索建立基于虚拟现实技术打造的“互联网+”云平台，搭建了驻潍企业和高职院校之间的沟通桥梁。在坚持以专业教育为核心的前提下，通过将企业技术服务项目融入专业教学课堂，深化高校专业教育和创业教育的协调发展，提升高职创新创业教育的教学水平。

### （二）助推潍坊市地区经济发展

产业强则城市兴，潍坊市“四个城市”建设的重中之重是打造产业强市。课题按照“立足专业，多元协同，能力递进，创产融合”的发展思路，探索借助虚拟现实技术打造“互联网+”“双创”云平台，通过“学分银行”等多种措施，凝聚高校和社会各界力量，进一步加强和改进创新创业教育，不断提升人才培养质量，助推“大众创业，万众创新”，为实施创新驱动发展战略、建设“四个城市”提供更大的贡献。

### （三）促进高职院校专业发展

高职院校创新创业教育研究与实践的重要目标就是缓解就业压力，千方百计地解决大学生就业问题。将高职院校创新创业教育与潍坊经济发展相统筹，坚持以市场需求为导向，注重问题导向与学科导向的辩证统一，及时调整人才培养方案，保证教授知识的整体性、时代性、开放性，有利于提升高职院校专业建设水平。

### （四）提高学生综合能力

以基于虚拟现实技术打造的“互联网＋”云平台为基础，探索建立校校、校企、校地、校所的协同育人新机制，以全覆盖、分层次、强重点三个阶段培养模式为思路，合理利用有效的教育资源，将专业教育和创业教育相结合，不仅可以加强学生理论联系实际的能力，还可以有针对性地、有时效性地培养学生的创新创业能力。

# 人才学科建设

# 高层次人才流动的“旋转门”制度研究*

郑海伟**

**摘　要**　人才流动“旋转门”是指个体在公共行政部门、企事业单位（含教学科研机构）、社会组织之间双向转换角色、穿梭交叉任职的制度和现象。“旋转门”现象存在于各国政府部门，在美国表现得尤为明显。本文通过分析国内外高层次人才流动状况和经验，在加强顶层设计、改革人事制度、完善法律条款等方面多措并举，搭建高层次人才流动的“立交桥”，让高层次人才自由地在社会各界流动，让“旋转门”在中国健康地旋转起来。

**关键词**　高层次　人才流动　旋转门

## 一、引言

### （一）研究背景和意义

1. 研究背景

近年来“人才战争”硝烟渐起。人才是经济社会发展的第一资源，综合国力竞争说到底是人才竞争。高层次人才是一个国家、一个地区或一个单位中起骨干和核心作用的人才，是关系一个国家发展的重要资源。目前，世界人才竞争的核心已经上升为高层次人才的竞争，许多发达国家通过改革移民和资助政策，加强人才吸引或留置力度。一些发展中国家也加入全球人才竞争行列，纷纷出台各种引才政策，招揽人才。

合理的人才流动有利于人才更好地发挥其聪明才智，为国家和社会创造更多的财富和价值。高层次人才流动既要尊重人才与市场规律，又要加强政策引导。随着改革开放的深入，国际间的竞争也越发激烈，高层次人才对各领域的影响力越来越大。本文正是在这一背景下，结合高层次人才流动现状，深刻剖析高层次人才流动方面存在的主要问题，提出相关解决措施，以期促进高层次人才的合理流动。

---

* 本文系山东省高等教育研究会2017年度课题“高层次人才流动的‘旋转门’制度研究”（RK17-4）结项成果。

** **作者简介**：郑海伟，河南周口人，山东英才学院人力资源处副处长，硕士，高级人力资源师、国家二级心理咨询师，主要研究方向为组织与战略管理、人力资源管理。

2. 研究意义

人才是兴国之源。高层次人才的合理流动能够促进市场经济的合理流动，但是，目前高层次人才流动存在诸多问题，如何利用好高层次人才为经济社会的持续健康发展做出应有的贡献，值得探讨和深思。本文的主要研究意义分为学术和实践两方面，一方面通过分析和研究国内外高层次人才流动的相关理论，指出其在这方面存在的问题和原因，探索高层次人才流动“旋转门”机制，可用于相关行政部门制定人才流动政策的参考，具有一定的学术意义；另一方面，在综合分析与研究的基础之上，结合山东英才学院引进高层次人才过程中存在的问题，以期促进大学高层次人才在横向和纵向的流动，因此具有一定的实践意义。

（二）研究范围和方法

本文采用的研究方法主要有：

1. 文献研究法

文献研究法是通过大量文献的阅读和学习，吸取了国内外专家学者的研究精华，形成了自己研究的理论框架。文献来源主要是学校图书馆网络数据库资源、学校图书馆馆藏图书、万方、知网数据库资源等，以获得与研究课题相关的文献资料。

2. 案例分析法

本文选择包括山东英才学院等作为案例进行分析，了解实践活动中的具体情况、具体问题，总结推广先进经验，进行总结、归纳与分析，使之系统化、理论化，对提出高层次人才流动“旋转门”制度具有重要参考和启发意义。

3. 理论分析与制度设计相结合

本文对高层次人才流动存在的问题和影响因素进行分析和理论识别。结合国内的政策现状和问题，提出促进高层次人才流动的新举措。因此，本研究力争将理论研究的创新和政策分析相结合，可为政策体系设计所用。

（三）创新点、应用价值

1. 选题的创新。“旋转门”机制源于西方，国内对于高层次人才流动“旋转门”制度研究偏少。“十三五”以来，国家出台《关于深化人才发展体制机制改革的意见》等一系列人事制度，促进人才流动与发展，本选题在此大环境下具有一定的创新性和实用性。

2. 研究内容的创新。本课题在查阅大量文献的基础上，通过研究和学习“旋转门”机制、理论和相关案例，分析和识别出了国内人才流动“旋转门”机制的功能与其相关影响因素，提出了一系列制度改进措施，顺应国家人才战略，以期促进高层次人才横纵向、产学研、体制内外等的合理、柔性流动。

## 二、“旋转门”制度及其主要功能

1. “旋转门”制度的内涵

“旋转门”（revolving door）原本是指连接建筑物与外界的通道，它最大特点在于双向流动，进出均不受影响。后来引申为一种人才流转机制，是指个体在公共行政部门、企事业单位（含教学科研机构）、社会组织之间双向转换角色、穿梭交叉任职的制度和现象，以实现角色转换，最大化发挥人才潜能。

“旋转门”机制是美国思想界、政界和商界之间通常的人才流动机制，研究人员、政界、商界人员的角色可不断转换，就好比进出旋转门一样。典型的案例有美国前国务卿基辛格，在进入政界前任职于著名智库哈佛大学国际事务中心；美国前国防部长拉姆菲尔德曾担任美国著名智库兰德公司的主席。①

2.“旋转门”制度的功能

作为人才流动机制，“旋转门”制度反映了现代社会人才流动的基本要求、规律和政策保障，在现代国家的政治运转和人才培养中发挥了重要作用。“旋转门”制度的建立有利于打破体制机制壁垒，有利于盘活人力资源，有利于畅通人才交流渠道，达到人力资源共享。对于高层次人才自身来说，在进出“旋转门”的过程中，逐渐丰富了学识、扩大了视野，逐步增强自身的综合能力素养。由此可见，“旋转门”机制的建设对于政府、企业、科研机构、高校建设以及学者自身的发展都有着重大的意义。

## 三、国内外高层次人才流动研究综述

### （一）国外研究现状

人才流动问题很早就引起了国外专家学者的重视，伴随着市场经济的发展与实践，国外对于人才流动方面的理论研究较为全面，形成了很多成熟完善并较为实用的理论体系，主要包括以下四个理论：

1. 舒尔茨的人力资本理论

西奥多·舒尔茨是人力资本理论的创始人，他在《论人力资本投资》中提出，人力资本形成包括教育投资、医疗保健投资和劳动力迁徙投资等几个方面，其中劳动力迁徙投资，用于劳动力市场行情调研机构的发展。通过医疗保健和教育投资形成人力资本的价值增值，往往通过劳动力的流动来完成。

2. 勒温的场论②

美国心理学家勒温（K. Lewin）模拟电磁场理论，提出了反映个人成就与环境之间关系的理论场论。该理论提出，一个人在工作中能创造的绩效，不仅与其能力和素质有关，还与他所处的环境有密切关系。这种关系用函数表示为：B=F（P，E）。其中，B代表个人所取得的成绩，P代表个人所拥有的能力和素质，E代表个人所处的环境。因此，一个人处于难以发挥作用的环境，将很难发挥其本身能力。然而，个人对

---

① 参见王薇：《关于美国智库“旋转门”机制的思考》，《法治与社会》2013年第8期。

② 参见王福波：《国内外人才流动研究综述》，《重庆三峡学院学报》2008年第2期。

环境往往是无法改变的，只能是离开这个环境来改变，进而形成人才流动。

3. 职业生涯理论

广义的职业生涯指一个人一生中所有与工作相关的行为和活动以及与之相关的态度、价值观、愿望等的连续性过程；狭义的职业生涯指直接从事职业工作的这段时间。每个职业生涯发展都有不同的任务、活动和条件。有统计表明，美国工人的平均任职期只有五年。人才流动可以促进员工找到与其个人目标、价值观比较一致的组织，使个人潜能得到充分发挥。

4. 目标一致理论

日本学者中松义郎在其《人际关系方程式》一书中提出了目标一致理论，即个人目标与组织目标完全一致时，个人的潜能就能得到充分发挥；反之，个人潜能就会受到抑制。中松义郎对此提出解决办法：一是个人目标主动向组织目标靠拢，引导自己的志向和兴趣向组织和群体方转移，努力趋于一致。但如果个人目标和组织目标之间的差距难以在短期内解决，则此条途径变得不可行。二是人才流动到与个人目标一致的新组织中去。个人的努力方向与组织的期望一致，个人行为更容易受到组织的认同和肯定。

以上几种理论主要从人才成长与发展角度进行分析的，也从微观角度论证了人才流动的必要性和必然性。

（二）国内研究现状

在中国，人才流动“旋转门”现象日趋成为人们关注的社会现象，但和欧美国家成熟的人才流动“旋转门”机制相比，中国的“旋转门”实际上并未真正开启，未真正“旋转”起来。中国出现的“旋转门”现象多为政府官员退休或离任后任职大学或智库，如国务院原副总理曾培炎离任后担任中国国际经济交流中心理事长、民政部前司长王振耀离任后担任北京师范大学壹基金公益研究院院长等。然而，反向的“旋转门”现象寥寥无几。国内相关研究成果主要包括以下三个理论：

1. 人力资本流动理论

北京师范大学经济学院李宝元教授在《人力资本与经济发展》中提出，人力资本的流动需具备三个条件：一是有自主的供求主体；二是有灵敏规范的工薪形成机制；三是有平等竞争的市场秩序。

南京大学商学院赵曙明教授认为，从全社会的角度来看，人才流动是优化资源配置、开发人力资源的必然。为了使人力资源得到充分的利用，提高人力资源的边际贡献，必然要求人力资源从相对富裕的行业、地区或企业流入相对稀缺的行业、地区、企业。

影响人才流动的原因很多，宏观上讲，人才所处的地理环境、文化背景、就业政策、法律法规、用工制度、社保体系、经济发展状况等都会对人才的流动产生影响。

2. 人才流动决策理论研究

赵曙明教授在《人才流动探析》中提出了人才流动组合决策模型，认为人才流动是否实现，取决于人才个体决策结果和组织决策结果的组合。其中，人才个体决策结果取决于人才流动收益和人才流动成本的比较，组织决策结果取决于人才使用收益与人才使用成本之间的比较。

3. 人才跨国流动理论研究

艾一平在《经济全球化背景下人才跨国流动的成因研究——兼论中国人才外流及对策》一文中提出了应用经济全球化有关理论，深入分析了经济全球化对人才跨国流动影响因素的作用。研究表明，在经济全球化背景下，人才跨国流动更加容易，存在人才跨国流动加剧的可能性。有专家说："没有中国人，硅谷就不能成其为硅谷。"目前在硅谷 7000 多家高科技公司中，大概有 2000 家企业是由华裔创办或者管理的。澳大利亚联邦政府做过一项调查，在澳定居的 15.5 万技术人才中，中国籍人才最多，其次为印度和新加坡。

## 四、高层次人才流动存在的障碍和问题分析

高层次人才的流动是一个复杂的社会现象，其产生和发展是由外部和内部多种因素综合作用的结果。以科研人员为例，研究发现，诸如"职业发展""与行业内知名专家共事"以及"加强与各国专家学者合作"等非经济性因素往往是促使他们进行国际流动的重要动机，其他因素如优质资源、提高跨文化能力和国际化水平等也十分重要，如表 1 所示。高层次人才的流动存在的问题和影响因素重点体现在以下几个方面：

**表 1　　一些国际研究中影响高层次人才国际流动的重要因素**①

| 发表年份 | 研究名称 | 研究对象 | 最重要的 3 个影响国际流动的因素 |
|---|---|---|---|
| 2011 年 | 欧洲科研人员职业及流动的挑战 | 欧洲 8 个国家 869 名科研人员，313 名相关人员 | 未来职业发展 |
| | | | 有趣的研究主题 |
| | | | 能够参与合作的研究项目 |
| 2012 年 | 国外出生的科学家：16 个国家的流动模式 | 16 个国家 17182 名科学家 | 促进未来职业发展的机会 |
| | | | 杰出的教职人员、同事或研究团队 |
| | | | 国外机构在本研究领域的声誉、优秀程度 |
| 2014 年 | 科学流动：对德、奥、法、英情况的分析 | 742 名在海外工作超过 6 个月的德国科学家 | 海外有更好的职业发展机会 |
| | | | 国内没有职业发展前景 |
| | | | 机会、公司、同事的声誉 |

① 参见熊缨、唐志敏：《国外高层次人才国际流动趋势及启示》，《中国人事科学》2018 年 1～2 期合刊。

续表

| 发表年份 | 研究名称 | 研究对象 | 最重要的 3 个影响国际流动的因素 |
|---|---|---|---|
| 2017 年 | 科研人员的国际流动 | 1285 名在英国的科研人员（包括英籍和非英籍） | 职业发展 |
| | | | 与专家同事工作 |
| | | | 从事特定研究主题的机会 |

### （一）高层次人才国家保护政策削弱了人才跨国流动

人才跨国流动，首先是期望构建有利的国际网络、合作关系和发展前景，提升事业的专长、资源和声望；其次是出于福利、户口等方面的考虑。人才的国际流动，不仅给目的国和来源国带来益处，而且对人才自身的成长也非常重要。

不同国家的移民政策、社会保障和福利政策是高层次人才的跨国流动重要影响因素。另外，针对科研人才的经费支持政策也是影响高层次人才流动的关键因素。难以获得经费支持是研究人员跨国流动的一个主要障碍，特别是在职业生涯早期阶段。其他更广泛的因素也会对高层次人才的跨国流动产生一定的影响，如文化、语言和地理位置远近会影响研究人员的跨国流动，家庭与亲友也可能是阻碍因素，对女性尤其如此。

近年来，很多国家实施“人才兴国”战略，出台各种政策从其他国家引进高层次人才，国家间抢才大战愈演愈烈。一些国家为了防止国内高层次人才外流，采取各种措施，如在出国、国际学术交流与合作、国外就业或兼职、跨国招聘会等方面设置障碍，阻碍了高层次人才的跨国流动。

### （二）高层次人才非理性竞争造成了人才资源损失

近年来，全国各省市、各高校纷纷加入了抢才大战中，人才竞争呈现白热化，高层次人才的引进俨然成了一场浩浩荡荡的运动。不少经济发达省市从经济欠发达省份或层次的大学“挖走”高层次人才，对高层次人才追逐的非理性，实质是一种消极的竞争方式，成了非此即彼的恶性角逐。“挖”来了人，可能科研条件、研究团队、学术平台和环境等跟不上，导致学术研究方面难以有新的大作为；“被挖”的大学因人才流失损失严重，最终演变成了“双输”的局面。从国家层面看，高校间的“挖人大战”更是一场零和游戏。

本科教学评估、硕士和博士授权点等对师资队伍指标提出了具体的学历结构、职称结构，激励了各高校开始加大博士学位人才的引进力度。近年来开始实施的“双一流”高校建设将这种人才竞争推向了白热化。该办法肯定了高校人才的重要性，同时也意味着各高校所拥有的“千人计划”“长江学者”等高层次人才的数量与最终评估结果相关，进而影响到获得的拨款数额。在这种情况下，选择以高薪与巨额科研启动费为筹码到“挖人”成为必然，结果造成高端人才资源损失。

### （三）人才评价的倾向导致高层次人才商品化

人才评价是人才发展的核心环节，既是培养、吸引、使用、激励人才的基础和依据，也是人才资源开发和使用的前提。人才评价的“指挥棒”指向哪里，人才就往哪个方向发展。人才评价的核心是评价标准，不同类型、不同层次的人才应有不同的评价标准。当前，人才评价标准不科学，存在人才评价唯学历、唯职称、唯论文、唯资历、唯技能等级等倾向，而对职业道德、创新能力、真实业绩、发展潜能、其他代表性成果重视不足。

人才评价的标准不能较好地反映人才真实的能力和业绩，头衔、荣誉称号、身份等被纳入量化评价指标体系，导致这些指标备受追捧，无形中构建起三六九等的等级制度。非理性竞相引才甚至“挖墙脚”现象不仅抑制了人才活力，造成了人才引进过程中商品化现象，影响了对高层次人才引进的量化评估，而且还造成了高层次人才资源的浪费。

### （四）高校重外引轻内育造成了高层次人才争夺和浪费

很多高校在全国性的抢才大战中，跟风攀比，生怕自己比其他高校引进的人才少。同时，在引才政策上，制定了有竞争力的人才引进政策，包括薪酬特别补助、安家费、住房补贴、科研启动费等，竞相比较，不仅使引才成本大幅攀升，而且使引才难度也不断增加，带来了原本稳定发展的高层次人才的忠诚度问题。

重视外部引进，一定程度上弱化了内部培养。高层次人才的培育是一个漫长且需要较大投入的过程，如果失去这样的耐心，都想着“拿来主义”，试图通过“走捷径”等方式来增强自身师资队伍水平，势必造成对高层次人才的非理性追逐，呈现功利化色彩。同时，也会造成高层次人才稳定性低、学科沉淀不深入、人才与岗位不能实现完全匹配和人才不能尽其用的问题，导致高层次人才在流动中的浪费和损失。

### （五）高层次人才流动“马太效应”导致人才断层

高层次人才流动的无序性，带来了人才在经济发达地区的聚集，而中西部经济欠发达地区大学因经济、地理环境等原因处于竞争的劣势，造成人才大量流失。由此带来了学科链条断裂，造成一流人才培养、一流学术研究的断层以及这些地区和大学创新发展能力被弱化等问题。

## 五、探索建立高层次人才流动“旋转门”机制

### （一）建立健全人才流动“旋转门”机制，引导人才有序流动

组织运转，机制先行。建立健全人才流动“旋转门”机制，推进高层次人才的合理、有序流动，首先要转变政府职能，做好顶层设计，加强宏观调控。不断完善人才管理体制，创设公平竞争、包容开放的引人、用人环境，发挥“旋转门”机制在高层

次人才流动方面的引导作用。坚持《教育部办公厅关于坚持正确导向促进高校高层次人才合理有序流动的通知》（教人厅〔2017〕1号）的精神，细化高层次人才流动的政策。注重宏观调控，进一步完善“双一流”评估体系，采取措施切实预防中西部大学人才的流失，支持中西部高校的“双一流”建设。加强对高层次人才流动的监督和管理，规范恶性竞争，治理高层次人才引进和管理的乱象。

同时，政府出台措施，探索借调、挂职、项目合作等柔性流动政策，鼓励符合条件的科研人员保留原单位基本待遇，带着科研项目和成果离岗创业；鼓励企事业高层次人才到高校、公共部门兼职；鼓励党政机关设置挂职锻炼岗位，吸引有创新实践经验的企业家和企业科研人员兼职等，实现人才的双向流动。

（二）改革国家人事管理制度，解除高层次人才流动之忧

进一步改革国家人事管理制度，包括户籍、人事档案、社保等，降低企业引进人才办理户籍、住房、社保、医保、教育、就业和各种证件手续的门槛，为高层次人才流动带来利好。对国外高层次人才来华，研究制定国家技术移民、投资移民等政策，完善人才签证、绿卡等管理办法，建设人才特区等。同时，放宽出入境限制，让人才在国家之间自由流动，形成人才有出有进的局面，让中国成为国际化中心，吸引和培养更多国际化人才。

（三）建设一流智库，架设高层次人才流动平台

“智库”是高层次人才聚集的中心，把智库作为“旋转门”制度的有效载体，建设具有中国特色高质量智库，推进国家治理现代化，在资政辅政、启迪民智、平衡分歧、聚贤荐才等方面发挥重要作用。高层次人才是智库的核心资源，“旋转门”制度让有能力的人自由地在商界、政界、学界流动，创新智库运营机制，打造中国特色智库人才“旋转门”。允许并鼓励党政机关部门或研究机构设立智库并领导智库，政府可在智库中选拔高级官员。现代西方实力较强的国家，其国家治理中高层次人才相当大比例来源于智库。这些智库严格依法管理、依法自治。

（四）健全人才评价机制，促进学术职业的学术型流动

完善高层次人才评价机制和考核机制，借鉴国际经验，研究建立各类人才能力素质标准体系，不唯学历、职称、人才称号、学术成果等惯常评价手段，而是通过高层次人才的实际业绩和实际贡献客观、公正地评价人才，克服唯名不唯实的评价现象。同时，引导和规范大学对人才引进的标准待遇，制定合理的待遇标准，上级主管部门加强指导、监督，避免不同大学之间待遇差距鸿沟，平衡资深人才与普通人才的关系。再者，健全学术市场，建立大学高层次人才的“学术型”流动的合理制度，让高层次人才更加自由地进行知识的创新实践。建立健全人才考核与激励制度，给高层次人才创造自由的空间和发展舞台。

（五）推行外引内育并举，变非理性竞争为合作共赢

2018年政府工作报告指出，深化人才发展体制改革，推动人力资源自由有序流动。针对高层次人才，应有“不求所有，但求所用”的态度。吸引人才不是一锤子买卖，不仅要引得进，还要给人才合适的发展环境和条件，确保人才开花结果。只有让引进的人才拥有发挥价值的空间和公平公正的环境，提供广阔的事业平台，才能让高层次人才产生持续的价值；破除不利于创新发展的体制机制障碍，培育有利于干事创业的公平环境，最大限度地激发他们的创新活力。外来的人才有其相应优势，但对于新组织、新团队的不熟悉，新人的到来也会带来部分负面问题。因此，强调从外部引进人才的同时，也不能忽视对组织内部人才的培养，切忌“重外引轻内育”，应着眼于长远发展，培育合适的土壤，让更多的人才“内生”出来。

（六）建立健全信用体系，实现个人利益与社会责任的平衡

“人无信不立，国无信不强。”诚信是中华民族的道德传统，是社会主义核心价值观的重要道德内涵，是做人、做事的道德基础。高层次人才在某一领域、行业和区域内的社会声誉度与影响力较高，决定了高层次人才的诚信标准应高于一般个体，应当成为诚信守诺的践行者与引领者。高层次人才是社会精英，要着眼于社会，用深刻的思想影响公众，以正确的价值观引领社会发展，弘扬和传承先进的文化，构建社会主义核心价值观。当然，在高层次人才的流动中，不能单纯依靠人的内在修养和社会责任的自觉履行，建立高层次人才诚信档案，对高层次人才流动进行电子记录；建立高层次人才诚信意识与责任意识培养制度，实现个人利益与社会责任的平衡。

（七）建立“旋转门”法律条款，营造公平公正发展空间

“旋转门”的潜在弊端，一是可能被利益集团用作影响公共政策的工具，二是可能带来权钱交易的腐败。这些潜在弊端是法律不健全或权力监管不到位所导致的。欧美一些发达国家，都在其公务员法规中建立了较为完善的“旋转门”条款。我国《公务员法》第一百零二条是涉及“旋转门”条款，但存在较多缺失，尚待完善。虽然我国对公务员离职后规定期限内从业予以了规范，但实施成效不佳。因此，一是要探索和确立我国“旋转门”条款的立法模式；二是要进一步调研并制定相关政策，奖惩分明；三是要完善并严格执行离任后利益回避的法律条款；四是要建立相关组织保障体系，加强指导和监督；五是要建立人事仲裁制度，及时制止组织之间“挖墙脚”等现象，维护组织和高层次人才的合法权益；六是要完善知识产权保护制度，依法保障高层次人才的各项知识产权和劳动成果，保障高层次人才在“旋转门”制度下自由发展，最大化发挥人才潜能，最终实现高层次人才职业发展、组织发展以及经济与社会发展的充分融合和价值最大化。

# 基于性别差异的高层次人才职业流动研究*

李仕超**

**摘　要**　人才流动问题同时影响资源配置和创新经济发展。本文重点探讨高层次女性人才职业流动问题，首先对人才流动进行界定，对国内外相关文献进行梳理；然后，对女性高层次人才流动的国内外现状进行了分析和描述；最后，提出提高女性高层次人才流动效率的对策建议。

**关键词**　人才流动　高层次人才　性别差异

当前，人才和创新成为经济发展的重要推动力。高层次人才在不同地理空间、不同职业和不同岗位之间流动，宏观上有助于国家人力资源的优化配置，微观上有利于个人能力的提升。因此，研究高层次人才的职业流动问题具有相当大的理论和政策意义。目前，促进高层次人才流动一直是我国劳动就业领域的重要关注点，也是我国区域经济发展的重要关注点。

本文认为，人才市场在区域、行业视角越来越趋于一体化。信息技术的发展加速了人才市场跨行业的一体化，交通运输业的发展加速了人才市场跨区域的一体化，组织结构扁平化的发展加速了人才市场跨组织的一体化。人才市场的一体化进程带动了个体职业流动的快速发展。高层次人才的职业流动将促进区域产业升级、创新型人才培养。同时，职业流动对于促进女性高层次人才的人力资本提升、职业发展都具有积极意义，比如，职业流动有助于个人成长，有助于提高工作绩效，有助于提高薪酬待遇，更有助于改善工作压力和缓解职业倦怠感等。

## 一、相关文献回顾与分析

“高层次人才”是一个相对概念，不同国家和地区在不同时期有不同的内涵和外

* 本文系山东省高等教育人才研究会 2017 年度课题“基于性别差异的高层次人才职业流动研究”（RK17-10）结项成果。

** **作者简介**：李仕超（1977～　），四川射洪人，山东女子学院工商管理学院副院长、副教授，研究方向为女性人力资源开发。

延，即使在同一国家、同一时期的不同层次、不同类型的组织，这一人才群体也表现出不同的特征。目前，人才学、人力资源管理、劳动经济等领域，无论是理论研究还是实践中，对“高层次人才”尚无公认的定义。有人认为，可以根据岗位的重要程度划分人才的层次，高层次人才是在关键、重要岗位上任职的人；有人认为，可以根据人才自身创造能力的大小划分人才，高层次人才是做出重大创造或贡献的人；还有人认为，从经济学角度看，高层次人才是在单位劳动时间内创造的价值大大高于一般人的人。尽管这些观点所采取的划分人才的根据不同，但都反映出了高层次人才的一些基本特征：高层次性、类别性、相对性、稀缺性和动态性。综上所述，高层次人才就是素质优于一般人才、贡献大于一般人才的人才，即人才中的佼佼者。

女性高层次人才则是同时具有高层次人才属性与女性自然属性的人才，与其他种类的人才群体的区别体现在性别差异、高层次性、稀缺性这三个本质特征上：性别差异性说明她们的性别为女性，高层次性表明她们居于人才金字塔结构的高端，稀缺性则意味着她们工作的不可替代性。[①] 与其他层次的人才个体的区别体现在较强的创新意识、创新能力、合作能力及敬业精神上，具有强烈事业心和社会责任感，具备创新精神和很强的创造力，并对社会发展和人类进步已经产生或有能力产生重大的推动作用。女性高层次人才本身就应具备创新意识、创新能力和创新精神，即创新型人才。

人才流动，从劳动经济学角度看，是一种投资行为，即劳动者衡量流动获得的预期收益是否大于其所承担的物质和心理成本[②]；从知识转移角度看，人才流动是组织内和组织间的知识获取与同化作用。

欧美发达国家因为社会经济发展程度、区域劳动管理市场一体化程度远高于其他国家，所以对于员工职业流动，尤其是高层次人才职业流动的社会实践和理论研究都走在了前列。比如，西方学者提出了劳动力市场分割理论，劳动者职业流动障碍在分立的劳动力市场中普遍存在。人力资本理论也认为，流动能提高劳动力的收入回报。

国内职业流动的研究对象主要集中在农民工这一流动性极强的群体。学者们从收入、人力资本等视角研究农民工的职业流动问题；也有少量学者关注大学毕业生职业流动、科技工作者职业流动以及社会工作者职业流动等。从研究视角来看，学者们通常从劳动力市场分割、收入、信息获取、社会网络等角度研究职业流动，也有极少数学者从职业流动中的性别差异的角度来审视中国的劳动力市场。人才流动类型的研究主要体现在以下两个方面：一是区域流动研究。区域流动主要指地区流动，我国大学教师校际流动性低于英、美、德、日等国家。[③] 二是体制流动研究。我国大学的长聘制

① 参见李燕萍、郭玮：《我国女性高层次人才内涵、类型及其成长的影响：基于文献研究》，《荆楚理工学院学报》2012年第12期。

② Ronald G. Ehrenberg, *Modern Labor Economics Theory and Public Policy*, Prentice Hall, 2011.

③ 参见吴培群、封化民：《大学教师校际流动性的实证分析——基于Web内容分析数据与国际调查结果的比较》，《科研管理》2013年第5期。

改革无法突破现有教师聘任制度执行中的困境，终身教职制固有的缺陷也未能有效回避。①

## 二、女性高层次人才流动现状

目前，女性高层次人才流动的形式主要有移民、留学、阶段性流动三种。在移民群体中，具有高学历和高技术的技术移民所占比例越来越高。这其中，女性高层次人才所占比例也越来越高。2018 年《中国科技人力资源发展研究报告（2018）——科技人力资源的总量、结构与科研人员流动》显示：不考虑专升本、死亡及出国因素，截至 2018 年底，我国科技人力资源总量达 10154.5 万人，规模继续保持世界第一。普通高等教育依然是科技人力资源培养的最主要渠道。我国科技人力资源继续保持年轻化，39 岁及以下人群超过 3/4；女性科技人力资源比例将进一步提升，研究生学历人才中女性超过一半。经济合作与发展组织《2017 年教育概览：OECD 指标》显示，博士阶段留学生的数量呈不断增长趋势。从 2015 年开始，在经合组织国家高等教育注册的学生中，超过 1/4 的国际学生是攻读博士学位。

国内高层次人才的大规模流动主要集中在环渤海地区、长三角地区、珠三角地区，还有成都、西安和武汉等区域经济政治中心。同时，东部省份在人才流动网络中处于重要地位；黑龙江、四川和湖北等中西部省份向东部省份大规模输送人才。

近年来，国际人才流动的新趋势之一就是越来越多的高层次人才更多地以临时性短期居留的方式进行流动。以美国为代表的发达国家也加大通过这种方式对高层次人才的吸引力度。比如，英国科学与工程推动协会的一项研究发现，英国的大学在 2014～2015 年里有 1/4 的学术人员来自海外，包括大量来自欧盟以外的科学家和工程师在英国工作。美国设立了临时工作签证（H-1B），专门短期吸引高层次人才。在澳大利亚，最常用的以短期形式吸引海外高层次人才的项目是临时工作（技能）签证。2005 年以来，每年获得该签证的人数超过了 5 万人。

近年来，高层次人才国际环流、母国回流趋势日益明显。传统上，国际人才流动的主要趋势表现为人才从欠发达国家、发展中国家流向发达国家的单向流动模式。最近二三十年以来，随着科学技术的快速发展，人类社会进入大变革时期。一方面，为了提升创新能力，保持国家竞争力，世界各国纷纷加大对人才的吸引力度；另一方面，以“金砖四国”为代表的一些新兴国家和发展中国家经济实力不断增强，生活环境不断向好，人才发展环境不断改善，引进人才的政策力度不断加大。人才环流、回流等双向流动或多向流动趋势日益明显，使得国际人才流动的模式日益多元化，不确定性不断增加。过去 40 多年来，我国科研人员的国际流动主要表现为净流出，但近年来回

---

① 参见朱军文、马春梅、李燕超：《从打破“铁饭碗”到重建“终身制”——研究型大学教师聘用改革的悖论与反思》，《高等教育研究》2017 年第 5 期。

流态势不断增强，主要来自美国、澳大利亚等发达国家的回流。经合组织一个研究报告指出，在1996～2011年，尽管美国总的科研人员流入总量远远超过流出总量，但是从双边流动的角度来看，最初在美国发表科研成果的科学家中，流入中国和韩国的数量多于流入美国的数量。

女性高层次人才在教育、科技以及商业和法律领域内流动趋势更加明显，形成回流趋势。根据一项对多个国家超过17000名科学家流动状况的调查发现，美国、加拿大、澳大利亚等发达国家具有国际流动经历的科研人员的回流率都比较高，其中女性科研人员占比越来越高。日本的回流率高达92.0%，澳大利亚达到70.8%，美国是74.2%。一些新兴经济体国家的回流率也较高，巴西是83.7%，印度是47.1%。另外，2013年欧盟发布的科研人员流动性与职业路径项目报告指出，受调查的在欧盟以外工作的科研人员中有23%的人员考虑在未来12个月返回欧盟；而在欧盟工作的科研人员中则有11%的人员曾返回过其国籍所在国，11%返回过其获得最高学历的国家。此外，印度有研究指出，2000～2004年，印度约有25000名在海外的信息技术专业人员返回该国。而据印度科技部对879名高层次人才进行的调查，2005～2008年，63%的受调查者返回了印度，其中9%受调查人员回国后在信息技术、生物技术、制药、农业等领域开展了新的项目，7.28%的受调查人员表示回国后有新的科研进展；3.86%的受调查人员表示回国后开发了新产品。[①] 所有的数据都表明，国际高层次人才流动变得更加多元化，女性在流动的决策中正扮演着越来越重要的角色。更多女性高层次人才也在流动中获得了更高职业地位、薪酬待遇等，真正实现了人生价值。

## 三、高层次人才流动的性别差异分析

高层次人才的流动是一个复杂的社会现象，其产生和发展是由外部和内部多种因素综合作用的结果，尤其是女性高层次人才更多地受到历史文化观念的影响，其流动更加复杂。近年来国外一些调查研究发现，对于高层次人才来说，一些非经济性因素，诸如职业发展、与行内知名专家共事以及加强与各国专家学者合作等往往是促使他们国际流动的重要动机，其他因素如优质资源、提高跨文化能力和国际化水平等也十分重要。职业发展是高层次人才国际流动最重要的因素之一。一些研究发现，对于处于职业早期阶段的科研人员而言，经济性因素是促使他们国际流动的重要因素。因为，流动意味着在等待国内发展机会的同时获得外国临时性的资金支持，可以为他们在国外就业积累国际经验，同时可以提高他们的技能水平和创新能力。对于处于职业中期和后期的科研人员来说，经济性因素往往不重要，职业发展、获得更多研究自主性的机会、与专家同行共事等是主要的驱动因素。女性高层次人才在职业流动的意愿、方

① 以上数据引自熊缨、唐志敏：《国外高层次人才国际流动趋势及启示》，《中国人事科学》2018年第Z1期。

向、动机、障碍以及流动的成效等方面与男性存在差异。相对于男性，女性高层次人员在职业流动与职业选择中更倾向于稳定有保障，或者流动到父母所在地、丈夫工作所在地，甚至更可能为了孩子的教育和抚育而非自己的职业发展而流动，比如流动到教育水平更高、教育环境更好的地区。另外，家庭和孩子因素影响了女性通过流动促进个人成长和自我实现的效果。

女性高层次人才在寻找和利用社会支持方面与男性存在显著差异，女性高层次人才流动的原因较少是为了寻求社会支持。男性在压力之下主要是依靠来源于家庭和配偶的支持；而女性更多会依靠同性朋友的支持，会更少地寻求家庭包括原生家庭的支持，配偶的支持几乎没有。女性高层次人才在职业发展过程中会更多地动用周围的社会支持，尤其是她们要进行职业流动时，这种现象尤为明显。跨地区、跨行业甚至是跨岗位的流动，都会争取来自其他女性的支持。通常女性高层次人才也会更多地主动寻求和接受支持，对所获得的帮助更为满意，并且更多地报告从同性亲人、朋友那里获得的帮助和社会支持。

女性高层次人才比男性更热衷于社会联系，她们在自我报告中表现出对社会性事件和社会联系中的危机事件有更多的关注。在工作压力和职业倦怠情境下，会有更多的女性高层次人才乐意提供某种支持给予他人。某些研究者在跨文化调查中也有类似发现，女性更多地结盟合作或保持集体主义，而男性更多地表现为个人的倾向。

研究发现，在多因素条件的影响下，流动对于高层次人才职业发展的促进作用存在性别差异。女性高层次人才的流动效果要远低于男性高层次人才的流动效果，高层次人才流动的过程充分体现了性别不平等再生产的过程。

## 四、提高女性高层次人才流动效率的对策建议

研究人才流动，根本的目的是要提高人才流动的效率，达到利用人才流动服务地方经济、提高个人人力资本的目的。女性高层次人才占据人才领域的半壁江山，更需要提高流动效率，提升其人力资本，实现其个人价值，且为地方经济做出贡献。

人才是第一资源，人才强国战略是党和国家确立的一项重要战略。党中央一直高度重视人才工作，认真贯彻“尊重知识，尊重劳动，尊重人才，尊重创造”的重大方针。党的十六大以来，中共中央全面部署实施人才强国战略，先后制定颁布了《关于进一步加强人才工作的决定》及《国家中长期人才发展规划纲要（2010～2020年）》，并组织实施了一系列高层次人才培养工程。同时，党的十八大报告也明确提出了实行人才优先的战略布局，把人才工作并列为党的建设的八项主要任务之一。目前，做好人才工作最重要的是抓好人才的培养工作以及保障人才作用的充分发挥。高层次人才是我国人才资源的重要组成部分，在经济社会进步的大潮中发挥着日益重要的作用。为了推动高层次人才队伍的成长壮大，要建立公开平等、竞争择优的制度环境以及良

好的人才激励机制，充分发挥高层次人才资源的创造性和创新性，营造全面尊重知识、尊重人才的社会环境，建立高层次人才平等团结和谐发展的工作环境以及待遇优良、无后顾之忧的生活环境，促使优秀高层次人才在制度的保障下以及良好的社会氛围中最大限度地发光发热，开创人人皆可成才、人人尽展其才的生动局面。

### （一）政府应该进一步完善相关政策法规，建构激发高层次人才创新能力的制度环境

高端人才的成长固然需要良好的自身素质和不懈的个人努力，但更需要政府尤其是人才配置不均衡区域政府的积极推动以及相关制度的及时有效供给。关注高层次人才的成长发展及其使用效率，必须要把相关机制、政策法规的建设和制定放在首位。也就是说，地方政府应该做好高层次人才发展的顶层设计，经由制度和政策的层面，解决高层次人才成长发展中面临的冲突及困境，以实现人才资源的共享以及平等自由的发展。

在高层次人才开发和成长的过程中，不仅需要政府制定相关的政策法规给予支持与保障，更需要各地、各单位部门切实贯彻和执行国家的这些政策法规，在就业、工作、晋升、提拔、评先、奖励等方面，都应该确保国家的各项政策落实到位。具体包括以下几点：

1. 继续实施积极的性别差异政策

在人类社会发展中，由于男女两性在实际生活中存在客观的社会及生理差异，女性往往处于相对不利的境况，尤其是在职场中需要和男性同事竞争的女性高层次人才，更需要政府具体采取有针对性的纠正措施和积极的行动方案来保障其在职业发展中合法权益的实现。政府要充分认识到促进女性高层次人才成长的重要性，切实从职业发展、生活等多维度、多视角制定确保女性高层人才成长的持续性机制和体制。首先，为女性高层次人才提供更多有针对性的职业培训、工作生活平衡培训等，通过卓有成效的职业培训与教育，帮助女性高层次人才具备足够的职业素养和能力，随时可以参与职业流动。其次，将女性高层次人才培育和发展项目纳入当地人社部门和妇联的整体发展规划当中，推进女性平等就业与发展。美国在 1991 年出台了《玻璃天花板法》(*Glass Ceiling Act*)，提出对女性的平等晋升做出保护，并依据该法成立了玻璃天花板委员会，借用政府公权的介入来打破两性职业隔离，促进两性平等，以消除女性晋升的障碍。再次，逐步实施组织管理层性别比例保障制度，推动更多女性高层次管理人才进入决策核心机构等，加大力度推进高层女性人才有效地参与决策和管理。最后，改革具有性别差异和性别歧视的退休制度。政府应该从实际出发，大力提倡落实男女同龄退休政策或者弹性退休政策，延长女性退休年龄，逐步地缩小并取消男女退休年龄差别，使女性人才的作用得以充分发挥，减少对女性人才尤其是女性高层次人才的浪费。

2. 进一步对科技发展带来的对传统的性别分工的挑战探索有效的解决策略

科学技术的发展尤其是工业机器人的出现，改变了三大产业在GDP中的贡献比，第三产业成为大多数发达国家的经济支柱，中国的第三产业也开始占据越来越重要的地位。第三产业的重大变化就是可以更多地忽略男性和女性在生理上的差异，更多地发挥女性热情、细腻、关爱他人的特点，也有更多的社会工作可以在家里完成，这使得传统的性别分工变得越来越模糊。进一步说，必须通过相应的政策制定和引导，对传统的性别分工提出挑战，即在鼓励女性走出家庭进入公共社会领域以建构平等和谐的两性关系的过程中，同时通过具体完善的公共政策鼓励和引导男性进入家庭领域，承担家庭的责任和义务。

（二）开展社会舆论宣传，积极营造有益于女性高层次人才成长的社会文化氛围

改革开放40多年来，我国妇女事业发展取得了长足进步，男女平等的基本国策以及先进的性别文化日益深入人心，女性人才日益成为推动我国经济社会发展的重要力量。但是，由于历史、文化、习俗及两性在职业发展中存在的社会及生理差异，在实际的职业发展中，男女两性存在深层的机会不平等。女性高层次人才更多地受到社会性别偏见的制约，在社会和组织系统中居于被“关照”、被轻视、被忽视的位置。所以，仅仅依靠制度安排并不足以保证女性高层次人才职业权利的实现，开展社会舆论宣传，积极营造有益于女性人才成长的社会文化氛围对推动女性高层次人才的成长壮大具有更加关键性的作用。

1. 在全社会营造鼓励女性高层次人才成长的性别文化氛围

性别文化是社会文化的重要组成部分，也是职业发展中关于性别公平的重要文化机制。职场中的性别文化是社会、组织、管理者以及同事性别行为，与性别有关的价值观念、制度规范和行为习惯的总和。职场中往往充斥着落后的性别文化，其以性别歧视为核心，强调男性在职场中的主导和领导地位，强调性别对立的发展价值观。社会需要积极鼓励营造的是先进的性别文化观念，倡导以性别平等为基本理念，强调能力优先，在职场中性别互容、男女平权、男女共业、男女互尊、男女共荣共强的性别发展价值观。先进性别文化的构建对推动女性成为高层次人才以及女性高层次人才自由流动意义重大。因此，在全社会营造鼓励女性高层次人才成长的性别文化氛围，逐步扭转社会对职场女性的偏见和片面认识，从而为女性高层次人才的健康发展、创新创业营造良好的社会氛围。

2. 要营造尊重知识、尊重人才，为女性高层次人才提供民主的社会环境

忽略性别差异的社会环境，鼓励构建两性平等和谐发展的工作环境以及待遇适当、无后顾之忧的生活环境。除了在全社会和组织中倡导先进的性别文化观念之外，在女性高层次人才成长发展的现实过程中，也需要在社会、工作、生活中给予女性人才更

多的关爱。具体来说，就是要努力消除阻碍女性人才发展的各种不利因素，为女性成才提供民主的社会环境，鼓励支持女性在高级岗位任职的组织环境以及理解包容的家庭环境，以保持女性人才成长的可持续性和创造性。在我国社会主义精神文明建设过程中，要努力克服传统思想观念的束缚，向全体社会成员宣传文明进步的妇女观，抵制和消除对妇女的歧视和偏见，形成有利于女性高层次人才成长发展的社会文化环境。

（三）大力发展教育产业，提高女性人才自身的素质和能力

推动女性高层次人才的职业发展和晋升，不仅要依靠政府和组织管理层的支持与帮助，更需要女性高层次群体自身的努力和奋斗。现代社会是一个充满竞争、挑战和风险的社会，女性面临着比男性更为严峻的竞争环境。女性自身综合素质是其最终社会地位的决定因素，是女性最终在多大程度上实现自我成长、自我价值的根基。女性高层次人才要想在激烈的职业竞争中脱颖而出，随时保持流动的能力，就必须充分发挥自身的主观能动性，全面提高自身的综合素质和能力。首先，要树立积极向上的人生观、价值观，着眼于自身特点以及兴趣爱好，努力学习。当今中国社会的高考、研究生入学考试等，越来越多的女性成为其中的佼佼者。在进入职场前，要加强学习，提升综合素质和能力，提升其学历，拥有进入优秀企业的“敲门砖”；进入职场后，要时刻牢记终身学习，把学习作为提高素质、迎接职业挑战、适应职业发展的不竭源泉，从而不断增强自身的职业竞争力。其次，要不忘初心，坚定远大的理想以及强烈的成就动机，即追求成功的内部驱力。人才成功的关键在很大程度上取决于人才良好的人格结构以及积极向上的精神风貌。

女性高层次人才是当前创新经济发展的重要资源要素，女性高层次人才的职业流动是深化创新经济的重要途径。本文受资料收集的约束，研究比较粗浅，但是为了更好地促进山东省区域经济发展，形成国内乃至国际经济中心、创新中心、高等教育中心，就必须以更加开放的态度、更加高效的制度促进高层次人才的自由流动。

# 医学类高等院校高层次领军人才引进与常态化培养体系建设研究报告*

朱延斌**

**摘　要**　党的十九大报告提出决胜全面建成小康社会，夺取新时代中国特色社会主义伟大胜利，医学高等教育和医药卫生事业发展也遇到了新的历史环境。国家出台的《“十三五”全国卫生计生人才发展规划》中提出：完善人才培养体系，加强医教协同，建立医学人才培养与卫生计生行业人才需求相适应的供需平衡机制，加强对医学院校设置、区域布局以及医学专业学科结构、学历层次、招生规模的宏观调控，增加人才短缺省份毕业生供给。医学生教育是我国高等教育中比较特殊的一个门类，不同于其他文学、理学、工学、法学、管理学的高等人才的培养模式，从基础到临床的教育阶段，作为教师给予学生的影响是非常之大的。本文从高等医学院校对高层次人才的不同需求出发，寻找出适合高层次人才发展的培养模式，使高校的师资队伍建设形成良性循环，这对高等医学院校的发展、人才的培养甚至我国医学教育事业的推进，具有重要的参考价值。

**关键词**　医学人才引进培养　医学高等教育　团队建设　可持续发展

## 一、研究背景：全国卫生人才状况

在当今社会环境中，人才已经成为社会最重要的生产力之一。高层次人才是我国人才队伍中杰出的群体，是具有典范作用和领军功能的核心人才。医疗卫生高层次领军人才是山东省医疗卫生事业发展的关键队伍。

高等学校是高级知识分子的聚居地，是理论创新、技术创新和知识向产业转化的主要力量。近年来，我国高校教育事业发展迅速，高层次人才的师资队伍建设、医疗

---

* 本文系山东省高等教育研究会2017年度课题“医学类高等院校高层次领导人才引进与培养体系建构研究”(RK17-16) 结项成果。

** **作者简介**：朱延斌（1981～　），山东泰安人，山东第一医科大学（山东省医学科学院）讲师，人事部（教师工作部）副部长，研究方向为人力资源管理。

卫生机构人才队伍建设问题日趋浮现，高层次领军型专业人才缺乏已经成为限制山东省高校持续发展的一大因素。

党在十九大中提出决胜全面建成小康社会。小康社会的实现，给卫生事业的发展提出了新任务。这要求完善人才培养体系；加强医教协同，建立医学人才培养与卫生计生行业人才需求相适应的供需平衡机制；加强对医学院校设置、区域布局以及医学专业学科结构、学历层次、招生规模的宏观调控，增加人才短缺省份毕业生供给。国家出台的《“十三五”全国卫生计生人才发展规划》中提出：

“‘十三五’期间，我国卫生事业人才发展的总体目标是：提高人才素质，优化人才结构，创新人才政策，健全体制机制，卫生计生人才数量、素质、结构、分布适应经济社会发展和人民群众健康需求。

“——人才资源总量稳步增长。到 2020 年，卫生计生人才总量达到 1255 万人，其中全科医生达到 30 万人以上。每千人口执业（助理）医师达到 2.50 人以上，注册护士达到 3.14 人以上，专业公共卫生机构人员达到 0.83 人以上。

“——服务能力大幅度提高。建立健全医师毕业后教育制度，加强职业道德建设，人才综合素质、专业技术水平和服务能力全面提高。

“——人才结构进一步优化。重点加强基层人才队伍建设，城乡每万名居民有 2 名以上合格的全科医生，农村每千服务人口至少有 1 名乡村医生。基层、公共卫生、急需紧缺专业人才队伍建设取得明显成效，城乡区域分布更趋合理。

“——人才管理制度创新性突破。逐步破除束缚人才发展的观念和体制机制障碍，人才评价、流动、激励机制更加完善，调动积极性，激发创造活力。”（见表 1）

**表 1　　卫生计生人才发展主要指标**

| 指　标 | 单　位 | 2015 年 | 2020 年 |
|---|---|---|---|
| 人员总量 | 万人 | 1069.5 | ≥1255 |
| 执业（助理）医师 | 人/千人口 | 2.22 | ≥2.50 |
| 注册护士 | 人/千人口 | 2.37 | ≥3.14 |
| 专业公共卫生机构人员 | 人/千人口 | 0.64 | ≥0.83 |
| 全科医生 | 人/万人口 | 1.38 | ≥2 |

作为医学人才培养基地的高等学府，加强师资队伍，是关系我国“十三五”医药卫生规划目标的重要影响因素。本研究以山东省高等医学院校为蓝本，针对目前基本成熟的医学人才培养模式下的师资队伍存在的问题，对医学高层次人才的需求以及人才市场中高层次人才的状况进行全面立体的分析。试图通过此研究，对医学高等院校引进高层次医学人才的方式方法、人才使用情况、团队建设培养情况、对医学生教育

师资队伍研究进行深层次的挖掘。

## 二、医学院高等院校人才队伍现状

医学生教育是我国高等教育中比较特殊的一个门类，不同于其他文学、理学、工学、法学、管理学的高等人才的培养模式。医学教育涵盖的门类非常广泛，共有为8个一级学科、55个二级学科分支。自2014年起，我国的医学教育主要实行“5+3”培养模式，即在高等院校医学类相关专业，必须经过5年医学本科教育和3年住院医师规范培训（规培）后，才能拿到执业医师资格证，成为一名真正的医生。

在成为一名医生的道路上，要接受各类教育和培训，必要的包括校内教育、毕业后教育以及继续医学教育三大阶段。高校所教授的医学理论知识，需要经过临床进一步实践和验证，毕业后的临床实践培训，才是掌握技能的关键所在。继续医学教育则是在掌握临床技能的基础上，将知识理论同最新的研究成果同步，这三个教育阶段缺一不可。

因此，在这个5～8年，从基础到临床的教育阶段，作为教师给予学生的影响是非常之大的。高等医学院校不仅是教书育人的场所，而且肩负培养和输送合格的医学人才的社会责任。山东省的医学高等教育一直处于比较稳定的状态，虽然起步较晚，但是经过30多年的发展，目前也具有较高专业水准的师资队伍。以山东第一医科大学为例，尤其是近年来我省高校适应办学规模迅速扩大的需要，以改革创新的精神，大力实施“人才强校”战略，通过制定和实施优惠的人才政策，逐步改变以往人才布局结构不尽合理、人才资源分布不够均衡的局面，积极推进人才工作机制创新，为各类人才创新创业营造良好环境，有效地解决了高学历高层次人才比重偏低尤其科研领军人才匮乏等状况，有力推动了学校各项事业的快速健康发展。

然而，目前山东第一医科大学的师资队伍与学校的发展规模不相匹配，仍有较大提升空间。主要因素有四个方面，第一，缺乏在全国具有较高影响力的学科带头人，团队意识和团队创建不足，目前的学术成果尚不足支撑学校的发展。第二是师资队伍的整体学术水平和素质有待提高，获得博士学位以及海归教师占比低。第三是人才管理方面需进一步完善，如人才的培养、评价和激励机制尚需完善；第四是对高级人才的重视度和服务度不够。

制定学科发展目标，确定学科研究方向和组建学科人才梯队是相互关联的三个要素。学科带头人应当具有何种素质，需要达成的预期目标，在人才引进之前需要有明确的界定，界定方向则应当根据学科现状和未来发展方向来确定。国家级重点学科应当参考国际领先水平，打造国内一流的学术人才及团队；省级重点学科以国内领先水平为参照，应具备带领学科团队向国家级重点学科冲刺的能力。

## 三、我国人力资源市场医学高层次人才分布情况及目标价值

2016年，据国家卫计委相关年度年鉴数据统计，医学类专业本专科招生人数2016年约为63.4万人，10年相比较增长了66.7%。医学类专业毕业生人数在2016年约为56.4万人，10年相比较增长了122.8%。博士、硕士研究生增幅更大，10年来医学相关专业人数总共增长137.0%，仅仅在2016年硕、博研究生就到达7.5万人的招生数量，较之上年度增加6.9%。10年累计增长3.3万人，增长78.5%。毕业生人数为6.3万人，同比增长2.3%，增速下降2.2%。①

从数量上看，我国高等教育近年来培育的硕士以上学历的医学毕业生持续增加，但是博士以上学历高层次人才就业方向呈现两极化现象，一是选择出国深造或者就业，二是选择经济发达的一线城市。由于国外开放的科研环境，大城市良好的待遇，只有极少数的高层次人才选择二三线城市就业。山东省在这一方面的表现尤其突出。根据引进人才学缘分析，在地域上，对高层次人才吸引力不大。

为分析这个问题，我们专门制作了调查问卷，通过网上调查的方式，选择了全国10所医学院校的硕士以上即将毕业的在校生，进行了就业观调查，基本情况总结分析如下：

1. 社会经济因素。这直接关系到择业后的生存环境，包括就业地城市发展情况、工资收入情况、消费能力甚至房价地价。

2. 发展环境因素。高层次人才落地，能够有足够的土壤充分生根发芽，开花结果，成就一番事业，有所成就。绝大多数毕业生在学习阶段就已经开始职业生涯规划，对于工作单位能够提供足够的空间施展才能，这是绝大部分高层人才考虑的重点。

3. 重点资助情况。很多城市针对高层人才引进出台了很多优惠政策，包括许多单位自行许诺的引进待遇，例如安家费、科研启动经费。这一点往往在不同的城市和不同的单位差别很大，也是影响高层次人才择业的一大因素。

4. 人文关怀情况。在硬性的人才引进政策背后，是来自社会和集体对高层次人才惜才的心态，例如，解决夫妻两地就业的问题、家属落户、子女入学等一系列细节问题。

5. 除此之外，还有很抽象的一点，就是对于高层次人才的价值认同感。高层次人才往往可以更好地承担艰巨复杂的实践操作专长，他们的优势难以被替代，具有资源的稀缺性。所以，能够综其所需，发挥他们最大的价值，是高层次人才心理价值认同感的关键。

---

① 参见李功华：《医学专业毕业生就业政策、就业现状及对策研究——基于十所高校医学专业毕业生就业趋势及影响因素调查》，山东大学硕士学位论文，2018年。

## 四、国外医学高层次人才培养使用模式

目前，以全球领先的美国医疗人才为例，其国家医学院院士共有2000余名，其中有94名也是诺贝尔奖的获得者。[①] 在诺贝尔奖（医学）得主中，英国有30名，德国有16名，法国有11名，日本有4名，中国仅有屠呦呦1名获此殊荣。因此，提供留学服务、高薪待遇、移民绿卡蓝卡计划、猎头公司聘请等几种方式，极大地吸引了国际医疗卫生人才的注意力。

1. 通过提供留学机会吸引人才。经济全球化发展是人才成为流动的发展力。各国通过各种手段吸引青年优秀人才到本国家深造，通过提供留学机会，既增加了教育收入，同时又能够储备大量的高精尖的人才资源。很多发达国家在20世纪80年代就清晰地认识到人才在对外来科技开发的影响，实施了大量的人才吸引计划。在20世纪80～90年代，发达国家不断增加接收国外留学生到本国深造的数量，比如日本每年增长率在15.5%，美国和澳大利亚也超过了10%的增长率，分别是13.9%和11.5%的比例。[②] 发达国家充分掌握了部分发展中国的心理，尤其是一些对深造需求迫切的优秀青年，针对这部分人群制定了很多优厚的政策，对于签证的办理、学费的减免、各类奖金的设立甚至降低各种收费，来吸引人才留在本国。

2. 通过丰厚的薪酬待遇和科研条件、工作机会来吸引全世界的人才从事本国的科研医疗工作。科研条件和科研环境是很多高层次人才非常看中的一个方面，对于职业生涯规划发展有着主导作用。很多发达国家就充分认识到这一点，使用比在发展中国家高出几倍甚至几十倍的薪酬抢夺人才资源，利用他们的经济优势，很多医学毕业生可以获得1.5万美元/月以上的收入。[③]

3. 发放“绿卡”，取得永久居留权甚至允许加入本国国籍是部分发达国家最常用并且行之有效的一个抢夺发展中国家优质高精尖人才的重要手段。比如美国就曾经为了专门留住医药卫生高级人才而设立了职业移民相关的规定，甚至修改了相应的法律，放宽了对签证的办理和数量。

另外，有些国家为高层次国际人才签发单独的许可居留权，通过累积落地年限，可以升级为无限期的居留权，甚至薪酬也高于当地的普通工资标准。日本甚至可以与他国认证相应专业领域的考试成绩，以保障本国对国际人才的吸引力。

4. 根据国际人才竞争的发展，很多国际人力资源猎头企业成为全球化人才转移的伯乐。尤其是高精尖人才，甚至已经发展成为一个产业链。加之21世纪以来网络的迅速发展，巨大的信息量使得世界各地相关联变成一个地球村，人们足不出户，动动鼠

---

① 参见高翔等：《高层次医药卫生人才队伍建设的思考与建议》，《国际药学研究杂志》2018年第2期。

② 参见袁旭东：《中国引进海外人才的理论分析与实证研究》，吉林大学硕士学位论文，2009年。

③ 参见袁旭东：《中国引进海外人才的理论分析与实证研究》，吉林大学硕士学位论文，2009年。

标就可以通过人力资源猎头实现网上求职，或者发掘他国人才。这样快速、有效的共同洽谈和人力资源的共享甚至争夺，已经成为当下最有效的国际人才竞争手段。

## 五、对国家及省医学类高层次人才的扶持

近年来，中央逐渐加大了对高层次人才支持和投入，“万人计划”“百千万人才工程”、国家杰青、国家优青、“973”计划和重大科学研究计划项目首席科学家、教育部“长江学者和创新团队发展计划”等国家层面人才战略工程的实施，高层次人才医药卫生队伍，无论是在数量上还是质量上，都有了长足的发展，“十二五”至“十三五”期间，共有43名优秀高层次人才入选了卫生系统中科院院士，另有28名优秀高层次人才入选工程院院士。①

在国家的重点扶持下，我国的卫生高层次人才队伍呈现出全面提高的良好局面，但是整体结构不合理。首要问题就是学科带头人年龄普遍较大，目前，我国尚没有低于50岁的青年学者，而科学创造高峰期在30～50岁。整体结构需要大幅度地优化。

习近平总书记在党的十九大报告中提出了关于人才工作的新要求，为进一步加强我省卫生健康领域学科发展，惠民利民，推动“健康山东”及医养健康产业发展，在省人才工作领导小组办公室的组织推动下，依据《“健康山东2030”规划纲要》文件规划、《山东省“十三五”人才发展规划》相关要求，在全省实施“齐鲁卫生与健康领军人才培育工程”（以下简称领军人才培育工程），于2018年11月9日公布了《齐鲁卫生与健康领军人才培育工程实施方案》。自2018年起在全省医疗卫生机构实施领军人才培育工程，用5年时间，选拔100名左右齐鲁卫生与健康领军人才和300名左右齐鲁卫生与健康杰出青年人才。其中，近三年从海外、省外引进的人才数量不少于20%。领军人才培育工程每年遴选一批，管理期为5年。

### （一）齐鲁卫生与健康领军人才

计划每年遴选20名左右（中医药专业不少于5人）有一定科研工件能力和临床经验丰富的专家、学者、教师，通过临床实践、科学研究和技术创新，带领所在学科（专科）在前沿领域快速发展，实现科研技术攻关，产学研结合，为泰山学者特聘专家等省部级人才工程储备高层次人才。

### （二）齐鲁卫生与健康杰出青年人才

计划每年遴选60名左右（中医药专业不少于15人）临床和科研水平较高、有独立从事高水平科学研究能力及解决本专业疑难复杂问题的经验、具有一定的组织管理和协调能力、发展潜力大的青年人才作为培养对象。通过学术交流、专业培训等方面的支持，促进其快速成长，成为具有较高水平的学术或学科带头人，为泰山学者青年

① 参见高翔等：《高层次医药卫生人才队伍建设的思考与建议》，《国际药学研究杂志》2018年第2期。

专家等省部级人才工程储备优秀青年人才。

人才待遇方面：(1) 省卫生计生委为领军人才培育工程人选分别授予“齐鲁卫生与健康领军人才”“齐鲁卫生与健康杰出青年人才”称号。(2) 领军人才培育工程实行项目管理，工程人选单位负责对工程人选进行项目资助。在管理期内，项目资助领军人才每年每人不少于5万元，杰青人才每年每人不少于3万元。(3) 工程人选经批准实行年薪制、协议工资制的，其薪酬在管理期内纳入事业单位绩效工资总量管理，但不作为绩效工资调控基数。转化科研成果获得的股权、期权及分红激励，不纳入绩效工资管理。(4) 工程人选作为引进高层次人才首次参加职称评审时，不受本人任职和年限限制，可按照业绩、能力、水平直接申报相应的职称，其海外工作经历、学术和专业技术贡献可作为参评依据。工程人选是博士后流动站、工作站（基地）在站（基地）博士后的，可直接参加职称评聘；出站（基地）后在站（基地）期间科研成果作为评聘依据。(5) 全职引进的工程人选，首次进行岗位聘用时，相应岗位没有空缺的，可根据资格条件突破单位岗位总量和最高等级结构比例限制，使用特设岗位聘用。(6) 在不涉及国家秘密或商业秘密的前提下，工程人选需要借助省内科研平台进行资料查询、实验和产品研发的，对其使用的科研场地、仪器设备等按有关规定给予支持。工程人选可授权使用山东省全民健康信息平台中的数据，在山东省医学科技奖评选中设立青年组，优先推荐杰青人才参评。(7) 工程人选纳入卫生计生系统党组（党委）联系专家范围的，优先推荐评选劳动模范、先进工作者等荣誉称号，优先推荐参加省非教育系统政府公派出国留学项目，优先推荐省级医学类社会组织兼职。用人单位每年为工程人选组织一次体检，标准和项目可个体化设置。

山东省出台的此项政策，将极大地推动医药卫生人才引进和培养工作，对推动我省医学高等教育人才的开发和使用，发挥着重大的促进作用

## 六、医学类高等院校高层次领军人才引进与培养体系建设探究

### （一）存在的问题

1. 医学类高等院校人才引进和培养机制不成熟。绝大部分医学类高校都属于公办院校，对于机构设置和编制核定有着较多的限制。政策不灵活，对于学科发展和教学所需的人才估计不足，在科研的导向性和可持续发展方面缺乏行之有效的规划，尤其是在科教融合、产学研结合的整合方面，有些人才重复引进，有些急需人才几年都无法到位。

2. 人才扩充的方式过于单一，一味地依赖人才引进，而对自身的师资力量水平培养、提高的重视程度不够，使现有的师资队伍没有最大限度地发挥能量。

3. 随着改革开放和市场经济的竞争，我省的社会经济发展不低沿海发达城市。在改革开放的初期，各类商海人才呈现“一江春水向东流”的态势，使各经济特区迅速

崛起，相应而生的是引发了高层次人才的动荡。尤其是山东省这样的农业大省受影响很深，高校人才流失严重，尤其是医学类人才，很多高校教师、科研人员、公立医院的专家被高薪聘请到我国沿海经济发达地区从医，而使得我省的医疗、科研、教学方面进步缓慢。

4. 可持续发展模式为形成规模。由于缺乏战略规划，引进人才为了满足短期目标需求，没有科学规划发展方向和研究目标，没有适合生长的科研环境和团队，未能达到人尽其才，空有学者的头衔，没有学者的成就，长此以往的结果造成了人才闲置或者是引进人才的再次流失。

5. 梯队年龄不合理，师生同门现象严重。在我省医学院校同出一师、师生同堂任教的现象比比皆是，导致在研究方向雷同、思路不开阔。自高校扩招以来，为了满足教学需求，引进了大量的年轻教师，导致师资队伍梯队不合理，青年教师占了绝大多数，作为中坚力量的高层次人才比例过低。

6. 对高层次人才的职业道德要求需要提高。无论是作为高校教师，还是临床医生，还是科研工作者，都要有过硬的道德操守，没有道德约束的高层次人才，学术水平越高，潜在的危害越大。在经济高度发达的当今时代，金钱成为很多人衡量利弊的标准，在利益的驱使下，个别地区出现了师德失范、医德失范、学术造假、学术腐败的案例。这些都是高等医学教育发展过程中需要通过职业道德教育来克服的问题。

所以，系统分析高层次人才在医学领域中的发展和需求，掌握高层次人才的培养模式，使高校的师资队伍建设形成循序渐进、可持续发展的模式，良性循环，对我省医药卫生事业和高校建设与事业发展、高层才人才的储备有指导性作用。

（二）解决问题的基本思路

1. 精准引进对口人才、大量吸引后备人才。优秀的人才需要适合的土壤才能生根发芽，开花结果。一个优秀的人才在良好的工作、科研环境中能够带动一个团队，形成一股合力，攻坚克难，才能产出成果。所以，要摒弃之前高校、科研院所、医疗机构胡子眉毛一把抓，是人才就引进，引进后却无法产出成果的弊端。要做到精准引进，在引进前要进行客观公道的论证和考评，对标国际研究水平，确保论证一个，引进一个，成熟一个，带动一个。对于学科发展继续的对头人才，要灵活对待，而不能只看人才在现阶段取得了什么成果，要考虑到自身的土壤和环境能够给人才带来怎样的发展，我们预期怎样的成果，适量吸引后备人才，充实教学、科研、临床一线的后备人才力量。

2. 采取激励机制，用市场手段进行调节。改变之前高层次人才按编制享受待遇的传统做法，统筹科研资源，建立科学、合理、高效的资源配置体系。对不同类型人才实行分类引进，按照“非升即走”、能进能出、能上能下的动态管理方式进行管理，实行高层次人才 PI 制、年薪制、柔性引进等与国际接轨的现代管理服务体制和创新培养模式。

3. 消除学科壁垒，有的放矢。围绕国家战略新兴产业与医养健康产业关键核心技术，按照战略团队科研方向、领军团队科研方向、具有潜力科研方向等三个层面，挖掘凝练研究方向，资助建设一批创新团队。强化科研项目的组织工作和前期培育，挖掘科研项目申报潜力，保证科研项目的稳步增长。建立跨学院、研究所、医院的协同攻关和科技资源共享机制，形成若干多学科攻关群体和跨学科平台，争取更多的国家重大科研项目。

4. 引进一个人才，培养一个团队，实现人力资源的优势循环。引进与培养并重。高校作为高学历知识分子的聚居地，充分发挥自身的资源优势是人才建设可持续发展的优势之一，发挥高层次人才的领军带动作用，以高精尖的科研项目为依托，组建一批具有专业水平、发展前景的学术团队，通过互相影响，发挥特长，共同承担项目研究，带动整体科研、教学水平的提高。

5. 加强师德、医德文明建设。立德树人是中国共产党的基本教育方针，教师素有人类灵魂工程师的美誉，老师的一言一行都会对学生产生潜移默化的影响。救死扶伤的医疗卫生工作者更是人类生命工程师，无论是教师，还是医疗卫生工作者，都应当将职业道德当作职业生涯第一课。作为学科带头人，更应当以身作则，时刻用神圣的职责来规范自己的言行举止，相关部门也应在考核专业技术水平、科研、教学、医疗成果的同时，将职业道德建设作为人才考评的重要指标，为医疗卫生事业的健康发展保驾护航。

人才的引进只是事业发展的起点。人才的管理和培养才是工作的重点。要为高层次人才搭建合适的软、硬件平台，鼓励人才创新，同时带动团队以及其他相关学科的发展。高校要借助自身优势，积极向国家申报重点课题、重点项目，并促进科研成果的产业转化，实现在山东，造福山东省医疗卫生事业。

# 教育人才

# 新旧动能转换背景下“双创”型师资人才队伍建设*

王红艳**

**摘　要**　本文以新旧动能转换背景下“双创”型师资队伍建设为研究对象，在国内外研究创新创业教师培养的相关理论支持下，结合高校创新创业教师培养的现状分析，主要研究新旧动能转换背景下“双创”型师资队伍建设与发展的管理制度、师资培养方式、外引师资渠道等，探索如何在完善创新创业教育制度的前提下建设一支知识结构合理、理念先进、实践经验丰富、成果显著、在创新创业教育领域内具有一定权威性的专业化师资队伍。实践表明，该成果具有重要的理论与实践价值，本研究具有很好的操作性、有效性和推广性。

**关键词**　新旧动能转换　创新创业　师资人才队伍

## 一、新旧动能转换背景下“双创”型师资人才队伍建设分析研究

2015年，国务院办公厅出台了《关于深化高等学校创新创业教育改革的实施意见》（国办发〔2015〕36号）文件，就如何深化高等学校创新创业教育改革问题提出三个阶段的总体目标，即2015年全面深化高校创新创业教育改革，2017年普及创新创业教育，2020年健全高校创新创业教育体系。各大高校是人才输送的主要渠道，在各高校推行创新创业教育是势在必行的。创新创业教育师资队伍是实现创新创业教育的根本，各大高校发展的当务之急是建立一支合格的创新创业教育师资队伍。

### （一）高校“双创”型师资队伍建设的现状①

创新创业教育师资队伍已经在逐步建设，但是目前我国大部分高校的师资队伍建

---

* 本文系山东省高等教育人才研究会2019年度课题“新旧动能转换背景下‘双创’型师资人才队伍建设研究”（RK19-5）结项成果。

** **作者简介**：王红艳（1980～　），山东烟台人，烟台南山学院工学院副教授、高级工程师，研究方向为高等教育。

① 参见高银玲、田嘉玺：《高校创业教育师资队伍建设的影响因素及对策》，《河北大学成人教育学院学报》2015年第1期。

设还达不到创新创业教育师资的要求。

1. 创新创业教师数量严重缺乏[①]

由于创新创业教育还没有成为一个完善的学科，目前各高校的创新创业教育主要是由管理学生工作的班主任或领导负责，以大合堂理论教学的公开课形式开展。极少部分任课教师会参与指导学生的创新创业活动；能聘用到的符合创新创业教育的兼职教师很少，并且很多创新创业兼职教师虽然有一定的实践能力，但是基本上没有受到系统的教育培训，很难将实践和理论相结合，教学效果受到影响。师资严重不足，给创新创业教育的开展造成了很大的阻碍。

2. 专任教师创新创业意识淡薄，能力不足

一方面，大部分的专任教师没有受到过创新创业教育理念培训，高校校园的创新创业教育氛围也不够浓厚，授课过程也没有融入创新创业理念，从思想上就没有认识到创新创业教育应该贯穿到课堂学习中去。因此，大部分任课教师认为创新创业教育与专业教育没有联系，这也直接导致了“双创”型人才的培养没有受到足够的重视。

另一方面，任课教师大都是从学校来到学校去，缺乏实践经验，只能讲授理论知识，讲课也是照本宣科，缺乏说服力，毕业走向社会后面临着“动手恐慌”的问题。作为创新创业教育的指导教师，因为缺少企业的实践锻炼，在指导创新创业的实践教学时，也就容易导致心有余而力不足。

3. 缺乏行业培训

现在各高校专门从事创新创业教育的老师大部分是辅导员或者就业辅导老师，而他们基本上没有受到过系统的培训，同时受到本职工作的约束，没有大量的时间备课、参加培训以及做科研，从而使创新创业教师理论水平不足；授课基本上是以提高专业理论教学水平为目的，很少以创新创业实践为主题。因此，“双创”型师资队伍缺乏系统的知识体系培训。

4. 创新创业教育师资队伍结构不合理

各高校现在的创新创业教育师资队伍主要是由辅导员和部分的专业教师组成，很少有企业人员的参与，导致结构不合理，达不到理想的教学效果。

5. “双创”型师资管理体制没有健全

高校的师资队伍管理基本上都是只重视学历、职称、理论教学能力，还有科研水平，很少将创新创业教育列入教师考核的内容。因此，创新创业教育并未受到重视，师资队伍水平无法得到主动提高，同时也难以调动教师的学习积极性。

---

① 参见王占仁：《高校全面推进创新创业教育的争论与反思》，《教育发展研究》2015年第6期。

（二）高校“双创”型师资队伍建设的现状问题分析[①]

1. 创新创业教育师资队伍整体构成不合理

大部分高校创新创业教师基本由辅导员和任课教师兼任，创新创业教师数量整体缺乏，在创新创业教学理论和实践比例中，大部分教师的实践能力差，从而引发创新创业教育教师构成不合理，只能偏重于理论教育；创新创业教师缺乏实践机会，校企合作基地较少；创新创业教育课程开设时间较晚，课程设置体系不完整。

2. 创新创业教育师资队伍管理机构不合理

创新创业教育起步晚，管理机构不完善；各项规章制度的制定有待完善，各部门之间缺乏协调统一；没有对创新创业教师给予足够重视，没有单独对创新创业教师进行管理；管理机构之间缺乏沟通，有意见不知道应该向哪个部门反映，大部分创新创业教师普遍缺乏职业归属感。

3. 创新创业教育师资队伍培养体制不健全

创新创业教育在20世纪末才引入我国，各项培养体制不完善，缺乏统一的行业标准。各高校各专业创新创业教育以理论传授为主，对创新创业教师的培养也是以理论培训为主，没有重视实践能力的培养。创新创业课程的设置也偏重于理论化，导致培养方式不能根据社会、市场、行业等的变化灵活变通。

4. 创新创业教育师资队伍评价体系不全面

（1）创新创业教育起步晚，对于师资队伍的考核评价起步也晚，没有形成统一的评价标准，创新创业教师也没有受到足够的重视。

（2）学校对创新创业教育的价值观缺乏认识，对其能够带来的价值不重视。

（3）重视创新创业教育的理论评价，而忽视实践评价。目前各高校对创新创业教师的评价基本上和普通教师一样，都重视教学效果和科研，对创新创业教育的实效性很少关注。各高校的教育目的是为经济发展服务的，创新创业教育的目的更是明确，目前的评价体系偏离了创新创业教育的正常轨道。

5. 创新创业教育师资队伍保障措施不健全

（1）国家关于创新创业教育教师政策保障的措施很少，创新创业教育教师发展缓慢。国家关于创新创业教育师资建设方面的政策比较少，只能参照其他相关教师的政策，导致创新创业教育教师队伍发展缓慢。

（2）学校相关创新创业教育的资源明显落后于对应教师建设的脚步。有的高校虽然比较重视创新创业教育师资队伍的建设，但是相关的教育资源并没有到位，一些保障措施在实际中并没有得到完全落实。

（3）创新创业教育教师建设资金缺乏保障。社会、企业对创新创业教育教师的不

---

① 参见朱雪波：《高校教师考核的现状分析与对策研究》，《高等教育研究》2011年第4期。

重视，直接使得创新创业教育师资队伍建设资金难以得到保证。各高校对创新创业教育的资金投入也相对来说较少，导致目前创新创业教育师资队伍建设资金短缺。此外，校外的企业对创新创业教育师资队伍的建设并不重视，认为其有能力培养出符合自己要求的创新创业教育教师，给学校投资培养不是一个明智之举。

## 二、新旧动能转换背景下“双创”型师资人才队伍建设的对策建议①

### （一）明确政府和企业在创新创业教育师资建设中的角色地位

从前期的研究成果来看，我们应该深刻地认识创新创业教育师资队伍建设与学校和教师是密切相关的。在建设创新创业教育师资队伍时，要全面考虑，明确各方的作用，形成统一协调的创新创业教育建设环境，从而共同加快创新创业教育师资队伍建设的步伐。

1. 政府必须发挥政策引导和服务的职责

创新创业教育的相关政策是由政府制定和保障执行的，在创新创业教育师资队伍建设中占据着至关重要的地位。但是，从目前政府出台的有关创新创业教育文件和政策来看，创新创业教育师资队伍建设的政策法规基本上没有，并且缺乏明确的指导思路。因此，政府应该认清自己的角色，做好以下几点：首先，政府应该专门制定一些创新创业教育师资队伍建设的相关文件和政策，根据教师的分类不同，对教师的培训也要区别对待。其次，专家型创新创业教育师资队伍建设离不开资金的保障，政府应该对创新创业教育的资金投入有所倾斜。最后，要想尽快让创新创业教育融入社会，要加大宣传力度，形成全员参与的氛围。

2. 引导企业参与创新创业教育师资队伍建设，发挥企业内部“合作者”的角色

目前，校企合作作为各高校师资队伍培养模式是最常见的一种。毋庸置疑，企业在创新创业教育师资队伍建设中起着重要的作用。校企合作要深入开展，首先是要深入合作。一方面，要加强企业和创新创业教育教师的交流和研讨，鼓励创新创业教师到企业挂职锻炼，通过实践来检验创新创业教育的理论知识，学习相关的创新创业教育实践知识，掌握创新创业实践技能；另一方面，学校可以聘请企业的专业人员作为兼职教师来校做创新创业教育培训，把实践经验带到课堂，并把这项制度作为一种常态化管理。其次是在合作广度上，高校要和企业在多方面开展合作。如共同创建企业和教师的创新创业教育平台，可以在网上学习、培训，成立专门的创新创业教育资金，更重要的是创建创新创业教育基地。例如，学校可以与企业合作，建立创业孵化园，安排老师组织日常的管理；引导创新创业教育教师参与“翻转课堂式”的创新创业教师培训，既节约时间又提高效率。

---

① 参见李正新：《“双创”教育研究项目的价值及其实现路径》，《中国高教研究》2016年第10期。

3. 重视社会团体等其他资源

这里的社会团体是指除了企业之外与创新创业教育有联系的其他社会力量。创新创业教育师资队伍建设的长久发展不能只依靠某一方面，要调动更多的社会力量参与进来。其他社会力量在创新创业教育师资队伍建设方面发挥了很大的作用，特别是资金和创新创业教师的招聘上的支持。首先，社会力量可以为高校创新创业教育提供资金；其次，高校可以引进社会力量用于创新创业教育课程的改革和教师队伍的建设，促进高校创新创业教育成果转化；最后，高校之间也可以建立合作关系，高校间的创新创业教育教师通过交流，取长补短。借助于其他高校创新创业教育教师队伍建设经验，提升自身不足。同时，还可以加强和国外高校的合作，在课程建设和实践基地的建设方面多向国外高校学习，加快创新创业教育师资队伍建设的步伐。

（二）高校自身在创新创业教育师资队伍建设中发挥的作用

我国创新创业教育师资队伍的建设起步较晚，创新创业教育师资队伍建设发展缓慢。高校是创新创业教育师资队伍建设的重要场所，需要从以下几个方面来完善创新创业教育师资队伍建设存在的不足。

1. 制定创新创业教育教师的选拔政策，优化创新创业教育教师结构

对于创新创业教育教师，要根据各校的实践情况，优化创新创业教育教师的结构，主要是平衡企业的兼职人员、专任教师、辅导员这三类创新创业教育教师的比例关系。首先，从创新创业教育的理论知识传授来说，应该以专任教师为主；创新创业教育的实践技能应该以企业兼职人员为主；创新创业教育辅导员辅助的合理结构。其次，高校创新创业教育课程体系的不完善也使创新创业教育教师结构不合理，这种不合理也直接影响了专业教师安排的不合理。一方面，高校要根据各学科特点，合理地设置创新创业教育课程，加强相关教师自身能力的提高；另一方面，尽量让创新创业教育教师全面发展，将理论知识和实践能力结合，能更好地加强创新创业师资队伍建设。最后，创新创业教育教师在学历结构上也不合理，教师主体是硕士研究生，但是没有创新创业教育相关的学历或者是学位。学校要进一步完善和提高创新创业教育教师的素质。总之，高校要建立一支结构合理、专兼结合的创新创业教育师资队伍，让创新创业教育师资队伍不断发展壮大。

2. 成立专门的管理机构，服务创新创业教育师资队伍[①]

通过调研发现，各高校创新创业教育师资队伍和普通教师一样是由教务管理部门、人力资源部、学生事务中心统一管理，但是各部门之间缺乏沟通，出现了管理混乱、推卸责任的情况。所以，我们要重视创新创业教育师资队伍建设，首先应该成立专门的管理机构，明确权责，提高工作效率。高校可以借鉴国外经验，分级成立相应的创

① 参见徐小洲、梅伟惠：《高校创业教育体系建设战略研究》，浙江教育出版社2005年版，第179～180页。

新创业教育师资队伍管理机构，学校层面负责总体规划协调，各学院具体管理，组建学院级的创新创业教育师资队伍。这样，学校和学院有了沟通的桥梁，各学院创新创业教师可以互相交流研讨，共同学习和提高，营造良好的创新创业教育学习的文化氛围。这样还可以精简机构，将行政管理和教学分开，校级机构的主要工作是做好整体规划，为二级学院做好协调服务工作；学院的管理机构负责创新创业教育教师的直接管理和日常培训，组织开展各项创新创业活动，提高工作效率，增强工作的自主性和主动性；对于创新创业教育教师来说，可以有更多的时间互相交流学习，通过各种方式开展创新创业活动，提高课堂质量。

3. 规范创新创业教育教师的培训内容，采取多渠道、多形式的培训模式

高校重视创新创业教育的培训，但是忽略了将创新创业教育和学科专业相结合。高校应将创新创业教育融入学科，融入专业课堂的培训，提高创新创业教育教师的各方面的能力。首先，在制定专业计划和课程大纲时，将创新创业教育融入其中，通过参加校内各种形式的培训，结合学科特点和授课方式，培养教师的创新创业意识；其次，通过创新创业课程改革培训，结合学科专业知识与技能培养，提高创新创业教师的课堂授课水平；最后，通过到企业挂职锻炼实现实践与理论知识结合，使创新创业教育教师更好地将创新创业教育融入学科专业课堂。在培训形式上，校外培训可以是到企业挂职锻炼、兄弟院校间的交流、参加国家和省里组织的各种培训，互相交流研讨。在校内，方式更加灵活，可以通过创新创业教育课堂，开展相关讲座、创新创业活动、网上交流等，拓宽创新创业教育教师的培训渠道，提高创新创业教育教师的整体能力。

4. 健全创新创业教育师资队伍评价体系，建立奖惩制度

目前，高校关于创新创业教育教师的评价体系和奖惩制度并不完善。借鉴国内外经验，我们要做好以下工作：首先，重视创新创业教育教师的地位，不要将其等同于选修课教师，并做好创新创业教育教师长期发展规划，制定一套符合本校情况的创新创业教育教师评价体系和奖惩制度；其次，完善创新创业教育教师的评价体系，对创新创业教育教师进行全面、动态的评估，侧重于对创新创业课程的科研、课程的改革及创新创业成果的转化等方面的考核比重，注重创新创业教育的过程考核，并保证客观、公正；再次，要优化对创新创业教育教师的考核方式，改变过去到年底考核的传统方式，实行动态考核，保存每个阶段的创新创业成果；最后，要实行以奖励为主的奖惩制度，对表现突出的创新创业教育教师，可以通过多种方式进行奖励，如颁发优秀证书、给予资金的支持、评选创新创业教育的先进个人等。

### （三）创新创业教育教师必须具备的基本素质

创新创业教育师资队伍的主体是创新创业教师，建设创新创业教育师资队伍，要不断提升创新创业教育教师的能力和素质。

1. 加强创新创业教育教师的职业修养和道德素质，提高教书育人的能力

推动创新创业教育师德建设常态化，引导创新创业教育教师教书育人和自我修养相结合，坚持以德立身、以德立学、以德施教，立德垂范，以高尚的品德为学生树立学习榜样，成为塑造学生品格、品行、品位的榜样，更好地担当起学生健康成长指导者和引路人的责任。创新创业教育教师的人格魅力也很重要，教师在传授创新创业知识的同时，也要让学生了解创新创业应该具备的能力，比如要求诚信、合作、沟通和大度等素养。创新创业教育教师自身的修养对学生影响很大，好的形象有利于激发学生的创新创业热情。

2. 加强“三对接”，推进教学模式改革

遵循课程体系与从业能力对接、课程内容与职业标准对接、教学过程与生产过程对接的“三对接”原则，以创新创业精神和实践应用能力培养为重点，推进专业供给侧教学模式改革。依据行业、职业能力要求，改革、重组和优化创新创业教育课程体系；依据行业企业领域的新知识、新技术、新工艺、新标准等，更新教学内容；加强实践教学环节，增强教学内容的实践性和应用性，坚持“学中做”，“做中学”；通过案例教学、项目化教学、现场教学、“翻转课堂”等教学方式改革，推进产教融合、教学过程与生产过程的紧密衔接。

3. “艺高”为教，提高创新创业教师教学技艺

过硬的教学能力与科学的教学方法，是创新创业教育教师的基本素养。创新创业教育教师要潜心治教，乐思善学，不断提高自己的教学技艺。围绕教师教学技艺的提高，持续开展创新创业教育教学观摩活动，将其由抓手性工作变为常态性工作。要按照全员参与、全面覆盖、全程监控的要求，坚持互相听课与教研活动相结合、教学观摩与专题研讨相结合、示范引领与名师辅导相结合，使广大创新创业教育教师在观摩课、反思、学习与总结中切实提高自身的课堂教学技艺。

4. “学高”为师，鼓励教师严谨笃学

做好创新创业教育教师，不仅要有胜任教学的专业知识，还要有广博的通用知识和宽阔的学术视野。创新创业教育教师要始终处于学习的状态，站在知识发展的前沿，严谨笃学，不断充实、拓展、提高自己。

## 三、新旧动能转换背景下创新创业教育师资评价研究①

### （一）评价体系构建的原则

1. 统一性原则

评价体系中各指标要具有层次性，如从教学能力、科研能力等方面；不同学科的

① 参见杨雷、李德敏、许晓丽：《民办高校创新型教师培养的实践途径探析》，《民办教育研究》2009 年第 5 期。

特点也是有所差别的，但是必须是一个统一体，应从不同方面展现创新创业教师的能力。要充分调动和发挥全体师生员工参与的积极性，形成全校上下人人关心创新创业教育的局面。

2. 综合性原则

评价体系的构建要讲究综合性和全面性，在新旧动能转换背景下，创新创业教育师资考核的关键点是综合评价各项指标，要保证评价的各项指标的科学性、合理性和全面性，达到结果的客观、公正。

3. 动态性原则

随着社会的发展和科技的进步，创新创业教师要及时更新理念，建立合理的知识结构；在新旧动能转换背景下，对创新创业教育师资的评价要在不断发展中反复地实践，在不断评价中及时查漏补缺，客观地反映教师的实际能力。

（二）评价体系的构建

经过多方调研和征求专家教师们的意见，本文整理出新旧动能转换背景下创新创业教育师资评价体系（见图 1）：

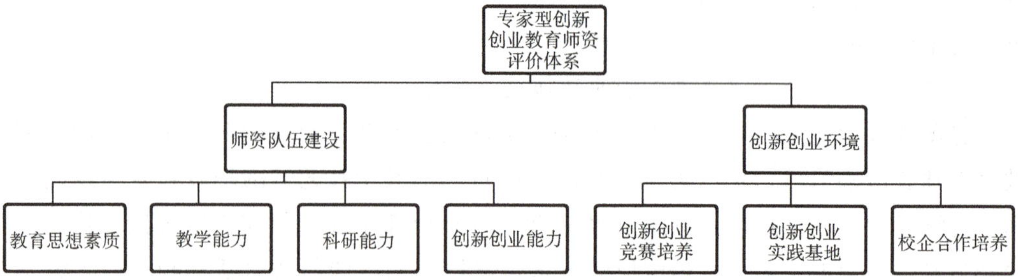


图 1 创新创业教育师资评价体系

（三）评价体系的指标

1. 师资队伍建设

在各高校的教学活动中，教师是主导者，新旧动能转换背景下创新创业师资队伍建设对学生在创新创业方面的学习具有至关重要的影响。“双创”型师资人才队伍建设重点包含以下方面：教育思想素质、教学能力、科学研究能力、创新创业能力。各高校应该不断加强“双创”型师资人才队伍建设，为创新创业教育打下良好的基础。

2. 创新创业环境

良好的基础条件可以为创新创业教育提供好的教育平台，对教学效果产生重大影响。创新创业环境可以将我们学到的理论知识和实践相结合，使创新创业教育达到更好的效果。良好的创新创业环境，可以为教师和学生提供实践机会，将理论知识和想法结合并转化为实践。创新创业环境包含创新与竞赛培养、创业实践基地、校企合作培养等。

3. 课程建设

教学过程的基础是课程的讲授，良好的课程建设是创新创业教育教师的基本素质，是实现创新创业教育的必要保障。课程建设包含很多方面，如课程规划、教学内容与教材、教学手段与方法、理论教学、实践教学等，所以在课堂教学时要把创新创业教育融入其中。

4. 以创新创业竞赛“促教、促学、促练”

以培养学生的实践能力为核心，以校内实训中心和校外实践教学基地为支撑，积极组织和鼓励教师指导学生参加创新创业竞赛，以赛促教、以赛促学、以赛促练。通过创新创业竞赛，提高创新创业教师的教学和教研能力，提高学生的实践和创新能力，为师生共同成长提供实践锻炼的平台。

（四）“双创”型师资队伍建设的评价体系①

1. 实施专业动态评估

根据国家创新创业教育师资队伍建设导向性评估政策，各高校落实在新旧动能转换背景下“双创”型师资人才队伍建设培养定位，大力强化创新创业教育意识，增强创新创业教育教师的专业归属感、发展使命感和生存忧患感。依据相关政策标准，以提高创新创业教育竞争力为核心，结合学校创新创业教育发展现状，按照学科专业建设、专业核心团队、人才培养、学生就业率与深造率四个关键指标，发展水平和产出绩效两个维度设置和构建专业分类标准与评价指标体系，制订专业评估方案。

2. 强化学生学习效果评价

坚持以人为本、以生为本、以学为本的理念，关注教育过程，重视教育结果，以学生学习成效增值为质量评价标准，以学生学习与发展为中心，做到以学促教、以学定教、以学评教，教为学服务，以学生学会、学懂与会学、会做为目标，落实以学生学习与发展成效为核心的教学质量观。进一步加强对学生学业考核的监控与评估，过程性考核重点强化对学生发现问题、分析问题、解决问题的能力以及对新知识、新技术掌握情况的评估，加强对成绩档案材料、评分依据的监控。

3. 完善创新创业教育教师教书育人能力评价

创新创业教育教师教书育人能力是保障人才培养质量的关键要素，也是创新创业教育质量监控与评价的核心点。围绕以学生为本的教育理念，按照德高、学高、艺高的要求，以学生学习成效为目标，逆向设计创新创业教育教师教书育人能力评价要素，完善创新创业教育教师教书育人能力评价体系，构建全方位、全过程、全覆盖的创新创业教育教师教书育人评价体系。

---

① 参见赵吉成、韦必力：《浅谈“大众创业，万众创新”视域下高校创新创业教育》，《丝网印刷》2015 年第 9 期。

4. 健全创新创业教育质量组织保障体系

建立健全多层次、立体化的创新创业教育质量组织保障体系，是高校切实有效实施内部监控和评估的关键。要进一步健全由决策组织、实施组织和辅助组织组成的创新创业教育质量组织保障体系，各个部门各司其职，确保创新创业教育质量监控体系的有效运行。

决策组织由学校教学指导委员会组成，职责是根据学校人才培养目标和要求，决定有关保证和提高教学质量的重大决策。

实施组织是建立学校、学院、专业团队三级创新创业教育师资队伍质量监控组织体系，各部门领导为第一负责人，负责各项工作的具体实施。其中，校级教育质量监控由质量监控与评估处负责，是学校实施目标管理的职能部门，负责对创新创业教育教学工作进行检查和指导；学院、专业团队是管理实体，全面负责本单位的创新创业教育教学管理和质量监控。

辅助组织由教务处、学生处、人力资源部、后勤管理处等职能部门组成，根据本部门职责，优化创新创业教育教学条件，强化服务意识，把保障创新创业教育教学工作顺利运行作为本部门的重要工作，确保创新创业教育质量监控体系运行有效。

5. 完善创新创业教育质量监控规章制度

科学、规范、全面的规章制度是保障创新创业教育质量和评估体系正常运转的重要因素，要坚持“有章可依、有章必依”的理念，进一步完善各项规章制度，建立激励和约束机制，提高各层次创新创业教育质量监控和评价主体的主动性和积极性，确保质量监控与评估工作的科学性和规范性。强化各评价主体的主动性和积极性，提高创新创业教育课堂教学质量评价结果的精准度。要进一步完善校、院两级督导组织，规范听评课、专项检查、创新创业教育教师帮扶等工作流程，充分发挥创新创业教学督导在“督教”“督学”“督管”中的积极作用。

6. 形成创新创业教育质量持续整改机制

坚持“以人为本、产出导向、持续改进”的理念，对在创新创业教育质量监控中发现的问题采取有效措施及时整改，实现创新创业教育质量“监控—反馈—整改跟踪”的闭环运行。要充分利用现代化信息技术手段，进一步完善微信公众号、处长信箱等信息收集渠道，结合常规听评课、师生座谈会等方式，广泛收集师生对教风学风建设和创新创业教育教学管理等各方面的意见和建议，以“督办单”的形式及时反馈给相关单位和个人，督促其落实整改措施，并进行持续跟踪。

## 四、结语

通过访谈调研，了解到目前创新创业教育师资队伍建设在构成、管理、培养、评价和保障等方面的现状与问题，并对问题的原因进行分析。由于创新创业教育起步晚，师资队伍建设也比较晚，在构成、整体素质和数量等方面都偏低，缺乏选拔门槛，大部分创新创业教育教师实践能力弱；创新创业教育师资队伍建设缺少一个专门的管理机构，出现了责权不清、互相推卸的问题；创新创业教育师资队伍建设体系的培训模式单一，效果不好；创新创业教育师资队伍没有完善的评价体系和相应的奖惩制度，教师的积极性不高；创新创业教育的发展缺乏政策性的引导，资金渠道基本是靠本校解决，创新创业教育的文化氛围弱等。导致以上问题的原因与创新创业教育起步晚、政府和企业的认可、领导的重视、相关课程的改革、评价体系不完善等因素密切相关。

在借鉴国内外先进经验的同时，在创新创业教育教师构成、培训、评价等方面结合各高校自身特点，针对出现的一系列问题，从政府、企业和其他社会力量、高校以及创新创业教育教师自身角度，提出了创新创业教育师资队伍建设的对策建议。政府、企业和社会力量要明确自己的责任和义务，高校要重视创新创业教育师资队伍的建设，创建专门的创新创业教育师资队伍管理机构，确立选拔规则，多途径改变创新创业教育教师结构，对培训内容要有选择性，多途径建立创新创业教育教师的培训形式，建立合理的创新创业教育评价体系，制定相关的创新创业教育奖惩制度，引导创新创业教育教师利用互联网，有效促进创新创业实践基地的建立等。创新创业教育教师自身也要提高自身素质，使理论知识和实践相结合，提高学习的主动性和积极性，加强教师的职业道德修养，提高创新创业教育师资队伍的整体素质水平。

在创新创业教育师资队伍建设的优化和探索中仍存在许多不足之处：第一，我国创新创业教育起步晚，在管理、培训、评价和奖惩方面师资队伍的许多政策和制度都不完善。第二，国内很多高校对创新创业教育师资队伍建设一般都集中在理论学习方面，实践方面的研究较少。第三，本研究缺少在学生方面的调查，缺乏完整性。

# 高校管理人员专业化建设的实证研究*

王洪彩　张　峰　刘一鸣**

**摘　要**　推进高职院校管理人员专业化建设，是推动高职院校内涵式发展的重要举措，有利于建设高素质、专业化的教师队伍，提高职业教育人才培养的质量。本研究从多个角度分析高职院校管理人员专业化建设的背景需求，并对当今管理人员的专业化发展的现状进行剖析，寻找高职院校管理人员专业化发展的路径。

**关键词**　高校　管理人员　专业化　实证研究

高校管理人员队伍的整体状况关系本地区高等教育的发展水平。通过对高校管理人员队伍专业化建设有效的实证调查，利用问卷法、访谈法、文献法等，采用定量和定性相结合的方法，深入剖析高校管理人员专业化建设的影响因素，从教育学、管理学、心理学等视角对高校管理人员专业化建设进行深入思考，推动高校管理人员的专业化建设，强化高校教师队伍的专业化发展，推动建设一支高素质、创新型的教师队伍，促进高校的管理工作走向更加高效化、专业化的道路。

## 一、部分调研结果

本文采用了问卷调查法，对山东省内高校从事管理工作的 227 名人员进行了问卷调查，对题目进行了科学的设计，样本选取合理，覆盖面广，调查结果有一定的代表性，部分统计结果如下：

---

* 本文系山东省高等教育人才研究会 2017 年度课题“高校管理人员专业化建设的实证研究”（RK17-5）结项成果。

** **作者简介**：王洪彩（1966～　），山东潍坊人，山东劳动职业技术学院组织统战部部长、教授，主要研究方向为人事人才、高等职业教育；张峰（1985～　），山东肥城人，山东劳动职业技术学院劳动经济系党总支书记、副教授，主要研究方向为人事人才、高等职业教育；刘一鸣（1992～　），山东泰安人，山东劳动职业技术学院人事处助教，主要研究方向为人力资源管理。

1. 被调查人员所在的部门的关键词分析

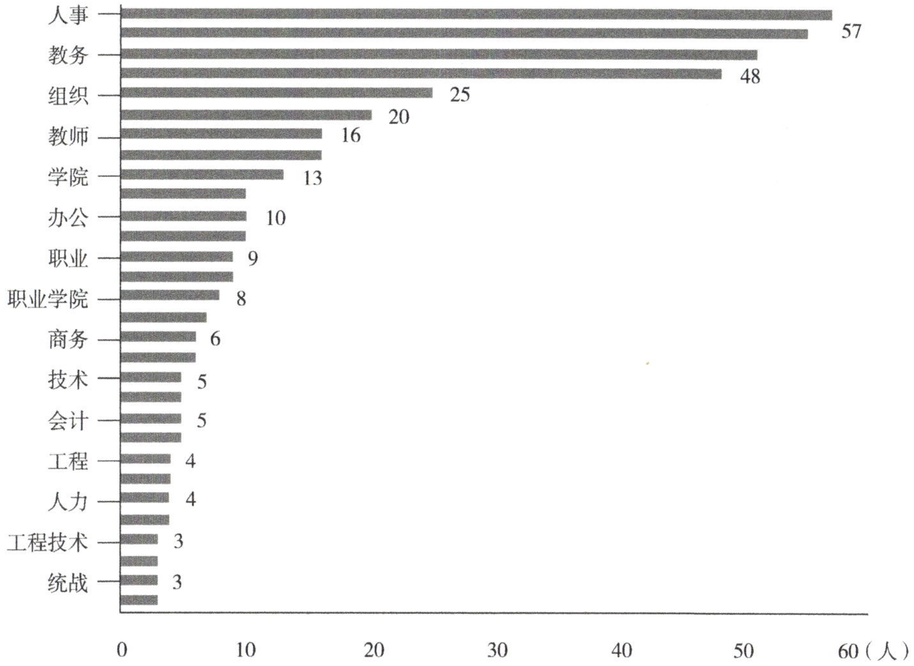


图 1 部门关键词分析

注：因数据显示及自填字段原因，学院、办公等为学校办公室等部门，职业、工程、工程技术为职业教育研究中心和工程技术中心等部门。

2. 被调查人员性别分析

表 1 调查人数性别比例

| 选项 | 小计（人） | 比例（%） |
| --- | --- | --- |
| 男 | 117 | 51.54 |
| 女 | 110 | 48.46 |
| 有效填写人次 | 227 | |

3. 被调查人员专业关键词分析

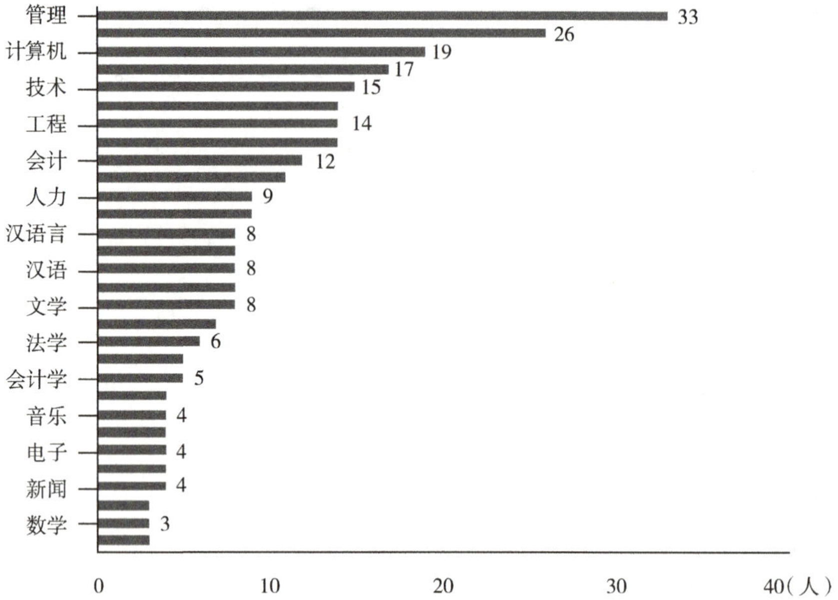


图 2　专业关键词分析

注：因此题为自填字段，汉语言、汉语、文学等专业均为汉语言文学专业或中国现当代文学等中文大类下的专业。

4. 您认为目前地方高校行政管理人员专业化过程中亟须解决的问题是什么？

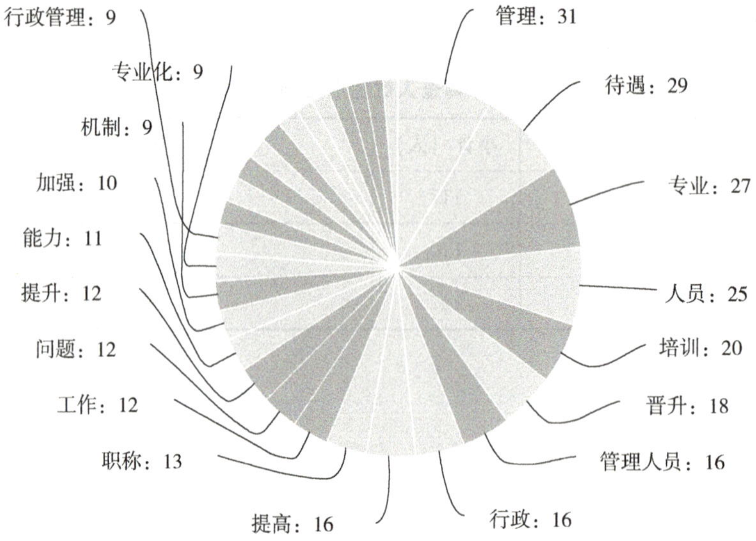


图 3　问题情况分析

5. 除管理工作外，是否还从事其他的工作

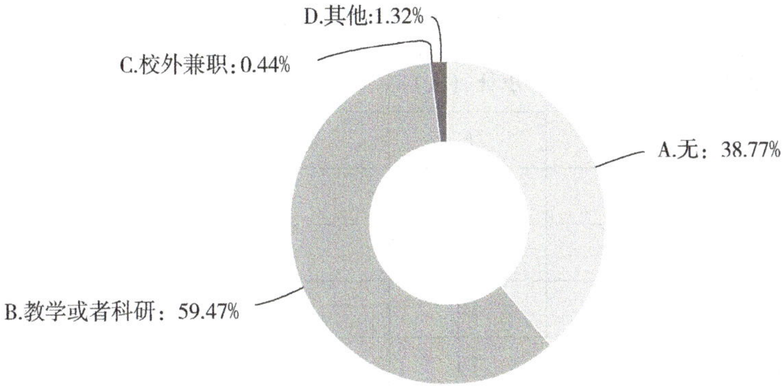


图 4　工作情况分析

6. 对本职工作的认可度

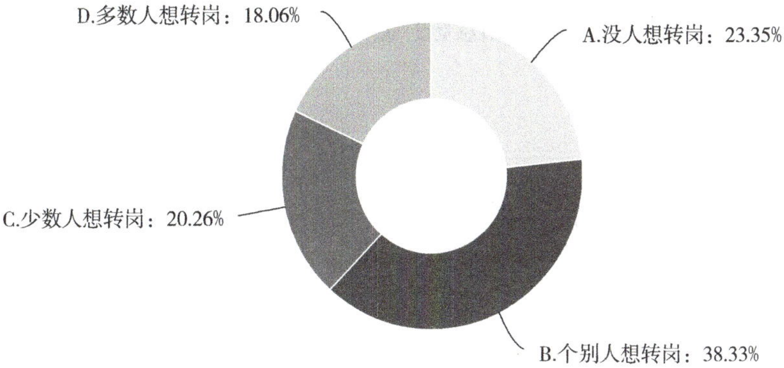


图 5　对本职工作认可度情况分析

7. 在职称评定方面，与同期参加工作的专业教师对比情况

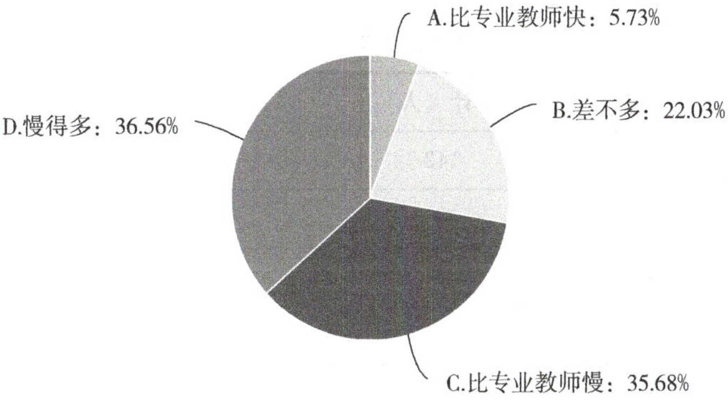


图 6　与同期参加工作的专业教师的对比情况

8. 对所从事的管理工作是否感到有压力（平均分：3.26）

表 2　　所从事管理工作压力情况统计

| 选项 | 小计（人） | 比例（%） |
|---|---|---|
| 完全没有压力 | 5 | 2.20 |
| 有压力 | 90 | 39.65 |
| 一般 | 47 | 20.70 |
| 无压力 | 10 | 4.41 |
| 压力非常巨大 | 75 | 33.04 |
| 本题有效填写人次 | 227 | |

9. 对自己所从事的管理工作有何评价

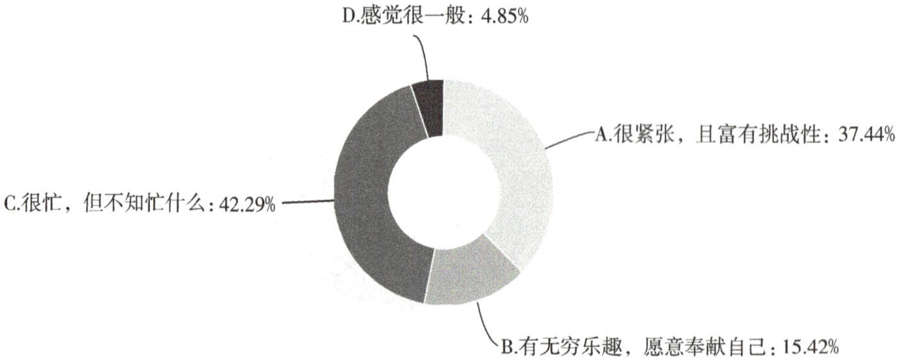


图 7　对所从事管理工作的评价

10. 如何看待行政管理人员的待遇

表 3　　行政管理人员的待遇情况分析

| 选项 | 小计（人） | 比例（%） |
|---|---|---|
| A. 基层行政人员普遍较低 | 142 | 62.56 |
| B. 说得过去 | 66 | 29.07 |
| C. 中层及以上行政管理人员较高 | 19 | 8.37 |
| 本题有效填写人次 | 227 | |

11. 如何看待高校行政管理人员的社会认可度

表 4　　高校行政管理人员的社会认可度评价

| 选项 | 小计（人） | 比例（%） |
| --- | --- | --- |
| A. 认可 | 29 | 12.78 |
| B. 基本认可 | 162 | 71.36 |
| C. 基本不认可 | 26 | 11.45 |
| D. 不认可 | 10 | 4.41 |
| 本题有效填写人次 | 227 | |

12. 希望学校以何种方式为管理人员创造继续学习的机会

表 5　　对学校创造继续学习机会的方式选择统计

| 选项 | 小计（人） | 比例（%） |
| --- | --- | --- |
| A. 在职获得更高一级学位 | 51 | 22.47 |
| B. 脱产获得更高一级学位 | 26 | 11.45 |
| C. 外出参加培训 | 144 | 63.44 |
| D. 自学 | 2 | 0.88 |
| E. 其他 | 4 | 1.76 |
| 本题有效填写人次 | 227 | |

## 二、高校管理人员专业化建设的路径

### （一）规范高校管理岗位职责

高等学校的管理工作是一项复杂、系统的工程，科学、有序的高校管理工作是一所高等学校健康运行和发展的基础。目前，我国高等学校管理工作是根据不同的部门、岗位、级别划分的，具有不同的工作性质和特点。但是不同的岗位工作性质和特点，对于从业人员的理论知识、实践能力的要求也是不一样的。当前人社部门对高等学校岗位设置比例进行规定和指导，从数量上规范和管理高校管理人员，要求高校在核定的人员控制总量内设置相应比例的不同等级的岗位。在 2015 年我国新修订的《中华人民共和国职业分类大典》中，仅仅是对其他行政业务人员和行政事务人员进行分类，没有对高校管理人员进行细致分类。为此，我们无法依据该分类大典对高校管理人员进行详细的职业分类，更不能以此为基础进行岗位的职业描述，无法判定职业的岗位职责。

高校应严格按照人社部门的比例指导设置管理岗位数量，并且要根据院校的办学宗旨、人才培养目标、发展规模和社会职责等方面来制定管理人员岗位职责和知识能力要求，并将岗位职责细化，督促管理人员依照规范做事，逐步推动管理人员“在其位谋其政，在其位谋其事”，使管理人员具备相应岗位的思想素养和能力素质，推动管理人员的专业化发展。

高校还应从具体岗位的工作实际出发，具体划分不同岗位所需的职业资格等级和类别，以适应具体的高等学校管理人员在岗位工作处理中的需要，给予管理岗位工作人员相应的、具体的、详细的职业操作规范标准，让管理岗位工作人员明确在本岗位应具备怎样的能力，需要处理哪些相应的事件，做到有备无患、从容应对。

（二）健全高校管理人员准入制度

管理人员的工作范围较为复杂，对内上至院校高层行政群体，下至整个院校各个部门的全体教职工；对外上至主管部门、教育部门等机构，下至同类院校管理人员。因此，对管理人员的选拔要建立在高质量、高素质的基础之上，合理设定不同层级管理人员的学历、能力素质等要求，用学历证书、资格证书等硬件进行量化赋分，用场景模拟、无领导小组讨论、结构化面试等形式测试管理人员的岗位能力，提高管理人员的岗位门槛，健全管理人员的准入制度。

资格证书与一个人的其他有效证件密切相连，是具有法律效力的，能够充分证明其某方面专业能力的书面证明文件。职业资格证书制度，是一个岗位不断发展、职业化的产物，起源于西方工业革命之后，在全社会各个领域都得到了广泛的应用。对管理岗位的工作人员实行职业资格证书管理，有利于促进从业人员在岗位工作过程中遵纪守法，确保从业人员能在相应的职业活动中遵守职业道德和规范，完成岗位工作需要。随着我国高等教育的发展，高等学校管理人员专业化建设进程不断向前推进，管理人员作为高校兼职教师队伍的一部分，同样需要考取教师资格证书。随着教师职业资格证书在全国的普及推行，高校所有专兼职教师都应具有相应的教师资格证书，通过系列的岗前培训和自主学习，高校教师队伍学习相应的知识、具备岗位的技能标准，教师资格证对规范教师队伍有着积极的影响。除了具备教师资格证，基于高校管理人员岗位的需要，高校管理人员还应具备专业岗位的职业资格证书，例如，会计岗位需要具备会计资格证，宣传岗位需要具备与该岗位相关的职业资格证书，确保岗位工作人员的专业素质和能力。

（三）完善高校管理人员管理制度

首先，高校应逐步优化管理队伍结构，建立专兼职相结合的管理人员队伍。高校是一个庞大的整体，高校教师队伍包括管理人员和专职教师，高校的管理队伍也应包括管理人员和专职教师，应逐步吸纳教师进入高校管理队伍，渗透“教授治校”的理念。对高校来说，稳定的专职管理人员队伍能保障高校管理队伍的稳定性，高学历、知识丰富的高水平兼职教师作为管理者，既能充实高校管理者队伍，提升管理者的素质和水平，又能有效沟通管理者和专职教师，了解专职管理者和专职教师的需求，更好地提升学校管理效率。

其次，推动轮岗制度的执行。梳理各职能部门和基层单位职能，优化岗位职责，实行目标管理与考核，实现“职务能上能下，人员能进能出”的动态管理机制。

（四）加强高校管理岗位专业学习

在欧美发达国家，高校管理者重视加强教育管理专业学生的理论学习，强化该专业学生关于管理基本理论与学校管理基础知识的学习，同时在高等学校内部开设学校管理原理、教育行政、教育法律等相关课程，以此作为高等教育管理专业学生的主修课程和学习重点。同时，还重视科学、合理地加强师生之间和学生之间的知识交流，促进学生关于管理及教育法律相关方面知识的获得和实践能力的提高。这对我们加强高校管理人员的专业化建设提供借鉴和参考，为此，高校管理者的专业化更显得迫在眉睫、势在必行。高校管理者的专业化包括两方面：理论专业化和技能专业化。

1. 理论专业化

高校管理人员的专业化，需要管理人员具备以下理念：管理人员需要具备相应管理学知识，对可利用的人力资源加以管理、应用，以求达到效益最大化；管理人员作为教育工作者，应与全体教职工一样，具备相应的教育学知识，方便师生交流；伴随着当今国家对职业教育的重视及大力支持，管理人员应当关注职业教育的相关政策，不仅做到上传下达，还要从政策中寻找学校的发展点，推动院校在政策支持中的发展进步。

2. 技能专业化

管理人员在工作岗位中为实现岗位目标，应具备的通用专业化能力主要包括以下三点：其一，沟通交流能力。管理人员应避免因交流目标不准确、沟通能力欠佳、语言表达不明确而造成的工作效率降低等问题的出现。高校管理者要运用沟通交流能力解决相应问题，主要包括：人力资源管理的能力、沟通交流与谈判的能力、财务管理的能力、团队管理的能力、解决冲突的能力、危机化解的能力、项目管理的能力及创新管理的能力等。其二，协调和决策能力。协调和决策能影响高校未来发展的方向，在新的环境下，管理人员必须具备高超的领导授权艺术、宏观的决策思维和整体规划的能力，为高校谋取明确的发展目标，要求高校在准确的分析目标下最终实现既定目标。在管理工作中，管理人员通常需要处理各类信息、调度各个部门的人员与资源，这就需要管理人员拥有协调能力，同时也需要具备决策能力，管理人员要尽可能地从长远角度作出行政决策，为学校谋长远发展。其三，公文写作的能力。高校管理人员需要对内服务院校各个部门机构及教职员工，对外沟通同类院校、上级部门等机构，管理人员需要具备扎实的公文写作能力，方便机构之间的交流沟通。

提高高校管理人员专业化的意识，能激发管理人员追求专业发展的内在动力，推动管理人员学习最新的岗位专业知识和管理知识等岗位所需内容。高校管理人员的管理对象基本上是具有高级文化水平、高智商的高级知识分子，面对这样的管理对象，高校管理者不能仅是“管”，更应主动寻求更新自身素质，提高自己岗位的工作效率。为此，高校管理者应不断深入了解新环境，掌握最新的岗位能力素质、深刻学习最新专业知识，强化自我学习的意识。

### （五）更新高校管理人员考核评价体系

合理的考核评价体系既能有效提高管理岗位人员的工作积极性，又能反作用于管理岗位人员的专业发展，推动管理人员按照考核评价的指标进行自我指导与发展，有效促进其专业化发展。高校本着可操作、具体化的原则，制定管理人员考核评价体系，将管理人员的工作态度、思想道德修养、具体行为、创新举措等多项内容纳入考核评价体系，作为对管理人员考核评价的相应指标，并对每一项指标赋分，便于统计量化。对管理人员的评价考核要坚持评价主体多元化、评价方法多样化、评价结果可量化的原则，坚持管理人员本体、他人等多个主体评价，坚持过程化评价与年度评价相结合，坚持评价结果与薪酬体系挂钩的原则，充分提高管理人员的日常工作动力。

考核评价体系的建立要本着科学性、实用性、可操作性的原则。科学性原则是指评价体系设计必须科学、合理，符合高校行政管理队伍的特性，真实地反映高校行政管理队伍的实际工作情况，符合人性化管理的要求，符合新时代对高校创新型教师队伍的要求。实用性原则必须考虑到评价者的具体操作，便于评价者对具体指标进行比较和分析，用理性数据考查被评价者的具体工作内容。可操作性原则是指评价指标体系不仅能客观地反映管理者的实际工作水平，还能便于操作、简单易懂，便于评价结果的取得与分析，评价者能准确完成评价工作，为高校管理者的量化评价提供依据。

### （六）创新高校管理人员薪酬分配机制

高校管理人员的岗位工作并不具备可量化的特征，也不能参与多元化的绩效工资分配改革中，导致管理人员薪酬相对固化，缺乏灵活性，增长的空间较小，这在很大程度上影响管理人员的工作积极性，导致管理岗位效率低下。高校应根据院校实际制定符合管理岗位实际的薪酬分配办法，灵活分配管理人员的绩效工资，实现“多劳多得”的分配方式。高校应逐步推进奖励性绩效工资改革方案，按照教育部门和人社部门要求，结合学校实际，按照绩效导向、效率优先、兼顾公平的原则，进一步理顺收入分配关系，完善绩效考核制度，优化各岗位人员之间的收入关系，扩大系部收入分配自主权，建立与岗位设置管理制度相配套的科学规范的收入分配管理体系。

高校可以将管理人员的考核当量分配到部门，由部门根据个人岗位考核情况、工作业绩及贡献大小，提出分等次奖励分配方案。除此之外，高校可以根据自身情况，从提高管理岗位职工的福利等方面提高岗位的外在薪酬，从内部激励、压力分担等方面提高管理岗位的内在薪酬，提高管理人员的岗位积极性。

### （七）建立高校管理人员继续教育与培养体系

建设高素质、专业化的管理队伍，高校可以通过对现有人员的培训及培养，加强对管理人员的继续教育。高校应重视对管理人员的继续教育与培养工作，将其视为建设专业化管理队伍的重要举措。高校的组织部门和人事部门要建立长期规划，组织对管理人员的相应培训，加强管理学知识、相关政策解读、教育学知识和专业知识的培训，并针对管理人员不同的岗位要求，有针对性地开展专业培训，通过校本培训和境内外培训、短期与长期培训相结合等多种方式，多途径增强培训效果。高校也要注意引导管理人员的观念转变，引导管理人员主动接受继续教育与培养培训，提升专业化发展的整体素养。具体而言，高校应从以下几点来加强对管理人员的继续教育与培训工作：

1. 明确正确的培训思路

对高校管理人员的培训工作，必须要针对各个岗位工作人员的特点，同时又能综合管理岗位的共识。高校管理人员的工作效率是管理人员工作态度、岗位专业知识、岗位专业技能和通识技能共同作用的结果，高校管理人员的管理工作也会是长期、漫长的。为此，对高校管理人员的培训重点应是关注其职业认知态度的形成。对高校管理人员的培训工作，高校应尽量放到管理人员进入岗位工作之前。在其入职前，高校要对管理人员进行较为详细、长期的培训，这种培训能确保管理人员已经深刻认知自己的岗位工作，促进在管理人员队伍中形成良好的组织文化环境。

2. 设置科学的培训内容

不同的管理岗位具有与其他专业和职业的特殊之处，同时高校管理岗位的理论整体而言是一个专业，但在具体的岗位设置上却又是一个专门的职业，有具体明确的、有针对性的基础理论知识，对技能方面也有专业要求。为此，高校应合理安排管理岗位的培训内容，既要着重培训管理岗位的实际应用知识，也要体现知识的实用性，为高校管理队伍的实际工作提供有效引导，确保管理岗位职能的发挥。高校应精细挑选管理者的培训内容，既要对现有的专业理论知识结构进行重组和改造，又要确保知识的实用性、科学性和具体性，服务于高校管理工作实际。

3. 选择合适的培训形式

目前，我国对高等学校管理人员的培训主要采用由政府统一组织和承担的形式，培训对象主要是针对学校校长和学校高层管理人员。相比较之下，学校内部中低层管理人员的培训较为欠缺。为此，对高校管理人员的普遍化培训就显得格外重要。对高校管理人员的培训，应采用灵活化、多样化的培训形式，长期与短期相结合、中级和高级管理者兼有。高校管理人员可以根据自身专业和岗位工作需要，选择性地参与在职培养，有条件时可以参与脱产培训。对高校管理人员的培训，应着重解决管理人员的实际问题，重点提高管理人员问题解决能力，实现管理人员的理论和技能的双重提高。另外，在培训过程中，高校要善于运用现代培训方式，考虑运用互联网等共享资源开展灵活高效的培训。

# 人才培养

# 优秀传统文化与大学生孝德素养的融入路径研究

## ——以烟台南山学院为例*

乔仁洁　于金翠**

**摘　要**　高校作为培养社会主义建设者和接班人的重要场所，传承和创新文化是其基本职能之一。当代大学生是国家的栋梁、民族的未来、家庭的希望，是社会的重要群体。党和国家对他们寄予很高的期望，同时也赋予更高的要求。当代大学生不仅需要具备过硬的专业技能，还需要拥有良好的人文素养。高校有效挖掘和融入地方优秀传统文化资源，以文化人，培育有责任、有担当、有情怀、有能力的新时代“四有”大学生，是践行立德树人根本要求的重要体现。

**关键词**　优秀传统文化　大学生　孝德素养

习近平同志指出：“青年的价值取向决定了未来整个社会的价值取向，而青年又处在价值观形成和确立的时期，抓好这一时期的价值观养成十分重要。这就像穿衣服扣扣子一样，如果第一粒扣子扣错了，剩余的扣子都会扣错。人生的扣子从一开始就要扣好。”① 大学生是国家的栋梁、民族的未来、家庭的希望，是社会的重要群体，责任重大，使命光荣。扎根中国大地举办的高等院校所培养的大学生不仅需要具备过硬的专业技能，还应当拥有良好的人文素养，包括继承和发扬以孝德文化为代表的中华优秀传统文化，推动社会文明的进步与发展。

## 一、孝德文化的传统意义与时代内涵

### 1. 对“孝”的认知

中华民族“孝”的观念源远流长，关于敬老、养老的相关史料记载可以追溯到

---

* 本文系山东省高等教育人才研究会 2019 年度课题“新时代背景下孝德文化融入大学生人文素养教育的理论与实践探索”（RK19-18）结项成果。

** **作者简介**：乔仁洁（1979～　），烟台南山学院党委副书记、副校长，硕士，研究方向为高等教育管理；于金翠（1978～　），烟台南山学院图书馆馆员，硕士，研究方向为公共文化教育。

① 《习近平谈治国理政》，外文出版社 2014 年版，第 163 页。

3000 多年前。公元前 11 世纪以前，华夏先民就已经有了“孝”的观念。甲骨文中出现了“孝”字，《诗经》中出现了“哀哀父母，生我劬（qú）劳”“哀哀父母，生我劳瘁”。我国最早解释词义的著作《尔雅》给“孝”下的定义是：“善事父母为孝。”汉代贾谊的《新书》将其解释为“子爱利亲谓之孝”。东汉许慎的《说文解字》将孝道文化解释为“善事父母者，从老省、从子，子承老也”，认为“孝”字是由“老”字省去右下角的形体，和“子”字组合而成的一个会意字。由此不难发现，“孝”的古文字形与“善事父母”之义相通相近，我们可以认为：“孝”就是子女对父母、晚辈对长辈的一种善行和美德，是家庭中处理人际关系时应该具有的道德品质和必须遵守的行为规范。

2.“孝”的文化内涵

百善孝为先，孝为德之本。“孝”是中国社会传统道德伦理的基础，孝文化是中华优秀传统文化的重要组成部分，它不仅是一种精神，还是一种行为。孝德文化以生命论为本质，以儒家思想为基础，表现为孝敬父母、慈爱子女、夫爱妻顺、友爱兄弟、孝心爱心、和睦温馨。孝德作为中国文化的一个核心概念，是我国人伦道德的基石，集中体现了儒家“亲亲、尊尊、长长”的基本精神。孝德既是纵贯天、地、人，祖先、父辈、已身、子孙，过去、现在与未来的纵向根脉，也是中国人际与社会关系得以形成的精神纽带。古代的孔孟儒学提倡的孝道，不仅仅是一种通过行为表现出的人伦道德，而且还是一种社会性行为，行孝者对社会公德负责，肩负着社会责任。作为中华民族的优秀传统美德之一，孝德成为调节家庭社会关系的最基本的道德规范，古往今来深受中国人的重视，也深刻影响了历代中国人。

3.“孝”的时代意义

事亲行孝，历来是做人的根本，是家庭和睦、社会安定、民族团结的基本要素。孝德是个人道德修养的起点与根本，是中华民族最基本的传统美德，是中国人传统美德形成的基础，也是政治道德、社会公德、职业道德、家庭美德，个人品德“五德”建设的基本元素，又是当今政治文明、经济文明、精神文明建设不可忽视的精神支柱和精神力量。孝德已成为形成现代人际关系和谐的价值渊源，是保持社会稳定的重要因素之一。当前，我国正处在由传统走向现代化的转型期，从新时代精神文明建设的需求和面临的社会现实看，伴随改革开放的步伐，原有的道德规范与社会主义市场经济不相适应的矛盾正日益凸显，重构具有体现时代精神的伦理精神和中国特色的现代道德文化体系，是当代中国社会所面临的重要道德选择。传统孝德文化中倡导的重根源、主入世的精神，对加强中华各民族的团结、齐心协力建设中国特色社会主义，起着凝聚人心的纽带作用，也成为当代社会公民道德教育的最佳切入点和出发点。因此，给予以孝德文化为代表的优秀传统文化以科学和现代的诠释并择其优而行之，对当下的公民教育大有裨益。

## 二、推进以孝德文化为代表的优秀传统文化教育是践行立德树人的根本要求

1. 国家的期待

党的十七届六中全会提出要建设优秀传统文化传承体系，党的十八届三中全会强调要完善中华优秀传统文化教育。习近平同志就中华优秀文化的传承与弘扬多次作出重要指示。2014年10月15日，他在文艺工作座谈会上指出："中华优秀传统文化是中华民族的精神命脉，是涵养社会主义核心价值观的重要源泉，也是我们在世界文化激荡中站稳脚跟的坚实根基。增强文化自觉和文化自信，是坚定道路自信、理论自信、制度自信的题中应有之义。"① 加强中华优秀传统文化教育，对于引导青少年学生坚定走中国特色社会主义道路、实现中华民族伟大复兴中国梦的理想信念，具有重大而深远的现实意义，也是教育系统持续推进社会主义核心价值体系建设的重要和关键环节。2014年，教育部印发了《完善中华优秀传统文化教育指导纲要》，纲要明确指出："在大学阶段，以提高自主学习和探究能力为重点，培养文化创新意识，增强传承弘扬中华优秀传统文化的责任感和使命感。"教育部部长陈宝生对做好优秀传统文化教育，明确提出三点要求：第一，覆盖教育的各个学段，从小学到大学，把这项工作看成是一个固本工程；第二，融汇到教材体系中去，把这项工作看成是铸魂工程；第三，贯穿人才培养全过程，把这项工作看成是中国人打底色的工程。② 2017年，中共中央办公厅、国务院办公厅印发的《关于实施中华优秀传统文化传承发展工程的意见》指出："围绕立德树人根本任务，遵循学生认知规律和教育教学规律，按照一体化、分学段、有序推进的原则，把中华优秀传统文化全方位融入思想道德教育、文化知识教育、艺术体育教育、社会实践教育各环节，贯穿于启蒙教育、基础教育、职业教育、高等教育、继续教育各领域。"③

2. 时代的呼唤

孝的观念对于一个人修身而言，由外是一种约束，由内是一种自觉。然而，时代的发展，并没有让传统的"孝"美德发扬光大。在全国上下为决胜全面小康而奋斗的新时代，传统孝德文化的回归，是整个中华民族的共同期盼。然而，以孝德文化为代表的优秀传统文化教育目前仍存在一些突出问题，表现在：一是重知识讲授、轻精神内涵阐释的现象比较普遍。在具体的教学实践中，有些学校以应试教育为导向，偏重对学生进行知识点的灌输，单纯地让学生记忆一定的传统文化知识，相对缺少对传统

---

① 习近平：《在文艺工作座谈会上的讲话》，人民出版社2015年版，第25页。

② 参见《陈宝生部长谈传统文化教育3句话4件事》，http://www.jyb.cn/zcg/xwy/wzxw/201703/t20170303_467882.html。

③ 中共中央办公厅、国务院办公厅：《关于实施中华优秀传统文化传承发展工程的意见》，http://www.gov.cn/zhengce/2017-01/25/content_5163472.htm。

文化蕴含的民族精神、道德情操、人文涵养的深入挖掘和宣讲。二是教育内容的系统性、整体性不足。很多地方和学校对传统文化的教育理念认识不到位，对教育内容缺少系统性规划，对教学环节缺乏整体设计。往往是众多课程各自为战，课内课外无法衔接，这导致课程门类孤立化、教育内容碎片化、教学设计随意化现象的出现，大大降低了教学效果。三是教育教学中的技术性问题突出。主要表现为从事传统文化教育教学的师资力量不足，教师队伍整体素质有待提升。教育教学的感染力不强，教学方法和手段相对滞后。课程体系和教材编写缺少统一的技术规范指导。四是全社会关心支持的合力有待形成。目前，部分地区和学校开展传统文化教育的主体还是教师，场所还局限在校园，手段还主要依赖于课本，还没有完全形成全社会参与、多元化支撑的良好态势。针对以上暴露出的问题，应当引起社会各界的高度重视，教育系统责无旁贷，在教育方式、组织形式、内容甄选、资源共享、效果评估等方面加以改进和增强。

3. 高校的使命

高校作为培养社会主义建设者和接班人的重要场所，传承和创新文化是其基本职能之一。高校必须始终秉持为人民服务的办学宗旨，高度注重大学生以孝德素养为基础的综合人文素养的培养和教育。近年来，全国高校勇于创新、敢于实践、综合施策，取得一大批育人成果，先后涌现出一批优秀大学生模范人物。例如，全国孝老爱亲模范四川省成都市纺织高等专科学校的曹于亚、浙江林学院的刘霆、中南大学的洪战辉、武汉大学的黄来女、甘肃省平凉医学高等专科学校的张晓、湘潭大学的杨怀保、湖北职业职业学院的谭之平、湖南湘潭大学的杨怀保、贵州省铜仁学院的张蕾、福建三明学院的曹阳飞宇、西安科技大学的白永皓，内蒙古通辽职业学院周艳梅等。如今，这些道德“群星”产生了辐射效应，带动所在高校催生出一批孝老爱亲的志愿者和志愿团队。但同时，我们也要清楚地看到，部分大学生从小在比较优越的环境下成长，个人心理、思想尚未成熟，也没有形成正确的世界观、人生观和价值观，思想与行动上存在较大的不稳定性，缺乏应当具备的社会和家庭责任感，对接受的孝德教育没有足够的认同感和心理上的共振共鸣。加之，受自控意识差、自控能力弱等客观因素影响，没有坚强的毅力和决心约束自己去践行孝道。在大学生群体中出现的与之有关的反面典型案例也屡见不鲜，这值得高校、家庭、社会的深刻反思。

## 三、融入地方优秀传统文化培育大学生孝德素养的实践探索

### （一）挖掘地方孝德文化

烟台南山学院作为一所全日制普通本科高校，学校办学地山东烟台龙口市，位于胶东半岛西北部，历史文化悠久，商业文化、孝德文化等传统文化悠久。崇商重孝的文化在龙口源远流长，孝德观念深深根植于民间传统。孝德文化节、新二十四孝贤人

物、市民孝贤行动标准二十四条等一系列文明标志在龙口大地流传践行，无不彰显着龙口“行孝道，知感恩”的传统美德。为了弘扬“老有所养，老有所乐”的中华传统文化，更好地推动老年社会科学、文化事业、生态健康旅游和老年公益事业的发展。龙口市每年一届的孝德文化节，以孝德建设为切入点，以传承中华美德、弘扬孝德文化为主题，开展孝德文化普及教育。自活动创办14年来，中华不老城、中国老年人活动永久会场、中国老年大学南山基地等荣誉充分肯定了龙口在孝德文化方面的突出贡献。龙口把“孝”作为道德风向标，再从一人一家的个人品德、家庭美德向职业道德、社会公德拓展，构建整个社会的道德体系标准，从初期榜样引领的“新二十四孝贤”创评，到整个社会精神层面渲染的孝德文化宣传，再从全域覆盖的赡养协议签订，到社会反思升华的市民孝贤标准二十四条全面征集与凝练，或者为老年人提供更多便利服务和保障的“敬老文明号”争创以及一系列惠及老人的政策出台实施，都勾勒出“孝德在龙口”的发展路径、体系完善轨迹。龙口已在全社会形成“知孝义，讲孝德，践孝行”的浓厚氛围，真正使孝德文化内化为一种基本品行、自觉行动和精神追求。

（二）创新孝德育人举措

培养高素质的大学生，是一项系统工程，既需要高校秉持立德树人的办学宗旨，也需要社会各界的广泛参与。当前，社会联系日益紧密，高校与社会共赢共存的关系也愈发紧密，特别是地方高校，在服务地方经济社会的同时，地方优秀传统文化在高校育人过程中也产生潜移默化的影响。学校立足于地方办学的实际，植根于地方深厚孝德文化传统，在新时代赋予孝德文化新要求与新内涵，构建了“校地一体”以孝育人的新机制。学校结合所在地域的地理环境、历史传统、名人故事等内容，依托全国道德模范人物、龙口市“新二十四孝贤”等重要典型的孝德教育资源，积极构建学校、家庭、社区相结合的“三位一体”教育体系，将孝德教育从校内延伸到校外，形成全覆盖的育人网络，使得孝德教育无盲区。

1. 整合孝德研究资源

学校成立了烟台南山学院大学生道德礼仪教育研究中心（简称南山礼教研究中心），中心依托由中国孔子基金会、共青团山东省委、山东省学联批准学校设立的孔子学堂，整合全校人文社科教师和学工队伍两方面资源，形成育人合力。每年以常态化的讲座、报告、第二课堂活动等形式，为学生开展“孔子孝道思想及其对当代中国家庭伦理建设的价值”“传统精神——从孔子谈起”“继承传统文化与充实大学生活”“南山文化与南山精神”等各类孝德文化主题活动共30余场（次）。

2. 规范学生行为习惯

学校以宣传和践行“南山修为七款”为抓手，通过全方位的教育宣传，让以孝德文化为代表的优秀传统文化在学校落地生根、入心入脑，营造具有地域文化特色的养成教育环境。一是利用微信平台开展网络宣传。在“烟台南山学院”和“家在南山”两个微信平台上分别以“南山修为七款，你做到了哪几款?”为题，宣传“南山修为七款”。二级学院围绕“南山修为七款”分别组织开展软文、微电影、公益广告比赛，引导同学记录生活点滴，发现校园之美。二是开展大学习、大讨论活动。分辅导员、学生会、班干部、社团及班级全体学生等层面开展大学习和大讨论活动，在交流学习心得体会基础上，要求每个同学写出“南山修为七款”对照表，逐条对照自己修为是否达到要求，督促学生积极践行“南山修为七款”。三是围绕“南山修为七款”积极开展学生活动。各二级学院以学生活动为载体，围绕“南山修为七款”开展多种形式的宣传活动。通过开展演讲赛、辩论赛等形式增进学生对“南山修为七款”的深入理解；通过开展“南山修为七款”优秀践行者评选活动，树立正面典型，大力表彰先进，发挥榜样引领作用。四是宣传全面覆盖，占领舆论阵地。制作“南山修为七款”宣传画张贴在每个教室，学生抬头可见，能时时受到文化熏陶；制作横幅长期悬挂在校园醒目位置，营造良好的教育氛围。校园氛围的营造，使“南山修为七款”随处可见、深入人心。

3. 搭建孝德传承载体

为传播孝亲文化，弘扬社会文明，培养师生“知恩、感恩、报恩”的社会责任意识，在每年母亲节来临之际，学校举办“浓情五月、感恩母亲”为主题的征文大赛。每年父亲节时，组织同学每人准备一张卡片或自己手绘的卡片，在卡片上亲手写下想要对父亲说的感恩的话语。此外，定期组织学生赴南山敬老院、东莱街道敬老院等养老机构为老人表演才艺，与他们进行互动，与老人们交流谈心，帮助他们整理内务、打扫卫生、清理垃圾，为他们剪指甲、梳头发。目前，龙口南山国际长寿文化节已经形成有地域特色、主题鲜明的文化品牌，不仅向世人集中展示了南山的孝德文化，丰富多彩的文艺节目和活动内容也吸引了越来越多的人来此了解和感受南山的孝德文化。学校以此为契机，选派优秀大学生作为志愿者参加文化节志愿服务活动，让学生充分感受和体验传统孝德文化，接受孝德传统文化教育。

4. 营造孝德育人氛围

学校充分挖掘孝德文化的德育功能，让孝德文化走进校园、走进课堂、融入学科、写进校本，使孝德文化行为化、课程化、校本化。把孝德文化引进校园，作为校园文化建设的重点内容，在师生中广泛开展以孝德为主题的传统文化教育活动。结合自身实际，充分利用校内广播、校园网、公众号、宣传刊板、孝德文化墙、文化走廊、黑板报等宣传形式，动静结合，让孝德文化在校园随处有，时时见，人人讲，在潜移默化中营造浓厚的孝德文化氛围，以环境塑人。

2016 年 5 月 17 日，习近平同志在全国哲学社会科学工作座谈会上指出：“要加强对中华优秀传统文化的挖掘和阐发，使中华民族最基本的文化基因与当代文化相适应、与现代社会相协调，把跨越时空、超越国界、富有永恒魅力、具有当代价值的文化精神弘扬起来。”[①] 高校要自觉紧密结合地方传统文化特色，进一步弘扬以孝德文化为代表优秀传统文化，自觉担当新时代高校文化传承职能，增强文化自信，实现以文化人、孝德育人，不断探索优秀传统文化与现代教育理念深度融合的育人模式，为社会培育一批有责任、有担当、有情怀、有能力的新时代“四有”大学生。

① 习近平：《在哲学社会科学工作座谈会上的讲话》，人民出版社2016年版，第17页。

# 大学生创新创业能力培养对策研究*

杨清红**

**摘　要**　根据实地调研和深入访谈，发现高校大学生“双创”能力培养中存在创新创业教育课程设置过于理论化、创新创业活动参与度不高、创新创业实践活动丰富多彩、人才培养模式认可度低等现象。以学生双创能力培养为核心，将个性化的大学教育作为培育双创能力的基点，尝试从转变观念、彰显个性、革新教学方式、推行学业导师、搭建“双创”平台、构建保障体系五个方面来逐渐促进高校创新创业教育与大学生创新创业技能培养的融合。

**关键词**　大学生　创新创业　能力培养

随着全球第三次技术革命的开启，创新创业教育改革已成为我国新常态下经济社会转型的重要助力。自党的十八大以来，国务院出台的发展战略旨在促进青年成长与创新发展相融合，创新创业人才培养上升至国家战略层面，引发了培养方式、培养标准、“双创”教育、“双创”实训等改革浪潮，以提升人才培养质量为改革目标，将创新人才培养模式作为改革重点，优化、丰富课程体系是改革的基础，将“双创”教育贯穿大学生培养活动的全过程，与人才培养模式逐渐融为一体，这也为我国向创新型国家发展提供人才智力保障。① 高校掀起的“双创”教育改革浪潮对于培育高校的新教育理念、推进大学生素质教育和能力提升有非常重要的促进作用。

《国家中长期教育改革和发展规划纲要（2010～2020年）》中明确提出：“树立多样化人才、注重因材施教的观念，要根据学生不同特点和个性差异，尊重个人选择，鼓励个性发展。”大学生是现代个性独特、最具创新潜力的群体，个性化教育是重在激发个体创造性发展的教育，是培养个体创造能力的基础。基于大学生的个性特征开展创

---

* 本文系山东省高等教育人才研究会2017年度课题“高校应用型人才创新创业能力培养的供给侧改革研究”（RK17-7）结项成果。

** **作者简介：** 杨清红（1982～　），湖北孝感人，山东政法学院公共管理学院副教授，研究方向为社会创新治理、创新创业教育。

① 参见《国务院关于大力推进大众创业万众创新若干政策措施的意见》（国发〔2015〕32号），2017年1月20日。

新创业教育，既能发展大学生的个性，也能激发大学生的创新潜能，实现全面发展与个人发展的统一。这既是高等教育改革的必然趋势，也是建设创新型国家的必然选择。

大学生“双创”教育、基于个性化特点的“双创”教育虽都已成为社会公众关注的热点，也有了一些发展，但绝大部分“双创”实践还处于摸索阶段，尤其是对国外的“双创”教育模式有很大程度的盲从性。

因此，本研究拟通过开展实证调查研究，对“双创”教育背景下的大学生创新创业能力培养存在的问题及原因进行剖析，试图寻找适合我国大学生独特个性的创新创业人才培养模式改革路径。

## 二、相关研究文献回顾

国外有关创新创业能力培养的文献一直处于不断丰富发展的状态，主要集中在以下三方面：一是创新创业能力的维度研究。奥瓦（Orwa）等人对影响创业机会的因素如创造力、信息量、乐观、社会网络、知识结构等展开检验分析，指出社会网络是影响创新创业能力的主要因素。[①] 阿玛尔·毕海德通过创业所需的特殊能力，如创新创业倾向、信息获取能力、调整能力等构建实证分析的维度，选取的因素更加具体和完整。[②] 二是关于创业能力综合量表的研究。国外学者编制的量表包括了创业所需的四种能力：识别能力、评估能力、人际关系能力、沟通能力。这四种能力的一致性系数高达 0.7，分为 13 种测试。通过后续研究发现，最重要的 8 项创业能力依次为：决策力、发现并解决问题的能力、识别能力、创新能力、评估能力、沟通能力、商谈判能力、人际关系能力。三是个性化“双创”新教育研究。美国学者奥苏贝尔指出，“学生的学习主要是有意义接受学习教学模式”，认为个人才能的发挥才是德育的终极目标。[③] 1968 年，哈佛大学教育学部的学生巴斯（Bath）首次提出开放式教育的观点，除探索开放的空间与环境变量之间的关系外，他也研究开放式学校教育的实质，即实施个性化、个别化教育。日本在第二次世界大战后的教育改革以实用主义教育思想、个性教育原理等为基础，推行尊重个性、发展个性和实行个性的教育原则。1946 年将“个性教育是发展教育、开放学生智力的重要原理”载入了《新教育指针》。英国教育界曾推崇个性是创新的基础，主张根据学生各自的需求实现个性化的德育，突显教育的多元化。在关注个性教育的同时，国外的创新创业教育研究也有成果涌现。

当前，我国经济已进入中高速发展的新常态，大众创新、万众创业的热潮正在兴

---

① Orwa，Bani Otieno，PhD，*An Examination of Factors Influencing Entrepreneurial Opportunity Identification Process*，University of Illonots at Urbana-Champaign，2004，pp. 76-80.

② 参见［美］阿玛尔·毕海德：《新企业的起源与演进》，魏如山译，中国人民大学出版社 2004 年版，第 23～36 页。

③ DP Ausubel，“Ego Development and the Personality Disorders”，*Journal of Clinical Psychology*，1952，p. 419.

起，创新创业能力、个性化的培养已成为当前高等教育研究的热点，其相关研究成果主要从维度、量表以及实证研究模型等方面展开。[①] 林强、姜彦福、张健指出创业研究的新理论框架应包含创新、风险识别、管理能力等因素，围绕这些维度展开研究，以创新为基础，研究各种学派的成果，以达到更高层次的统一。[②] 邵华、张胜利归纳了10个维度来测量大学生的创业能力，如创新创造力、识别机会能力、组织管理能力、团队协作能力、领导决策力、人际沟通能力等。[③] 也有部分学者通过编制量表法来评估创业者的各项能力，一般分为两类：具体能力测量量表和综合能力测量量表。如王辉、张辉华结合我国12位创业大学生的案例和高校500多份问卷进行实证分析，研究后发现大学生的创业能力应由创新创造力、资源整合能力、实践能力、创业动力、性格等七个维度组合而成，并呈现出自身的个性特征和差异性。[④] 广东青年干部学院大学生创业研究课题组曾在广州市5所高校开展大学生创业能力调查，在研究成果《大学生创业能力研究报告》中指出，学习能力与创新意识分值最高，企业运作、市场知识的了解分值最低，表明大学生的学习意愿十分高，但是创新精神、创新知识等能力相当弱。[⑤] 此外，大学生的市场资源信息获取能力与自我管理能力相比存在很大差距。马林结合创新意识、创造力、机会识别能力、风险认知能力、组织管理能力设计出测量创新能力的问卷，研究中指出大学生创业能力各维度的平均值由高到低依次为风险认知能力、创新意识、创造力、机会识别能力、组织管理能力。我国在个性化教育研究方面起步较晚，还处于初始阶段，2005年以后才呈现出少量的研究性论文，如杨琳[⑥]、张雪茹[⑦]等的个性化教育研究主要集中在内涵、特征、重要性等层面，为我们形成个性化教育理念、推进个性化教育改革提供了部分理论基础。我国创新创业教育的研究开始于20世纪末，清华大学在1997年举办了第一届创业计划大赛，标示了我国“双创”教育的启航。北京航空航天大学等九所高校在2002年被教育部选取为创新创业教育试点基地，标志着“双创”教育开始迈向多元化发展。在“大众创业，万众创新”战略的指引下，国内相关研究成果不断涌现，如宋时飞[⑧]、侯东波和杨金亮[⑨]、王国华[⑩]等

---

① 参见居占杰、刘洛彤：《创新创业教育背景下大学生创新能力培养问题研究——基于G大学经济学专业本科生调查的分析》，《湖南师范大学教育科学学报》2016年第2期。

② 参见林强、姜彦福、张健：《创业理论及其架构分析》，《经济研究》2001年第9期。

③ 参见邵华、张胜利：《独立学院大学生创业能力的现状与分析》，《经济研究导刊》2010年第10期。

④ 参见王辉、张辉华：《大学生创业能力的内涵与结构》，《国家教育行政学院学报》2012年第2期。

⑤ 参见广东青年干部学院大学生创业研究课题组：《大学生创业能力研究报告》，《广东青年干部学院学报》2006年第1期。

⑥ 参见杨琳：《论思想政治教育工作个性化的原则和方法》，《理论观察》2012年第2期。

⑦ 参见张雪茹：《论当代思想政治教育中人的个性培育问题》，东北师范大学硕士学位论文，2008年。

⑧ 参见宋时飞：《创业创新的“加减乘除”》，《商界导刊》2015年第2期。

⑨ 参见侯东波、杨金亮：《创业创新可以享受哪些税收优惠政策》，《财务与会计导刊》（实务版）2016年第2期。

⑩ 参见王国华：《互联网时代“众创空间”构建的理念与方法》，《北京联合大学学报》（人文社会科学版）2016年第2期。

学者对创新创业教育的实施、政策支撑、评价体制等内容展开了深入探讨，具有较强的理论与实践指导意义，在一定程度上推动了我国创新创业教育的改革与发展。[①] 近年来，高校的创新创业教育探索与实践也得到了政府相关部门的支持，取得了一定的成绩。

从上述文献中可以发现，当前应用型人才创新创业能力研究存在的问题有如下三点：第一，在创新创业能力的培养现状上，缺乏对应用型人才培养的深入研究；第二，在应用型人才创新创业能力的测评上，以往的量表只强调了创业的某些方面，不能全面、客观、科学地测评创新能力；第三，在大学生创新创业能力以及个性化发展培养上，因前期现状了解得不够深入，策略制定上缺乏一定的针对性。[②]

## 三、山东省高校大学生创新创业教育调查现状与问题分析

### （一）调查总体情况

为了解山东省高校大学生创新创业能力培养的实际状况，选取山东省 5 所高校进行大学生创新创业能力培养状况调查。该调查在 5 所高校中随机抽取了近 500 名大学生作为调查对象，了解他们对所在高校实施的创新创业能力培养计划、创新创业需求以及个人建议等。调查共回收有效问卷 487 份，其中，在校女大学生 239 人，占 49.1%；在校男大学生 248 人，占 50.9%。在校生的学历层次中，大专在读生有 87 人，占 17.9%；本科在读生有 348 人，占 71.4%；研究生在读有 52 人，占 10.7%。在调查中，根据在校生的意愿随机抽取了部分调查者开展了约 10 分钟的深入访谈，主要是围绕校内、校外的创新创业教育活动、课程设置需求、创新创业培养的评价、个人感受及建议等内容。从调查的初步结果发现，大学生对目前所在高校的创新创业培养感受不深，现状不甚理想，与大学生自身所期望的培养目标相差甚远；同时，低年级大学生在创新创业培养的认知方面易受高年级大学生的影响，有一定的盲从性。总体来看，在校大学生的创新创业能力培养现状令人担忧，该结果也充分表明了在高校中开展创新创业教育改革的必要性与紧迫感。

### （二）调查现状与问题分析

1. 创新创业教育课程设置过于理论化

高校开设的创新创业课程，原本应该是学生获取创新创业知识、培养创新创业技能的基础平台，但是实际调查中却发现，创新创业相关课程如创业管理、商业产权、经营管理等主要是在工商管理、公共管理类专业培养方案中开设，并没有针对全校大

---

① 参见王慧蕾：《以人的现代化为导向建立大学生创新创业能力培养机制研究》，河北科技大学硕士学位论文，2015 年。

② 参见陈敬良：《创新与创业教育理论与实践探索》，复旦大学出版社 2012 年版，第 59～63 页。

学生设置类似的基础课程。这些课程多为专业选修课，跨专业的学生很少有机会能接触到创新创业相关课程。[①] 在接受调查的在校大学生中，有高达78%的学生认为自己所在学校的创新创业课程并未与人才培养方案紧密联系，对创新创业课程的预期效果评价较低，已开设相关课程偏重于理论，实际操作内容太少，难以加强大学生对创新创业的准确理解，也无法培养大学生的创新创业技能。

2. 创新创业活动的参与程度不高

大学生在校期间，除去创新创业活动外，还有很多其他的社会实践活动，他们会根据自身情况（时间、专业、性格）以及往年学生对各种实践活动的评价，选择适合自身的各种实践活动。在调查结果中发现，参与创新创业活动时，学生持“比较积极”“积极”“一般”“不参与”态度的分别占28.7%、6.8%、55.9%、8.6%。依据年级分类后又发现，三年级学生“积极”与“比较积极”“一般”“不参与”分别占29.9%、61.3%、8.8%；二年级学生“积极”与“比较积极” “一般” “不参与”分别占36.7%、56.1%、7.2%；一年级学生“积极”与“比较积极”“一般”“不参与”分别占32.2%、60.1%、7.7%。由此可知，目前大学生对高校所开展的创新创业活动参与态度缺乏积极性，部分学生几乎处于被动状态，甚至还有学生对创新创业活动没有任何兴趣。在深入访谈中了解到，部分在校大学生认为个人创新创业成功的概率极低，更愿意将有限的时间和精力投入在其他方面。

3. 创新创业实践活动丰富多彩

一般高校除设置相关创新创业课程外，还经常举办创新创业讲座、创新创业竞赛等丰富多彩的实践活动，形式多种多样，如大学生创业大赛、大学生移动互联网创新创业大赛、国家级大学生创新创业训练计划项目、“互联网＋”大学生创新创业大赛、“挑战杯”全国大学生课外学术科技作品竞赛等。此外，寒暑假期也有许多的创新创业实践机会，如组建社会实践创业团队、创业参观等。在上述实践活动中，近92%的在校生是通过校内讲座的方式获取相关创新创业知识，即高校定期邀请相关专家为学生普及创新创业基础知识，分享名人的创新创业故事，激发大学生的创新创业热情与意识，并给予相关的建议。这种讲座每年举办次数在1～2场，让学生了解到课本之外的知识，开拓了他们的视野，也激发了他们的热情。但从类似的课外实践活动开展效果情况来看，有61%的在校大学生认为效果相对较好，这些模拟的比赛和理论层面的讲座能够让他们积累一些知识，但自身确实还没有做好去实践的准备，在此过程中也了解了自身的不足，看清了心中理想与现实社会的巨大差距，对今后真正进入社会有一定的帮助。但也有近30%的在校生认为当前高校所开展的创新创业实践活动只是追赶和迎合当前的社会潮流，没有形成系统的创新创业培养模式，了解到的创新创业相关

---

① 参见段美：《大学生创业能力培养问题研究》，河北农业大学硕士学位论文，2011年。

知识无法帮助他们提升、培养自身的创新创业技能。还有近5%的在校生希望学校能够真正提供资金，让有经验的教师和专家带领他们进行小范围创业，而并非停留在理论或是实习层面。

4. 人才培养模式认可度低

人才培养模式中包括高校对大学生的培养目标和规格以及与之相匹配的科学的教学方式、方法和手段，它贯穿大学生的整个教育过程之中。在有关人才培养模式的调查中发现，在校大学生对所在高校的人才培养模式评价“很满意”“满意”“基本满意”“不满意”的分别占3.4%、16.2%、52.8%、27.6%。依据年级分类分析，三年级学生“很满意”“满意”“基本满意”“不满意”的分别占1.8%、13.4%、66.8%、18.0%；二年级学生“很满意”“满意”“基本满意”“不满意”的分别占3.2%、22.4%、52.4%、22.0%；一年级学生“很满意”“满意”“基本满意”“不满意”的分别占1.9%、10.4%、49.3%、38.4%。调研结果表明，在校大学生对高校目前的人才培养模式认可度很低，且低年级在校生比高年级在校生的认可度更低，可能的原因是低年级在校生对高校人才培养模式的了解程度不及高校级在校生，他们对人才培养模式的要求更高。

## 四、大学生创新创业能力培养问题的原因剖析

目前我国大学生的创新创业能力整体还很薄弱、个性化教育缺乏，形成这种现状的原因主要有几个方面：个人及家庭层面的意识和思维，高校层面的创新创业教育系统，政府层面创业基础设施不完善、政策措施不配套，社会层面的创新创业文化氛围不浓。

### （一）创新思维缺乏，创业意识薄弱

我国传统的应试教育不仅束缚了学生的思维，还禁锢了教师的教授方法。教师只传授给学生在考试中需要掌握的知识，强调对知识的死记硬背，忽略了对学生逻辑思维能力的培养，致使通过传统应试教育培养出来的大学生缺乏抽象思维能力和灵活的应变能力，缺乏创新思维的基础。同时，从个人及家庭方面来看，大学生受家庭环境、家长期盼、世俗价值观等因素的影响，安于现状，拒绝变革和创新。再加之创业本身具有风险大、不稳定、需要资金投入等特点，直接限制了大学生的创业意愿，创业意识很薄弱。[①]

### （二）创新创业教育系统缺失

虽然我国高校的教育理念和教学方式与中小学相比有了很大的变化，但依然保留了应试教育的色彩，偏重理论知识的教授，学生考试分数始终是评判奖学金、优秀学

---

① 参见郝宏伟：《大学生创业心理拓展》，广东高等教育出版社2015年版，第45～49页。

生及党员等各种荣誉的唯一标准。因此，高校教育与社会实际脱节，致使大学生缺少创新意识和创业能力。具体表现如下：第一，教育观念落后。1999 年至今，教育部已连续颁布了一系列关于创新创业的政策，但绝大部分高校并未对该政策作出实质性的响应，课程设置、教学内容、教学方式等依然停留在原有的就业教育层面。第二，无专业的创新创业系统课程。少部分高校虽然设置了相关的创新创业课程，但处于零散、不成体系的层面，仅开设几门创新创业选修课，或召开几场创新创业讲座，并未将理论教学与学生的就业实际相结合，致使创新实践不足等问题产生。第三，创业型师资力量严重缺乏。高校中“双创”课程主讲教师并无相关实践经验，仅限于理论讲解。第四，创新创业缺乏资金支撑。创新创业实践既要有理论基础，同时也需要专项资金的支撑。因创新创业实践是成功率较低的一种活动，高校、企业都不愿在该活动中投入过多，因此，大学生的创新创业实践机会极少。

（三）创业基础设施不完善、政策措施不配套

近年来，我国陆续颁布了一系列创新创业政策，鼓励与支持大学生开展创新创业活动，在高校中掀起了一股创新创业的热潮。但是，实际运作中还存在很多执行困境。首先，基础设施不完备，“双创”相关法律制度、融资渠道等不完善，创新创业的办公场地、文化氛围等创业环境使得大学生在创业中到处碰壁，严重挫伤了他们的创业激情。其次，政策措施不配套。除人力资源和社会保障部、教育部、公安部等部门外，其余相关部门（如银行、保险等金融部门）都未制定对于大学生创新创业的配套政策。这也是制约大学生创新创业能力提升的重要因素。

（四）创新创业文化氛围较弱

浓厚的创新创业环境氛围对大学生创新创业能力的培养至关重要。一方面，高校内部所具有的创业精神、创新与冒险意识、团队协作精神等文化氛围很弱，保守、稳健反而是高校一贯的管理方式。因此，在组织大学生开展实践活动时，并不支持和鼓励他们大胆尝试、勇于创新，这种方式正好限制了大学生创新创业能力的发挥。另一方面，鼓励大学生创新创业的文化氛围不浓厚。原因如下：首先，旧的思想文化抑制了公众革新图变的思维，使其易受听天由命、墨守成规、顺其自然等思想影响。其次，计划经济体制也制约了公众创新求变的思想，社会还未形成勇于创新、敢于创业的社会氛围。大学生创新创业的热情在这样的社会文化氛围中容易很快被浇灭。①

## 五、大学生创新创业教育能力培养对策

根据上述调研和深入访谈结果，以学生“双创”能力培养为核心，将个性化的大

---

① 参见张秀峰、陈士勇：《大学生创新创业教育现状调查与思考——基于北京市 31 所高校的实证调查》，《中国青年社会科学》2017 年第 3 期。

学教育作为培育“双创”能力的基点，建议从转变观念、彰显个性、革新教学方式、推行学业导师、搭建“双创”平台、构建保障体系等五个方面来逐渐促进高校创新创业教育与大学生创新创业技能培养的融合。①

（一）转变意识观念，彰显自我个性

思想是行动的指南，舆论是行动的向导。大学生本人及其家庭必须从思想上接受创新创业，将创新创业视为新的就业渠道，如此才能真正重视和支持创业。首先，大学生要转变观念，形成创新创业意识。从目前就业的紧迫形势来看，大学生必须要树立“创新多元”的就业观，坚持先就业，后择业，先生存，后发展的理念，抛弃传统“专业对口”的观念。在大学期间，重在拓展知识面，不能局限于某一专业或领域，要充分意识到创新创业也是个人职业生涯的发展道路。② 同时，在创新创业过程中，也要有意识地更新相关观念，如培养脚踏实地、心态平和、勇往直前、不屈不挠、兢兢业业等品格力量，积攒资本、理财能力、发展项目等社会力量。其次，大学生要努力自我培养，突显个性化的创新创业素质。在能力培养方面，要时刻把握课堂内外各种崭露头角的机会，锻炼自己，培养创新创业所必需的管理、协调、组织等综合能力。如课堂上勇于发言，积极与老师、同学探讨，锻炼自身的语言表达、交流沟通能力，尤其是可以培养创新创业的勇气。在课堂外也可通过担任学生干部，在班级管理、组织学生活动、上传下达等日常工作中锻炼自身的协调能力、组织能力、合作能力以及社交能力等。在理论知识学习中，要增强创新创业意识，如充分发挥主观能动性，善于发现问题、解决问题，充分利用联想力、观察力等，为创新创业能力的产生奠定基础。在实践活动参与方面，要积极参与各种实践活动，积累创新创业的经验，为创新创业精神的发挥提供机会。观念转变、意识培养以及素质的提升与大学生个人的性格特征是密不可分的，在这些转变的基础上，要结合个性特征彰显个人魅力，初步培养有个性特色的创新创业能力。

（二）革新创新创业教学方式

在对山东省高校大学生调查时发现，大部分在校生对创新创业课程体系及人才培养模式的认可度较低，参与相关的活动时态度也很消极。因此，结合大学生的预期，建议革新原有的课程体系和教学方式。首先是变革课程体系，现在的公共基础课已有许多网络开放课程、在线学习课程等可以取代，应增添更多的公共选修课程，如写作方法、文学作品欣赏、素质修养等工具类课程，逐渐提升大学生的文化素养。③ 另在专业课程设置中，除去专业必修课外，也可增添社会热点问题专讲、商务沟通与交流、

① 参见杨清红：《个性化教育：大学生创新创业能力培养》，《山东行政学院学报》2018 年第 4 期。

② 参见林湘羽：《广西大学生创新创业价值观现状调查及培养对策研究》，广西师范学院硕士学位论文，2016 年。

③ 参见刘文君：《美国现行教学督导系统及其特征》，《比较教育研究》2007 年第 7 期。

公司法与合同法、社会调查等创业知识基础课、慕课等在线课程，让大学生自由选择感兴趣的专业知识，丰富专业知识结构。其次，革新教学方式。改变传统的以老师为主体的教学方式，充分发挥学生的主观能动性，采用案例讨论、参与扮演、探究启发等方法，将创新创业故事与实践经验贯穿在课程教学之中，培养大学生的创业热情，激发大学生的创新灵感。①

（三）推行学业导师制

导师制源于14世纪的英国，最早由学者威廉·威克姆提出，19世纪末期被牛津大学应用于大学本科教育之中。我国最早实践学业导师制的是浙江大学，目前该制度仅在部分高校推行。在山东省高校的调查研究中，近64%的在校生期望推行学业导师制，尤其是刚入学的新生，对大学四年的学业生涯如何规划感到迷茫。在对山东政法学院的调查中，近58%的被调查者也希望在本科生中推行学业导师制。根据该院政治学与行政学专业试点的导师制结果来看，效果很明显，学生与老师之间的关系更加亲密，交流也更加频繁，这表明在校大学生对学业导师的需求很强烈。因此，建议在大一新生入学后，根据他们的意愿选定学业导师，院里负责协调，均衡每位导师带领的学生人数。学业导师主要是对自己带领的学生给予课程学习、课外指导、学位论文写作、毕业实践等全过程的指导。通过导师的指引，大学生的培养方式更加灵活、特色，完善了他们的知识体系，同时也能彰显导师魅力与学生个性，这也是个性化教育的重要组成部分。此外，高校也可通过邀请创业成功人士、知名专家、风险投资专家等精英，作为大学生创新创业的咨询导师，帮助培养大学生的创新创业实践技能。

（四）搭建大学生校园创新创业网络平台

在高校内部成立创新创业团队，由大学生负责管理，借助网络、微信公众号等方式，成立大学生创新创业网络平台，具体工作分为理论知识和实践运作两部分。其中，理论知识业务是定期推送创新创业的理论基础知识、各省市的创新创业优惠政策、创新创业风险化解以及宣传典型的创新创业人物和故事等内容。实践运作业务则可通过邀请、访谈创新创业相关领域的专家、企业家、校友等，为大学生的创新创业行动给出建议、指出方向。此外，也可定期举办校内创新创业比赛，通过设定不同的主题，大学生可以体验并锻炼不同的技能。在创新创业比赛中获奖的个人或团队，可优先获得校方提供的创新创业资助，以此来激励大学生的创新创业热情，培养大学生的创新创业技能。

（五）构建协同创新多元保障体系

目前，创新创业领域的相关学者都认为创新创业体系的构建应关注高校与政府、企业、社会之间的协调与合作，典型的代表理论是亨利·埃茨科维兹学者提出的三螺

① 参见仇晓星：《江苏省大学生创业政策研究》，东南大学硕士学位论文，2017年。

旋理论。政府部门要继续完善落实相关政策，对大学生的创新创业行为给予政策、资金与技术上的支持与指导。① 同时，相关部门也应出台创新创业方面的法律法规，引导和推动创新创业保险的设立，降低大学生创新创业的风险，规范大学生创新创业行为。在此过程中，高校可通过构建创新创业帮扶体系，支持、鼓励有创新创业意向和技能的大学生展开实践行动，为其配备专业的创新创业导师，在实际行动中感受和总结相关经验。无论成功与否，这种创新创业的经历是相当珍贵的，可进一步总结作为课程教学案例。

教育的创新决定着未来的发展，大学生创新创业能力的培养也是对人才核心竞争能力的培育，是我国塑造创新型国家的关键。② 现代大学生个性独特，特性明显，个性教育也逐渐成为各国教育改革的趋势。因此，高校应将个性化教育逐步融入创新创业教育之中，充分发挥个性化教育在人才培养过程中的主体地位。同时，也应注重实践应用研究，对个性化教育在创新创业能力培养中的影响力展开实证研究，进一步完善创新创业的实践教学。③

考虑到创新创业教育体系的建立、大学生创新创业能力的培养、个性化教育的突显等是长期动态、逐渐积累的过程，因此，问题分析主要以定性的理论研究为主，定量的实证研究涉猎较少，后续研究中会选取部分高校大学生为调查对象，对其近三年的创新创业能力变化展开纵向追踪调查，深入研究个性化教育与大学生创新创业能力培养之间的辩证关系。

---

① 参见杜辉、朱晓姝：《创新创业教育与专业教育的深度融合——基于北京地区高校的数据分析》，《中国高校科技》2017 年第 5 期。

② 《教育部关于大力推进高等学校创新创业教育和大学生自主创业工作的意见》，2010 年 5 月 13 日，http://old. moe. gov. cn//publicfiles/business/htmlfiles/moe/info _ list/201105/xxgk _ 120174. html。

③ 参见杨清红：《大学生创新创业能力培养调查——基于山东省高校实证分析》，《锋绘》2018 年第 1 期。

# 创新创业融入高校思想政治教育路径探析*

朱绪健**

**摘　要**　高校思想政治教育与创新创业教育之间能够形成同频共振，但创新创业教育融入高校思想政治教育过程中仍存在着一些问题，可以从情感认同、价值辨析教育、加强实践体验教育三方面入手，探析创新创业教育融入高校思想政治教育的可行路径。

**关键词**　创新创业　高校思想政治教育　融合　路径

高校思想政治教育（以下简称“思政教育”）是高校思想政治工作的重要内容，对于大学生树立正确的世界观、人生观、价值观有着重要的引导作用。高校思政教育不仅包含理论教学，其本身也属于一种实践性活动，人类生产力、生产关系是关键性影响因素，同社会实践之间的关系十分密切。① 这就为大学生创新创业（以下简称“双创”）活动融入高校思政教育提供了空间。本研究基于对山东省内六所高校在校大学生的问卷调查，归纳出创新创业融入高校思想政治教育遇到的问题，并提出相应对策。

## 一、高校思政教育与创新创业教育的同频共振

创业教育及其研究由来已久，学界对于创业教育的概念有两种基本观点：一种是狭义的创业教育观，即认为创业教育就是教会学生如何经商、创办企业；另一种是广义的创业教育观，即认为创业教育是为社会培养创业型人才，服务于社会实践，实现个人价值，提升社会效益的教育活动的总称。创新教育是以培养人们创新精神和创新能力为基本价值取向的教育，重点在于在全面实施素质教育的过程中培养创新意识、创新精神和创新能力。② 将二者放在一起认识和理解，一方面是因为李克强总理多次提

* 本文系山东高等教育人才研究会 2019 年度课题“创新创业教育与高校思政课的融合路径研究”（RK19-39）结项成果。

** **作者简介**：朱绪健（1986～　），山东济宁人，山东政法学院公共管理学院讲师，研究方向为管理思想理论与创新创业。

① 参见刘怡宁：《高校思想政治教育实践育人的创新之研究》，《佳木斯职业学院学报》2019 年第 11 期。

② 参见陈进良、樊艳红：《试论创新教育》，《河南商业高等专科学校学报》2005 年第 5 期。

到“大众创业，万众创新”，这一概念被大众普遍接受；另一方面，创新更倾向于理论领域，创业更倾向于实践领域，双方相互依存，相互影响，缺一不可，可视为一个整体。“双创”教育是国家实施创新驱动发展战略、促进经济提质增效升级的迫切需要，是我国经济供给侧改革的重要举措，对于国民经济的持续健康发展有着重要意义。[①] 故本文将“双创”教育定义为：以培养学生创新意识和创新精神，提高创新创业能力为目标，引导学生服务社会，成为具有开创性个性品质的社会主义事业建设者和接班人的系列教育活动的总称。

2015 年《关于深化高等学校创新创业教育改革的实施意见》（以下简称《意见》）的出台，标志着“双创”教育已经成为国家教育改革的重要内容。《意见》指出，到 2020 年建立健全课堂教学、自主学习、结合实践、指导帮扶、文化引领融为一体的高校创新创业教育体系，人才培养质量显著提升，学生的创新精神、创业意识和创新创业能力明显增强，投身创业实践的学生显著增加。高校作为“双创”教育的前沿阵地，有着得天独厚的教育资源和条件，能够为“双创”教育探索符合各自特点的不同路径。

习近平总书记强调思政教育要贯穿大学教育的全过程，实现全员育人、全程育人、全方位育人。后又提到推动思想政治理论课改革创新，要不断增强思政课的思想性、理论性和亲和力、针对性。高校思政教育与“双创”教育之间有着众多契合之处：高校“双创”教育能够为思政教育提供实践的资源和空间，使思政教育更接地气；亲身经历“双创”活动，更易增强学生对于思政教育的认同，从而创新思政教育的方式方法。“双创”教育也离不开思政教育的指导，思政教育能够促进学生正确地运用辩证唯物主义和历史唯物主义的观点看待如今迅速变化的世界，启发学生捕捉“双创”灵感。更为重要的是，思政教育为“双创”教育指明了发展方向，有助于创业创新者更好地理解和评估创业形势，还能提高创业者的心理承受能力，培养持之以恒的创业意志和百折不挠的创业品质。

因此，二者可以形成同频共振。在坚持立德树人根本任务的基础上，要满足学生成长发展需求和期待，以大学生创新创业能力培育为新的重要载体，以问题为导向，以能力为核心，以课程建设为平台，努力培养具有综合素质的社会主义建设者和接班人。[②]

## 二、创新创业融入高校思想政治教育现状测量及分析

高校思想政治教育，必须适应社会主义现代化建设的需要，做到一切从实际出发。

---

① 参见国务院办公厅：《关于深化高等学校创新创业教育改革的实施意见》（国办发〔2015〕36 号），2015 年 5 月 13 日，http://www.gov.cn/zhengce/content/2015-05/13/content_9740.htm?amp。

② 参见李飞：《创新创业能力培育介入思想政治理论课教学的策略研究》，《湖北成人教育学院学报》2009 年第 5 期。

本研究通过编制创新创业融入高校思想政治教育调查问卷——以山东省内六所高校（文科院校、理工科院校、综合性院校、高职类院校、艺术类院校、医科类院校各一所）为例，对高校内学生开展抽样调查，共发放600份问卷，回收567份。经过数据分析后，得出以下关键数据：

（一）创业动机方面

高职类院校、文科院校和综合性院校排在前三位，有创业动机的学生占比分别为68.2%、49.3%和43.5%。这说明2000年以后出生的大学生，对待创业有较为开放的态度，更愿意将所学付诸实践，转化为经济效益，高职类院校、文科院校学生拥有更多的创业热情。

（二）创业教育方面

98%以上的学生都经历或了解学校或省、市举办的创业大赛，亲历过学校的创业园，认真准备和参加过模拟创业活动，绝大多数学生认为通过这些创业活动提高了自己的实践能力和创业技能。另外，仅有30%左右的学生对于学校创业教育的师资队伍感到满意，大部分学生并不认可创业指导老师的个人能力，认为他们对理论较为熟悉，但脱离创业实践，没能为自己创业想法的落地提供实质性或关键帮助。此外，学校对于学生创业的支持力度不足，仅有5.3%的大学生在校创业者得到过学校实质性（如资金、政策、学分认可等）的帮助，这说明各高校推动大学生创业上的相关政策落地困难。

（三）创新创业融入思政教育方面

仅有7.2%的大学生认为自己得到过思政教师在创业方面的帮助，绝大多数学生倾向于把创业想法告诉辅导员，其次是创业相关课程任课老师。40.3%的大学生在思政教学中学过关于创新创业的案例，但思政教学实训中涉及相关内容的只占8.9%。虽然78%的学生认为思政教育与社会实践联系密切，但仍然有36.4%的学生认为思想课比较枯燥，思政教育仅停留在知识层面，尤其是创新创业教育，基本都属于专业课范畴，思政教师较少涉及。

（四）对创新创业融入思政教育的建议

作为开放型问题，该问题大约有39.2%的学生进行了回答。结果显示，学生认为在思政课的实训中应加入更多的创新创业方面的内容，强调提高学生的社会实践能力，更有学生大胆提出将创新创业作为一门思政课去开设，显示了学生对创新创业融入思政教育的需求。

## 三、创新创业融入高校思想政治教育过程中出现的问题

创新创业融入高校思政治教育，是新时代的新课题，需要集中力量，群策群力。

通过上述问卷统计，结合对部分大学生的访谈，可以总结出现阶段创新创业融入高校思政教育过程中出现的一些问题。

（一）创新创业理念滞后

受个人主义、功利主义思想的影响，当前社会对于创新创业有着一定的误解，认为创新创业就是去挣钱，去增加个人财富。这种片面的理解容易导致两种极端思想：一是拜金文化，认为金钱至上，唯利是图，导致狭隘利己主义；二是生存至上，为创新创业不择手段，导致工具主义，任何人、任何组织都只是个人成功道路上的垫脚石。在某些高校思政教育中，也存在落后的理念，很少对创新创业的深层动机进行系统分析和引导，使得创新创业流于形式，没有组织和利用好学生实践教学的机会，忽视创业精神的培养和创业人格的塑造，导致大学生在未来的创新创业中缺少社会责任，难以上升到更高的创业境界。

（二）指导教师能力不足

毫不夸张地说，当前从事高校思政教育的教师中，拥有创新创业实践经验者可谓是凤毛麟角。这一基本矛盾，导致创新创业融入高校思政教育中的非专业性和形式化倾向，导致具有创新创业动机和热情的学生在征询教师指导意见时，更多寻求专业课教师的帮助，而非求助于思政教师。专业课教师更多的是从可行性和有效性方面为学生答疑解惑，却往往忽视了对学生思想道德和政治立场的把控。

（三）教学方法不能满足学生需要，实效差

随着互联网的深入普及和使用以及“区块链”等概念的推动，全球创新创业的“去中心化”现象显著，这也给创新创业融入高校思政教育带来了严峻的挑战。学生能够从网络上找到各种创新创业的资源，一方面能够丰富学生的视野，但另一方面，知识的碎片化、创业神话的庸俗化现象明显，使得学生在创新创业过程中无所适从，觉得到处都是机会，却难以抓住机会。高校思政教育需要在教学方法上不断进行自我反思和自我创新，积极应对这些挑战。

（四）创业孵化率低，地区差异显著

大学生创业项目的孵化，一直以来都是创新创业教育的落脚点，却也是其薄弱点。在东部发达省份和地区，受工业和人才集聚化的影响，市场广阔，创业机会众多，创业项目转化率较高；反观广大非中心城市和偏远落后省份，创业资源较少，市场狭小，创业项目转化率很低。此外，由于很多高校都在城市边缘或“大学城”建立新校区，为创业项目的孵化增加了难度，使得一些创业孵化项目成为“面子工程”或“自娱自乐”。这些乱象，一方面说明高校思政教育对于创新创业方向的把控仍需完善，另一方面，更为重要的是，需要强化思政教育，来为创业指导教师、创业者们提供政策分析和解读，用实事求是的态度来为创新创业输入“正气”，促进其练好“内功”。

## 四、国外创新创业融入高校思想政治教育改革经验借鉴

国内话语体系中的思政教育在西方话语体系下被分解到了“道德教育”“国民身份教育”“通识教育”等各个领域，但是国外创新创业融入高校思想政治教育改革经验丰富，有很多值得借鉴之处。

### （一）建立从小学到研究生阶段的创新创业教育体系，并融入思政教育中

无论是欧洲还是美国，在商业文化盛行和资本主义精神备受推崇的环境下，创新创业教育形成了相应的教育体系，强调理论知识转化为社会财富，很小的孩子就能够有平台去实现创新乃至创业。我们国家从小学到研究生阶段都有完整的思政教育体系，如果能明确地将创新创业教育融入这个体系中，必然会极大地推动两者的共同发展。

### （二）落实创业支持政策，推动思政教育引领下的创业活动

西方教育体系资金来源较为多样，教学资金繁多，能够开展各种活动为大学生提供创业资金，并在大方向上给予引导。国内大学生创业资金来源渠道较为单一，主要为学校和政府等公共部门，需层层审批，这就导致创业政策落实困难，创业更多的是比拼个人的家庭资源，家庭贫寒学生创业尤其艰辛。思政教育的引领作用和创业活动的灵活性之间，并不是非此即彼，而是可以相辅相成的。

### （三）创业导师有着丰富的实践经验，企业家视创业指导为社会服务，推动创业质量的提升

西方国家强调企业家精神，不仅是在物质上回馈社会，而且应当在实践上分享自己的创业经验，因此很多企业家都愿意去为青年创业者提供无偿帮助。这能够解决高校象牙塔中教师缺乏创业实践经验的弊端，更重要的是，好的大学生创业项目能够被企业家认可并立即付诸实践，资金问题迎刃而解。

## 五、创新创业融入高校思想政治教育的可行路径

创新是一个民族进步的不竭动力。创业作为创新活动的实践载体，起到将理论落实到实践的作用。面对目前创新创业融入高校思政教育过程中存在的问题，通过吸收和借鉴国外先进经验，可以从情感、价值和实践三点出发，寻求解决问题的可行路径。

### （一）加强情感认同教育，增强创业信心和创新热情

创新创业融入高校思政教育，最直接的方式就是激发学生的动力，形成情感认同，增强创业信心，提高创新热情。

1. 强化“四个自信”，增强创业信心

“四个自信”，即中国特色社会主义道路自信、理论自信、制度自信、文化自信。强化“四个自信”，是高校思政教育的重要内容，能够推动学生在新的历史方位下，回

顾历史发展，客观准确衡量自身所处的历史和社会环境。高校思政教育工作者，要在全面诠释“四个自信”的同时，将中国共产党对中国特色社会主义的艰辛探索作为创新创业的最好案例来进行讲解，强化学生对创业的直观认识，促进其把握历史机遇，实现使命担当。

2. 推动学生返乡创业，实现个体价值

在创新创业的过程中，必须面对个体和集体利益的问题。只有在实现集体利益过程中，个人利益才能得到更好的实现。在广大非中心城市和偏远落后省份，学生就业机会相对较少，高校思政教育需要强化学生对自己家乡的热爱，通过各种形式启发学生对于家乡的情感认同，推动学生积极响应国家“扎根基层，服务基层”的号召，返乡创业，实现个人价值。

3. 增强挫折教育

在创业教育过程中，不仅要进行创业知识、创业技能等专业教学，还要进行创业心理、创业品德、创业人格、创业精神等创业价值观内容的教学。① 挫折教育是目前我国青少年教育中较为欠缺的内容，尤其是创新创业方面的挫折教育严重滞后。高校思政教育应立足于学生自身实际，通过组织学生社团、创业大赛以及创新创业实习等，让学生尽快接触创业活动的实际，尤其是接受创业挫折教育。在现实创业实践中，一次创业即成功者微乎其微，创业本身就是磨炼个人意志、实现人格升华的过程。因此，通过多种形式，尽快让学生经历挫折，才能真正做到用辩证唯物主义和历史唯物主义的观点看待创业，才能扎扎实实地做好创业创新。

### （二）加强价值辨析教育，形成风清气正的创业氛围

1. 坚持马克思主义与中国特色社会主义理论的指导，立足于国情进行创新创业

习近平总书记指出：“我们对思想政治工作高度重视，始终坚持马克思主义指导地位，大力推进中国特色社会主义学科体系建设，为思政课建设提供了根本保证。”② 目前我国的基本国情是仍然处于社会主义初级阶段，这是所有创新创业活动的前提。2020 年，面对突如其来的疫情，党中央和国务院果断决策，持续推进复工复产，中国经济表现出持续的抗压性和修复能力，直播带货等新型营销模式的创新得到了政府的认可，通过直播带货助力脱贫攻坚成为时尚。以上丰富的实践案例，都是创新创业融入高校思政教育的重要素材。只有立足中国广阔的历史和现实方位，才能做到真正认识和理解马克思主义与中国特色社会主义理论，避免眼高手低，将创业创新做到实处。

---

① 参见吴颖哲：《大学生非功利性创业价值观培育的路径研究——基于高校思政教育》，《邢台学院学报》2019 年第 3 期。

② 《习近平主持召开学校思想政治理论课教师座谈会》，2019 年 3 月 18 日，http://www.gov.cn/xinwen/2019-03/18/content_5374831.htm。

2. 大力弘扬中华优秀传统文化

思政课教师要给学生心灵埋下真善美的种子，引导学生扣好人生第一粒扣子。个人心中的真善美，是人性的光芒，也是创业者应当始终抱有的初心。面对错综复杂、千变万化的市场，对创业者的思政教育不能离开中华优秀传统文化的指导。孔子在2000多年前就提到了“不义而富且贵，与我如浮云”的义利观以及“己所不欲，勿施于人”这一处理任何矛盾和冲突的良方。从诸子百家到儒释道合流，传统文化不仅影响着中国人的思维和行为模式，还是中国人安身立命之本。大力弘扬中华优秀传统文化，能够在创业者的心中埋下换位思考的种子，能培养创业者的诚信，更能拓展创业者的格局，是漫长创业道路上点点星光，也是思政教育的重大成功。

3. 明辨是非，做好“内功”

习近平总书记指出：“让有信仰的人讲信仰，善于从政治上看问题，在大是大非面前保持政治清醒。”① 创新创业过程是痛苦的，创业者需要有极强的韧性和百折不挠的意志品质。面对一些所谓的“速成”“秘方”“捷径”，面对个别投机者暂时的成功，创业者会迷惘，思政教育就是拨云见日的那一缕清风。思政教育活动能够塑造实事求是的作风，能够在这个利益多元化的世界高举正义正气的大旗，帮助创业者明辨是非，告诉创业者何为信仰、何为人类的终极追求，让创业者在大是大非问题面前保持冷静和理性，夯实根基，方能成功。

（三）加强实践体验教育，培养实事求是的创业品格

高校思政教育要把思政小课堂同社会大课堂结合起来，教育引导学生立鸿鹄志，培养实事求是的创业品格，做新时代的奋斗者。

1. 大力推进实践基地建设与实践教学发展

党的十八大以来，思政教育实践教学之风日渐兴盛，各地广泛收集资料，提高服务水平，用心打造了很多实践教学基地，取得了不错的效果。目前，各高校都非常重视实践教学，但是创新创业融入实践教学尤其是思政课实践教学的力度还不够，实践基地利用率有待提升。下一步应继续大力推进实践基地建设和实践教学发展，并创新实践教学形式，融入更多的关于创新创业的内容，利用VR、互联网、人工智能等多种形式，结合数据库、影像资料、网络课程等平台，持续发展，增加实践，激发创新创业思维和动力。

2. 创业竞赛推动创新创业发展

创业大赛由来已久，各个层级创新创业大赛名目繁多，为创新创业教育提供了展示的平台。随着互联网技术的发展，学生的创新创业活动同质化现象严重，创新性不

---

① 《习近平主持召开学校思想政治理论课教师座谈会》，2019年3月18日，http：//www.gov.cn/xinwen/2019-03/18/content_5374831.htm。

足，这也需要高校思政教育来进行纠正。从马克思到毛泽东，从邓小平到习近平，党和国家的理论家、领导人无不重视调查研究，从实际出发来认识问题，解决问题。目前的创业竞赛也要坚持实事求是，大兴调查研究之风，对于项目的可行性给予更多权重，刺激学生去调研，去了解社会真实需求，才能避免闭门造车，脱离实践。

3. 切实保障学生见习实习机会，提高实践能力

见习和实习是提高学生实践能力、为就业积累经验的重要教学环节。面对学生考研、就业等各种压力，部分高校的见习和实习工作流于形式，效果就大打折扣，对于培养学生的创业品格也会带来消极影响。高校思政教育工作要从课堂走向学生内心，就要切实保障学生见习实习机会，通过为学生提供一些去红色教育基地、革命老区、贫困落后地区等地的实习见习机会，给学生一个更好地认识党、认识中国、认识自己的机会。在思政教育的引领下，更好地提高实践能力，促进正确创业品格的形成。

总之，面对错综复杂的创新创业环境，思想政治教育可以从情感、价值和实践三个方面寻求融入创新创业因素，增强创业者的信心，营造风清气正的创业氛围，培养实事求是的创业品格，进而推动整个创新创业事业的新发展。

# 基于卓越教学视角的地方本科院校应用型人才培养[*]

李厚忠[**]

**摘　要**　卓越教学是一种新的教学理念，重点关注人才的培养质量，尤其是人的综合素质的提升。以卓越教学为视角，剖析地方本科院校人才培养过程中存在的培养目标不确切、课程与教学环节设置不合理、教师业务不精湛、实验实习条件不足、校企合作不密切等诸多问题，进而提出相应策略。

**关键词**　卓越教学　地方本科院校　应用型人才培养

改革开放以来，我国高等教育快速发展，目前已经建成了世界上极大规模的高等教育体系，为现代化建设做出了巨大贡献。但随着经济发展进入新常态，经济结构调整、产业转型升级、创新驱动发展等战略的不断推进，人才供给与需求格局发生深刻变化，高等教育结构性矛盾日益突出，同质化倾向严重，就业难和就业质量低的问题突出，尤其是地方本科院校生产服务一线紧缺的应用型、复合型、创新型人才培养机制尚未完全建立，“重学术、轻应用”的人才培养结构和质量尚不适应经济社会发展的要求。从卓越教学视角探讨、分析并解决这些问题，有助于推进地方本科院校应用型人才培养质量的提升。

## 一、卓越教学：地方本科院校培养应用型人才的时代诉求

党的十八大报告提出要加快发展现代职业教育，推动高等教育内涵式发展。党的十八届三中全会决定提出，要深化教育领域综合改革，加快现代职业教育体系建设，深化产教融合、校企合作，培养高素质劳动者和技能型人才。教育部明确指出，在全国普通本科高等院校1200所学校中，将有600多所地方本科院校逐步向应用技术型大学转变，以便更好地服务地方区域经济发展。地方本科院校按照学校隶属关系的分类，是指隶属于地方政府的院校；与之对应的是部委院校，隶属于国家各部委。地方本科

---

* 本文原发表于《中国成人教育》2017年第4期，略有改动。

** **作者简介**：李厚忠（1975～　），山东郓城人，山东女子学院创新创业学院院长、副教授，研究方向为创新创业人才培养、旅游规划。

院校一般由地方政府举办，主要服务于当地经济和社会发展的普通高等学校，其中有的学校是高职、高专院校通过合并、改制等形式或途径发展而来。

培养高素质的应用型人才是地方本科院校转型后的迫切任务，地方本科院校人才培养质量的提升呼唤卓越教学。卓越教学理念是基于人本教学、创造教学、建构教学以及生命教学的理念之上而提出的，同时，以教育学、教育心理学等相关理论为基础与依托。卓越教学是一种现代化教育理念，更是一种大学教学文化，是追求神圣的崇高性教学，是提升人性的创造性教学，是教化生命的教学，是推动人与社会和谐互动的教学。由以上可知，卓越教学就是在实际的教育教学过程中，师生双方立足现实、逾越平庸、汲取智慧、整体互动、提升创造性、充盈人性的实践品性和活动过程。

卓越教学对我国各层级教育均有重要的指导意义，尤其对于地方本科院校培养应用型人才意义更为重大，更契合应用型人才培养的时代诉求。随着高等教育体制改革的不断深入和推进，卓越教学理念在我国尤其是地方本科院校中逐步得到关注与重视。在卓越教学理念的积极引领下，地方本科院校注重立德树人，注重培养学生掌握知识、运用知识的方法，摆脱传统教学中视学生为“知识存储器”的桎梏，重视学生理性精神的培育，强调深刻思维力和明智判断力的历练；学校要从培养卓越教师队伍的角度出发，积极探索教师卓越教学的动力机制，并不断优化教与学的有效运作互动机制，科学合理构建卓越教师评价体系，定期或不定期地开展教学评估，全面、系统、科学地推进卓越教学计划。培养满足现代社会发展所需要的创新型复合人才，增强地方本科院校对社会经济发展的应用型人才支持力度，已成为时代发展的必然诉求。

## 二、卓越教学视角下地方本科院校应用型人才培养的困境

近几年，我国地方本科院校培养了众多的应用型专业人才，为我国现代化建设做出了积极贡献，但是以卓越教学视角来审视，我国应用型人才培养过程中也存在着诸多问题。这主要体现在以下五个方面：

### （一）培养目标定位不准确

人才培养目标的定位在很大程度上决定着人才培养规格、人才就业方向和人才培养方案的制定。在培养目标上，卓越教学强调地方本科院校从实际出发，立足地方特色，设置灵活化、个性化的目标。地方本科院校人才培养的目标定位要充分考虑自身办学特点和实力水平，也要考虑地方区域发展和市场需求。有些地方本科院校培养目标定位过高，偏离办学实际，追求跨越式发展，学习重点综合类大学办学模式，定位于培养学术性、研究型人才，以显示办学水平层次高。这导致学生过多地注重学习理论知识，实践能力较差，实习就业不稳定，考研进修效果不理想，对地方本科院校高素质应用型人才的培养及学生的可持续发展造成不利影响。

### （二）课程与教学环节设置不合理

在课程和教学环节设置上，卓越教学鼓励围绕目标、贴近需求、注重实践，培养

学以致用的优秀人才。地方本科院校人才培养目标定位的不准确直接导致课程和教学环节设置不合理，课程设置上重理论轻实践。有些地方本科院校为了学生考研和从事学术研究，开设了系列理论课程，缺乏行业实务操作课程，实践教学环节安排较少。

（三）教师业务不精湛

没有业务精湛的师资队伍，就难以培养出高素质的应用型人才。卓越教学要求教师从普通走向优秀，进而成为卓越教师。我国地方本科院校成立的时间较晚，较多从专科院校、成人院校转轨而来，教师的实践经验普遍不足。近几年，较多地方本科院校引进人才多是从学校到学校，而且不少是非科班出身，加之实践经验匮乏，在较长的一段时间内难以有效胜任教学。因此，地方性本科院校教师队伍的专业理论和实践经验均需要完善和提升。

（四）实验实习条件不足

卓越教学离不开一定的物质基础和设施，实验实习场所和设施设备是地方本科院校培养应用型人才的基本条件。应用型人才培养需要掌握必要的理论知识，更需要具备实践经验和应用能力，学校需要提供较为系统、完备的实验实习条件。但目前许多地方本科院校校内实验实训条件较为简单，实验室规模小，实验实训项目单一，不利于学生综合能力培养；校外实习主要集中安排在企业工厂，导致学生缺乏对行业的整体认识，学生无法进行岗位服务管理技能的操作和训练，实践能力较弱，无法满足卓越教学需求。

（五）校企合作不密切

卓越教学强调从封闭性教学走向开放式教学，即打破传统的狭义的课堂学习观念，强调让学生在更为广阔的社会环境中学习。应用型人才的培养需要校企紧密合作，从人才培养方案制定到学生实习就业，只有企业全过程、一体化参与，才能培养出适合企业岗位需要的人才，解决学生就业难的问题。目前，地方本科院校中校企合作出现的问题主要有两个方面：一是合作层次低、范围狭隘，仅限于安排学生到工厂、车间、企事业单位等部门实习实训；二是部分院校考虑到学生校外实习管理的复杂性，尤其是人身安全的风险性，组织校企合作的积极性不高，难以开展实质性的顶岗实习工作。

## 三、卓越教学视角下地方本科院校应用型人才的培养策略

（一）明确目标定位，培养卓越的应用型人才

培养目标定位是人才培养的前提和基础，地方本科院校的人才培养目标应突出超越性和应用性的属性。卓越教学视角下的地方本科院校要立足实际，关注学生综合素质的提高尤其是创造能力的发展，必须坚持人才培养要适应行业发展、适应高等教育教学改革发展、适应学生成才发展的“三适应”原则，结合地方高校办学实际情况，

听取毕业生意见，到相关单位进行充分调研和论证，邀请行业专家和社会相关人士共同参与，以区域经济社会发展对卓越应用型人才的需求为导向，准确定位，培养具有奉献精神、探索意识、创新思维与实践能力的高素质应用型人才。

（二）构建卓越应用型课程体系

课程体系是人才培养的基础，卓越应用型人才课程体系构建要在体现专业特色的基础上强化学生能力的培养，尤其是注重学生实践能力的提升。要坚持“以能力培养为核心，突出地方专业特色”的原则，构建完善的理论课程体系与实践教学课程体系。理论课程体系一般包括通识课程和专业课程模块。通识课程主要包括具有基础性、整体性、综合性特点的课程，以利于开阔学生视野，使学生在德智体美劳方面全面发展，培养学生的综合素质。专业课程包括专业基础课、专业课、实务操作课，主要使学生掌握专业基本理论知识和基本技能，为实习和就业奠定坚实基础。特别需要指出，培养卓越应用型人才应重视实践教学。根据实践教学的基本规律，实践教学体系应遵循由浅到深、由易到难、循序渐进的原则，按照实践教学内容的不同及其各阶段要求的不同，可以分为认知实习、课程实习、专业顶岗实习和毕业实习，构建从入学到毕业的四阶段一体化实践教学体系，不断满足社会对人才的新需求，提升复合型、应用型人才的培养水准。

（三）打造“双师双能型”师资队伍

卓越教学理念下的地方本科高校教师具有双重特点，要求教师不仅是大学教师，而且还是行业的实践者，学校必须建立一支学术和行业双认同的师资队伍。一方面，教师在学历层次、研究水平、国外进修、职称结构等方面形成高学历、高职称、宽视野的学术队伍；另一方面，教师在企业管理、校企合作横向课题、咨询、规划设计等工作中有丰富的行业经验。为此，地方本科院校要在强化教师基本理论功底的基础上，高度重视教师的实践锻炼，组织教师到企事业单位参观、学习和挂职，及时了解目前企事业发展变化的最新信息，并在实践过程中熟悉操作流程，了解企事业单位运营的各个环节和过程，积累经验，打破因循守旧的惯性思维，改善和丰富自己的教学实践阅历，不断提升综合素质，强化应用型人才培养的教学质量。

（四）强化实验室和实习基地建设

良好的办学条件是应用型人才培养的基本保障。校内实验室建设和校外实习基地建设是学生开展实验、实训和实习、就业的基础，是学生从学校到社会的过渡，是理论联系实际、学以致用的平台。基本理论需在实验中验证，基本技能需在实训中熟练和提升，校内的实验、实训是学生校外实习就业的第一步。经过校内实验、实训，学生可加深对理论知识的理解，熟练掌握服务技能，培养学生的实践能力和创新精神；校外实习基地是“产学研结合、校企合作”的重要方式，是培养和提高学生实践能力的重要保障。学校应加强与企事业的联系与合作，建立稳定的校外实习就业双基地，保证学生的实习就业。基地建设要坚持“高标准、高层次、稳定性强”的原则，建立稳定的长期友好合作关系，培养“对口性”“留得住”“用得上”的高技能应用型人才。

（五）深化“产学研”合作教育

深化校企合作，开展“产学研”教育是培养应用型高素质人才的有效途径，以实践教学为突破口，以科研发展为动力，以团队建设为关键，把专业人才培养与企业发展、社会实践紧密结合，将“培养学生的实践能力，提高企业的经营能力，丰富教师的实践经验和提高区域研究水平”四个方面的有机结合，充分利用学校和企业两种不同的教育环境和教育资源，以此培养应用型高素质专业人才。为此，一是要开展“订单式”人才培养。校企要深度合作，双方签订合作协议和用人订单，企业全过程、全方位参与人才培养，双方共同制定人才培养方案，在师资、技术、办学条件等方面合作，学生毕业后直接到用人单位就业，实现校企双赢。二是要推进实验室开放经营。学校可将实验室进行开放经营，为学生提供真实的经营场所，达到学以致用的教学效果。企业派人对学生进行培训和指导，培养学生的实用技能、管理能力和创新精神。三是要开展校企项目研究，提升产学研水平。校企合作开展项目课题研究，可在员工素质提升、薪酬管理、职业规划、技能培训等方面进行合作研究。研究项目要紧密结合行业发展需要，研究成果要对企业的发展起到实际的指导和促进作用，实现科研反哺企业，促进产业发展的目的，切实推进地方本科院校向应用和实际转型的步伐。

总之，卓越教学视角下地方本科院校应用型人才培养是一项系统工程，是一个长期发展、不断完善的过程。在卓越教学理念指导下，政府、企业、学校、社会各方面需要积极参与、通力合作，共同培养高素质的应用型人才，为我国社会主义现代化建设贡献力量。

# 我国法学人才培养方式的体系和方法创新*

于家富　王　惠**

**摘　要**　在依法治国和加快建设社会主义法治国家的大背景下，我国目前需要培养大量的法学专业人才，但目前我国以数量型为特征的法学人才培养模式，并不能完全满足依法治国理政的现实需求。在仔细分析我国法学教育的主要模式、国外法律人才培养模式的基础上，亟须构建我国创新型和实务型兼具的法学人才培养模式，为实现体系和方法创新提供系统化的解决方案。

**关键词**　法学人才培养模式　体系创新　方法创新

## 一、我国当下主要法学教育模式探析

### （一）改革开放后我国法学教育发展概览与四个症结问题

1. 总体状况

法学教育发展情况主要涉及我国目前开设法学专业教育的院校数量，法学专、本、硕、博等法科学生的在读人数，近年的法学毕业生就业率和社会评价满意度等。结合高校的情况归纳出我国当下法学教育的基本结构如下：一类是综合性大学法学院（系），重视基础法学，以培养能够熟练从事法律或相关工作以及可继续攻读研究生的专门人才为目标，如传统四系①。传统四系有着深厚的法学传统，也是法学大家们的集中之地，是目前中国法学研究的先导和旗帜。除了传统的四系，很多偏文科的综合性

---

* **基金项目**：山东省高等教育人才研究会 2017 年度课题“法学人才培养方式创新研究”（RK17-8）；2018 年山东省本科高校教学改革研究项目“山东省监察法治人才培养研究”（M2018X278）；2019 年江汉大学武汉研究院开放性课题（IWHS20192009）；2018 年山东政法学院思想政治教育理论与实践研究重点项目“习近平全面从严依规治党思想研究”；2019 年山东政法学院教学研究与教学改革一般项目“法学学术型研究生科研创新能力提升的路径研究”（2019JYB012）。

** **作者简介**：于家富（1977～　），辽宁海城人，山东政法学院副教授，监察法研究中心副主任，研究方向为监察法学、行政法学。王惠（1982～　），湖南长沙人，山东政法学院副教授，环境法教研室副主任，研究方向为环境法学。

① 传统法学教育的四系，指北京大学法律系（北京大学法学院的前身）、中国人民大学法律系（中国人民大学法学院的前身）、武汉大学法律系（武汉大学法学院的前身）、吉林大学法律系（吉林大学法学院的前身）。

大学也在大力发展法学，使法学成为越来越多学生的优先选择。第二类是专业性政法院校，多以职业教育为特色，其人才流向主要是公检法司等传统司法部门，如传统五院①。该类院校不但有实力相对雄厚的法学五院，还有目前逐渐兴起的“新势力”，例如山东政法学院、甘肃政法学院、上海政法学院等，这类院校学科布局以法学专业为主体，分科更为细致，研究更为具体，也是目前公检法等实务部门的主要人才供给院校。第三类是财经类、师范类、理工农医类等院校开设的法学专业，多具有复合型法律人才教育的特点。原来众多理工类院校为了专业的完整性，也纷纷设置法学类专业，并且结合自身优势学科，拓宽了法学的研究领域。例如北京航空航天大学，结合自身优势，其对航空法的研究一直处于国内领头羊位置，并由此辐射其他法律学科，使其整体法学学科处于该领域的国内领先水平。

1999年，我国高校开始扩大招生，法学专业成为扩招大潮中的排头兵，法学由原来的精英式教育也逐渐转化为大众式教育。不但普通本科扩大招生规模，其他层次的教育例如职大、自考、电大、函授等，也在纷纷开设法学专业教育，在法治逐渐成为治国主要手段时，这无疑给依法治国培养了大量法律人才。但是，我们也必须看到，目前的法学教育仍质量堪忧、水平参差不齐，很多法学毕业生仍属于毕业后的待业状态，类似问题务必引起政府和社会的重视。

2. 我国法学教育中的四个症结性问题

（1）总体人才培养素质不高

就近几年的就业率调查显示，法学专业的就业率一直处于后几名，虽然这和就业大环境有关，但最重要的问题还是法学专业的总体人才培养素质不高。

首先，就生源而言，以大学本科为例，我国法学专业的唯一招生标准即高考分数，但是法律职业者作为“社会的医生”，需要面对的是社会中可能发生的种种问题，仅依靠高考成绩并不能判定学生是否有作为法律人的潜力。如果将法律以理工科的模式去机械地学习，只能培养出社会的“傻汉”而已。

相比专业技能而言，目前法学总体人才缺少的是基础素质。例如经济学知识、社会学原理、哲学常识等，如果仅依靠法律的“术”，而忘了社会的“素”，在走向法律工作岗位后，是很容易做出令人啼笑皆非的举动的。以最近发生的“昆山电车男正当防卫案”为例，很多法科生都认为其不构成正当防卫，应该对其给予刑事处罚，这就是典型的将法学剥离于社会去学习的弊端。法律人，首先得是一个社会人，只有时刻保持一颗理性又不失温度的心，能够清晰地辨明是非曲直，才能将课堂上的“术”真正合理地利用，而这也正是我们目前需要恶补的部分。

---

① 传统法学教育的五院，指北京政法学院（中国政法大学的前身）、西南政法学院（西南政法大学的前身）、华东政法学院（华东政法大学的前身）、中南政法学院（中南财经政法大学的前身）、西北政法学院（西北政法大学的前身）。

(2) 人才培养方案与现实需求存在脱节

在目前的法学教育中，主要有重学术、重实务以及综合培养这三种方式。相比于前两者，综合培养无疑是最理想的模式，因为现在学术科研水平的提高需要实证的支撑，最简单的例子是在学术论文中加入了实务案例，会使论文更加饱满且具有说服力、解释力。在实务中，学术研究型法官、检察官、律师等，也能更好地整体审视案件，以更专业的眼光和能力处理案件。但受传统教育模式的影响，我国目前的教学模式主要以理论学习为主，众多法学院校的培养模式都以课堂的理论讲授和说明为主，将法学作为一门纯理论的知识学习。不可否认，理论是法学的基石，但是如果过度重视理论而轻视实践的话，会让毕业生在进入工作岗位后感到严重脱节，甚至无所适从。当人才培养方案不能有效适应现实需求时，就会产生毕业生找不到工作、招工单位招不到人的恶性循环，因此，需要改变目前的法学教育模式。

其一，课程设置不合理，选修课问题尤为突出。我国现在高等院校中，一般以法学 17 门核心课为基础设置课程，但很多院校没法保证能以同等的人才培养过程对待每一门课程，很多高校都是有选择地设置课程。例如，有些高校为了和实务对接，设置了大量的民商法类课程，却忽视了对最根本的法学理论的培养，这就是目前法律人才普遍缺乏基本法学素养的原因之一。还有一个弊端就是目前高校的选课设置，往往忽视了课程之间的内在逻辑，由学生自由选课虽然能更好地体现学生的自主性，但学生对于课程间内在的逻辑却缺少准确判断，从而造成老师讲课不太用心、学生听课方式散漫的课堂真实生态。

其二，教学方法不科学，没有按学生未来职业定位予以类型化的人才培养。目前，国内的法学课堂上主要还是以老师讲授为主，对于深奥的法学理论，老师的讲授必不可少，但是这也间接造成了学生自我展示的机会变少，从而导致在实务中不能很好地实现理论与实践相结合。虽然，目前模拟法庭、辩论赛在各大高校开展得如火如荼，但绝大部分此类活动都是由学生自己组织的，缺少必要的专业指导，这也就难免会在方向上产生偏差，达不到预期效果。

(3) 师生比过高，大班授课，导致法科学生总体就业率不高

面对法学专业连年的扩招，目前各大高校的硬件设施已经能够满足要求，但是不得不正视软件的需求问题，目前最突出的是师生比例过低。目前，很多二类院校的培养模式是以两个行政班级为一个教学单位，每个行政班级有 50～60 人，很多教学单位的人数是超过 100 人。对于专业课的学习，这么大的教学规模显然是不利的。老师没法顾及每一位同学的掌握情况，学生在这种大型教室中，也没法很好地与任课老师互动，久而久之便会形成老师讲完课就走人的模式，一学期过后，老师和学生甚至不能相互认识。因此，目前需要适当缩小招生规模，让法学教育在精英化和平民化之间找到平衡点。

当下很多院校的法学教师，都会在社会中兼任一些职务，兼职律师便是最为常见的。让理论深厚的高校老师加入法律实务中，这确实能给司法实务带来帮助。但也不得不正视的一个问题是，教师的主要任务是教学科研和人才培养，而非兼职捞外快，只有在认真圆满地完成教学任务还有余力的情况下，才能进行一定的社会兼职。而且，现在高校老师评职称压力较大，因此很多老师更加重视科研而忽略了最基本的教学活动，这也是目前导致高校法学教育失衡的原因之一。

“司考证”被称为法律职业的敲门砖，很多法学毕业生无法就业和未通过司法考试有直接关系。目前，法学教育与司法考试不能够有效结合，面对此类情况，我国司法部已经对司法考试进行了改革。[①] 改革后，法学教学也得对此有所侧重，既不能把法学课堂变成“法考培训班”，也不可完全无视法考，所以理论贯穿始终、理论与实践相结合，应是未来教学改革的大方向。

（4）人才培养的国际化合作比较欠缺

在全球化日益加快发展的今天，早已不再是经济唱独角戏的国际化，而是关联到世界各个因素的综合国力竞争，比如全球综合治理，而法治永远是治理中最重要的手段之一。国际化的法学人才，需要能以全球视角，充分利用国内法和国际法，综合解决国际领域的复杂法律问题。

要培养国际化法学人才，无法回避的基础问题就是语言的应用。英语作为国际语言，每一位追求国际化的法科学生都应该熟练掌握。但目前大部分高校评定英语的方式只是大学英语的四六级考试，即使通过了四六级考试，距离将英语用到法律上的要求还有很长的距离。当前有高校已就此问题作出了有益的尝试，例如中央民族大学法学院在本科开设法英专业，力求培养国际化法学人才。同时，Jessup[②] 比赛已在全国高校铺展开来，但我们必须看到，参与此项赛事的大多集中在985等高等院校，其他院校参与的范围和程度还是不乐观，这也是此后要重点推广的大方向。

---

① 司法部发布关于《国家统一法律职业资格考试实施办法》，其中提到，全日制普通高等学校非法学类本科及以上学历并获得相应学位且从事法律工作满三年，此条件可以在法院、检察院等机关在面向社会招聘临时工（合同工）时报考，然后在法院、检察院等机关从事三年工作即可，也可以在相关企业从事法律顾问工作满三年（前提是此企业不要求通过法律职业资格考试）。每年举行一次，分为两部分：第一部分全部为客观题（选择题），合格方可参加第二部分考试；第二部分全部为主观题。另外，第一部分客观题考试成绩有效期为连续两个考试年度；第一、二部分的考试间隔1～2个月。

② Jessup国际模拟法庭辩论赛是一项历史悠久、备受世界各地法学界重视的模拟法庭辩论赛。这场被誉为“法律界奥林匹克”的盛会由哈佛大学创办，旨在全球范围内推动对于国际公法的学习与研究，并通过模拟国际法庭审判来加强学生运用法律进行专业辩论的能力。Jessup既不是以说服观众为目的的演讲（speech），也不是与对手针锋相对的对抗式的辩论（debate），它是一种与法官交流的对话式的说理（conversation）。采用的是海牙国际法院（International Court of Justice）的开庭方式，由起诉方和应诉方分别向法官陈述并解释自己应当胜诉的事实依据和法律理由。比赛要求各参赛队伍充分研究案例事实（compromis），对所给案例中包含的相关国际法理论和规则进行分析与研究，以英文为工作语言，同时为原告与被告起草起诉状和答辩状，并就该案件代表双方进行口头辩论。

## （二）我国当下法学教育主要模式探析

本部分力求归纳分析我国当前主要的法学教育模式，概括其主要类型，即主要分为研究型、应用型，并分析各种法学教育模式的特点、优势及缺陷。

1. 研究型法学教育模式及其不足

图 1 是北京大学法学院的部分课程①：

| |
|---|
| 国际私法概论（Introduction to Private International Law） |
| 民事诉讼案例研习（Case Study of Civil Procedure） |
| 专业法语（French） |
| 中国当代法律和社会（Law and Society in Contemporary China） |
| 公法与思想史（Public Law and Intellectual History） |
| 心理卫生学概论（Introduction to Psychohygiene） |
| 实习（Internship） |
| 刑法学（General Studies of Criminal Law） |
| 中国法律思想史（History of Chinese Legal Thoughts） |
| 西方法律思想史（History of Western Legal Thoughts） |
| 民事诉讼法（Civil Procedure） |
| 宪法学（Constitutional Law） |
| 侵权法（Tort law） |
| 国际律师实务（Jonesday Introduction to International Legal Practice） |
| 劳动法与社会保障法（Labor Law and Social Security Law） |
| 国际公法（International Law） |
| 司法精神病学（Judicial Psychology） |
| 比较司法制度（Comparative Judicial Systems） |
| 票据法（Law of Negotiable Instruments） |
| 罗马法（Roman Law） |
| 保险法（Insurance Law） |
| 刑事执行法（Implementation of Criminal Law） |
| 经济法学（Economic Law） |
| 环境法（Environmental Law） |
| 物权法（Property Law） |
| 会计法与审计法（Accounting Law and Audit law） |
| 国际私法（Private International Law） |

图 1　北京大学法学院部分课程

① 北京大学官网，http://dean.pku.edu.cn/pkudean/course/kcbxs.php. 访问时间：2019 年 11 月 4 日。

北京大学法学院作为我国法学专业教育的领军院校，其教育方式多以研究为主，因此其聘用的教师都得具有深厚的理论功底和扎实的学术素养，教材也多从经典著作中选取。即使对本科生，也比较看重提交论文的质量。在授课过程中，以老师的讲授和学生的研讨为重，学生们也大多具有良好的法学素养和专业基础。

研究型法学教育模式，能让学生们更透彻地理解知识点，辅之发散性、引导式的教育方式，能让学生在知识点的基础上作更透彻的思考和研习。同时，在这个过程中，学生通过阅读大量法学经典，形成法律思维，为成为一名合格的法律人铺设深厚的理论基础。

但我们也必须认识到，北京大学作为全国法学教育的领头羊，其实力远超普通院校，在师资和学生生源达不到此等质量的情况下，此种研究型教学模式也会存在问题。例如，在“啃不透”理论的情况下，很多学生就会产生畏难心理，甚至放弃学习，其他问题也随之产生。具体表现为某些院校只开设核心课程，对于边缘法学课程并没有涉及，这也就直接导致学生们的理论学习范围出现盲点。如果教师长期用照本宣科的方式去教学，则会让学生失去学习的兴趣，缺乏学习和研究的动力。在没有培养出深厚理论功底的情况下，实践能力也有可能没有得到足够的锻炼。同时，目前我国政法院校缺乏的人才也包括实务人才，因此长久采用这种模式进行教学，必然会导致实务人才的缺口越来越大。

2. 应用型法学教育模式及其不足

由于法律实务人才的缺口巨大，很多院校另行其道，以应用型法学教育模式为主开设法学课程。以山东政法学院为例，在“错位发展”的理念指导下，为法律实务界培养了大批人才。该校以实务为主导，教学过程中伴有大量的法律实训，例如老师亲自指导的模拟法庭训练、法律援助服务①、网络法律服务、社会咨询服务、个案专业服务，并为学生联络对口实务实习基地。同时，学校在司法考试改革前后，也为学生提供专业的考试备考指导，其高通过率更是全国闻名，这也为此类学生毕业后走向实务岗位扫清了现实障碍。

此种教学方式能极大地锻炼了学生的实务素养，但是理论功底相对薄弱，缺乏法学必需的批判精神和独立思考能力。建议各大院校可以在大一、大二打好理论法学的基础性铺垫，在大三、大四再大量开设实务类课程。如果没有理论法学的支撑，实务类课程也会因“走火入魔”而迷失方向，学生们的实践能力提高也只是浮在表面，并不深邃。以此为导向，可拓宽法学课程的维度，淡化对口专业的限制，使学生在学好

---

① 法律援助服务是一项扶助贫弱、保障社会弱势群体合法权益的社会公益事业，同时也是中国实践依法治国方略，全面建成小康社会的重要举措。中共中央、国务院对法律援助工作十分重视，国家“十五”计划纲要将“建立法律援助体系”确定为社会发展目标；党的十六大明确提出“积极开展法律援助”，并作为建设社会主义政治文明的重要内容。2003 年《法律援助条例》的颁布实施和“为实现公平和正义法律援助在中国”大型公益活动的开展，标志着我国法律援助工作在广度和深度上有了新的拓展和突破。

法律知识的同时，也能对其他学科的知识有所涉猎，从而培养出“一专多能”的法学人才。

研究型法学教育模式和应用型法学教育模式不应是彼此孤立的僵硬状态，两者是相互作用、相互借鉴的过程，如鸟之两翼、车之双轮，相辅相成，互相促进。因此，各大院校应结合自身优势和实际，在两者之间找到平衡点，培养出更多社会需要的法学人才。

## 二、我国法学人才培养方式的体系与方法创新

根据对我国法学现状的研究分析，要想使我国法学人才培养高校成为优秀法律人才孕育的摇篮，为我国法治建设输出更优质且能适应各法律行业职业需求的全方位法律人，应对我国现有的法学人才培养体系以及人才培养理念和方法进行创新。

### （一）加快实现我国法学人才培养的体系创新

#### 1. 转变法学教育的培养目标

学科的培养目标直接关系学科的培养方向以及具体培养模式等，我国法学人才培养创新的首要点，即应该对我国当前的法学人才培养目标进行审视和创新。如前文所言，我国目前法学人才的培养目标主要还是注重培养学生对现行法的理解、认知，更多的是要求法科生对现行法律体系框架的掌握以及利用现行法解决实际案例和复杂问题的能力。但这些显然很难与日新月异、日益复杂的现实法律活动相适应，所以，我国的法学人才培养目标也应适当进行创新，力求培养具有较高法学素养、较强研究能力，且具有创新精神和能力的法学人才。中国政法大学法学院师资科研办主任管晓立指出，创新型人才“首先是职业性、服务型人才，具备复合的职业素养和适势合时的服务能力。一个合格的创新型法学人才，应具备从基本法学知识到实操技能，从常识到创新，从传统道德要求到政治道德强化的全面而综合的能力”①。创新型法学人才不仅要具备较严谨的法学思维、理性而客观的法学精神，还应能够拥有丰富的自然科学、人文社科知识储备。创新型法学人才不仅需要有较高的职业素养，也应有较强的人文底蕴，还要有能适应时代发展的服务能力，这就要求我国的法学教育应更加全面、丰富，且更应具备人文精神。因此，创新法学人才培养模式首先应将培养创新型法学人才作为其重要目标和指导方向，而创新型法学人才培养目标具体还应包括以下几点：

首先，应明确要培养的创新型法学人才是能适应现代化发展，与全球化信息化社会相一致的宽口径、厚基础、高素质的复合型专业人才。在法学教育过程中，既要培养学生的法学理论知识，使其具备扎实的理论基础以应对实践中多元化的问题，还应培养其实践能力、创新能力、学习能力等多种能力，并注重人文素养的培养，使学生

---

① 管晓立：《创新型法学人才的政治道德建设》，《经济》2016年第18期。

能掌握与复杂法律生活相适应的人文科学、自然科学、社会科学等多学科知识。

其次，要重视对学生职业道德的培养与职业人格的塑造。“创新型法学人才”这一概念的外延既应包括创新能力、专业法律知识，又应是德才兼备的“人才”。目前，出现的诸多司法工作人员犯罪案件，都与其法律职业道德教育缺失是分不开的。所以，在我国法学教育中，既应当传授学生必要的法学理论知识，也应当对其进行职业道德教育，培养其公平、正义理念，向其输出法律人的职业伦理等，使其具备完整的法律人人格。

最后，作为创新型法学人才理应有举一反三的能力，能应对实践中的杂难问题，而单纯的部门法学习、个案学习很难实现该目标。因此，法学理论教育在法学培养中是至关重要的。在我国未来的法学教育中，要注重对学生学术研究能力的培养，提高其专业研究能力，使学生不仅能胜任国家机关的工作，还能有从事学术研究与法学教学工作等多方面的能力。

2. 重构法学人才培养的知识内容体系

目前，我国法学教育多以专业教育为主，必修课程除通识的政治、英语外，较少安排其他专业内容。但随着经济、科技、文化的发展，现已进入知识经济时代，各专业之间看似独立却都有着千丝万缕的联系。与美国的后本科教育不同，我国法学教育基本都是高中以后直接进行的，所以，学生的知识面相对较狭窄，这就与我国的大法学发展趋势相悖。对于很多法律内容，学生都只是知其然不知其所以然，尤其专业性较强的部门法。正如前面所提及的，法科生应当有充足的社会经验以及丰富知识储备的特殊群体，简单的法律学习很难使其在法学学习、实务应用过程中如鱼得水，从容应对。因此，我国未来的法学人才培养必须在知识体系上做出合理安排。在法学教育过程中，学生所修课程应包括以下几类：

（1）人文素质教育类。该类为提升学生人文素养的教育，主要包括历史学、文学、哲学、社会学、政治学等。法学作为一门人文科学，与其他人文社会学科有着很密切的关联。例如，其与文学，现在很多法学院校都开设了法律与文学的交叉课程，研究文学在法律教育中的作用，而结果也是不言而喻的。在法学教育过程中，文学能在法科生的思维方式、情绪引导、人文关怀等方面起到重要影响。社会学、哲学等学科的学习，能使学生对法学的理解更深入，能以更合逻辑、更合社会需求的方式去学习。因此，在必修课程中加入这些课程很有必要。

（2）法学理论知识类。法学理论知识在法学学习中的重要性前面已多次强调过，相较于英美法系国家的教育，我国法学理论课程在法科生的整体课程体系中所占比重相对较大，但是其形式较单一，且授课也不深入具体。除了几个法学院校将理论研讨课引入法学理论课堂学习中，其余多以教师授课的方式进行，而且讲授的理论知识内容等也较为浅显。我国理论法学多借鉴德国，因此建议在课程学习体系中引入德国理论法等内容，充实我国理论法学的学习，提升专业思维深度。

(3) 实践操作技能类。这一部分是对学生从事法律工作实务有所助益的内容，既包括法学操作技能，如法律文书撰写、合同草拟与审查、庭审技巧等；也包括其他工具性的知识，如法律英语、计算机操作等。这些技能都对法科生未来的工作产生或多或少的影响，而法律英语等实用技能的掌握程度在日益全球化的今天更有着举足轻重的作用。因此，在法学教育中，将这些实践操作技能纳入教育体系，有利于培养更具竞争力的学生。

(4) 其他专业知识类。我们这里所提及的专业知识指与法律实务密切相关的一些理科或工科内容。与人文社科类知识易获得、易接受不同，理工科知识通常专业性较强，且难度较大。但是，随着科学技术的发展，法科生也必须具备一定的相关知识才能顺应时代发展，如当前势头强劲的人工智能、大数据等。要想对其进行更好的监管，首先就得对其有较全面的了解，从而对其发展趋势等作出法律上的判断。另外，在学习部门法如知识产权法等过程中，也需要有一定的理工科知识储备。将理工科知识加入法学培养体系中，是对全面法学人才培养要求的现实满足。

### （二）努力实现我国法学人才培养的方法创新

在确定了培养何种类型的法学人才以及法学教育应具备的科学学科体系后，还需要探讨的是，如何培养未来的法学人才，即采取何种方式去对其进行教育培养。我国法学人才的培养方式在多方面都需要进行一些创新和转变，这样才能适应未来对理论创新型、实务应用型法学和法律人才的需要。

1. 转变传统师本位的授课模式

目前，我国法学教育最普遍也最常用的教学方式为教师传授式教学，老师是课堂的主体，由老师进行知识的传授，学生被动接受。前面我们已经探讨过该种授课方式的利弊所在。其优势在于，此种教学方式有利于学生学科体系的构建以及抽象思维、概括思维和理性思维的形成。但该种教学方式对授课老师的能力要求极高，要想达到最佳状态的授课效果，教师不仅需要有丰富的专业知识储备、良好的学科知识，而且还应具有极佳的授课能力及业务素质。否则，很容易导致照本宣科的填鸭式教学，很难达到预期的效果。而且，在该种授课模式下，不利于学生个人观点的形成与表达，学生极易迷信教师权威，服从于教师所传授的“真理”，而忽视了自己独立去思考去寻找答案。显然，这与法律职业的未来要求是背道而驰的，很难想象一个法律人没有批判精神、没有独立思考的能力能做好未来的法律工作。所以，改革法学人才培养方式首当其冲的就是改革授课模式，绝不能局限于教师授课这一种模式，应努力调整课堂角色的定位，使学生成为课堂主体，而教师只作为课堂的引导者。学生成为课堂主体，主要可通过互动式教学实现，包括以下几种方式：

首先，增加传统教师授课课堂上的互动。基于法学学科尤其是理论学科的特殊性，完全取缔教师授课并不实际，只能在原先的基础上进行改革、创新，加强师生间课上和课下互动，包括采取老师提问、学生作答，或学生提问、老师释疑的互动模式。在这种交互过程中，双方的观点都能得到更好的阐释。对于一些重要的理论问题，尤其在学界尚有分歧的，老师可组织学生在课堂上进行自己观点的陈述、表达，以此调动起学生的理论学习的积极性和主动性，帮助其更好地形成批判性思维和独立思考的习惯。

其次，可采用多种形式的上课方式，如理论研讨课、案例分析课、报告课等。目前，这些上课的类型多存在于我国法学教育的硕士研究生、博士研究生阶段，本科生教育由于人数较多，所以尚不能普遍实施。但此种上课方式最能使学生快速成长，也是对学科知识进行深度把握的有效方式，所以我们建议尽可能在条件成熟的情况下，将这些人才培养新方式引入本科生教育的环节中。人数较多的班级可先进行学习小组的划分，再以组为单位进行课堂展示、课堂报告，既锻炼了学生间团结合作的能力，也锻炼了其学术资源整合能力。案例分析课可积极引入部门法中，授课老师可将案例提前发给学生，让其先对案例进行熟悉、了解，课上同学们可围绕案件自由抒发观点，在这种情形下，学生对案件的熟悉程度、把握程度也会远高于教师耳提面命式的指点。

2. 注重培养学生的学术研究能力

当前，我国大多数的法学教育还是以司法考试或法律实务就业岗位人才培养为导向的，多注重培养实务应用型人才，而忽视了学术研究型人才的培养。除少数院校外，多数院校对学生的学术研究能力不够重视，主要体现在平时授课的内容、教材的使用、期末考试的方式以及学术活动的组织与研讨等方面。前文已经研究过，我国法学院校教授的主体为部门法，多为对现行法条文的解读，且多只是文字的表面解读，较少涉及立法的背景、立法原因等内容。法律法规是随着社会变迁不断调整的，但其基本内涵、法学方法是不变的。正所谓“授之以鱼不如授之以渔”，法学教育在人才的培养上，应更侧重于对法的基本理论的传授、法学方法的教授以及对学生研究能力的重点培养。学术研究能力是学生能自主学习、自主成长的能力素质，具备此种能力，即使法律瞬息万变也能发现其内部规律，自主性地展开相关的学习和研究，从而运用自己原有的和新获得的知识探讨复杂问题的解决途径。

法学院校的老师多具备较强的学术研究能力，且经过长期的教学实践，多形成了自己独特的研究领域和研习方法，未来的法学教育过程中可鼓励授课老师多进行研究方法的传授。老师们长期积累的经验对于初步接触法学学术研究的学生来讲，无疑是浩渺学海中的一盏明灯，科学研究方法传递的过程也是法学研究精神和技艺传承的过程。至于采取何种方法进行传递则因人而异，老师们可选择自己适合的方式进行。

学校也可将学术论文写作作为平时培养的一个重点。很多大学生整个大学期间只写过一篇论文即自己的毕业论文，因此导致我国法科本科生的毕业论文质量连年普遍下降，有学者基于此甚至提出了取消大学生的毕业论文写作的主张。与其粗暴取消，不如采取其他方式提高学生的论文质量，毕竟论文质量差的很大一部分原因在于平时的学术训练少，训练得不严格，标准过低，得到的专业具体指导也较少。学术论文写作是一个综合、复杂的实践过程，在这一过程中，学生必须做到知识积累、资源筛选与整合以及文稿撰写等。所以，通过专业论文写作，学生对相关问题的认知能力、研究能力等均得到了很大程度的提高。

3. 实现从文本模式向实践模式的积极转变

作为一门实务型的社会人文科学，法学的学习一定离不开对法学实践的参与。目前，我国对法学实践的重视程度并不够，甚至很多高校并未将其作为学生必修的课程。从书本中获取的法学知识多是对学科的整体把握以及理论知识的获得，是对前人总结经验的获取，是死板的、被动的认知，而非主动的认知。作为实践性很强的学科，在实践中稳固自己的理论知识、深化对案件对法律的认知等才是更加有效和现实的。法学的精髓除了较完整的理论体系外，更在于其能够联系实际、解决问题，而实践也是法学创新的源泉。只专注于旧的知识体系很难实现突破与创新，而在实践过程中，则很容易发现新问题，从而探究新的解决方案。闭门造车在当今法科学生的学习中是最突出的问题，学校应鼓励学生在学好理论知识的基础上，积极地进行专业实践活动，验证理论知识的精确性和正确度。

在对美国法学教育研究时，我们了解到其特色诊所式的实践教学。此种教学模式是借鉴医学院对医科生的培养方式而成的。在这种教学方式下，学生可独立接待当事人，在老师的指导下完成几近全套的法律咨询，帮助当事人解决一些生活中的小问题。这种法律诊所类似于法律援助，基本都是免费的，我国一些高校当前已引进了这种模式，但尚未全面推广。这种模式既可以帮助学生在实际操作中巩固理论知识，丰富法学知识储备，又能与未来工作相结合，锻炼其实践应用能力，增强社会责任感。与法律诊所相应的，还有法律援助中心等也都可以大力开展，作为学生的课外活动之一，在给予弱势群体帮助的同时，也提高自己的专业业务能力。

另外，我国高校还可将模拟法庭等引入必修课中，如在刑诉、民诉等诉讼法教学过程中，可进行几个课时的法庭模拟。在教师指导下，学生可通过角色分配、角色扮演，再现真实的法庭场景，参与法庭审理全过程。在这种尝试下，学生可将所习得的实体法知识与程序法知识应用于具体案件；指导教师可选择经典案件进行模拟，既能加深学生对案件的理解，又能对程序的发展了然于胸。模拟法庭可以在很大程度上调动学生学习的主动性和参与性，转变其他授课模式下的被动状态。除此之外，学校还可以为学生安排较多的实践机会，鼓励其在课余进行校外实践。当然，这些方法基本上都还是帮助学生能更好地理解法律、掌握法律，在实践过程中，使学生在书本上学到的内容得到进一步巩固和运用。

总之，我国法学人才的培养是一个综合动态实现的过程，既要在深度上进行拓展，也要在广度上进行延伸。在深度上，应当对当前的学科体系进行改革，提高理论法学所占的比重，并改变传统“师本位”的单一教学模式，培养学生的基础理论法学素养，为应对解决具体案件打好坚实的理论基础。在广度上，应加强与实践环节的对接，培养学生的实际操作能力以及学习和研究的积极性、主动性、批判性。另外，法律人才的培养还应当注重对学生职业道德、人文素养等内容的教育，使其有充足的知识储备、扎实的法律实践经验积累来应对未来法律的挑战。

# “互联网+”视阈下高职院校法律职业素养培育模式创新研究*

张娟娟**

**摘　要**　本文主要针对高职院校法律专业学生职业素养培育模式进行创新研究，首先在校内深入开展针对“互联网+”环境下法律专业学生法律职业素养培育现状及其成因的调研，广泛收集第一手实证与采访资料，然后借鉴国内外已经开设相关法律专业课程院校的优秀经验进行特色提炼，再结合院校实际校情和调研数据进行教学培育模式的设计，力求能构建出“互联网+”视阈下的新型法律职业素养培育模式，为高职院校法律职业素养培育改革深化提供可借鉴的依据。本文旨在构建出以“互联网+”技术发展现状为科研背景，以具备综合法律职业素养人才为主体，以突出高职院校法律事务专业学生法律职业素养培养需求为目的，以提高教师教学水平为手段的法律职业素养培育新模式，以期能更好地弥补法律职业素养缺失问题。

**关键词**　互联网+　高职院校　法律职业素养培育

## 一、“互联网+”视阈下高职院校法律职业素养培育模式创新研究

### （一）相关概念与界定

1. “互联网+”

“互联网+”是知识社会创新2.0推动下互联网的发展新形态演进，是互联网思维的具体实践成果体现，能为传统法律教育提出全新的改革契机。构建“互联网+”语境下的法律职业素养培育创新模式，则有助于教育工作者充分利用现代化互联网技术优势，切实提升法律专业学生的培养质量，准确契合当代法律专业学生法律素养培养的需要。

---

* 本文系山东省高等教育人才研究会2017年度课题“‘互联网+’视阈下高职院校法律职业素养培育模式创新研究”（RK17-25）结项成果。

** **作者简介**：张娟娟（1980～　），山东莱阳人，山东司法警官职业学院副教授，研究方向为职业教育、民商法、戒毒法治。

2. 职业素养

职业素养是指人们从事某一专业工作时应具备的内在行为要求和遵守职业规范制度的能力，主要包括职业技能、道德、意识、行为、作风等方面的综合素质品质。

从教育角度来说，高职院校法律教育效果的主要评价指标就是能否满足社会需要及法律职业岗位需要。从社会角度来说，造成法律专业毕业生就业率低迷的原因往往跟法律专业学生职业素养是否能满足行业企业需求有很大关联。

3. 法律人应具备的职业素养

法律人应具备的职业素养重点突出在“法律”二字，法律相关的职位有很多，故对从业人员的素养要求也会有所区别。例如，法官需要有法律综合运用与逻辑分析能力，律师需要有良好的信息获知能力和法律分析能力。但无论从事何种法律领域的岗位，丰富扎实的法律理论功底、清晰扼要的法律语言表达、熟练的法律实务技能、敏锐缜密的法律思维、公平正义的法律信仰都是法律人才不可或缺的职业素养的构成要素。高职院校偏重于培养高技术应用型人才，更是注重对包括技术技能在内的职业素养养成。

### （二）高职院校法律职业素养培育模式创新研究的重要性

1. 是深化高职院校法律教育改革的必然选择

改革开放后，法律教育进入快速发展时期，逐渐形成了富含办学层次结构多元化综合素质教育内涵的法学教育新体系，高职院校偏重技术技能型法律人才的培养，是法律教育中不可或缺的类型。为了更好地对接当前“互联网＋”技术发展下的社会需求，提升法律人才的职业素养，培育更多的德法兼修的法律专业储备人才，就必须创新性地重构高职院校法律专业学生法律职业素养培育模式，以更好地发挥法律教育独特的先导作用，为社会主义法治建设提供强而有力的法律智力技术支撑。因此，新模式的构建成为“互联网＋”环境下深化法律教育改革的重要内容。

2. 符合新时代依法治国政策发展与法律专业学生综合素质培养的要求

法律教育是国家法治建设在教育领域的基础工程，高职院校法律教育培养法律专业技术人才。如何健全高职院校法治人才培养机制，构建“互联网＋”环境下高职院校的法律职业素养培育模式，培养大批具备良好职业素养的法律专业人才，是新时代赋予高职院校法律教育的新使命。

早在中共十八届四中全会时，“增强全民法治观念”“弘扬社会主义法治精神”“完善法律职业准入制度，提高法治思维”的提出，进一步明确了全面推进依法治国的政策方向。习近平同志在党的十九大报告中多次提到“互联网＋”，提出要善于运用互联网技术和信息化手段开展工作，加快教育现代化、信息化建设。这些期望都对高职院校如何在“互联网＋”环境下培养出符合时代需求的人才提出了更高的要求和更明确的指向。因此，“互联网＋”环境下所提出的法律素养范畴完全是基于法律职业和时代特点而对应的特有素养，能体现出新时代的法律职业素养诉求。一方面，高职院校依托“互联网+”环境对法律职业素养做出更精准的剖析，有助于高职院校对法律专业学生职业素养的定位，继而对课程设置、教学环节设计等教改工作起到良好的导向作用。另一方面，高职院校在日常管理与教学过程中渗透式创新性地将“互联网+”元素融入法律专业学生的学习生活，是培养法律专业学生的法律职业素养的必然趋势。

## 二、高职院校法律职业素养培育模式创新研究分析实施

### （一）课题研究的主要过程

1. 研究背景的概述

近年来，我国法律教育快速发展，法律专业逐渐成为各大院校的热门专业，相关专业的办学规模和招生人数也急剧扩张。然而，由于法律职业素养培育研究的滞后，大部分教师仍重“授业”轻“传道”，法律教育沦为法律知识的单一教育。培养法律技术技能人才是高职院校的职责所在，而传统培育模式严重制约着高职院校法律专业学生职业素养与品质的形成，无法更好地满足社会主义法治建设的需要。

2011年，教育部、中央政法委员会《关于实施卓越法律人才教育培养计划的若干意见》（教高〔2011〕10号）中进一步明确，要“强化学生法律职业伦理教育、强化学生法律实务技能培养，提高学生运用法学与其他学科知识方法解决实际法律问题的能力，促进法学教育与法律职业的深度衔接”，坚持“培养造就一批信念执着、品德优良、知识丰富、本领过硬的高素质法律人才”。

反思我国高职院校法律职业伦理教育的缺陷，继而提倡并实施法律职业伦理的养成教育，探索高职院校法律专业学生法律职业素质养成的规律和途径，成为目前高职院校法律教育改革的重要任务。

2. 教学现状的审视

（1）学生层面而言：整体法律职业素养水平不高

法律教育的目的不仅是需要培养经过专门训练的职业化的专门人士，也不仅是培养具有法律理想、法律伦理，并且在语言、技能、思维等方面都与普通人不同的法律人，最重要的是需要培养政治坚定、德技并修、全面发展的法律人，也就是综合职业素养良好的合格法律人。但是，大多数院校包括高职院校对大学生职业素养培育的关注较少，导致教育效果不彰，许多大学生法律职业素养水准不高。

（2）教师层面而言：当前法律教育教学手段单一

目前，许多法律专业的授课教师仍习惯于传统模式的授课方式，即便是在实训、实践内容比重上已经有所调整，但在法律教育过程中仍然是以教师为主体的、以知识输出为主要特征的“填鸭式”教学模式为主，在高职院校中也普遍存在此类问题。

单一的教学手段无法满足高职院校法律专业学生职业素养培育的要求，虽然近年来开始尝试多媒体、网络化教学，但内容只是传统教案的翻版，缺乏实质上的模式创新和形式突破。

（3）院校层面而言：当前高职院校法律职业素养培育模式构建不健全

近年来，我国高职院校法律教育与法律职业需求脱节的问题始终没能得到根本改善。无论是法律思维培养、法律技能的实训或是司法伦理教育等重要职业素养培育课程，在法律专业教育中仍处于严重缺失状态。甚至有学者曾评价说："我们目前法学教育体制下的法科毕业生是半成品。"[①] 这是不容我们回避的现实问题。这种局面的形成，与我国法律教学过程中职业素养培育模式的缺失和不完善有很大的关联，因此，必须从重视法律职业素养培育模式构建这一环节入手。

3. 研究实施的推进

（1）第一阶段：前期准备阶段（2017 年 5～10 月）

在准备阶段，首先，课题组成员组织了理论学习和文献查阅，积极学习关于"互联网＋"的有关文献和理论，在进行课题分析的时候主要是依据主体性教育理论，建构主义理论，以增强研究的自觉性、紧迫感，力求为课题研究工作准备充分。

其次，课题组成员针对院校法律专业学生设计了调研采访的问卷和访谈问题，以山东司法警官职业学院为例，对高职院校在校学生的法律职业素养培育现状进行调研分析，探索教学改革过程中存在的众多问题，搜集第一手反馈资料，及时进行归类和剖析，使研究能够更具备针对性和参考性。

最后，在调查研究和文献研究的基础上，组织召开多次圆桌讨论会和沟通交流会，共同制订了本课题研究的实施方案。

（2）第二阶段：教学改革实施阶段（2017 年 11 月至 2018 年 5 月）

课题组成员依据研究计划，从教育理念、技术引进、目标革新等层面积极组织"互联网＋"环境下的法律职业素养培育模式的教学改革与实施，不断探索更有效、更具创新性的教学改革优化途径，力争使研究改革取得更好效果。

首先，围绕现有高职院校法律专业人才培养现状，逐个环节突破，通过撰写法律教育教学案例设计、"互联网＋"环境下的教学新评估体系以及共享精品课、开展公开课等多元化的教学改革形式，切实推动高职院校法律专业学生职业素养培育模式的创新进程。

然后，在当前高职院校法律专业人才培养指导思想的基础上，结合法律事务专业特点和现有的法律人才教学方案实施情况，对原方案的细节设置进行了探索革新。坚持人才培养的高等性，将法律职业素养培养的相关课程与当前的自考本科课堂内容相

---

① 申卫星：《时代发展呼唤"临床法学"——兼谈中国法学教育的三大转变》，《比较法研究》2008 年第 3 期。

融合，确保学生学历层次得到有效提高，为法律职业素养培养提供学历平台。

随后，在学校原人才培养目标及培养规格内容基础上，由原来重在培养具有法律基础知识和专业知识和法律事务处理能力等高素质法律实用人才的培养目标，调整为具有公平、正义、爱岗、诚信、协作、创新的职业素质，掌握法律专业知识和职业技能，具备法律职业思维和常见法律事务处理能力的高素质劳动者和技术技能人才。调整后的人才培养方案侧重于综合性法律职业素养的培养。简言之，学生能掌握法律职业理论知识、职业语言、职业思维、职业道德等优秀的职业素养，达到法律职业需求。

最后，将“互联网＋”技术呈碎片化的形式渗透到山东司法警官职业学院现有的“2＋1”“双高、三证、三课堂”等人才培养模式之内。根据法律事务专业培养目标，确立以“互联网＋”信息技术为导航的，以培养学生法律职业素养为核心的，能实现校、局、所等法律机构联动合作的“教、学、练、战”全程一体化培养新模式。同时，继续保持设置独立的实践教学环节统计表，将模拟实训、社会实践、专家指导、专业岗位实训等实践经验加以提炼，优化书面考核与综合评定等内容。

(3) 第三阶段：总结阶段（2018 年 6～9 月）

分析总结课题实施情况，撰写课题总结，及时固化课题研究成果，这里的研究成果包括理论与实践成果两部分。

### （二）研究课题的成果分析

本课题研究在高职院校法律专业学生职业素养培育现状的研究基础之上，与教师在实际工作中遇到的问题有机结合。在课题研究的过程中，课题组成员把培育与提升高职院校法律专业学生的法律职业素养作为目标，充分依托多媒体技术、网络教学平台等“互联网＋”教学资源，有效优化改进和完善了法律专业教学培育模式。本研究进一步丰富了法律职业素养的内涵，转变了法律教育的观念，为法律专业学生职业素养培育与教育理论内涵丰富提供了实践与理论参考。学生在学习专业技能知识的同时，全面有效提升法律职业所需的素养，缩短了毕业走向社会的适应期，切实提高了学生就业率。

除此之外，课题组还认真探讨了“互联网＋”的法律教育理念改革、法律教学方法和人才培养机制创新、法学实践性教学模式改革等科研主题，围绕移动互联网、大数据等新技术力量的应用进行了深入挖掘，依托慕课、微课、翻转课堂等新教学方式，切实提升法律专业学生的法律职业能力，促进了法律专业学生法律职业素养的全面良性发展。

## 三、高职院校法律职业素养培育模式研究质量思考

### （一）改革效果和主要结论

1. 改革效果

课题组认为，高职院校法律教育改革应以培养法律专业学生的职业素养为主要教

学目标，有效转变教育理念，改良培育模式，树立既重视知识传输与技能培训，又更注重法律思维培养和职业伦理熏陶的新教学理念。然后，依托当前最新的“互联网＋”信息技术，从课程设置、教学实践、师资建设等方面进行法律教育的相应改革。课题组依托学院的教学改革后，初步达到了以下改革效果的转变：

（1）实现了“互联网＋”环境下法律专业教学资源的多元优化

互联网的应用，实现了教学资源的整合优化。精品法律课程实现网络资源共享，包括法律课程课件、相关政策法规、讲课视频材料等都陆续作为新教学资源被分享应用，推动学生课上课下、线上线下衔接式学习。精品电子化产品更多地应用于高职院校法律专业课堂。互联网本身就是资源平台，组织学生观看法庭的直播，可以帮助学生一览法庭判决的真实过程，比课堂讲述更直观形象。借助互联网，诉讼中必需的诉讼法基本知识、双方诉辩能力、逻辑分析能力、公平正义的信仰得以充分展现，极大地增强学生提升自我职业素养的决心。

高职院校依托互联网这一巨大资源库，打破了原有的教学场地约束，校内可用资源从有限变为无限。学生通过互联网查阅和搜集相关的法律文献，丰富自己的知识储备。通过法庭直播就可以直接观摩现场审理或组织现场辩论，充分推动了学生自主学习和实践锻炼。

（2）通过互联网技术性变革推动了教学模式的创新发展

“互联网＋”环境下教学模式的探索极大地提高了法律教育的效能。互联网技术被广泛应用于理论与实践课程上，教学模式选择自由多样，线上线下混合教学模式、慕课、翻转课堂等的应用对于法律职业素养培育都起到了很大的促进作用。

2. 主要结论

在“互联网＋”环境下探究高职院校法律职业素养培育模式的创新，能够彻底改变传统教育理念，优化教学资源，转变法律教学讲授方式。学生可以利用“互联网＋”各种形式进行学习，教师则可以利用“互联网＋”各种形式进行指导，实现研究化教导和个性化学习，更好地激发与培养法律专业学生的学习兴趣，帮助培育法律专业学生的法律职业素养，促使法律教育的实效性与时效性进一步提升。

（二）课题研究存在的问题

在实际调研的过程中，课题组成员发现，虽然我国设置了法律专业课程的高职院校为数不少，但各院校对法律职业素养培育的重要性普遍缺乏危机意识，对于学生法律相关的职业生涯规划指导也相对薄弱，对“互联网＋”技术的运用并未形成有效的教学改革策略，为课题组的课题科研带来了相当的难度。课题研究中主要存在以下两个方面的问题：

第一，“互联网＋”名不符实、流于形式。许多高职院校至今都尚未形成“互联网＋”环境下切实可行的法律专业教学大纲、教学计划、教学资源，校内外实训基地常常也仅是走走挂牌形式，难有实质上的联动与合作突破，见习、实习环节也常因缺乏保障措施而导致流于形式，自然也就谈不上实践教学管理制度和考核评价机制。

第二，缺乏配套设施、资源、相关环节配合实施。虽尝试提出了一些以学生为中心的法律素养培育任务为导向的教学模式等设想，但要实现模式的创新却需要很多条件，如丰富的法律网络资源、多元的法律教学素材等。局限于客观条件，很多基于“互联网＋”的新型教学理念并没有完全推广开来。

（三）通过课题研究引发的思考及建议

第一，明确法律的局限性，提升综合能力素养。课题组经过为期一年的研究后发现，“互联网＋”环境下更好地培育法律专业学生的法律职业素养，除了要对教学资源等进行优化外，首先有必要引导学生明确法律的界限、法律作用的局限性，避免学生在步入社会后片面地认为法律能够解决所有的社会矛盾，让法律专业的学生逐渐形成客观的法律观念。法律的特征注定了它只能牵制公开且外显的社会行为，加之社会是不断向前发展变化的，而法律却是相对静止滞后的。除了吸收法律知识外，还要不断提升自我的综合能力和素养。

第二，培养批判性思维，不断发展能力素质。课题组成员一致认为，在互联网高速发展的时代背景下，法律拟定滞后于社会生活发展的问题会时有出现。作为法律人，要有推动法律完善进步的批判性思维，批判性思维是法律完善、社会进步的原动力。法律专业师生都要不断发展自己的批判思维，尤其要在授课过程中着力培养学生的批判性思维能力。

第三，多环节配套实施，共同推动素养培育。基于发展法律素养缺乏配套设施、资源、相关环节的客观条件，要从多方着手。政府院校提供资金资源支持，打造法律素养培育平台，构建法律素养培育模式，共同推动法律人的培育。

此外，高职院校及教育工作者积极探索出“互联网＋”环境下法律职业素养培养的创新路径：

1. 立足“互联网＋”技术发展和法律教育改革的需要，打造高职院校开放性教育体系

面对“互联网＋”全新信息革新所营造的新局面，任何墨守成规都可能会成为人才培养的绊脚石，“互联网＋”的开放性势态必然会引领法律教育改革。因此，必须立足高职院校教学现状和学生的实际能力水平，从教学资源的扩展和更新、教师队伍的培养与建设、高校与法律机构的联动与合作等层面出发，建设更具“互联网＋”技术性与开放性的法律教育新体系，促使“互联网＋”环境下的法律知识积累和碰撞，法律素养改进与提升。

第一，整合共享法律资源和课程资源，尝试校内搭建知识平台和数据库。组织校内有影响力和代表性的专家教师团队对网络课程进行审核和评定。法律课程资源能随

时修改，及时更新，切实确保法律课程与政策实务与时俱进，体现法律职业素养培育为本位的课程设计。同时，为法律学科建设提供大数据分析和技术指导。

第二，建立健全实践教学体系。建立校内实训基地以及校外实训基地，增加实践、实训教学的比重，在实践教学当中增强法律能力和综合法律素养。法律信仰必须在实践活动当中获得认同，在活动中激发大学生的法律意识，通过实践教学以及实践活动使大学生形成理性认识。

第三，利用第二课堂开展法律活动。开展法律竞赛活动，锻炼法律语言能力和思辨能力；开展法律文化活动，在文化浸润中提升法律素养；开展法律“六进”活动，提升能力素质，同时助力公共法律体系建设。

第四，鼓励院校间的学术沟通与交流。向先进院校学习经验，进行法律专业教学资源的互换和共享，提倡国内外同级院校的学历与学分互认，实现真正意义上的资源共享、优势互补、合作交流。

2. 打造以培养学生职业素养为目标的“互联网＋新教学模式＋课程”

第一，注重学生法治意识、法律思维和职业精神的培养。高职院校可通过针对性的实践实训锻炼以及科学合理的职业生涯规划引导等手段，将培养法律专业学生的职业素养作为当前法律教学模式创新的出发点，帮助学生树立正确的职业价值观。通过线上线下双线学习路径推进，实现碎片化的学习与资源的共享。通过创新课程设计，以学生为中心，贯穿思考为先导的课程内容，重视品格修养和法律意识的培养和法治思维的形成。

第二，合理设置法律教育的课程体系清单和教学内容设计。坚持厚基础、宽口径的课程形式，高职院校尤其要注意强化法律专业学生的法律实务技能，培养和强化学生法律职业伦理教育，提高学生综合运用所学法律理论知识与经验来解决所遇实际法律问题的职业技能。可借鉴英、美、德等国应用性法律人才培养模式经验，参照其课程设置，再结合本校教育资源情况和学科优势现状，合理增设以培养学生综合职业素养为目的的理论课程数量，增加有利于培养实用能力的实践课程的比重。在强化实践技能实训的必修课设置上，可借鉴美国课程设置方法，更广泛地运用到圆桌会议讨论、互联网技术应用课堂探究等教学方法，进行模拟法庭训练、起诉状写作和辩护训练、谈判技能训练、审判实践训练，并由学生自主选择适合自己未来职业发展方向的实践教学课程。

第三，大幅度地增加推荐选修课和任意选修课的品种。选修课能够更好地提供综合知识，促进多方面素质的提升，扩大学生的学习选择权，给学生较多的课余时间和自由发展空间，以满足不同的职业素养需求，为个性化人才发展提供选择平台和自由发展空间。学生将选修学科的专业特长转化为职业优势，以此拓展学生专业知识的深度和广度，全面提升素养，应对实际工作的挑战。

3. 着力改革“互联网＋”环境下高职院校法律专业人才培养评价体系

“互联网＋”各种新技术的介入，使得理论与实践课程内容进一步优化，同时对传统的人才培养评价标准产生了冲击。在互联网技术的推动和应用之下，高职院校人才培养评价体系和标准也要进行改革创新。

在顶层设计中，在对法律职业素养培育评价体系进行构建时，既要注重“互联网＋”的信息手段的推广与应用，更要注重“互联网＋”技术带来的内在影响，将评价内容延伸到使用技术之后的具体变化，注意涵盖院校学生在“互联网＋”环境下带来的法治理念的认识与转变，将考核方向进行延展，对考核内容进行细化优化。

从学生层面，通过掌握互联网技术来达到学习目的，更好地将互联网提供的便捷性服务于自身职业素养的提升。从教师层面，将“互联网＋”融入评价体系进行改革，从线上线下考察学生的学习兴趣、法治理念、法律技能、实践能力等综合指标，使考核内容全面丰富客观。

人才培养评价体系的建立和完善意义重大。从学生层面，将有效推动学生应用“互联网＋”，互联网将成为不可或缺的学习媒介。法律专业学生通过掌握互联网技术来达到学习目的，更好地将互联网提供的便捷性服务于自身职业素养的提升。从教师层面，在对学生的评价体系中融入“互联网＋”进行改革，将学生的法治理念、学习兴趣、法律技能、实践能力等综合指标作为评价的参考因素，使考核内容更加全面、丰富和客观。再者，通过提升日常成绩的比重来使之前单一的书面考核变成全程一体化的评价考核标准机制，更全面地反映学生的学习状态，有效推动学生由被动学习变主动学习、自应试学习向法律素养培养与提升转变。同时，通过利用“互联网＋”技术，建立对毕业生的跟踪反馈调整机制。通过掌握学生从事法律相关职位的从业现状、社会效益及学生的用人单位评价等内容，不断地推动高职院校法律专业人才评价体系的完善。

4. 打造能充分运用互联网信息技术的高职院校法律专业高素养师资队伍

第一，积极鼓励教师充分依托新媒体技术进行教学革新。借助信息交互平台，丰富教育资源信息来源，优化课堂信息传递结构，弥补课余自主性学习的空白。同时，注重强化教师在互联网教学环境下的创新意识、创造能力与整合能力，让教师有更多的成长安全感与教学紧迫感，让教师有更多的获得感与荣誉感。

第二，建立“请进来，走出去”的人才交流制度，使院校成为高技术高技能素质聚集地。尝试建立院校与法律实务部门人员全新的互聘制度，聘请法律实务部门中具有较高理论水平和丰富实践经验的国内外法律领域专家到院校任教（专兼职都可），积极引进海外高层次人才，聘请国内外法律专家（如警察、法官、律师等）、法律技能大师（如书记员、速录员等）到学校从事教学、科研工作，并承担特定的课程教学任务。院校相关专业的教师则可以通过合作方式到法律实务部门挂职，实际参与法律事务，同时鼓励在互聘过程中表现优异的法学骨干教师定期至国外学习研究，提高专业教学能力，多举并行，努力建设理论知识扎实、实践经验丰富的法律专业教育师资队伍。

第三，注重提升教师自身的法律素养。在培养学生法律职业素养的同时，大力鼓励院校教师进行法律素养的自我提升，并定期开展法律专业方向的教学名师遴选，充分发挥教学名师的示范作用，也可在校内组织教学名师专题讲座、教学公开课，使教师互相学习、交流，以提高法律教学水平和效果。通过一系列的专项提升培训来促使教师能够真正适应法学实践教学的要求，能够胜任法律人才培养的课程教学，能够跟上随着科技变化而不断发展的法学教育步伐，能够主动参与各种重大教学改革。与此同时，这些标准的设置让教师及时反思自身是否具备培养卓越法律人才所需要的资质，教学效果与教学方法是否还需要进一步改善。

第四，鼓励“互联网＋”为革新方向的法律教学改革研究成果转化。广泛发动教师积极参加省市级教学名师乃至国家级教学成果奖评选，重点奖励贡献突出的教师，对于明确以诸如“互联网＋”“新媒体”“大数据分析技术”或综合教学改革为研究方向的优秀青年教师，学校要积极为其搭建和创造能施展才华的科研舞台，借鉴国家教师依法取得科技成果转化奖励收入，不纳入本单位工资总额基数等政策，将成果纳入教师综合考评中，促使更高层次人才动态平衡实现及高素质教师队伍优化。

综上所述，在法律人才培养的过程中，高职院校以及育人者必须适应“互联网＋”背景下带来的改变，重视学生法律思维的培育，借助互联网技术的应用，帮助学生逐渐形成坚定的职业信仰和崇高的职业伦理道德，充分利用互联网时代带来的便利，培养出具备良好法律职业素养的法律专业人才，并成为法律与文明的传播者。

# 基于学生职业核心能力培养的课程体系建构研究*

王顺波　吴丽萍　石海峰　解仁美**

**摘　要**　高职院校开展职业核心能力培养，对于体现高职教育的人才培养方向、提高高职院校学生的可持续发展能力和综合发展能力具有重要作用。高职院校在专业人才培养教学实践中，建立了科学合理的课程体系，构建职业特点的校园文化体系，在实践环节中渗透关键核心能力的培养。全面构建高职院校职业核心能力培养框架，通过重新设计公共基础课课程体系，设置教学的多元化目标，凸显学生的基础核心能力培养；通过模块化的专业选修课，拓展职业核心能力培养的有效空间；通过专业技能实践活动，融通职业核心能力培养；通过有针对性的隐性课程设计，强化职业核心能力的培养氛围。

**关键词**　职业核心能力　高职教育　培养研究

在个体的职业能力发展中，除了直接的岗位技术专业能力之外，带有普遍适应并可伴人终身的职业能力，被称为职业核心能力。职业核心能力在从业者的职业生涯发展中，不仅能够助力技术能力的学习和提升，还可以为从业者带来可持续发展的原动力。所以，相较于其他的一般性的职业技术能力，职业核心能力在职业发展中表现出特别重要的意义和价值。特别是在新技术、新信息、新业态不断呈现的今天，随着各种新的变化因素给职业岗位带来的新影响，这种形势实际上对高等职业教育的人才培养模式也提出了新的挑战。

高职院校在人才培养过程中，要培养出适应社会形势发展变化的应用型技术人才，就要在重视培养专业技能的同时，更加注重学生的核心能力的培养。在新时期新的职业发展形势下，重视职业核心能力的培养，已得到广大职业教育界的一致认同。

---

* 本文系山东省高等教育人才研究会2017年度课题“基于学生职业核心能力培养的课程体系建构研究”(RK17-14) 结项成果。

** **作者简介**：王顺波（1964～　），山东威海人，山东水利职业学院高级经济师、副院长，研究方向为教育教学管理；吴丽萍（1968～　），山东济宁人，山东水利职业学院教授、基础教学部主任，研究方向为教育教学管理；石海峰（1972～　），山东莱州人，山东水利职业学院招生就业处处长，研究方向为教育教学管理；解仁美（1980～　），山东日照人，山东水利职业学院副教授，研究方向为思想政治教育教学研究。

## 一、高职院校学生职业核心能力培养的现状分析

培养生产岗位一线所需要的技术应用人才，是高职院校的培养目标。高等职业院校的教学内容，是根据其独特的培养目标，有目的地选择教学内容、明确学科教学目标、合理安排教学结构而形成的教学体系。职业院校在教学过程中要体现专业应用型人才培养的特色，需要突出实践环节，强调工作技能和经验，强调学习与实践相统一。高职院校的专业设置具有鲜明的专业性，在教育教学过程中尤为突出。

目前的高职院校人才培养偏重于技术能力的强化和提升，出于高职院校在目标上体现其现实性的要求，其在教学过程中会紧密联系企业行业的实际。因此，在组织教学学习过程中，高职院校教学非常强调学生的技术技能的提升。

出于适应未来职业岗位的要求，发展自身应变能力和发展性技能成为对学生的必然要求。在高职院校中，学生的理论学习是为了更好地提高专业技术技能水平而开展，并且会为未来的技术发展创新做好相应的准备。由此可见，在高职院校的教学活动组织中，学生根据未来职业发展的需要，在具体的学习环境中对于核心能力的培养和锻炼更为重要。因此，在职业能力训练过程中，着眼于学生的未来发展，有意识地强化学生的职业核心能力的培养显得非常重要。

## 二、高职院校职业核心能力培养的意义

近年来，随着培养和提升职业核心能力的重要性为大多数职业教育者所认识并认可，职业核心能力培训的课程教学建设实践在许多高职院校都得以开展。深圳职业技术学院首先开展了相关的研究，浙江水利水电学院、重庆城市职业学院等相继开展试点工作。山东省内已有滨州职业学院等院校，以建设职业核心能力培养体系，对基础课程进行了全面整合。目前在职业学院的培养教育系统中，人才培养方案的制定在重视培养专业技术能力的同时，也在课程建设目标中整合了核心能力的培养与提升。具体看来，在高等职业教育中凸显职业核心能力培养的意义，主要体现在以下三个方面：

### （一）凸显高职教育人才培养的特色

高职院校的培养目标与普通高等本科院校存在着不同，高职院校的培养定位是以就业为导向，旨在为社会培养合格和应用型技术人员。不同于本科院校培养中偏重研究性和理论性，高职院校偏重于技术性和实践性，因此，在高职教育人才培养过程中，必须考虑对接职业技能的专业性和针对性。另外，随着社会生产力的发展变化，职业形态也在不断变化，这就需要克服人才培养中单纯性的工具化思想，职业院校重视技能培养，不等同于把学生培养成技术工具。

未来社会需要的是具有可持续发展能力的技术从业人员，从职业院校毕业生将来要面对的职业生涯考量，职业核心能力的培养和提升是着眼学生们将来必须面对的终

生学习发展的需要，是为学生的未来职业发展做准备的。对于学校来说，努力建构职业核心能力的培养体系，是基于高职院校学生的职业发展考虑，着眼于高职院校学生的终身学习需求，考虑适应未来职业变化的需要。重视培养高职院校学生的终身可持续发展能力，是基于实现人才培养可持续发展的目标，有必要科学地建设高职院校的职业核心能力培训体系。同时，高质量的就业和核心能力，反过来会大大提高高职院校的招生数量和教学质量。

（二）有效提升职业可持续发展能力

高职院校的人才培养工作，是基于社会不断变化发展的需要，是适应职业行业的发展变化需求，需要具有可持续发展的能力。作为高等职业院校的学生，更应该具备的是适应多方面需求可持续发展的能力素质。在多方面因素的关照下，高职院校在职业能力的培养中，需要更加重视核心发展能力的培养。贯穿现代高等职业教育始终的理念中，适应与满足社会发展的需要和人的终身发展的需要，是人才培养的重要内容。关注学生未来的职业发展需求，考虑到学生终身学习和适应职业变化因素的需求，在人才培养中注重培养可持续发展能力是职业发展的必然考虑。

（三）促进高职生的全面发展

高等职业教育的培养更注重培养出能够在知识经济时代很好地生存、应变和发展的劳动者，这就要求高职院校学生要以职业岗位群的需要为依据，重视能力发展的全面性和适应能力的培养和提升。高职院校要更新教育理念、加快改革课设置及教学内容方法等，以便创设一个良好的教育环境，提高社会对高职学生的认可度，同时也增强高职学生自身的就业适应性。

我们在前期针对往届毕业生调查的中发现，用人企业反馈的人才需求素质品质的相关要求，一方面要求具有相应的基础知识和能力素质，另一方面更趋向于从业者的职业道德和职业发展核心能力的素质要求。我们发现，越来越多的企事业单位在进行员工考评中，更加侧重员工的道德素养及职业核心能力。

由此看来，作为职业发展的核心要素，职业核心能力可以在个体的职业发展中具有特殊张力。这种张力体现在为企业服务中是多个侧面的。比如，它可以表现为有效降低产业调整、技术升级时所产生的人才短期缺口风险；可以表现为使企业在日益激烈的市场竞争中有效增强应变能力；可以体现在帮助劳动者在不断变化的环境中不断地重新获得新的职业技能和知识。作为具有核心发展能力的劳动者个体，在外在发展因素发生变化时，能够更好地调整自我适应变化，跟上发展变化。同时，还可以在不同的工作岗位上调整自我、处理难题，并能够更好地适应环境，很好地与他人相处。所以，拥有职业核心能力，能帮助劳动者更好更全面地发展自我，从而适应或达到更高层次职业和岗位的要求。

山东水利职业学院在加强学生职业核心能力培养的实践研究中，建立了专题研究小组，对学院毕业生及其就业的相关企业进行了问卷调查，无论是毕业生还是相关企业，都对于职业核心能力培养的重要性给予充分的认同。近几年来，在教育教学、专业实践教育、制度建设、特色环境建设领域，高职院校开展了一系列探索实践，为本课题的研究奠定了深厚的实践基础。对于学生职业核心能力的培养和强化，我们在教育教学的全过程中给予了关注。在相关课程体系架构、专业实习实训和社会实践体系上，包括在校园文化建设等隐性课程领域，都强化了对学生职业核心能力的培养。在高等职业教育的人才培养体系上，整体建构了全方位的学生职业核心能力培养的新格局。

## 三、高职院校学生职业核心能力培养的主要途径

### （一）以公共基础课的整合服务于学生职业核心能力培养

在职业核心能力培养的全新视域下，开展高职院校课程体系的重新建构，要从基础课程体系的整合做起。在基础知识体系上确立质量、效益和发展三位一体的课程目标，改变学科体系下的公共基础课教学强调知识的系统性和完整性，突出应用、服务专业的内容特点，不求系统性，重视必需性，实现内容重组。在能力拓展课程中，根据国家制定的职业核心能力培训测评体系开设模块课程。在具体专题模块的开设上，可以创新教学方法，灵活采用活动参与、现场操作、课题调查、作品制作、专项表演、辩论演讲等多种方式进行。

以专项选修的形式自选组合，设置专题单模块的课程，通过相关检测，针对学生个体筛选相关的能力培养专题，让学生自由地选修，按需补缺。在实践训练课程中，重视历练养成教育的实践培养环节。职业核心能力的培养不单单是看几本书、听几次课就可以获得，而是需要不断练习和实践，在实践历练中养成。要在实践中学，在学中做，在做中学，才能获得。

实践训练课程是养成职业核心能力的重要渠道。在社团社会实践活动中，学生的表达交流、与人合作、解决问题、自我学习、创新革新等职业能力得到历练，团队协作、沟通交流、信息处理等方面的能力得以培养锻炼和提升。

### （二）以专业教学多元化目标有效提升学生的职业核心能力

在专业课教学中，要着力挖掘专业课教学中涵盖的职业核心能力培养元素，并发挥其教育功能。专业课教育教学活动在传授专业基础知识的同时，可以通过创设情境、设置环节，融入职场文化，创设职场氛围，担当项目任务等方式，引导学生切实触及职场体验，引发知、情、意、行的统一。

1. 设立多元化的教学目标

在工作过程的学习设计中，不仅指强调职业技能的学习，而且要兼顾课程学习的知识技能目标与职业核心能力目标的达成，有意识地促进学生职业核心能力的提高.

这在具体课程中会有不同的体现。在计算机相关的专业课程中，教学目标设计应具备的课程能力体现为计算机软硬件使用能力、计算机操作系统维护使用能力、办公软件应用能力、网络使用能力、专业对口的职场应用能力等，这些是该类课程学科知识价值的体现。在职业核心能力目标的设计中，则可根据计算机行业的特点，结合其将来需投入的行业环境，具体确定为培养良好的职业道德和社会责任心、培养积极向上的工作态度、培养与人交流、信息处理、与人合作、解决问题、自我学习、创新革新的职业核心能力。在具体的教育教学中，可以通过以任务驱动学习方式，融入职业行业精神塑造的内容，重视动手能力的培养和训练，采用教、学、做一体化的学习方式。在课程的教学过程中，采取项目任务完成法，以“够用”为原则，不以理论和知识的系统与完整，大胆尝试课堂组织形式改革，多元实施职业核心能力的培养。

2. 深化学习过程设计

努力创设情境，让学生在职业实践情景中展开学习过程，便于使工作现场和教学现场有机结合。学生学习专业知识的过程有认知和行动，还可以通过实际的操作实践来实现更加有效的学习，有利于把职业核心能力的培养多侧面渗透在专业教学过程之中。

3. 更新考核评价方式

设计注重专业知识和技能过程的考核评价方式。改变传统的教学评价方式，把教学单元的工作任务作为考核内容，以职业标准、行为过程为主线，把过程性评价和终结性评价有机结合，由学生自评、团队互评、教师评价三方参与。专业实习实训还可以实行校内与企业评价相结合，实行开放式、动态化、全程性考核。

（三）以专题化的选项选修课构建职业核心能力培养的空间

针对每个学生个体自主筛选确定相关的能力培养专题，分别设置专题单模块的课程模块，以专题选项的选修课，拓展职业核心能力培养的课程教学空间。自由选修，按需补缺；培训结束通过相关检测后，进行达标化管理。使用国家劳动和社会保障部制定的职业核心能力培训测评体系，分不同的专题模块开展项目培训。

第一，更新教学方法。在具体的培训过程中，针对不同的项目目标，设计引用多种教学方法，着力全面调动学生参与的积极性，协助学生提高自己的职业核心能力，旨在增强就业的适应性和竞争力。在教学过程中，强调教学活动的互动性和针对性，着力引导学生找准自己的短板，对自身能力点进行开启和强化。相较于其他一般的职业能力培养，职业核心能力可采用活动参与、现场操作、课题调查、作品制作、专项表演、辩论演讲等多种方式进行。山东水利职业职业学院拟定了《学生素质教育公共训练目标》，采用多种方式、多种渠道培养学生的相关能力。

第二，体现学习者中心策略，强调互动性和针对性。以学习者为中心是在职业核心能力教学中使用的教学方法。在教学中结合所学专业，引入项目载体，以项目任务引导教学。在具体教学中采用目标、准备、任务、活动和评估五个步骤的项目教学法进行操作，以讲、学、练相结合的方式开展。

在职业核心能力的培养训练过程中，与传统教学相比较，更加注重互动性和针对性，实现师生互动、生生互动，针对学生自身各自的能力潜力进行挖掘和强化。相比较于一般的职业能力，职业核心能力更偏向于一种合乎规范的行为和能力素养，其考核评价的方式应多元化，可采用活动参与、现场操作、课题调查、作品制作、专项表演、辩论演讲等多种方式进行。此外，还要特别重视对师资的培训，确保培训过程的科学性和有效性。

（四）以职业化实践活动渗透职业核心能力培养训练

基于高等职业院校的培养特色，专业实践活动是人才培养中的一个重要环节，这成为学生职业核心能力培养的实践历练场所。在具体环境中的培养策略可以体现为：

第一，在具体工作环境中完成项目任务。在专业实践活动中，以企业的要求和职业人的标准，对学生进行严格要求。要求学生自身重视身份代入意识，要把自己作为企业员工带入工作场景，以员工身份要求自己，强化职业身份。在完成专业设计实训项目和工作任务时，有针对性地在学生自我学习、与人交流（语言表达）的能力上进行培养和训练，关注相应的能力训练节点。

第二，重视在具体环境中进行行动观测评价。在专业实践活动中，组织学生完成具体工作任务，设置体现相应素质的观测点，注意在场景中关注学生的一言一行，并及时加强沟通，强调观察点相应的训练意图，提醒学生挖掘自身潜力，关注由现象到本质的转变和提升。具体的环境可以是学习场景，也可以是实验实训场景，还可以是完成项目任务的小组合作场景、实践活动场景等。多种环境类型的观察和体验，带来的观测数据和强化点更为全面。

第三，加强多层次自主性的社会实践活动历练。不单单是专业实践活动，在校园活动中，社会实践、社团活动同样为学生提供职业核心能力历练的场所。社团活动从最初发起组织到完成组建，都面临多种多样的问题。学生需要筛选信息、制定方案、经费筹措、人员分工、活动设计、场地联系、现场效果、活动总结等，可以说，每一项社团实践活动都是一个训练项目，都是一项自主性的社会实践活动历练。社团在开展多种形式的社会实践和社团活动时，可以有效促进学生与外界的交流。社团实践活动组织和实施拥有更大的灵活性、独立性和自主性，面临的挑战性任务更多，需要活动的组织者在召集活动、组织实施的过程中克服更多的阻碍，实施更加有效的组织管理措施。这些多层次自主性的社会实践活动，锻炼了他们未来在社会上的领导才能、管理才能、基本的沟通技巧等各方面的能力。

（五）以目标化隐性课程营造职业核心能力培养的氛围

隐性课程是高等职业院校开展学生职业核心能力培养的重要途径。隐性课程中，职业核心能力的培养主要体现在精神文化、环境文化和实践活动领域。在以上领域倡导目标导向的职业核心能力培养视点，通过文化氛围导向，学生有意识地形成相应的核心素质品质，以高职院校职业文化的精神导向与行为，培植养成职业核心能力在实践学习活动中的过程历练。

第一，倡导具有职业文化特色的校园精神导向，重视营造包括行业文化、企业文化、专业文化等的职业文化氛围，是贯彻高职院校育人目标、培养学生职业素质的有效途径。具有职业行业特点的校园文化营造与建设，通过职业行业精神的宣传营造，强化学生的职业岗位精神，有助于高职院校以培养现代职业人为目标，强化职业素养的培养。在高职校园中，深入开展以职业价值观和职业文化为主题的校园文化活动，在活动开展过程中，把职业道德、职业精神、行业精神风尚融入校园文化活动创建中，营造具有鲜明的职业行业特色的校园文化氛围，借此强化职业核心能力的养成，通过学校隐形课程引导和强化职业核心能力养成氛围的营造。

第二，专业文化体现职业要求。高职教育与社会经济发展联系非常密切。高职院校的专业对应不同的职业岗位或职业岗位群设置，不同的专业指向不同的职业岗位或岗位群。高职院校的专业建设，会以服务行业技术岗位为导向，在专业设置上围绕产业需求，在专业设置、教学安排和人才服务上均与行业岗位密切相连。职业院校的人才培养方案是针对行业企业的岗位或岗位群要求而制定的。职业岗位对应各自的职业素质要求，会体现在职业岗位的行为准则中。职业核心能力的培养和养成就要体现职业要求。高职院校的专业文化具有很强的职业性，专业价值理念为培养合格的职业人才服务，专业的内部成员的精神风貌和行为规范，也必须符合相应职业或职业岗位群的职业形象和职业规范的要求。

第三，凸显与行业文化融通。职业院校的校园文化与行业文化相融通。在校园文化建设中，应重视与行业文化相贯通，与专业文化相连接，与企业文化相融合。比如，在水利类高职院校里，从校园环境建设到特色校园文化建设，重视建造行业标志，宣扬行业精神，使校园文化与行业文化相连接，从而更好地为学生的职业精神的养成做铺垫。强化与企业的衔接与融合，在人才培养过程中兼收并蓄，融入企业价值观、企业精神、企业经营理念等企业精神文化，使学校精神与企业精神有机结合，相得益彰，产生共鸣。

## 四、高职院校学生职业核心能力培养实施策略

### （一）学校层面：重视对学生职业核心能力培养体系的构建

职校生职业核心能力的培养与训练是一个系统工程。在学校层面需要更新职业教育理念，分析市场用人单位对员工的招聘和使用的要求，重视对学生职业核心能力培养体系的构建。对于职业院校来说，需要在明确职业核心能力的培养目标的前提下，

进一步更新职教观念，系统强化学生的职业核心能力培养与训练，从有效增强职校生的就业竞争力的考量下，进一步适应知识经济时代的要求，使毕业生具备可持续发展的就业能力，成为适应职业岗位转换的新时代劳动者。

（二）教师层面：加强针对职业核心能力培养的教学策略的掌握

在教师层面需要提升对职业核心能力培养的认识，加强对师资队伍的培训。高职院校可选派教师代表参加教育部组织的职业核心能力师资培训，这些骨干教师通过培训后，在教学活动的组织实施中发挥更好的示范作用。在教学方法的使用上，采用了合作学习、讨论学习、双主体学习等合作方式开展学习活动。基于培养严谨的工作态度、对工作的忠诚、职业伦理、职业道德、良好的人际关系，使学生提升自我情商，提升个人综合素质，从而具备通用于职场的核心职业能力。

（三）实践层面：关注职业核心能力培养的全面渗透

核心能力的培养不是纸上谈兵，仅仅通过课堂学习是远远不够的。能力的培养需要真操实练，在对基础知识掌握的前提下，在实践锻炼中去深化、提升。通过专业实践，从专业认识实习到顶岗实习，在整个实习实训过程中，通过对学生适应能力的培养，引导学生热爱专业、爱岗敬业，主动适应社会岗位的能力需求，强化职业精神，对于岗位实践具有融知识于实践的转化能力。只有在岗位实训中才能将在课堂中学到的基础知识，内化成职业技能和职业素养，才能实现“学思悟践行”的人才培养模式。

第一，通过社会实践强化职业核心能力。在志愿服务、暑期社会实践中，引导学生认识社会、服务社会、勇于实践。学生在实践中学会观察，对外界事物有应变能力；具有沟通交流、协同合作的意识和能力，能够克服困难，解决实际问题。

第二，通过社团活动强化职业核心能力。学生在社团活动的组织和开展中，培养和锻炼了职业核心能力。社团的组织、活动的策划、各方的协调、活动的进行及善后，整个的过程能够给参与者带来全方位的培养锻炼，获得能力的提升，这也是强化职业核心能力的重要渠道。

（四）评价层面：重视过程反映职业核心能力养成的全过程

学校应通过过程评估和总结评估形成对学生核心能力的客观全面评价。

第一，记录过程评价。在教学实施过程和劳动实践过程中，对观测点进行过程性记录。学校不仅对技术技能进行评价，还要关注学生的职业道德、职业意识、专业技能、执行作业规范、学习态度、劳动纪律、团队合作、解决问题能力、创新能力要素的体现。

第二，开放式评价与终结性评价相结合。改变单纯的结论式评价，综合采用口试、笔试、实操等方式，通过教师评价、学生互评、自我评价、企业行业专家评价等多种方式进行，以达到职业核心能力培养目标。

第三，多方参与评价。综合采用教师评价、学习团队小组评价、实践团队评价、自我评价、企业评价等多方参与的形式进行。

（五）学生层面：由学习目标的深化带来职业核心能力的内化

对于学生个体而言，在职场环境中拥有职业能力的同时，兼具情商、气质和人文素养的人格特质，能够做事严谨、对工作的忠诚，恪守职业伦理、职业道德，善于营造良好的人际关系，就拥有了职业发展的核心竞争能力，这种状态应成为学习的最高目标。假如只是固守一项专业知识和能力，不能及时应变，就不足以应付未来社会和科技的迅速发展，无法适应在不同工作岗位中变动的需要。

## 五、职业核心能力培养的成效

目前，山东水利职业学院先后派出3批次教师代表参加了教育部、中国就业培训技术指导中心培训处、中国职业技术教育学会主办的职业核心能力师资培训班，并顺利结业。以基础教学部为职业核心能力的课程改革试点，以水利工程系为试点专业，搭建课程框架，组织推行了职业核心能力教学培养模式。实施职业核心能力培养以来，学院学生在不同侧面展现出突出的综合素质提升，在校内外各级各项竞赛活动中，获得了优异的成绩。

在山东省“高教社杯”大学生电子设计竞赛中，取得了省级一等奖4项、省级二等奖6项的好成绩；在“五征杯”省大学生机电产品创新设计竞赛中，学院学生在7个项目中全部获奖，其中一等奖2项、三等奖5项；在全国三维数字化创新设计大赛中，学院学生获总决赛一等奖；在全国数学建模大赛中，学院学生获国家级一等奖1项、二等奖1项，省级一等奖12项；在全国水利高等职业学院技能大赛中，获得13个特等奖、2个一等奖、3个二等奖，并荣获团体总分第一名。构建以40余项创新创业系为列赛事为重点的参赛体系，每年有近千名师生参与赛事，近两年共获得省级以上奖励150项，荣获“挑战杯—彩虹人生”全国职业院校创新创效创业大赛二等奖1项；第二届中英“一带一路”国际青年创新创业技能大赛二等奖2项；首届国际应用技术创新大赛三等奖2项；各类省级赛事一等奖31项、二等奖25项；首届国际应用技术创新大赛获奖作品已与赛事组委会签订技术成果转化协议，并各获奖金1万元。在第十届“鼎盛诺蓝杯”全国旅游院校服务技能（导游服务）大赛中，学校学生荣获一等奖1项、三等奖2项、优胜奖1项。在2018年全国职业院校技能大赛（高职组）智慧物流作业方案设计与实施赛项中荣获一等奖。

学生职业核心能力的提高，促进了实践创新能力不断提高，有效增强了学生的就业竞争力。

# 中国特色复合型舞蹈人才培养模式研究*

王　森**

**摘　要**　复合型舞蹈人才观点的提出和完善对高等院校舞蹈人才培养改革提供了有力的理论依据。本文以中国特色社会主义为起点，以研究中国特色社会主义道路、理论、制度内涵及其发展史作为研究的理论依据，对人才培养系统进行深入探讨，是对前人框架式研究的补充。本文主要阐述人才培养与特色国情的密切关系，研究舞蹈文化与中国式教育，在研究舞蹈人才培养文化的基础上，力图寻找人才培养模式与中国特色内在的联系。

**关键词**　中国特色　复合型　舞蹈人才　培养模式

## 一、复合型舞蹈人才培养的概念

“复合型”指的是专业人才除了具备专业核心能力外，还应该具备与专业能力相关的综合能力，这种综合能力一般指两种或两种以上的专业能力。从舞蹈人才培养的角度看，舞蹈人才不仅需要具备舞蹈表演的能力，还应兼备对舞蹈的理解、感受，创造、感悟、思维、舞蹈理论、舞蹈实践等舞蹈艺术范围内的其他专业知识的复合，在共同作用下形成系统的舞蹈知识结构。在掌握舞蹈专业知识的同时，还要与正确的人生观、价值观相结合。舞蹈不再一味地遵循专业方向的划分路线，而是在专业学习的基础上，广泛涉猎周边分支专业方向的内容，广而用之。在拥有较好文化素养的同时，还要具备舞蹈教学、舞蹈表演、舞蹈编排及理论相结合的能力，与时俱进，成为社会需求的具备全面综合素质能力的舞蹈人才。①

### （一）舞蹈人才的专业特点

舞蹈是一门表演性、实践性、展示性、综合性等相结合的学科，是非语言类的艺术。舞蹈的特殊媒介是人体，以人体为承载点的舞蹈完全区别于其他艺术门类，这就

---

* 本文系山东高等教育人才研究会2019年度课题“中国特色复合型舞蹈人才培养模式研究”（RK19-36）结项成果。

** **作者简介**：王森（1989～　），山东薛城人，山东青年政治学院讲师，研究方向为舞蹈理论与实践。

① 参见毛荣：《高师复合型创新舞蹈人才的培养模式》，《戏剧之家》2016年第9期。

决定了舞蹈专业的特殊性，即专业化的人体训练。人体训练是通往舞蹈认知的必经之路，任何一种关于舞蹈的思考，都离不开舞蹈的实践和训练。马克思认为，一切物质都是运动的，世界上没有脱离运动的物质。舞蹈离不开人体运动和训练，而且必须是科学性的训练方法，这就要求专业的舞蹈训练要根据舞蹈专业特点，遵循客观规律，结合舞蹈人才个人身体情况和心理差异，在充分考虑个体差异的基础上，运用适当的科学训练方法，进行长期的重复性训练。这种训练既要考虑到技术技巧方向的提高，也要顾及柔韧性方向的训练，最终反映到舞蹈人身上充分展现舞蹈专业训练的合理性规律。

### （二）舞蹈人才培养研究现状

随着时代的发展，舞蹈不再是小众艺术，20 世纪末 21 世纪初，舞蹈艺术相继进入普通高等院校的课程体系中。目前，独立的舞蹈学院数量不断增长，反映了社会对文艺事业的需要和人民对美好生活的向往。新时期的舞蹈艺术逐渐走进了高校生活，成为普及教育的一部分，因而出现了普及型舞蹈人才和专业型舞蹈人才两种。越来越多的非中专艺术院校的学生在大学生活中接受舞蹈的普及性教育，包括各综合类大学开设的公共选修课程。这部分课程以培养学生综合舞蹈能力为主，包括表演、编创、教学、评论、组织、创造、鉴赏等综合舞蹈能力。普及型舞蹈教育有着自身承担的任务和优势，受就业趋势的影响，他们在进入中小学舞蹈教育中去后，更多地承担着指导和引领的工作，以辅助提高中小学生综合素质为主，而非培养专业型舞蹈人才。在针对性的工作中，普及型舞蹈在培养孩子审美能力，强健体魄，认识舞蹈，了解艺术方面，有着更明显的优势。

据统计，综合类高校和艺术类高校在招生和人才培养上具有明显的差异性，且呈现两极分化的态势。在各综合类高校舞蹈专业招生中，通常分为省内招生和省外招生两种地域招生方式，一般而言，省内学生入学数量多于省外学生。据统计，招收的所有学生中，没有接受过系统性的专业舞蹈训练的超过 90%，不足 10%的学生来自中专类艺术院校。大部分学生对于舞蹈的认知来自高中艺术班，他们迫于升学的压力，临时性地选择调进舞蹈专业，或通过社会培训班进行短期舞蹈训练，通过不到一年的舞蹈培训和高于一般艺术生的成绩进入各综合类高校的舞蹈学院中来。这部分学生对舞蹈艺术有一般性理解和基础性训练，但专业技能参差不齐，与专业舞蹈的学生两极分化严重，给课堂教学带来一定难度。

艺术类高校的招生情况却截然相反，从接受专业训练人数的比例上看，在舞蹈表演专业班里的学生，90%以上来自各地方中专院校，他们在 9～14 岁起接受舞蹈专业化训练，身体条件优异，在舞蹈软度、技术技巧、表现力等方面的掌握均较为娴熟，对舞蹈的理解能力较强，在动作的表现力和舞蹈情感的掌控上占有明显优势。

### （三）复合型舞蹈人才培养的现实意义

复合型舞蹈人才培养模式是我国舞蹈艺术教育工作顺应时代发展的必然选择。当代科学技术的发展，不同学科的相互渗透趋势日益明显，在教育及人才培养中，对复合型人才的需求也在不断增长。中国的快速崛起使不同学科之间的联系越来越密切，对复合型人才的教育要求也在不断增长。舞蹈人才也要积极应对科技进步的发展，紧跟时代步伐，向同领域先进复合型人才教育学习，从舞蹈专门性人才向培养具有多种能力、综合性、跨学科的舞蹈人才过渡，这也是全球经济一体化和社会进步对新时期人才培养的要求。要积极调整舞蹈人才培养方案，建立起舞蹈人才培养的新模式和与之相适应的培养体系。在当代教育方针和教育理念的指导下，在艺术培养领域做出稳固的人才培养框架，为社会主义的现代化事业做出贡献。

复合型舞蹈人才培养对于时代的进步性来讲是毋庸置疑的，《中国教育改革和发展纲要》中指出："当今世界政治风云变幻，国际竞争日趋激烈，科学技术发展迅速，世界范围的经济竞争、综合国力竞争，实际上是科学技术的竞争和民族素质的竞争。从这个意义上说，谁掌握了面向21世纪的教育，谁就能在21世纪的国际竞争中处于战略主动地位。"在全球化发展的消费时代，复合型舞蹈人才能在市场竞争中脱颖而出，是人才培养科学化的表现，促进人才培养由专才向通才转变，有利于深化教育改革和人才的多样性发展。

## 二、建立培养复合型舞蹈人才培养的必要性

教育是国之大计，党之大计，在享受现代化教育的新时代，我国的人才教育正在经历一个质的转变，一个从教育大国到教育强国的转变。这种转变的顺利进行，离不开科学的人才培养模式，教育模式的更迭必将迎来新一轮的变革。无论是教育资源硬件的变革，还是内部环境的变革；无论是迫在眉睫的改革，还是顺应新时代的感召，这都对人才培养提出了更高的要求。在新时代的号召下，我们应立足时代转型特征，为舞蹈教育更上一层楼献计献策，在舞蹈艺术教育的道路上走出具有中国特色的道路。

### （一）舞蹈人才培养模式在中国特色社会主义发展下的变化

舞蹈人才由专门性人才向应用型人才转变。改革开放初期，专业领域人才相对匮乏，专业性人才少，需求缺口大是社会生产生活中的普遍现象。国情显现的迫切任务是培养大量优秀的专门性人才，以解决市场供求关系不平衡引发的一系列社会矛盾。随着改革开放进程的加快，中国经济发生了翻天覆地的变化，尤其在进入21世纪以来，互联网时代带来了社会生活的巨大变革，为适应高速发展的社会需求，对人才的要求也发生了质的改变，应用型人才成为首要培养目标被提上日程。

我国对舞蹈人才的培养起步较晚，在舞蹈人才培养的初期，模式比较单一，主要以培养舞蹈专业演员和职业性人才为最终目标，呈现出一门心思搞专业、重专业、轻理论的整体内部环境，为后来对舞蹈人才"头脑简单，四肢发达"的总体印象和长期误解埋下隐患。后经过一代又一代舞蹈人的不懈努力和舞蹈前辈的理论铺垫，舞蹈人

才培养由初期一边倒的现象向重视理论研究的道路上逐渐渗透铺展。舞蹈不再是单一的“蹦蹦跳跳”，而是被赋予了更多的属性。在舞蹈学科建设当中，舞蹈与其他学科有了千丝万缕的联系，这就要求我们对舞蹈人才的培养要重新融入交叉学科内容，进行整合性的研究。例如出现了“舞蹈解剖学”“舞蹈人类学”“舞蹈现象学”“舞蹈生理学”和后期的“舞蹈美学”等不同的研究方向，还出现了舞蹈与消费学、社会现象学、社会文化学、经济学之间的组合和探究。舞蹈与各艺术学科之间的交叉与切磋，进一步迸发出了一系列的新的思考方向，舞蹈是独立的，也是多方发展的，舞蹈之所以能在 21 世纪成为独立的学科，与中国的特色社会主义新时代的发展密不可分。这就需要我们在舞蹈人才培养上重视新时期的新任务，在新的机遇与挑战下“不忘初心，牢记使命”，把舞蹈人才培养加入学科建设队伍当中去，对舞蹈动态给予时效性的跟进，做到人才培养的通畅性和资源共享的便利性。

### （二）舞蹈人才的社会需求与现阶段人才培养的差距

在人才对接上，舞蹈人才的社会需求与现阶段舞蹈人才培养存在互不适应的现象，“其根源是现有大学舞蹈专业在契合经济社会对人才发展需求方面的定位不准确，舞蹈人才培养模式缺乏科学性、系统性和时代性”①。比如过分强调舞蹈的技术技巧和舞台舞美效果的展示，而没有体现时代人文内涵，对舞蹈的文化传播功能缺乏认识，舞蹈的展现过于抽象难懂，与现实生活脱节等问题。

现阶段人才培养首先需要改善教学方式方法，避免人才和人才之间学习知识的重复和雷同，既要有基础知识上的共性，也要有个人发展的个性，这就要求我们的教师勤学习，善思考，爱总结，重反省。现有的教学师资队伍，其被培养的路径和体系是在上一个时代背景下形成的，师资力量也源自同时期的培养思路和培养方法，基于传承性的习惯教授，教师在培养环境的干扰下，极易把上个时代的教授方法带入现阶段当中来，教学方法出现重复和单一。例如，舞蹈人才获得技能的方式仍然是口传身授的舞蹈教学方法，这一教学方法在舞蹈传承方面表现优异，但由于过于侧重培养舞蹈人才的模仿能力，进而忽视了舞蹈人的自我表现和创新创造能力，必然出现舞蹈人艺术思路单一化、机械化的现象，不利于舞蹈人未来的成长和发展。

### （三）培养中国特色复合型舞蹈人才的基本路线

首先，明确培养思路和培养目标。培养思路和培养目标是舞蹈人才培养的根基，也是对舞蹈人才培养的更高目标追求的基石，是人才培养科学化、系统化的一种体现。只有通过科学的培养方法，明确培养思路和培养目标，区分复合型舞蹈人才和舞蹈专业人才之间的差异，才能在发展舞蹈人才综合素质教育和弘扬舞蹈精神上走出具有中国特色的新型舞蹈人才培养之路。

---

① 王岚、胡郁青：《城市型综合大学舞蹈人才培养思考》，《四川戏剧》2013 年第 6 期。

其次，提高师资队伍整体水平和修养。作为舞蹈人才的培育者，舞蹈教师是舞蹈人才发展的关键，舞蹈教师的人数在整体教师队伍中占比较小，存在高学历的舞蹈专业教师分布不均和短缺的现象。由于舞蹈在我国起步较西方国家较晚，舞蹈学科进入综合类大学的专业性教学体系中的时间较晚，舞蹈类研究生培养也远落后于其他学科，舞蹈教师的规模与质量无法与其他专业相比，舞蹈教学理念与思路也在摸索中前行，现阶段提高舞蹈教师队伍的整体水平和修养培养迫在眉睫。例如，可借鉴国外先进教学经验，增加以解决问题为主的教师培训，增加教师外出交流学习机会，鼓励教师出国访学、进修等规范化的培训制度。

## 三、中国特色复合型舞蹈人才能力培养的目标

复合型舞蹈人才，顾名思义，在任何一个方面都具有一定能力的综合素质人才，这类舞蹈人才的培养目标，不仅要在专业能力上出类拔萃，而且还要多才多艺，具备专业能力的周边相关技能，并能较好地融入现实工作中。21 世纪是科技融合的多元化时代，复合型舞蹈人才的培养主体仍然依赖于高等素质教育及明确的人才培养目标。社会需求引发了普通本科院校深层的教育改革和教育思考，由专门性人才的培养逐渐向复合型人才转型，《国家中长期教育改革和发展规划纲要（2010～2020 年）》在高等教育中明确指出："建立高校分类体系，实行分类管理。发挥政策指导和资源配置的作用，引导高校合理定位，克服同质化倾向，形成各自的办学理念和风格，在不同层次、不同领域办出特色，争创一流。"舞蹈人才的合理定位，将舞蹈人才打造成复合型人才是一个很重要的办学特色。

### （一）基于增强社会服务能力的人才培养

注重课程设置的全面化，增强舞蹈人才社会服务能力。高校的社会服务功能最早源自美国，社会服务的概念在西方高校发展史中占有重要的位置，这一不同寻常的人才培养道路一经提出，迅速被推广应用，尤其在美国威斯康星大学，在其校长范海思任职期间，开启了大学为社会服务的典范。范海思本人成为这一理念的代言人，他在就职演讲中指出，教学、科研和社会服务是现代大学的主要职能，他认为大学是一个为社会服务的机构，大学有三大主要职能：一是把学生培养成有文化知识和能胜任工作的公民；二是通过学术研究活动来发展实际有用的知识；三是把知识传授给广大人民以便去解决社会政治和经济方面的问题。

舞蹈人才培养必须考虑其带来的实际价值，必须要考虑社会的实际需要，不仅要培养舞蹈专业的研究者和学者，还要为社会塑造有用的舞蹈人才。舞蹈被艺术学科所接受和认可，进入高校教学体系和教学大纲当中，得到国家的扶持和艺术基金的资助，就有惠及社会的责任和义务。

### （二）基于专业教育的人才培养

注重舞蹈专业人才培养，提高舞蹈人才培养质量，要在实际行动上严起来，要在

课程打造上难起来，要在培养效果上实起来，要让学生在学习上忙起来，要在培养日程上提起来。这就要求我们在舞蹈人才培养上做到教师和学生共同努力，把更多的时间投入到人才培养质量上来，《教育部关于深化本科教育教学改革全面提高人才培养质量的意见》（教高〔2019〕6号）中指出："要激励学生刻苦学习，增加学生投入学习的时间，提高自主学习时间比例，引导学生多读书、深思考、擅提问、勤实践。"这就要求我们培养舞蹈人才要严守教学纪律，严格把控课堂课后的管理和跟进，严格督促学生的自我学习时间，正确引导和培养学生自主学习方法和学习兴趣，确保有效的教学质量。

专业教育人才培养是落实国家教育培养方针的总体要求，严格执行教学活动，修订规范的专业教育人才培养方案和切实可能的质量评价体系。要根据人才的不同来源和不同认知，以严格的标准来不断完善专业教育体系框架，优化专业教育人才培养方案，坚持以立德树人，加强专业精神，面向市场，将产教融合的培养思路向前推进。专业教育要坚持高标准，严格要求专业人才培养的系统性和科学性，坚持持续完善专业教育的教育机制，以好的激励与评价体制，来强化人才与教师的课堂参与度，做好专业教育的后勤保障工作。

### （三）基于综合素质的人才培养

综合素质是人才培养提出的热门词汇，是对专业人才培养提出的新的要求。综合素质是指被培养人的知识水平、道德情操、生存能力、心理素质等方面的综合素质。随着舞蹈艺术教育在教育的各个阶段越来越受到重视，舞蹈专业同样需要寻求更加全面的发展，就要加强舞蹈人在音乐修养、舞蹈洞察力、舞蹈的人文素养、舞蹈的灵感、舞蹈的思维方式等多元化的舞蹈综合方面的能力，帮助舞蹈人才在面对社会压力和不同情况的条件下，可以快速地应对。高等教育院校是舞蹈人才的培养地，因此，普通高等教育院校一定要在实际培养过程中注入综合素质能力的培养，这是高等教育优秀教育方式的体现，由此要求高校人事招聘一定要严格把控教师招聘质量，并定期进行教师教学培训和研讨，为教师提供不断全面发展的机会。

加强综合素质能力，要培养人才自身学习能力，把学习融入生活中，养成自觉学习和终身学习的好习惯，增加日常学习的时间，利用一切空闲时间，做到真学习，学好习。加强综合素质能力，要培养人才勤思考、多动脑、勤总结的习惯，做到条理清晰，从各个角度思考问题，多方位解决问题，才能提高做事效率。加强综合素质能力，要培养人才分析处理事情的能力，要认清事物的本质，保持稳定的心理素质，从源头上解决问题。

## 四、中国特色复合型舞蹈人才培养的方向

习近平同志指出："在党的坚强领导下，全面贯彻党的教育方针，坚持马克思主义

指导地位，坚持中国特色社会主义教育发展道路，坚持社会主义办学方向，立足基本国情，遵循教育规律，坚持改革创新，以凝聚人心、完善人格、开发人力、培育人才、造福人民为工作目标，培养德智体美劳全面发展的社会主义建设者和接班人，加快推进教育现代化、建设教育强国、办好人民满意的教育。”[①] 教育是发展的基础，只有顺应时代潮流，做出与之相匹配的教育方针，培养全面发展的人，才能与时俱进，不断攀登。习近平同志的重要讲话为高校素质教育提供了前行的方向，针对不同时期的社会发展要求，在中国特色社会主义新时代，社会矛盾从“人民日益增长的物质文化需要同落后的社会生产之间的矛盾”转变为“人民日益增长的美好生活需要和不平衡不充分的发展之间的矛盾”。为适应新时期的新挑战和新矛盾，需要建立更高水平的人才培养体系。

### （一）基于更全面的舞蹈人才培养

“德”，是“要把立德树人融入思想道德教育、文化知识教育、社会实践教育各环节，贯穿基础教育、职业教育、高等教育各领域，学科体系、教学体系、教材体系、管理体系要围绕这个目标来设计，教师要围绕这个目标来教，学生要围绕这个目标来学。”[②] 专业技能和德育培养水乳交融，无论培养怎样的人才，其内在价值都是“铸人先铸魂”。舞蹈人才的培养应充分利用好立德树人的平台，重视舞蹈人才的思想品德建设，拓宽舞蹈人才教育渠道，创新创造出更多立德树人教育的方法举措。中世纪诗人但丁曾说：“道德常常能填补智慧的缺陷，而智慧却永远填补不了道德的缺陷。”学校是德育工作的主体力量，学校培养学生，同时也是培养下一代高素质教师，德育尤为重要。德育培养工作可以通过讲授过程，以寓教于乐和温润细无声的方式，把德育教育渗透到舞蹈素质教育的方方面面，提高人格品德修养和思想道德操守。无论是舞蹈在校生，还是刚刚走向工作岗位的舞蹈人，在职业发展的转型期和心里波动的关键期，在正确的道德观念的指引下，可以在生活工作中解决实际困难，引领正确的方向和解决问题的途径。

“智”为智力开发的教育，有时特指文化科学知识的教育，是全民教育的重要组成部分，对每个公民提高生活质量都具有重要的意义。现当代著名美学家、文艺理论家、教育家朱光潜先生在《谈美感教育》中曾说：“智育叫人研究学问，求知识，寻真理。”智育教育水平是随着时代发展而不断演化发展的，早在我国周朝时期就出现了系统的智育教育，以“六艺”为教育目标，要求学生掌握六种基本才能：礼、乐、射、御、书、数。当代中国社会主义学校智育的基本任务是：向学生传授系统的现代化科学基

---

① 习近平：《坚持中国特色社会主义教育发展道路 培养德智体美劳全面发展的社会主义建设者和接班人》，《人民日报》2018年9月11日。

② 习近平：《坚持中国特色社会主义教育发展道路 培养德智体美劳全面发展的社会主义建设者和接班人》，《人民日报》2018年9月11日。

础知识和技能，大力提高学生的科学文化水平并培养科学态度，为学生奠定比较完全的知识基础；积极发展学生的智力，尤其是创造性思维能力和培育勇于探索的精神，发展学生多方面的兴趣和才能。舞蹈的智育教育可以从必要性的角度去理解，专业教育需要在智育教育的参与下协同并进，尤其在19世纪后，二者兼得成为时代发展的主旋律。只有在智育教育较为完备的基础上，才能挖掘学生潜力，进行下一步的可塑性培养；反之，专业教育将是一具华而不实的空壳。

“体”是指体育教育，是一种复杂的社会文化现象，以身体与智力活动为基本手段，根据人体生长发育、技能形成和机能提高等规律，达到促进全面发育、提高身体素质与全面教育水平、增强体质与提高运动能力、改善生活方式与提高生活质量的一种有意识、有目的、有组织的社会活动。随着学校教育人文色彩的增强和知识就是生产力的提出，体力劳动在实际工作中大幅度减少，尤其在以知识传授为主的早期，人们需要大量的知识武装自己，同样也需要健康的体魄强化自己，为了高质量的生活品质和生命基础的保证，增强体质和保证身体健康的教育目标慢慢向学校教育倾斜，逐渐形成了体育教育的培养目标和学科价值。其中，增进身体健康是最重要的价值之一。同时，可以培养积极健康的体育强身意识，并将体育教育融入生活中，成为一种良好的生活方式而存在，把人才培养成高素质的劳动者，把人才教育放到和谐而全面的教育当中去，培养人才终身劳动的价值意识。对舞蹈人才培养而言，这是一项告别懒惰、增加健康观念的技能，舞蹈需要勤学苦练，持之以恒，需要健康的体魄和强大的自我保健意识。体育精神有助于舞蹈人才养成健康的行为习惯，形成积极向上的乐观态度。

“美”为美誉教育，是由德国18世纪启蒙文学的代表人物习勒提出来的，即通过培养人们认识美、体验美、感受美、欣赏美和创造美的能力，从而使我们具有美的理想、美的情操、美的品格和美的素养。中国专门的美誉课程体现在周朝的“制礼作乐”和“六艺”上。蔡元培先生认为，美誉最终是以陶冶感情为目的的，具有相当程度的独立价值。目前我们的美誉教育多数是指狭义的美誉，专指艺术教育，学校教育用来培养艺术的审美能力、鉴赏能力和美学素养能力，使专门人才充分感受大自然的美，形成正确的审美观点和审美爱好，并运用到相关专业当中去，养成创造美和美的生活习惯，从而进一步达成热爱美、热爱艺术的目的。

“劳”为劳动精神。劳动被纳入教育目标中，是为了着重培养学生的劳动能力、劳动精神和独立意志。习近平总书记在全国教育大会发表讲话时强调：“要在学生中弘扬劳动精神，教育引导学生崇尚劳动、尊重劳动，懂得劳动最光荣、劳动最崇高、劳动最伟大、劳动最美丽的道理，长大后能够辛勤劳动、诚实劳动、创造性劳动。”① 劳动在塑造人格品性中承担着巨大的作用，帮助人类认清自己，认识世界的本质和社会发

---

① 习近平：《坚持中国特色社会主义教育发展道路 培养德智体美劳全面发展的社会主义建设者和接班人》，《人民日报》2018年9月11日。

展的一般性规律。劳动也是创造，创造了社会关系，构建了社会秩序和社会主义和谐社会。劳动使人类由低级动物行为彻底蜕变成人类活动，人类在劳动过程中被唤醒了肢体、大脑和语言系统，是劳动让人成为人，让人更像人。“劳动教育最大的意义在于教会人如何发挥自身最大潜力突破自然的局限，从根本上破解人与机器陷入的‘主奴之争’，消解人对算法的过度依赖，抑制人的欲望、挽救人作为主体的尊严和价值。”① 在语言尚未出现的原始时期，舞蹈是人类劳动生活和表达思想活动的主要表现形式，原始人类在狩猎结束获得劳动成果后，在集体庆祝活动中手舞足蹈，载歌载舞。人类借助肢体的舞动表达内心喜悦的心情和言语无法传达的情感，可以说，没有劳动舞蹈就不会出现，更多的艺术表现形式也将不复存在。经过漫长的历史演变，舞蹈与劳动的关系仍然密不可分，舞蹈在劳动社会的引领下繁衍生息，日益繁荣且老少皆宜。在当前的大众生活中，舞蹈仍然是人们在繁重工作之余的放松活动，是青少年脱离电子产品和亚文化影响的良好方法。在舞蹈人才培养上，劳动是激励舞蹈人积极向上，朝气蓬勃，告别消极思想的助推剂。在舞蹈日常训练中培养劳动精神，将有效减少懒惰情绪，培养舞蹈人心里健康成长的精神世界。

（二）基于量身打造的舞蹈人才培养

基于普通本科院校应用型舞蹈人才的培养，应根据实际招生情况，综合分析学校条件，制定具有本院特色的人才培养方案，结合用人单位要求，培养广泛应用于各地的综合性素质人才，并不断使教育同党和国家事业发展要求相适应。在普通高等院校出现了以“五项全能”为特色的地方办学实例，取得了良好的效果，改变了舞蹈教育“高精尖”的小众现象，在不断坚持深化教育改革创新的道路上，起到了良好的示范性作用。要将“五项全能”运用到教学大纲中去，就要合理分配“演、编、教、评、组”的教学内容，突出每一个教学模块的特色，注重学科前沿知识的更替和教学内容的不断更新。

“演”即舞蹈表演。舞蹈表演主要指舞者在舞台上的展示，为舞蹈作品最终的呈现方式。作为舞者，想要充分地展现作品的思想情感，必须不断练习以增强肢体的表演能力；作为舞蹈教师，在舞蹈的日常教学活动中，不仅要重视舞者基本功的练习，还要注重提高舞者表演技能的塑造。表演能力在作品的思想情感的传达和与观众的情感的传递方面都具有至关重要的作用，舞蹈的表现力附着着舞蹈作品的灵魂。反之，如果表现力不够，作品的情感张力将不能够完全体现。提高舞者的表演能力，也是提高适应能力，将有效提高学生的自信心，避免进入舞台的怯懦和无所适从。

“编”即舞蹈编创，是舞蹈实践活动中的早期部分。经舞蹈艺术的演化和传承，舞

---

① 李丹：《从“德智体美”到“德智体美劳”：加强高校劳动教育的逻辑审视》，《中国职业技术教育》2019年第33期。

蹈编导专业在普通本科院校中已成为独立的培养方向之一，有系统的培养课程和专门教师，提高舞蹈人才的编创能力，将很大程度上提高了舞蹈作品的质量。所以，在针对舞蹈编导的培养上，课程会着重训练舞蹈人才脑力上的锻炼，不断进行作业的编创和修改，始终对新的生活题材、社会热点问题和艺术素材保持热情的态度，创作的作品才能得到广泛的认可和业界的好评。然而，目前大部分作品创作手法上雷同，数量多、质量差等问题普遍存在，提高舞蹈编导的编创能力，并使之普及化，已成为新时代舞蹈人才需要面对的问题。舞蹈编创能力是需要经过一定专业化训练，在专门教师的指导下才能够领略其精髓的技能。没有经过训练和长期实践的舞蹈人，很难掌握其编舞技法，把舞蹈编导课程放入复合型舞蹈人才培养方案中去，是一个新的尝试和挑战。编导课程普及化必将增强舞蹈人才的社会适应性，更好地运用到工作中去，增加专业的实用性，培养舞蹈思维的灵活性，可在多元化潮流的竞争中迸发出更优秀的社会作品。

“教”为教学能力，一般指传统的现场教学的能力，以各普通高校舞蹈学院练功房为主要教学场所，采用的教学方法多为口传身授法，具有现场互动好、纠错及时、可模仿性强等教学优势。运用“口传身授”培养舞蹈人才的现场教学能力，首先应从教学语言开始。无论是讲解动作还是渗透思想，舞蹈表述都要精炼和准确，这就要求舞蹈教学要具有良好的语言表达能力。多读书是提高自身语言功底的良好途径，熟练掌握并运用舞蹈中不同舞种的专业术语并灵活切换，使用时要准确得当，声音要清晰洪亮。要具有丰富的舞蹈知识并准确把握课堂节奏，了解学生心理，予以正确的辅助引导。在教学当中，要运用科学的教授方法，由易到难，由简到繁，循序渐进，引导学生准确掌握动作要领。教授动作要准确到位，及时纠正训练中的问题和不足，并予以纠正。在教学方法上，不要一味地模仿与重复，要“口传身授”与多种教学方法并存，不断更新新的舞蹈组合，融入新的舞蹈元素和新资源。新资源的涌入对调动学生的积极性和提高专业兴趣具有相当程度的积极作用。

“评”为舞蹈评论，是舞蹈专业中的一种技能，着重培养舞蹈人才以自己的标准对舞蹈作品进行分析、理解、评论的能力，通过记录、写作或口述的方式，加强对舞蹈作品的感受力和解读能力。好的舞蹈评论有助于舞蹈作品的提高和完善，积极的舞蹈评论有助于激励舞蹈作品的推陈出新，优质的舞蹈评论有助于提高一般观众对作品的认知和对舞蹈形象的解读。舞蹈评论的主体为舞蹈工作者，舞蹈评论的标准为“真”“善”“美”。“真”是舞蹈创作者的作品要反映生活的本真，舞蹈表演者的展示要富有真情实感；“善”是指舞蹈作品传递的情感要给予观众积极的影响，产生良好的社会影响；“美”是舞蹈欣赏中的审美感受，舞蹈作品是否具有美的艺术享受，是舞蹈评论的重要标准。舞蹈评论的范围，包括国内和国外有影响力的剧目和舞蹈家，或者与时俱进的新作品和新的舞蹈人才。舞蹈的评论用语要准确、客观，要赋予其正确的历史地位，鼓励优秀的舞蹈创作和优秀的舞蹈人才用恰当的评价遏制不良的创作倾向，用科学的评价作出判断和分析，以促进舞蹈艺术的活跃和舞蹈人才的发展。

“组”为组织协调能力，指为实现某种集体性的目标，用不同且有效的方法把各种资源整合到一起，使总体目标更清晰的能力。大学生活是进入社会工作的最后一个阶段，为了给以后长期的社会生活在组织协调能力方面打下良好的基础，培养这方面的能力势在必行。舞蹈人才不仅活跃在舞台上，而且生活在实际工作中。良好的组织统筹能力，是完成相应任务的有力保证，对于这方面能力的培养应提供更多的平台和机会。创造独立事件完成的条件，可有效帮助舞蹈人才积累宝贵的执行经验，明确追求的目标，提高决策和判断能力，养成良好的工作习惯，培养广泛的爱好，提高工作效率和良好的沟通交际能力，以全新的思维找到存在的问题和相应对策，多总结，勤思考，从而实现良好的目标能力。

（三）基于“一专多能”的舞蹈人才培养

舞蹈人才培养要注重舞蹈课程设置的综合性，要优化结构办学特色。随着经济体制改革的深入，我国国情发生了根本性的转变，对培养人才和怎样培养人才，培养什么样的人才，也提出了更高的要求。为适应时代的步伐和社会生活多种环境并存的局面，培养新一代具有“一专多能”和应变能力的综合素质人才，成为当下时代赋予的新课题。“一专多能”型综合素质人才的培养是以企业对人才的需求为培养目标下的产物，适时调整人才培养模式，拓展学生知识面，拓展学习的角度和方向，鼓励学生勤于探索未知方向，培养具有较强适应能力、创新能力和应变能力的学生，满足社会生活需求，满足个人发展需要，也是未来生存和发展的重要保证。根据舞蹈人才的“一专多能”的培养策略，可从以下几个方面进行研究。

一是专业能力方面，各行业的专业能力不同，具备专业技能的要求也不同。舞蹈人才专业能力主要指具有一定的舞蹈表演和舞蹈理论知识的专业能力，熟练掌握民族民间舞蹈风格的能力，较好地完成软开度和技术技巧要求的能力，具有舞蹈的鉴赏和审美能力，及时掌握和搜寻舞蹈前沿知识的能力，在舞蹈专业的表演、研究和创作的实际工作中能较好完成的专业能力。舞蹈专业的就业岗位多为各演出团体、各地市青少年宫、普通学校、各企业单位等，是否能承担相关的职业任务，与个人的专业能力息息相关，专业能力的高低一定程度上还将影响到舞蹈艺术未来的环境。舞蹈专业能力的培养目标主要体现在舞蹈表演、编导和舞蹈理论知识方面的掌握能力，尤其是在舞蹈演员岗位的舞蹈人才，对专业表演能力的要求相对较高，通过系统性的练习，要有扎实的基本功，在软开度、技术技巧、舞台表演和剧目的训练上的完成度要较高。舞蹈专业能力的提高，需要舞蹈人孜孜不倦地探索与实践和精益求精的专业精神，在原有的基础上追求更高水平的进步，才会在舞蹈之路上走得更长久。

二是实践能力方面，“劳”并不是完全意义上的体力劳动，而是要运用毕生所学，身体力行，到实践活动中去，并运用学到的知识探索现实世界的客观物质，解决现实世界中遇到的问题和困难。舞蹈实践能力是相对比较新的培养改革点，舞蹈实践的形式为舞蹈演出和与舞蹈相关的活动，舞蹈人才的实践是实现舞蹈之路的途径之一。实践方法在于走出去，离开课堂，到更大的舞台进行实践锻炼。舞蹈的实践活动是具有社会性质的，是通过舞蹈人才个体与整体，或个体与阶级的关系，在自觉意识的支配下，融入了思想参与后的完成自我提高的一般规律。在一定程度上说，舞蹈实践创造了舞蹈的客体，也创造出了舞蹈的主体，舞蹈人才的成长是在实践的基础上通过思维活动和日常行为，逐步建立和完善起来的。舞蹈实践是社会和舞蹈人才交接的桥梁，是进入到社会主体的基础活动，是新的社会关系形成以前的预备阶段。舞蹈实践活动最鲜明的特点是实用主义，是帮助舞蹈人才掌握现实社会的一般规律，因此，实践活动与社会关系一脉相承，不可或缺。

三是创新能力方面，舞蹈的创新能力是舞蹈可持续发展的保障。舞蹈的创新来源于生活，又要高于生活，培养创新能力，也是培养一个热爱生活的灵魂，这个灵魂一定是敏感的、多情的，易被触动的。培养这种能力需要积极体验生活，善于发现生活美并拥有捕捉美的能力，从生活的点滴中凝练、挖掘可塑造的舞蹈题材，从生活中培养源源不断的创作灵感，才会取之不尽，用之不竭。创新能力的培养还离不开想象力，想象力是另外一种更高形式下的创新能力，是运用舞蹈思维进行合理的构思和排序，提高自我想象力，才可以将舞蹈作品打磨得更加精致。舞蹈的创新能力离不开人的感知感受，这种感受不仅是舞蹈创作者的，还是舞蹈传播者的，也是舞蹈欣赏者的。在感受的过程中，不同视角的参与者都有来自心里的不同程度的感受，有的在观赏中完成，有的在创作中完成，有的在传播中完成，感受周而复始，可以更有力地加强创新的能力。

四是审美能力方面，也是艺术鉴赏能力，多来自后天的培养。对于舞蹈人才来讲，舞蹈审美多指感受、评论和鉴赏舞蹈作品的能力。审美能力的培养既是结果，也是过程，审美与舞蹈息息相关，相辅相成，舞蹈离不开审美，审美依附于舞蹈。审美能力需要在长期的艺术积累和艺术实践中获得，需要培养舞蹈人才的审美趣味和艺术修养，从而有目的地对舞蹈作品进行美感鉴别的能力。审美贯穿于整体舞蹈活动的全过程，从题材的选择、创作、编排到演员的二次创作、传播，直到观众的接受、理解和评论，都是在审美情趣的指引下进行的。无论哪一个环节，对舞蹈人才的审美能力都是一个考验。提高舞蹈人才的审美能力，有助于在美的规律中去指引舞蹈作品的发生发展，这也是审美教育又一个重要的任务。

# 创新背景下民办高校学生理想信念教育的优化和探索*

王红艳**

**摘　要**　理想信念教育是大学生思想政治教育的核心，各高校一直在积极探索对大学生有效实施理想信念教育的载体和新的领域。对大学生实施创新教育，不能仅仅只停留在培养大学生的创新技能上，更重要的是要以创新教育为一个新的有效载体来对大学生进行有效的理想信念教育，要通过学校的创新教育实践活动来培养大学生的创新意识、创新精神、创新信念、创新情操。培养大学生在实现自己人生职业理想和个人价值的过程中，增强对国家、对社会、对集体、对人民的责任感和使命感。同时，让大学生在经历创新的艰难过程中树立创新必胜的信念。这种对创新艰难过程的体验以及创新必胜的信念，有助于更好地培养大学生对社会主义、共产主义必胜的信念和对马克思主义的坚定信仰。

**关键词**　创新教育　民办高校　大学生思想政治教育　理想信念教育

2004年，中共中央、国务院联合出台了《关于进一步加强和改进大学生思想政治教育的意见》（以下简称《意见》），这表明党和国家对高校大学生思想政治教育工作前所未有的重视。《意见》明确指出，思想政治教育要以理想信念教育为核心。理想信念作为关乎大学生政治信仰和价值取向的问题，已经再次引起了党中央、国务院的高度重视。理想信念教育作为高校思想政治教育工作的重中之重，再次被提上日程。

## 一、高校学生理想信念教育概况

### （一）问题的提出

就业，是近些年来大学生极为关注的话题，当前就业大环境不容乐观，就业期望值与现实的落差以及就业观点的陈旧使得大学生无所适从。无所适从是职业理想淡漠

---

* 本文系山东省高等教育人才研究会2017年度课题“创新背景下民办高校学生理想信念教育的优化与探索”（RK17-24）结项成果。

** **作者简介**：王红艳（1980～　），山东烟台人，烟台南山学院工学院副教授、高级工程师，研究方向为高等教育。

的后果，其实质是理想信念的缺失。面对这些问题，我们尝试寻找一个载体和突破。既让大学生能从就业的困境中解脱出来，又能从根本上帮助大学生树立起正确的职业理想和信念，让他们在这种正确的职业理想信念中去开创个性自我，去实现自己的人生价值。由此，创新教育作为题中之义便应运而生。

当然，创新教育不仅仅是帮助学生培养创新技能，也不仅仅是帮助大学生寻找一条解决就业问题的途径，更是要帮助大学生燃起创新的激情和冲动，帮助大学生理性、智慧创新，树立恒久的创新理想和信念，让这种创新理想和信念作为其持续创新并在创新途中克服重重困难的原动力。在创新中树立科学的职业理想信念，升华为对社会的责任感、使命感和义务感。

大学生创新教育实施与高校理想信念教育创新是相辅相成、你中有我、我中有你、互为促进的。探索研究二者之间的辩证关系，对当前高校理想信念教育具有重要的意义。

（二）选题研究现状

经过检索创新教育和理想信念教育方面的相关文献发现，涉及创新教育方面的期刊论文有1000多篇，涉及理想信念教育的有700多篇。但将创新教育与理想信念教育结合起来论及的文章却是少之又少。因此，笔者仅对创新教育与理想教育各自的研究现状作简单阐述。

从创新教育研究来说，国外可追溯到1998年10月，联合国教科文组织在巴黎召开该组织成立以来首次世界高等教育会议，发表了《21世纪的高等教育：展望和行动》世界宣言和《高等教育改革与发展的优先行动框架》，二者都强调必须把培养学生的创新技能和创新精神作为高等教育的基本目标。国内对于创新教育方面的研究始于全国教育工作会议后，要求在教学中加强培育创新精神和创新人才的实践探索。2002年4月，教育部将清华大学、中国人民大学、北京航空航天大学、武汉大学、上海交通大学、西安交通大学、黑龙江大学、南京经济学院（现为南京财经大学）、西北工业大学等院校确定为开展创新教育的试点院校。目前，很多大学都很重视创新教育的开展，关于创新教育方面的著述也很多。有系统论述的，如创新教育的背景、现状、问题及对策；也有着重选择某一个侧重点来论述的，如创新教育的创新课程设置等。

至于理想信念教育，我国高校一直都非常重视，因为理想信念教育一直是中国共产党思想政治教育工作的重心，同时也是大学生思想政治教育的核心内容。2004年8月《中共中央、国务院关于进一步加强和改进大学生思想政治教育的意见》中更是强调必须以理想信念教育为核心。关于理想信念教育的论述较多，其研究的重点也是各有不同。在不同的时期，理想信念教育的侧重点以及实施理想信念教育的方式方法有所不同。

（三）研究意义

1. 理论意义

中华民族历来重视教育，始终把教育作为治国安邦的大事。教育兴则国家兴，教育强则国家强。大学的水平是一个国家的水平和发展潜力的重要标志。习近平总书记指出：“我国有独特的历史、独特的文化、独特的国情，决定了我国必须走自己的高等教育发展道路，扎实办好中国特色社会主义高校。”[①] 我国是一个有着14亿多人口、56个民族的大国，能够使全体人民紧紧凝聚在一起，同心同德、团结奋进的最重要的力量就是我们共同坚守的理想信念，高校学生作为我们国家的青年一代，肩负着全面建成小康社会和实现中国梦的伟大历史使命，他们是否拥有坚定的理想信念直接关系着中华民族的未来发展和走向。我国即将进入“十四五”规划的新的历史时期，在坚持深化改革、不断调整利益格局的同时，思想文化领域也面临着诸多挑战，如何有效引导高校学生形成正确的思维方式、价值观念，是理想信念教育必须解决的问题。

2. 实践意义

本文通过归纳和分析民办高校学生理想信念教育的现状，指出存在的共性问题，总结已有经验，并充分借鉴国际上的成功经验，提出相应的完善与优化的培养机制，以指导民办高校学生理想信念的培养，促进民办高校办学效益的提高，促进民办高校教学活动体制的改革。通过对民办高校学生理想信念教育的改革和完善，大力推进民办高校学生理想信念教育，从而促进民办高校学生管理体制的进一步完善和改革。促进民办高校的学科建设，学科建设中的学术队伍是关键，而教师在学术队伍中又处于主体地位。因此，提高民办高校学生理想信念教育有利于促进民办高校的教学质量，提高科研水平。

## 二、创新背景下民办高校学生理想信念教育面临的问题

2017年2月27日，中共中央、国务院印发了《关于加强和改进新形势下高校思想政治工作的意见》，部署当前和今后一个时期高校思想政治工作的要求。在即将进入“十四五”规划的新的历史时期，我国高等教育已经从精英教育阶段进入到大众化教育阶段。做人是做学问、干事业的前提，高校工作要始终围绕聚人才、育人才、出人才来展开。

自李克强总理在2014年9月提出“大众创业，万众创新”以来，在政府的大力推动下，我国形成新一波创业创新浪潮。在此背景下，民办高校学生的理想信念教育需要进一步加强。如何让有时代个性的青年学生统一思想，为建设中国特色社会主义现代化共同努力，这是大学生理想信念教育面临的困境和难题。尤其随着互联网络的迅猛发展，各种思想理念鱼龙混杂，高校学生容易接受新思想，极易导致高校学生对国家的理想信念认识产生偏差，在大是大非等事情上犯错误，严重影响高校学生的健康成长。

---

① 《习近平在全国高校思想政治工作会议上强调：把思想政治工作贯穿教育教学全过程　开创我国高等教育事业发展新局面》，《人民日报》2016年12月9日。

同时，当前的教育方式也亟须进一步改善。首先，有些高校的理想信念教育主要停留于单纯的课堂教学，把课堂作为教育的主阵地，重视理论的学习，脱离实际对学生进行说教，课堂教学枯燥乏味。[①] 这在很大程度上降低了社会主义理想信念教育的效果，甚至使学生产生排斥心理，没有达到思想理念教育的目的。其次，部分高校的理想信念教育只是注重马克思主义理论著作和原理知识的阐释，忽视了网络开放对大学生思想的影响，难以适应新时代大学生思想理念教育的新情况、新要求。

另外，师资队伍的思想素质有待提高。高校学生思想政治教育的主力队伍是辅导员。专职辅导员队伍的思想素质与政治方向，在平时的工作和生活中都直接影响学生的理想信念。当前，受到多方面的影响，如社会思潮多元化、教师培训欠缺等因素，部分教师存在理想信念不够坚定、价值观念模糊、职业道德滑坡等问题，教师队伍急需加强理想信念教育。

## 三、以创新教育为载体进行理想信念教育的必要性

### （一）传统的理想信念教育模式要求寻找新的理想信念教育载体

当前高校理想信念教育薄弱已经是一个较为普遍的问题，大学生理想信念出现问题由多种因素所致。首先，部分高校对大学生的理想信念教育仍然不够重视，未采取足够措施。其次，当前社会形势发生了巨大变化，但是全社会关注大学生理想信念教育的氛围尚未形成。最后，这也有大学生自身的原因。笔者认为，其中最为重要的因素就是现在高校的理想信念教育模式严重脱离学生实际，与学生的生活、思想实际状况严重脱节，缺乏实效性。高校的理想信念教育脱离现实实际的根结就在于重理论、轻实践，缺乏有效的载体以生动实际的活动来帮助广大学生找到自己的人生目标。因为，缺乏自己定位，就很难自觉地形成牢固的理想信念，并坚持为之矢志不移地奋斗。因此，在这种个人理想都尚未确立的前提下，也就很难形成为祖国、为社会奋斗和奉献的远大理想和崇高信念了。反之，如果能让他们在实实在在的实践活动中亲自感受并逐步找到自己的人生目标，并自觉地为之奋斗，则效果是显然不同的。实际上，教育总是要通过一定的载体进行，载体承载教育的信息，是联系主客体的一种形式。为了使理想信念教育适应大学生的实际情况，必须不断寻找新的载体，改变传统的理想信念教育模式，这样才能使大学生的理想信念教育更加有效。

### （二）高校理想信念教育面临的挑战

1. 国际国内环境对高校理想信念教育冲击

从国际大环境看，随着世界多极化的趋势的加强，国际经济和政治格局也正在发

---

① 参见顾明远、郭笙：《中国教育大系·马克思主义与中国教育》（下），湖北教育出版社 1994 版，第 143～144 页。

生着深刻变化。经济全球化带来世界范围内不同思想文化的相互激荡，一些发达国家利用自己在经济全球化进程中的强势地位，不遗余力地进行文化扩张和文化渗透，在全世界倾销其价值观念和生活方式。这样的国际大气候为我们开展理想信念教育带来重重障碍。

从国内社会发展来看，当前各种思想的交流、碰撞，迫使人们改变计划经济时期形成的依赖政府或集体的心理，在市场的大潮中不断做出个人选择，从而改变了人们的价值观念和价值选择。尤其是在市场经济条件下，因受市场主体利益的多元化、市场竞争中的急功近利以及等价交换原则泛化等因素的影响，社会上多存在拜金主义、极端个人主义思想。在利益驱动下，也出现权钱交易、贪污腐化等社会丑恶现象。这些思想和现象易使大学生把对理想信念的追求转为一种功利性的个人价值实现，导致马克思主义信仰和共产主义理想在这种功利性追求中受到严重的削弱，使理想主义完全沦为现实主义，为我们开展理想信念教育制造了很大的困难。①

2. 学生自身因素对高校的理想信念教育的影响

大学阶段是青年人心理断乳的重要时期。受人生阅历、文化素质的限制，他们对传统的东西了解不多，对外来的东西又一知半解。其思想品质、文化素质和心理发育尚未成熟，一方面有热情和创新意识，另一方面又表现出易冲动、易逆反的心理，特别是对社会状态的观察模糊不清，缺乏明断，容易自我封闭，抱着旧东西不放，并容易上当受骗。② 与此同时，随着高校办学体制和办学方式的改革，学分制和弹性学制逐步推行，高校招生规模扩大，收费标准提高，学生学习压力增加，就业竞争加剧，经济困难的学生和心理困惑的学生不断增多等。这些因素均不同程度地使高校学生出现了理想信念缺失问题。同时，学生的一些自身因素也给高校的理想信念教育带来了巨大的挑战。

## 四、从创新教育视角开辟我国高校理想信念教育新领域

### （一）加强创新理念教育，使学生在创新中找到理想信念的支点

理想信念教育是高校思想政治教育的核心，其实质就是要使高校思想政治教育工作更好地体现对学生人生道路及人生幸福的终极关怀。对于大学生来说，实施创新教育，是最终实现对幸福追求的主要途径之一。从根本上讲，理想信念教育是一种理念的培养。从创新教育的角度而言，通过创新理念的塑造，有效实施高校理想信念教育。创新理念的核心是创新精神的塑造。所谓创新精神，是指在创新实践活动中对个体起动力作用的个性意识倾向，主要包括创新的需要、动机、兴趣、理想、信念和世界观

① 参见任芬荣：《加强理想信念教育的实践探索》，《德育工作》2009 年第 4 期。

② 参见林桔：《大学生创新的五大瓶颈》，《中国青年研究》2012 年第 2 期。

等心理成分。①

高校学生的理想信念教育的主渠道——课堂要用好。讲台虽小，但是承担的责任重大。教师要珍惜和热爱讲台，把有限的时间和精力投入教学中，认真上好每一节课。相关的思想政治教育课程要不断创新，及时更新教学内容，丰富教学手段，活跃课堂气氛。要把理想理念教育融入各门课程中，使其他课程和思想教育课程形成统一。教师不能照本宣科，要因材施教；要和学生互动，理论与实际相联系，把道理融入日常生活，使课堂变得生动起来。

（二）加强创新实践，在实践中巩固理想信念

创新实践影响着创新理想信念的形成和发展，是创新理想信念能否实现的客观条件和环境，最终从根本上影响理想信念教育的实效。创新理想的实现只有在创新实践这一特定条件下，才能从无到有、从小到大、从不成熟到比较成熟。创新实践为创新理想提供了时间和空间的舞台，成为创新理想实现的中介和媒体。②

1. 创建大学生创新教育基地，提高理想信念的实效性

现代教育观认为，教育与生产劳动相结合是提高社会生产的一种方法，是造就全面发展的人的唯一方法，是改造现代社会的最有力的手段之一。把教育与生产劳动结合起来，不仅因为它有教育价值，而且因为它有经济价值，有社会和文化价值。创新教育基地是指学校在进行创新教育的过程中，随着社会经济的发展和教育与社会活动的紧密结合，在以开发和提高青少年的创新精神和创新能力为目的的教育过程中，在进行普通文化基础教育和专业基础教育的基础上，为进一步培养学生创新意识、创新能力、创新心理品质所建立的相对稳定的社会实践基地，是学校工作中实施创新教育的一个重要方面和主要渠道。

校内外大学生创新教育实践基地建设的目标是创造多元的教育环境，让学生参加社会实践活动，满足学生形成职业理想的需要，树立职业目标，增强创新意识，开拓“理论—实践”的教育途径。创新教育实践让学生带着书本知识去检测自我能力，寻找完善自我的目标，促进学生做到知和行的统一，发展专业特长，提高创新能力，挖掘教育资源，探索理想信念教育渠道，改革高校理想信念教育方法，提高思想政治教育工作中理想信念教育的实效性。

实践证明，高校建立创新教育基地，并以基地为依托，组织学生开展创新实践活动，进行创新教育，是强化学生创新意识和培养学生创新能力的有效途径。同时，创新实践活动的开展，使学生更深刻地认识到创新的艰辛，帮助学生树立正确的职业理

---

① 参见张玉利、李乾文、李剑力：《创业管理研究新观点综述》，《外国经济与管理》2006 年第 5 期。

② 参见丁红玲：《加入创新教育势在必行》，《山西教育学院学报》2002 年第 1 期。

想和职业目标，坚定创新成功的信念。①

2. 建立大学生创新网站，扩展高校理想信念教育的空间和渠道

随着信息时代的到来，学生接收信息的渠道呈多样化。其中，网络信息以其内容丰富、信息量大、传递方便、影响面广、速度快捷、意识观念开放、气氛轻松自由而赢得学生的青睐，信息获取的“多、快、准”已是人们的共识。高校理想信念教育应该主动融入互联网的大潮，积极占领网络思想舆论阵地，扩展高校理想信念教育的空间和渠道，实现“网内网外两手抓，两手都要硬”的理想信念教育新格局，立足于把大学生创新网站建成实现创新教育信息化、提高创新教育效率的平台，建设成增强大学生理想信念教育实效性的又一个舞台。②

各高校要建立大学生创新网站，培养大学生的创新精神和创新能力。近几年来，中南大学建立了研究生创新园网、中国大学生创业网等。其中，中国大学生创新网立足于创新素质养成和创新精神培养，定位于“创造平台，教育培养，沟通互动，咨询帮助，参与提高”，以“点燃创新理性，释放创新激情”为宗旨，瞄准大学生创新，服务于大学生自主创新、求职就业、人生理想设计、素质提高等教育目标，设有“创新教育”“创新环境”“自我设计”“实践尝试”“异域文化传播”“创新乐园”六个栏目，推进大学生创新活动的科学化和规范化。走向社会的第三课堂是培养学生创新能力、提高创新素质的重要渠道。第三课堂教育空间的拓展，营造了浓郁的校园文化氛围，推动了校园文化与网上活动的有机融合，有利于创新型人才的培养。各高校在建立大学生创新教育网站并进行创新教育的过程中，应充分认识到全面提高大学生理想信念教育的重要性与紧迫性，加强在指导思想与方法上的不断创新。③

（三）营造良好的创新教育环境，提升理想信念教育实效

高校要进行创新教育，必须营造良好的创新教育环境，改变传统的教育观念，树立培养创新型人才的教育目标，在教育教学中除了对大学生进行知识传授、技能培训以外，更要突出对大学生进行创新活动所需的自信心、意志力等素质的塑造和提升。

1. 更新理想信念教育理念，优化创新教育环境

首先，要以人的全面发展为最终的教育目标，转变教育观念。要使学生在德智体美劳等多方面得到发展，就要充分认识学生的主体性，尊重学生，为学生的个性潜能充分发挥创造条件。要坚信每个学生都有一定的创造能力，鼓励独立思考、大胆质疑，敢于标新立异、敢于挑战权威。要激发学生的创造动机，培养创造性人格，如高度的自觉性和独立性、旺盛的求知欲、强烈的好奇心、丰富的想象力和批判性思维能力等。

---

① 参见张桂春、张琳琳：《“创新教育”思想的生成与流变》，《辽宁师范大学学报》（社会科学版）2004 年第 4 期。

② 参见毛建国：《职业学校创新教育与创业教育的关系》，《职业技术教育》2001 年第 4 期。

③ 参见吕文革、张志坚：《创新教育与创新型人才》，《理论研究》2002 年第 2 期。

其次，大学生要顺应时代潮流，转变学习观念。学习观念要从为考试而学、为升学而学转向为创造而学、为创新而学，并以此指导自己的学习行为。要在夯实基础理论知识和专业知识、掌握基本技能和专业技能的同时，学习一定的创新知识和创新技能，加强创新素质的培养，以适应社会发展的需要。

最后，高校要树立以创新教育为核心的理念，营造良好的创新教育环境。高校要组织形式多样的校园文化活动，宣传和渗透创新理念，培养学生创新个性，形成有利于学生创造力发展的校园文化氛围。

2. 理想信念教育教学改革

任何一种教育思想或教育改革举措要取得实质性成效，最终必须落实到教育教学这个核心中来，高校实施创新教育亦然。高校理想信念教育围绕创新教育的推进，教育教学必须进行改革与完善。①

首先，培养创新型教师队伍，形成良性师生关系。教师被称为“人类灵魂的工程师”，因此要加强师德建设，从自身做起，以德立身、以德立学、以德施教。学生对思想政治课教师所教授内容的认同与内化，在很大程度上受思想政治课教师的学识水平和人格魅力影响。“师者，所以传道受业解惑也。”教师是教书和育人的有机结合，教师的“教”贯穿了学生的学习和生活的整个过程，对学生的影响是全面而直接的。因而，培养一支有理想信念、理念深度的思想政治课教师队伍就显得尤为重要。

其次，增强与知识相应的情感体验。通常受教育者对知识的理解要依靠情感体验的共鸣，才能形成信念。因为只有情感上的深刻体验，才能形成一种意向，产生一股力量，从而对某种认识坚信不疑，产生信念意志。因此，为了形成信念，必须增强与知识相应的情感体验。为此，教师首先要对自己所讲的理论有真正的、由衷的情感。要做到这一点，教师对教材必须有深刻的理解，对所讲授的内容的因果联系、来龙去脉必须融会贯通。这样，学生感受自然深刻，情感体验也就油然而生。同时，教师要根据教材的需要进行人格介入。教师的人格介入，是指向学生展示自己全部的生活态度。教师的劳动不像一般的物质生产者那样，使用固定的工具去作用或改变没有意识的对象，而是将教育者和工具融合在一起的。而劳动的效果，取决于教师自身的世界观和理想信念，取决于教师的情感和意志。

最后，改革传统的理想信念教学方法，提高学生参与教学的积极性和学习兴趣。在学生理想信念形成的过程中，教师的教育作用是信念形成不可缺少的条件，但这只是外因，外因必须通过内因才能发挥作用。② 教育的外在影响只有通过学生当时具有的思想状况，融化在他的经验中，才能成为他自己的观点。信念的形成过程是学生自己对马克思主义的理解和实践过程，是学生的思想矛盾斗争和转化过程。因此，要特别

---

① 参见刘建军：《关于理想信念教育的几点理论思考》，《教学与研究》2004 年第 11 期。

② 参见王文利、白向宁：《新形势下大学生理想信念教育的境遇及方式探求》，《思想教育研究》2006 年第 4 期。

注意发挥学生的自我教育作用，充分重视自我教育能力的培养。在教学中，思想政治工作者可以运用多种多样的方式对学生进行创新教育。例如，在课堂教学中通过活动教学法，以问题讨论等方式，将课程所讲的相关内容与学生可接触的生活等结合起来，引发学习兴趣，鼓励他们积极投入教学活动中，在实际体验中加深对知识的理解，发展自己的创造能力。可运用激励教学法鼓励学生大胆地想象，培养学生创造性思维能力。总之，要在教学中高度重视学生的主体地位，努力提高学生参与教学的积极性，有意识地培养学生的创造力，为学生将来从事创新活动奠定坚实的基础。因此，教学改革不是对传统教育或教学进行技术性革新，也不是对传统教育教学的现代包装，而是一种较为全面的、彻底的教学改革。

### （四）注重层次性与针对性，实现理想信念教育方法的创新

高校学生理想信念教育能否取得实效，教育的方式是关键。高校学生理想信念教育就是做人的工作，而在科技和互联网迅猛发展的今天，我们的教育对象较以前也有了根本的变化。现在的学生崇尚个性化发展，有思维活跃、思想状况复杂的特点。而传统的民办高校学生理想信念教育往往忽视学生的个性化发展，以偏概全。《中共中央、国务院关于进一步加强和改进大学生思想政治教育的意见》中就明确提出教育要根据实际、分层次原则，理想信念教育要层层递进。[①] 要保证高校大学生理想信念教育工作的科学性和有效性，就要在方式上注意层次性和针对性。

总之，本文对民办高校学生理想信念教育传统化、国际国外环境因素、学生自身因素等问题进行了分析，得出影响民办高校学生理想信念教育的主要因素。从加强理想信念教育、加强创新实践、营造良好的创新教育环境的作用机理及实现途径，得出提高民办高校学生理想信念教育的途径和方法，对于民办高校学生理想信念教育的优化作了积极的探索。

---

① 参见王文利、白向宁：《新形势下大学生理想信念教育的境遇及方式探求》，《思想教育研究》2006 年第 4 期。

# 高职院校工匠精神培育的现状、问题及对策*

王海燕　赵　静　葛续华**

**摘　要**　当前高职院校工匠精神培育中面临学生认知程度不高、课程融入不够、学校在培育路径方面缺乏主动性等现状，存在专业认同度与职业认同度不高、文化环境有待改善、工匠精神与课程融合有待加强、行业资源挖掘不够等突出问题。为此，高职院校应加强情景化教学，强化校园文化与企业文化的融入，在课程中强化职业素养与职业技能的融合，提升教师素养与能力，利用好思想政治教育主渠道，合力做好工匠精神培育工作。

**关键词**　高职院校　工匠精神　问题　对策

在国家与社会大力提倡工匠精神、培育“大国工匠”的时代背景下，高职院校中工匠精神的培育成为关注点。深入了解高职院校中工匠精神培育的现状及问题，分析问题产生的原因，这是高职院校在教育实践中有针对性地做好工匠精神培育的重要前提。

## 一、高职院校工匠精神培育现状

### （一）高职生对工匠精神认知程度不高

根据调查显示，学生对工匠精神的了解程度普遍呈现为一般了解。由此分析发现，学生对所学专业和将要从事的职业的了解程度呈现一般并较低的状态，未来非常愿意从事所学专业的同学只占被调查人数的47.8%。在对专任教师和公共课教师进行访谈的过程中，调查到学生与老师的互动情况时，老师们表示“学生并不经常主动与老师进行交流与学习，通常是在有资格证考试、期末学业考试时，由老师督促学生利用时

---

*　本文系山东省高等教育人才研究会2017年度课题“高职院校工匠精神人才培育研究与实践”（RK17-12）结项成果。

**　**作者简介**：王海燕（1979～　），辽宁锦州人，山东交通职业学院讲师，研究方向为思想政治教育；赵静（1980～　），黑龙江宝清人，山东交通职业学院副教授，研究方向为思想政治教育；葛续华（1978～　），山东费县人，山东交通职业学院副教授，研究方向为思想政治教育。

间学习”。由此可以看出，教师在学生技能学习和精神内涵塑造的过程中未能充分发挥应有的作用。

### （二）课程中融入工匠精神不够

对工匠精神的培育主要载体之一就是课程，在调查学生专业课程中是否学习过工匠精神的相关知识时，数据显示有 51.52%的同学认为自己并没有在专业课程中学习过工匠精神。同时有 54.48%的学生认为在专业课程和选修课程中学习过职业行为准则，有 48.46%的学生认为在实训课程中学习过职业行为准则，而在公共课程尤其在思政课中，学生学习过工匠精神内涵和职业行为准则的比例未超过 50%。调查结果显示，学校在课程设置中对工匠精神的渗透并不够，在公共课程中嵌入工匠精神的内容只是阶段性的，并没有持续地开展。并且，在进行工匠精神相关内容讲述的课程中，并不能很好地调动学生的学习动机和提高学生的学习热情，工匠精神在公共课程中培育效果并不好。

### （三）学校在工匠精神培育路径方面缺乏主动性

对学生了解工匠精神途径的调查显示，学生从学校课堂、课外活动中了解工匠精神的仅占 50.72%、38.67%，而从互联网、电视、杂志中了解工匠精神的均超过半数。学生更多的是从移动互联网和电视节目中了解工匠精神，而从学校课堂和课外活动中了解工匠精神的人数并不多。同时，在了解学生从学校的哪些途径中了解工匠精神时，学生在院报和学校网站中了解工匠精神的相对较多，分别占 51.1%和 35.68%；而回答在学校的橱窗、广播、电子屏、官方微信、微博中了解到工匠精神的学生占比都不到 30%。如今，微信、微博已经深入移动互联网终端，但这两种宣传媒介在学生了解工匠精神的途径中分别仅占 16.11%、6.51%。由此可以看出，学校在培育工匠精神的宣传途径和媒介方面的运用有待加强。学校开设专题讲座、专业技能大赛、职业生涯规划课程中对提升职业认识和素养的调查中显示，多数学生并不认为以上活动有效提升了其职业素养和职业技能。虽然有 50%以上的学生在学校专业技能大赛、专题讲座、职业生涯规划课程中提升了对所学专业的了解，但有将近 30%的学生并未能加强对职业和专业的了解，学校教育中并没有有效地利用以上教育活动方式使得学生更好地了解所学专业。在提升学生专业素养中主要采用的是活动课堂、校外课堂（第二课堂）、业余社团、职业社团、大师进入校园的专题讲座形式，起到一定的效果。但是相对于课程而言，这些活动和讲座的数量和内容有限，不能完全使企业文化进入校园，也没有持续地产生影响。同时，专任教师也谈道，要加强工匠精神的培育，需要加强学校教师企业化与工作经验的培养。

## 二、当前高职院校工匠精神培育中存在的主要问题

### （一）专业认同度与职业认同度有待提高

工匠精神并不像数学公式一样能够按照一定的思维逻辑就可以被理解和运用，在工匠精神的内涵特质下，表现在学生对所学专业的了解和对对口职业的了解、对职业的热爱程度和对从事未来职业的肯定程度。从调查数据中发现，学生对所学专业的了解度和认同度并不高，在学校学习过专业相关技能后，对于将来要从事的相关专业并没有强烈的想法。职业素养养成的重要前提是学生对所学专业的了解和认识，在对所学专业和职业有了充分了解的基础上，才能有效地对其技能和素养进行塑造。

### （二）工匠精神培育的文化环境有待改善

从学生了解工匠精神的途径来看，学生从学校课堂、课外活动中了解工匠精神的并不多，而从互联网、电视、杂志中了解工匠精神的均超过半数，学生更多的是从移动互联网和电视节目中了解工匠精神。同时，院报和学校网站以及学校的橱窗、广播、电子屏、官方微信、微博中了解到工匠精神的学生比例并不高。由此分析，学校在培育工匠精神的过程中，没有有效利用移动宣传途径和宣传媒介，没有随时随地让学生感受和了解工匠精神，没有很好地营造出包含工匠精神的校园文化环境。

### （三）工匠精神培育与课程融合有待加强

从调查中发现，无论是专业课、实训课还是公共课程、思政课程，对工匠精神内容的渗透都不足，没有让学生充分在课程中了解和学习职业行为准则，并在此基础上不断塑造自己的职业素养和职业态度。在对专任教师和思政课教师进行“从哪几个方面开展培育工匠精神”的访谈时，专任教师谈道：“专业课程中对工匠精神的融入还处于初级阶段，只是对相关职业行为、职业素养进行课堂讲述和案例呈放，并不能有效让学生感受到工匠精神的内涵，需要让教师充分感受到企业文化中的工匠精神，让学生能够更真切地感受和学习工匠精神。学校课程中融入工匠精神，学校课程中培养工匠精神的核心内容职业价值观和职业素养，是有效培育工匠精神的重要部分。”通过调查显示，高职院校的课程教学与工匠精神的培育还有待提升。

### （四）工匠精神培育的行业资源有待挖掘

教育部等六部门在2014年印发的《现代职业教育体系建设规划（2014～2020年）》中明确提出：“行业特色明显的高等职业学校，要增强服务产业导向，发挥提升产业竞争力的作用。”党的十九大报告也明确指出：“建设知识型、技能型、创新型劳动者大军，弘扬劳模精神和工匠精神，营造劳动光荣的社会风尚和精益求精的敬业风气。”[①]

---

① 习近平：《决胜全面建成小康社会 夺取新时代中国特色社会主义伟大胜利——在中国共产党第十九次全国代表大会上的讲话》，人民出版社2017年版，第31页。

这对行业类高职院校的人才培养工作提出了明确的要求，即要培养具有工匠精神的高素质技术技能人才，服务国家行业产业的发展需求，为实现中华民族伟大复兴的中国梦发挥积极作用。近年来，我国高等职业教育迅猛发展，涌现出了一大批办学有特色、人才培养质量高的行业类国家示范性高职学院，但也有相当一部分行业类高职院校在生源不足和就业形势的压力下，不能很好地走出发展困境，面临着生存危机。剖析其原因，一方面，高职学院的办学特色没有很好地凸显，所开设专业的同质化现象太严重；另一方面，所培养的学生综合素质不强，“出口”不畅导致“进口”不旺。因此，如何在办学过程中突出行业特色，在育人过程中融入工匠精神，培养行业急需的应用型人才，应当成为行业类高职院校认真思考的一个问题。

## 三、加强高职院校工匠精神培育的主要对策

工匠精神的养成缺失是由多因素造成的，而在学校培育学生工匠精神的过程中，所开设课程并没有有效地融合技能和素养；教师未能在工匠精神的养成中发挥应有的作用；校园文化和企业文化并没充分融合，未成功打造文化氛围。

### （一）加强情境化教学

素养是不能简单地通过理论教学表现和塑造出来，这就需要依托学校真实的情境教学，在情境教学中充分融合技能和素养。有效养成精神内涵，尤其需要学校与企业的联合培育。但在高职院校中，真实情境教学在教学中分量并不足，企业和学校的联合度并不高，且不紧密，没有提供充分的时间让学生接触和参与真实的情境，并在情境中学习技能和提升素养。这就使得学生在学习技能和养成素养的过程中，不能有效通过载体和媒介提升自身的能力与素养。同时，在学校与企业联合不足的情况下，学生受限于学校课堂学习或者是学校仿真教学，并不能有效把技能学习与企业工作岗位能力对接起来，导致学生在进入岗位的过程中不能有效地适应岗位，甚至存在脱岗的状态。这对于学生的技能和素养的提升造成阻碍，不利于学生和企业的发展。

### （二）强化校园文化与企业文化的融入

在校园文化中融入企业文化的元素，能够更好地衔接校园和企业，使学生能够迅速有效地从学生转化为员工。但就调查分析发现，高职院校的校园文化并未能有效地融合企业文化，二者融合度并不高，使得学生并没有充分地感受和提升专业素养和职业素养，由此造成学生的专业认同度和职业认同度不高，对将要从事的职业角色认知不强，对将来从事所学的意愿不强烈，而且不能快速地适应岗位并在此基础上得以提升。校园文化与企业文化融合度不高，造成学生在学习期间没能充分感受到企业文化的特点和内涵，缺乏职业素养和职业态度，致使学生在未来从事职业时，不能顺利地适应相应的岗位，不利于学生长足的职业发展。

（三）在课程中强化职业素养和职业技能的融合

课程是实现教育目标和教授教学内容的重要手段，但调查分析发现，高职院校在培养学生技能和素养的过程中，并没有发挥课程的作用。高职院校在开设的课程和学习氛围中，并没有很好地促使学生了解所学相关专业和未来从事的职业。要在充满兴趣和爱好的基础上学习，逐渐建立学生对所学专业和将从事职业的专业认同和职业认同，这样才能激发学生学习的动力和激情，有效培养学生的技能和素养。同时，课程中没有充分地融合情境，使得学生脱离真实情境，不能有效地掌握课程内容。实践课程中素养的渗透范围不足和力度不够，使得学生未能有效塑造相关技能和素养。高职院校的教育内容设定首先要保证学生能够充分了解所学技能和所从事的职业。高职院校是未来制造业和经济的重要人才输送源，如果未能有效培养学生的专业认同和职业认同，势必会制约未来制造业高技能合格人才的供给。可见，加强学生对所学专业和对口职业的认同感是高职院校必须重视的教育内容。

（四）提升教师素养与能力

教师是培育学生工匠精神的重要主体，但调查分析发现，教师与学生的交流并不多，学生在技能学习和素养提升的过程中，未能对教师产生依赖和崇敬感，对学习技能和养成素养缺乏充分的心理需求。同时，教师在教学中未充分发挥技能提升和素养培育的作用，且企业师傅没有有效地参与到学校教学中，教师和师傅的作用力未能有效融合，在技能教授的过程中无法对学生产生持续性的积极影响。高职教育充当着高等教育和职业教育的双重角色，在高职思想政治教育队伍建设上与普通本科高校相比存在一定的差距，直接影响了高职院校思想政治教育工作的有效开展和实施。一方面，许多高职院校都是脱胎于中等职业学校，在中职学校转变为高职院校的过程中，原有的思政教师面临着教学任务的转变问题以及要不断更新知识、适应新的工作内容的问题。同时，随着职业教育的不断发展，高职院校的招生规模也在不断扩大，面临着及时补充新的年轻教师的问题。当前，大部分高职院校的思想政治教育队伍建设的质量及数量仍然赶不上学校的实际所需，导致对高职学生的工匠精神培育心有余而力不足。另一方面，教育者对学生工匠精神的培育意识还不是很强。大多数教师都把自身的工作重心放在完成学校规定的教学任务上，根本无暇顾及对学生工匠精神的培育，进而导致工匠精神在高职院校思想政治教育中存在一定的缺失。

（五）利用好思想政治教育主渠道

工匠精神中的爱岗敬业、艰苦奋斗、勇于创新等精神内涵符合高职思想政治教育的内容，是高职学生成长成才应当具备的精神品质。而任何一种精神品质的养成都是需要通过一定的灌输、引导和教育才能形成的。工匠精神作为对自身职业的一种态度、行为和追求，与高职思想政治教育有着密切的联系，工匠精神的培育和养成需要思想政治教育。当前，工匠精神融入高职学生思想政治教育取得了一定的成果。大部分高职学生对工匠精神的价值意义有一个清晰的认识，认为工匠精神品质的养成对自身的职业生涯和职业能力的提升有着促进作用，并且高职院校的思想政治教育课对高职学生的工匠精神的培育养成发挥了重要的作用。同时，这其中也存在诸多问题。工匠精神作为思想认识、行为习惯、理想追求等方面的有机统一，大部分高职学生的工匠精神缺失比较严重，主要表现为学生对工匠精神相关知识的缺乏了解、对工匠精神教育兴趣不浓厚，工匠精神在学生身上的体现度不够以及学校工匠精神教育效果不显著等。由此可见，培育高职学生工匠精神，优化工匠精神培育路径的任务还十分艰巨。

# 基于轮机员适岗能力的轮机专业课程体系建构研究*

刘　波**

**摘　要**　海员是一个特殊的职业，其职业特点与其他职业具有共性，但更有许多不同点。海员的职业素质要达到相关国际公约和国内法规的标准，严格的行业准入制度决定了轮机工程技术专业在培养标准中要满足国际和国内各项法规的要求。本着进一步提升轮机工程技术专业高等职业教育人才的培养水平和质量，强化内涵建设，培育职业精神和职业技能高度融合、具有较强可持续发展能力的技能人才的原则，开展基于海船轮机员岗位适任能力培养为核心的专业课程体系建构研究，形成可复制、可借鉴的轮机工程技术专业培养模式和课程运行体系，把本专业建设成为具有先进职业教育理念和教学模式特色鲜明的示范专业，在人才培养和社会服务等方面对全国同类高职专业起到示范作用。

**关键词**　适岗能力　轮机专业　轮机员　课程体系建构

2012年1月1日，《海船船员培训、发证和值班国际公约》（简称STCW公约）马尼拉修正案正式生效。该公约对高级船员的素质提出了更高的要求，由原来的"技能"型人才向"技能＋管理＋经营"型人才转变。国内方面，交通运输部制定了《中华人民共和国海船船员适任考试和发证规则》《中华人民共和国船员教育和培训质量管理规则》以及教育部、交通运输部联合发布的《关于进一步提高航海教育质量的若干意见》等诸多文件，对现代海员培养提出了新的要求。

---

*　本文系山东省高等教育人才研究会2017年度课题"以海船轮机员适岗能力培养为核心的轮机工程技术专业课程体系建构研究"（RK17-23）结项成果。

**　**作者简介**：刘波（1988～　），山东潍坊人，山东交通职业学院讲师、项目办主任，研究方向为航海职业教育教学与管理。

## 一、课题研究背景分析

### （一）行业产业背景分析

1. 国家交通航运产业背景分析

海上交通运输凭借装载量大、成本低的显著优势成为国际贸易的主要运输方式。我国东部和南部大陆有1.8万千米的海岸线和12.3万千米的内河航运线，得天独厚的自然条件为我国航运业的发展奠定了良好的基础。我国经济的蓬勃发展，为航运事业的兴起和发展提供了机遇和动力，中国外贸出口货物的84%由航运完成。中国国际海运船舶占世界商船队总量的5.3%，集装箱位占世界总量的5.0%，在国民经济发展中发挥了巨大的作用。

2. 山东省交通航运产业背景分析

山东省有3000多千米海岸线，海运发达，拥有青岛港、日照港、烟台港等数个国内外知名大港。截至2008年年底，山东省拥有119家省属航运企业，商船297艘，运力120.21万多载重吨，生产型泊位240个，万吨级以上泊位171个。2018年，全省沿海港口通过能力达36297万吨，较2017年增长16.11%。航线遍布世界150多个国家和地区的450多个港口，基本实现了全球通。海运业承担着超过90%的山东省外贸运输总量和超过30%的国内贸易运输总量。2011年1月，《山东半岛蓝色经济区发展规划》的出台使得船员需求旺盛。

### （二）人才需求背景分析

1. 国内外人才需求概况

随着全球性的经济复苏，国内外对掌握轮机管理技能的高素质技术技能型人才需求量不断增大。我国目前拥有海船船员65万余人，其中高级船员17万余人。其中，甲类船长、轮机长各不足5000人，而在船工作的船长、轮机长各约4000人。根据《公路水路交通运输中长期人才发展规划纲要（2011～2020年）》中关于航海人才发展的目标要求，到2015年新增高级船员4万人，到2020年新增高级船员6万人，为发展海洋经济、建设海洋强国提供坚强有力的人才保障。当前，海上专业本科毕业生流失严重，3年流失率达到80%左右，高职院校毕业生比较安心船上工作，积极肯干，动手能力强，深受企业的欢迎，供不应求的局面将长期持续，其发展前景非常广阔。

2. 山东省航海类职业教育发展概况

山东省航海教育包括本科、专科/高职、中专/中职等三个学历层次。专科层次5所，占总招生量的23%；其余10所为中专层次和培训机构，2017年航海类专业共计招生10455人，其中本科440人、专科（高职）2415人、中专7600人。[①] 目前，每年有8000余名航海类专业毕业生，其中绝大部分加入海员队伍，其余部分人员充实到港

① 参见马强、赵恩蕊、刘新建等：《山东航海教育现状及内涵式发展策略》，《航海教育研究》2018年第1期。

航等企事业单位之中。

## 二、专业课程体系改革的必要性与可行性分析

本着“通用+拓展”的原则，轮机工程技术专业培养拥护党的基本路线，德智体美劳全面发展，国内外航运企业船舶需求的无限航区 3000 kW 以上船舶二/三管轮，并具备一定创新、创业和可持续发展能力的高素质技术技能型人才。

### （一）必要性分析

1. 国际公约新要求

轮机工程技术属于航海类专业，主要培养远洋运输船舶管理轮机设备的高级船员，职业资格受到国际海事组织（IMO）所颁布的《1978 年海员培训、发证和值班标准国际公约》（简称 STCW 公约）及其历次修正案的约束，具备国际职业资格。特别是 2010 年 6 月 25 日在菲律宾马尼拉通过的修正案于 2012 年 1 月 1 日开始生效，该修正案增加了对船员领导力和管理技巧、资源管理以及新技术应用等方面的强制要求，更加重视海洋环境保护意识、保安知识与技能的培训。这一系列变化对轮机专业人才适应国际职业资格标准提出新的培养要求。

2. 船员发展战略需要

近年来，全球船员培训中心已经由发达国家逐渐过渡到发展中国家。近几年，中国海员外派从操作级职务向管理级职务转变，在未来的国际船员劳务市场上将成为主要的船员输出国。

2012 年，教育部、交通运输部联合下发了《关于进一步提高航海教育质量的若干意见》（教高〔2012〕3 号），明确提出航海教育承担着培养航海类专门人才的重要使命，在航运业的发展过程中发挥着基础性、全局性和先导性的重要作用。2014 年，国务院《关于促进海运业健康发展的若干意见》（国发〔2014〕32 号），进一步提出优化海运船队结构，建设规模适度、结构合理、技术先进的专业化船队。

2017 年，交通运输部提出到 2020 年实现从航运大国向航运强国转变、从船员大国向船员强国转变的发展战略。航海教育与培训院校（机构）作为航运中培养船员的链条，必须抓住国内外船公司所进行的提高船员质量、稳定高端船员队伍、人才储备等船员结构调整机会，培养符合国际公约标准、适应航运技术发展、服务国内外航运市场发展需求的高素质技术技能人才。轮机工程技术专业具备国际通用性、岗位针对性、公约法规性等特质，国家实施“走出去”的船员发展战略，必然要求轮机人才培养过程的履约性与规范化，开发轮机工程技术专业教学指导方案成为必需。

### （二）可行性分析

1. 轮机工程技术专业的职业资格有标准

轮机工程技术专业培养适用于国内外船公司远洋运输船舶的三管轮职务人员。

STCW 公约及其修正案规定轮机员必须满足 4 个职务功能模块（轮机设备运行管理、电气电子控制、轮机维护与修理、船舶作业与人员管理），每个功能模块明确规定了表明适任的方法以及评价适任的标准。

2. 轮机工程技术专业的办学有规范要求

轮机工程技术专业的办学资质不仅受教育行政部门审批，还受交通运输部海事局审核。根据《中华人民共和国船员培训管理规则》规定，承办轮机工程技术专业的院校必须具备相应设施、设备以及拥有一定数量持有船员职务适任证书的人员担任专业授课，建立“船员教育与培训质量体系”并有效运行，通过海事局组织的审核，获得“船员培训许可证”，毕业生才有资格参加海船船员适任证书考试。此外，海事局颁布船员岗位职务适任考试大纲、适任评估规范以及各种海船船员专业技能培训项目大纲。

## 三、开展基于适岗能力的专业课程体系建构调研

### （一）确定调研方法与内容

1. 调研内容

（1）轮机工程技术专业岗位群及职业能力调查分析；

（2）人才培养规格要求和知识、能力、素质结构；

（3）航海发展现状、人才需求及人才培养就业情况；

（4）航海教育办学条件及师资标准。

2. 调研方法

调研中主要采取了以下调研方法：

（1）搜集资料：通过网络查询，搜集信德海事、中国海员联盟、赶集网等各大招聘网站对于航海技术人才的需求量、需求层次、职业能力要求等资料；向有相关办学经验的职业院校搜集人才培养方案制定经验等资料。

（2）走访面谈：走访了 5 家企业、4 家高等职业院校。

（3）发放调查问卷：通过走访面谈、邮寄调查表、网络调研平台、电子邮件等形式进行了问卷调研。

### （二）分析确定专业培养岗位及资格标准

1. 企业调研数据分析概况

通过所调研企业中轮机专业从业人员的学历结构可以看出，低学历层次的从业人员较多，本科及以上学历人员比例低，对于现在船舶大型化、现代化的进步不利，影响了行业整体的技术提升，从业人员的学历结构有待提升。调研企业对轮机工作人员的工作稳定性极其重视，本科及以上轮机人员知识丰富，技术提升快，但是稳定性差，人员流失太快；中职学历的轮机人员从业稳定性高，但是知识储备少，企业培养速度过慢；高职轮机人员知识够用，技术提升快，从业决心大，稳定性好，深受企业喜爱，

需求量大。

通过企业调研可以得出以下几点结论：

（1）人才供求关系。随着海运市场的复苏，船员的流失、更替，海运企业对轮机工程技术专业人才需求量不断增加。

（2）企业对职业证书要求。因船员职业的特殊性，根据STCW公约规定，船员必须配备适任证书、服务簿、专业培训合格证。

（3）企业对职业素质方面。企业比较看中团队协作、吃苦耐劳、沟通协调等职业品格。

（4）企业对学历层次中意度。考虑到现代船舶对船员基本知识和专业技能的要求以及企业人才培养汇报、人员稳定性等方面，企业对高职类轮机工程技术专业学生比较认可。

2. 学生调研数据分析概况

（1）生源调研分析

从学生专业选择考虑的因素可以看出，“看好该专业，认为有较大发展空间”“个人兴趣”“专业冷热程度”占前三位。学生对专业教学内容的认可程度达92.31%，认为教学内容与专业方向的对应程度达96.15%。从学生对专业教学方法的认可程度可以看出，“教学做一体化”“项目化”教学模式居于前两位。有90.00%以上的学生认为现有的专业考试形式和考核内容能够反映其真实的学业水平。从学生对各种考核形式的认可程度可以看出，学生对“笔试＋实训考核＋过程性考核”的选择居首位。

（2）毕业生调研分析

毕业生认为在校期间需要加强培养的能力情况可以看出，“沟通交际能力”“外语表达能力”居于前两位。从对工作帮助较大的专业核心课程情况可以看出，轮机英语、船舶辅机等专业核心课程居于前列。从对工作最有用的证书情况来看，与企业对证书的要求基本一致。

轮机工程技术专业毕业生主要面向全国远洋运输业，从事远洋、沿海运输船舶的机电（电气）技术管理工作，也可在海洋运输各企事业单位从事轮机操纵、维修和船舶监造工作。初始岗位：值班机工、三管轮、机务人员；目标岗位：二管轮；发展岗位：大管轮、轮机长。

（3）学生调研结论

学生对专业前景评价较好，大部分学生比较看好轮机工程技术专业的发展前景而选择报考，毕业生也普遍认为专业发展潜力巨大。

学生对教学内容的认可程度较高，在校生普遍认可专业教学内容，毕业生也大多数认为专业教学内容对工作帮助较大。

在校生普遍认可“教学做一体化”“项目化”的教学模式方法和“笔试＋实训考

核+过程性考核”方式，在校取得船员适任证书、服务簿、海船船员专业基本技能合格证等职业证书对就业有很大的帮助。

（三）课程设置支撑职业能力情况

1. 专业课程支撑岗位能力情况

通过系统分析企业对专业课程的需求情况显示，轮机英语、船舶柴油机、船舶辅机、船舶电气等课程的需要程度比较高，船舶管理、船舶自动化等课程的需要程度略低。

2. 专业基础课程支撑岗位能力情况

通过系统分析企业对专业基础课程的需求情况显示，轮机英语听力与会话、轮机识图需要程度超过90%，轮机机械基础、电工电子技术等课程需要率也较高达75%以上，高等数学等基础课程需要率相对较低。

同时，企业认为应该多开设一些培养学生职业素养、团队协作精神方面以及培养学生吃苦耐劳的课程，例如，航海文化课程。同时，加强实践教学，提高学生的实践能力。

## 四、课程体系建构的改革实施建议

（一）专业培养目标与专业方向调整建议

通过本次调研，分析企业对轮机工程技术专业人才需求情况及相关要求，并征求企业专家的意见，建议对轮机工程技术专业培养目标、专业方向调整如下：

1. 专业培养目标调整

专业培养目标定位为培养德、智、体、美、劳全面发展的高素质技术技能型人才。结合企业对人才知识、能力、素质的需求和行业发展趋势，确定培养的人才需要具备良好的专业技能和职业素养，能适应机电一体化发展的多功能复合型技术人才。

2. 专业方向调整

由于轮机工程技术专业的特殊性，各个岗位之间的分工界限不明显，需要从业人员不仅要具备本岗位的相关知识和能力，而且还要熟悉其他岗位的知识、能力，逐步晋升。现代船舶向大型化、综合化、复合型发展，企业更需要的是复合型人才，对人才的综合素质有更高的要求。因此，轮机工程技术专业在划分专业方向时，建议以所服务行业进行划分，同时建议开设多种知识拓展课程，满足复合型人才培养的需求。

（二）课程体系构架改革建议

首先，通过调研和人才需求分析，根据STCW公约对轮机部船员的要求，轮机工程技术专业面向的岗位特色鲜明。通过对远洋船舶轮机员职业能力和本专业典型工作岗位（无限航区3000 kW以上船舶三管轮）适岗标准的分析，提炼出本专业的典型岗位职业能力，将典型工作岗位职业能力的国际标准与学历教育有机融合，明确岗位对毕业生的知识、能力、素质要求。

其次，围绕三管轮职务必须满足的 STCW 公约的四个职能块，结合对可持续发展能力的要求，构建注重职业素质和职业能力培养的“项目教学，实境训练”模块化课程体系。构建“双线并行，两级提升”的课程体系，把培养学生的实践环节有机地穿插在理论学习中，实现理实融通。

最后，通过工学结合，提高轮机工程技术专业学生的实践能力。专业课程体系将按照“综合素质＋专业技能，双线并行＋两级提升”的培养目标，在加强“两课”、文化基础课程以及企业文化课程，重视学徒职业素养和人文素养培养的同时，着力加强学生轮机设备的使用、维修与保养等专业基础能力。

（三）专业教学改革建议

1. 构建融“教、学、做”一体的教学模式

涵盖支持级、操作级教学内容，培养应用能力和操作能力，在教学过程中注重实际应用能力和操作能力的培养，通过对理论、实践与实习相结合的培养，为以后走向操作级、管理级岗位奠定坚实的基础。

2. 根据不同专业课程的特点采取不同的教学方法

对于船舶辅机、船舶管理、主推进动力装置、船舶电气、轮机英语等专业核心课程，建议采用理实一体化教学，在课程设计中将转化岗位任务作为教学项目，教学内容的安排按照任务的实施过程进行，知识、技能的学习结合在完成任务的过程中进行。轮机识图等课程采用项目导向、任务驱动的教学方法进行教学，通过完成相关项目掌握核心技能。

3. 职业素养和职业道德的培养要贯穿教学过程的始终

在教学过程中要注意培养学生的职业素养和职业道德，并贯穿在基本素质和基本能力课程和专业课程教学的始终。在项目教学中，注意培养学生的服从意识、写作意识和谨慎负责的工作态度，要求学生认真对待每一个项目，认真执行流程，认真分析总结，以此培养职业素养、吃苦耐劳的精神和语言表达能力等。

4. 专业师资条件配置建议

加强对师资队伍建设工作的领导，加强政策措施建设，确保教师队伍建设顺利开展。创新教师管理机制，吸引优秀人才来学院任教。深化人事制度改革，积极推进教师聘任制度，促进人才合理流动，优化教师队伍。加大青年教师培养力度，促进教师队伍的可持续发展。有计划地组织青年教师参加与专业对口的各类培训和学习，提高专业知识水平，开阔视野；建立青年教师导师制，充分发挥老教师对青年教师的传、帮、带作用，不断提高青年教师的教学和科研水平。从行业企业引进高级工程技术人员和能工巧匠，加强专业与课程教学团队建设。

## 五、课程体系建构的改革实施举措

### （一）创新实践“双主体、三层次、四融通”的人才培养模式，开创军地两用人才培养新模式

以培养“思想作风硬、职业素质好、专业技能强、英语水平高”，满足航运业需求的高素质技术技能人才为目标，坚持“课堂教学、校园文化、社会实践”三位一体的育人模式，全面加强航海类专业学生的素质教育，在教学中实施了“双主体、三层次、四融通”工学结合的人才培养模式，遵循能力递增及岗位升迁的人才成长规律，实现了全方位、全过程、多层次育人体系的建立，保证了学生全面成长成才，人才培养质量显著提高。①

1. 通过“双主体、三层次、四融通”人才培养模式，实现校、军、行、企四位一体合作育人

作为海军部队士官直招试点专业，轮机工程技术专业根据人才培养需要，建立了专业调研制度，形成了常态化的调研机制。通过问卷调查、实际走访和电话问访等多种方式，在充分调研海事主管部门、航运企业、海军部队对航海类专业人才的需求分析，确定了“思想作风硬、职业素养好、专业技能强、英语水平高”军地两用人才培养的目标和培养规格，创新构建了校、军、行、企四方深度合作的“双主体、三层次、四融通”工学结合人才培养模式。在充分调研海军、国内航运企业对人才需求的基础上，综合海军、国际海事公约及法规的职业素质及技能的要求，与合作企业联合开设船上课堂，与海军部队联合开展入伍实习、军事训练，实现“双主体”教学模式；按照从支持级、操作级到管理级三层能力递进的海军与船员岗位晋升及人才成长规律，实现“三层次”培养模式；实施校军行企融通、课证融通、学做融通、陆海融通，实现“四融通”育人模式。逐步完善“双主体、三层次、四融通”工学结合人才培养模式，提高人才培养质量。

“双主体”：根据教学需要合理安排学生在学校和企业工学交替。学生在学校完成基本知识的学习和基本技能的训练，使学生具备船员基本职业能力；学生到企业进行参观见习、阶段实习和顶岗实习，提升学生的实践能力和职业素养。②

“三层次”：根据 STCW78/10 公约，海船船员分为支持级、操作级和管理级，按照能力递增及岗位晋升的人才成长规律，建立以能力培养为主线，构建从支持级、操作级到管理级三层递进的课程体系，学生在第一学年达到支持级的能力要求，第二学年达到操作级的能力要求，第五学期拓展管理级船员的基本知识和能力培养，第六学期

---

① 参见曹兴飞：《军民融合背景下航海技术专业人才培养模式构建》，《航海教育研究》2019 年第 3 期。

② 参见郭雪：《酒店管理专业“全程嵌入式”培养模式的实践》，《辽宁高职学报》2017 年第 5 期。

进行顶岗实习，使学生具备操作级的任职要求。

“四融通”：校企融通，联合实施人才培养模式改革；课证融通，创新课程体系，将理论知识、实践技能与船员适任证书考核要求融通；学做融通，实现理实一体化教学；陆海融通，拓展就业领域，实现学生陆地、船上两栖就业。[①]

2. 修订以“船校”工学结合为特色的人才培养方案

成立轮机工程技术专业及专业群专业建设指导委员会，修订并完善了专业建设指导委员会章程和议事规程，每年5月份定期召开专业建设研讨会，形成了较为完整的专业建设研讨机制和体系，聘请航运行业、企业第一线的工程技术专家和高层人事主管参与人才培养方案制订工作。以轮机人员三种职业级别和五个工作岗位为专业定位，根据STCW78/10公约及国家海事局船员培训、考试和发证规则及值班标准，确定了人才培养目标和规格要求，修订完成了2016版和2017版以工学结合为特色的人才培养方案，并付诸实施，成效显著。

3. 强化准军事化管理，将素质教育贯穿人才培养始终

按照“一二三四五六”的工作思路，紧紧围绕一个中心，落实两个制度，形成三个亮点，紧抓四个过硬，落实五项工程和注重六个方面，进一步强化准军事化管理工作，修订并完善了学生准军事化管理实施办法。

与山东海事局共同制定、推进“山东船员素质提升工程”，结合学院实际制定并推行了《素质教育创新行动实施方案》；军校合作进一步加强，先后开展“教、学、做”一体化教学交流、送教到部队、军队文化进校园等各类项目20余次，学生的职业道德修养、敬业精神以及对工作的责任感都大大加强，受到用人单位的欢迎，一次就业率达100%、对口率就业率达87.93%。

（二）构建了“三线三级”课程体系，课证融通特色鲜明，实现素能并重全过程人才培养

基于船员综合素质、专业知识和职业专项技能三条教育主线，构建了从支持级、操作级到管理级三级岗位能力递进的“三线三级”课程体系。同时，开发船员适任评估课程体系，使受教育和培训者成为符合国家和国际最新要求的优质船员。[②] 根据省级精品课程建设标准建设完成优质核心课程5门，校企合作开发工学结合校本教材8本，并建立了与之配套的5套教学资源库（包含多媒体课件、素材、试题库、工业案例等）。

1. 构建“三线三级”课程体系，人才培养全过程实现素能并重

按照典型工作任务的具体要求，与航运企业共同开发、构建形成基于船员综合素质、专业知识和职业专项技能的“三线并行”、同时兼顾船员支持级、操作级和管理级

---

① 参见李佳、杨阿兰：《高职建筑工程管理专业建设的研究与实践——以三门峡职业技术学院为例》，《职业教育研究》2014年第5期。

② 参见董龙飞：《浅谈轮机管理专业“工学结合”教学方法改革》，《现代国企研究》2016年第12期。

岗位能力递进的“三级递进”课程体系。

在专业建设指导委员会的指导下，充分调研青岛海歌国际船舶管理有限公司、青岛远航源豊润国际劳务有限公司、中海海员对外技术服务有限公司等8家企业对三管轮岗位所需知识和技能的要求，参照STCW78/10公约及《中华人民共和国海船船员适任考试和发证规则》，分析轮机员岗位需要的船用泵的保养、船舶主柴油机的操作、船舶主柴油机检修等12个典型工作任务，确定典型任务中的35个知识要求、23个能力要求，设置10个学习领域，实现由工作任务到学习领域的转化，构建了以职业能力培养为核心、课证融通为特色的课程体系。

2. 校企合作开发课程，工学特色鲜明

根据省级精品课程建设标准，校企合作开发建设了“船舶辅机”“船舶电气及自动化”“船舶柴油机”“船舶管理”“轮机英语”5门专业核心课程和教材。教材通过真实的工作任务或产品为载体设计教学过程，合理设计实验、实训等关键环节，使理论教学和实践教学有机融合，受到了学生的好评。

为提高学生实际动手能力，规范船员在适任考试中的操作，提高教学质量。与企业专家合作开发轮机工程技术专业“机舱资源管理规范及实践教学录像”“动力设备拆装规范及实践教学录像”“动力设备操作规范及实践教学录像”“船舶电站操作规范及实践教学录像”“船舶电工工艺和电气测试规范及实践教学录像”“金工工艺规范及实践教学录像”6门实践性评估课程的操作规范，并已拍摄成轮机专业评估课程教学录像。此举为区域内同类院校船员适任评估提供了一个系统性的参考模板，起到示范和引领作用。工学结合实践性环节加强后，学生在国家海事局组织的海船船员适任证书考试中通过率明显提高。

3. 教学模式改革引入国际化的行业企业标准，航运特色鲜明

为积极响应山东省“实施船员素质提升工程，打造山东船员强省”战略，努力提高学生航海技能和实施海员素质养成教育，参照中华人民共和国海船船员适任考试和发证规则，引入海军、国际化的行业标准，以职业能力培养为核心，在课堂教学中实施专业英语和船员素质向核心课程“双渗透”教学模式。教学过程引入“课证融通”的理念，按照国际化的船员适任证书考核标准，构建了“教、学、做”一体化的教学模式。教学过程中实行了教师学生双选制及船长轮机长导师制等，人才培养质量显著提高。

## 六、结语

轮机工程技术专业课程体系建设的成果显著，有效地推动了学校航海技术、船舶电子电气技术等相关专业的人才培养模式、教学组织模式和课程建设的改革。校企合作进一步优化“双主体、三层次、四融通”的人才培养模式，建成基于船员综合素质、

专业知识和职业专项技能三条教育主线，构建了从支持级、操作级到管理级三级岗位能力递进的“三线三级”课程体系。与行业企业密切合作，以典型项目、案例或任务为载体，优化课程标准、有序化教学内容、改革教学方法与手段，开发特色教材，全面带动专业课程改革与建设。在人才培养模式改革、课程体系建设等方面，对区域内外职业教育起到了示范辐射和引领带动作用，逐渐成为山东省航海职业教育的领军力量。

下一步，轮机工程技术专业将实施以联盟为平台、以船员素质养成教育为指向的“能力建设”。积极加强对外交流与合作，基于船员的外向型岗位职业能力培训，营造校园航海文化，强化现行的准军事化管理模式，完善准军事化管理制度，促进航海类专业学生素质的全面养成。积极将学生在校期间的船员职业教育教学活动按课程开发和设计的理念，纳入人才培养方案组织实施。[①] 发挥学生在课程化管理中的主体作用，培养具备国际开放意识、涉外专业知识、涉外岗位技能、涉外交流素质的国际化航海类高素质技术技能人才，全面提升国际化技术技能人才竞争水平。

① 参见沈梅：《创新设计数控技术专业人才培养方案的探索与实践》，《职业时空》2010年第10期。

# “互联网＋”背景下混合式教学改革创新研究*

杨清红**

**摘　要**　随着“互联网＋教育”已迈入常态化，教育信息技术化的发展与普及引发了高等教育的创新与改革发展。基于对传统教学方式的思考与反思，运用文献梳理法，结合目前“互联网＋”混合式教学改革的现状与面临的问题，从突出网络教学优势、培养师生信息素养能力、增强自主学习能力、搭建混合式教学共同体四个方面提出了“互联网＋”背景下混合式教学的改革方向。

**关键词**　“互联网＋”　混合式教学　教学改革创新

2012 年 3 月，教育部发布的《教育信息化十年发展规划（2011～2020 年）》（国发〔2017〕4 号）中明确指出以教育信息化支撑教育现代化，已成为我国教育事业的战略选择。因此，要推动高等教育与信息技术的深度融合，对教育思想、教育理念、教育方式进行变革创新，全面提升我国的教育质量。2015 年，“互联网＋”在政府工作报告中被首次提出，将应用于制造业、教育行业及服务业等各种传统领域，支持依托科技的新型产业的发展。其中，“互联网＋”与教育领域的融合将教育行业彻底带进了网络教学改革中，教学组织、教学场所、教学方式、教学评价等都经历了一场解构与重构。随着教育信息技术化的发展与普及，不断引发高等教育的创新与改革发展，产生了以 OCW 计划、慕课、SPOC、混合式教学等新型模式为开端的教学改革风尚。为应对全球教育教学方式改革迎来的机遇与挑战，我国也掀起了教育改革的创新活动，结合国内实际，逐步建立并开放一系列在线课程，以此推进全民终身学习的理念，满足个性化发展需求。国务院于 2017 年 1 月在国家教育事业发展“十三五”规划中明确提出利用大数据、云计算等信息技术，推动“互联网＋教育”，促进优质教育资源共建共享。以上政策的实施，引发了学校对教学改革和实践的深度探索。

---

* 本文系山东省高等教育人才研究会 2019 年度课题“‘互联网＋’视阈下高校创新创业教育与专业教育的融合机制研究”（RK19-11）结项成果。

** **作者简介**：杨清红（1982～　），湖北孝感人，山东政法学院公共管理学院副教授，研究方向为社会创新治理、创新创业教育。

自2001年起，网络学习的发展速度逐渐变缓，部分国家甚至进入下滑阶段，这种耗费巨大的投资、建立在网络平台基础上的教学资源能否更高效地实现预定的教学目标，能否提升学习者的学习效果等，引发了学者和社会大众的反思。“互联网+”与教育能否实现有效融合、如何实现有效融合，已成为最新的研究发展趋势。基于此，本文通过系统梳理混合式教学研究文献，以“互联网+”为研究背景，深入分析混合式教学改革创新的现状和成效，反思教学实践探索中遇到的瓶颈，有针对性地对混合式教学的创新发展提出建议。

## 一、混合式教学创新的研究综述

### （一）国外混合式教学研究

国外学者对于混合式教学的研究起步早，研究问题集中在以下四个方面：

1. 混合式教学的概念界定

“混合式教学”一词是由“混合式学习”（Blended Learning）演化而来。1990年，网络信息技术在西方教育领域得到迅速普及应用，掀起了一股学习E-Learning的网络热潮。2002年，混合式学习的内涵由美国培育与发展协会在《Blended Learning白皮书》中首次发布，将其定义为一种学习方式，即具备实时、面对面特征以及能够实现自我安排的学习方式，并指出网络教学与传统教学一样，都具备实现一定教学目标的功能。其中，网络教学是传统教学的课后拓展与延伸，与传统教育的功能并不冲突，两者虽然在教学形态上具有差异，但无法替代，在不同的教学模块产生不同的功能。这为混合式教学在美国乃至在全世界的应用奠定了重要基础。英国学者哈维·辛格（Harvi Singh）和克里斯·尼德（Chris Need）对混合式学习也下了明确的定义：通过最适当的时间安排，并采用最适当的学习技术，实现最优学习目的的学习方法。还有部分学者认为，混合式教学将传统的教学与计算机辅助教学密切结合起来，避免了原有教学方式存在的缺陷，呈现出的新教学模式，具有明显的教育优势。

2. 混合式教学的模式研究

关于混合式教学模式的研究，学者们提出了多样化模式，如普利姆·瓦利坦（Purnim Valiathan）提出了技能、态度、能力三种驱动模式。美国学者克雷格·巴纳姆（Craig Barnum）和威廉·帕尔曼（William Paarmann）提出了混合式学习的四阶段混合教学，即网络传输、面对面学习处理、解决方案生成和协作延伸学习。约翰·贾格（Johande Jager）从驱动力角度提出了具备翻转、灵活特点的线上驱动、面面驱动等混合式创新教学方式。按照教学产生的形式，又可以将混合式教学分为交替、动态、自我调节以及完全虚拟四种模式。其中，交替模式即让中小学教育机构结合学生特点，交替提供传统教学方式与在线网络教学方式；动态模式则适用于高中以及教育机构的学生，对学生在学习过程的独立自主能力要求较高，让学生可能结合自己的兴趣合理安排学习时间与学习内容；自我调节是在教育机构必修内容基础上的拓展和延伸，学习具在自主选择权；完全虚拟则对网络平台技术与软件的要求相当高，学生的学习内容、与教师和同学间的交流与互动，乃至整个学习过程全部要依赖网络平台和学习软件。①

3. 混合式教学的发展现状研究

国外教育研究者曾对混合式教学的课堂效果与学生反馈结合进行综合研究，指出学生对于这种教学方式的变革持两种相反态度，有积极支持的，也有强烈反对的。其中，对混合式教学持反对意见的学生是中规中矩的，且自主性较差，他们已经习惯教师在课堂上开展的单向知识传递，也习惯于固定设置的教学环境，对于这种新生事物的变革有些担忧。但其中对混合式教学持支持态度的学生，表示喜欢这种教学营造的灵活、适宜的学习氛围，有助于缓解他们的学习压力，更适合他们的学习节奏，便于在学习中发挥、锻炼实践能力。美国教育部曾对混合式教学课堂效果进行过调研，对其教学效果持肯定、赞扬的态度，指出面授教学与网络教学两种形式融合后发挥出的教学效果，远超于原本的单一教学模式。因此，建议根据学校的实际情况以及发展水平，摸索、实践并总结适合自身的教学模式。

4. 混合式教学的影响因素及绩效研究

玛丽亚·艾夫拉姆（Maria Avram）等学者指出，混合教学模式的选择需考虑影响因素，包括主动学习、鼓励强度、合作能力、评价估测以及支撑资料等。② 埃斯拉姆·艾哈迈德（Eslam Ahmed）提出在线课程的丰富性与学习时长是影响混合式教学效果的重要因素。③ 贾拉达特（Jaradat）则认为学生通过混合式教学课堂，可以享有控制自己学习进度、自由选择相关资源、时间安排灵活等权益。④ 凯伦（Karen）和格雷厄姆（Graham）也指出，混合式教学改革提升了教师的重要性，通过课程创新实现师生互动，学生更便于获取知识。⑤ 约瑟夫（Joseph）和诺玛（Norma）在相关学者研究基础上指出，在网络学习经验中，女性受其学习和工作经历的影响更大。⑥

---

① Johande Jager & Gbolahan Gbadamosi.，"Predicting Students's Atisfaction through Service Quality in Higher Education"，*The International Journal of Management Education*，2013，pp. 323-349.

② Costel Iliu Negricea Tudor Edu Emanuela Maria Avram.，"Establishing Influence of Specific Academic Quality on Student Satisfaction"，*Procedia-Social and Behavioral Sciences*，2014，pp. 121-149.

③ Elizabeth A. Gazza & April Matthias.，"Using Student Satisfaction Data to Evaluate a New Online Accelerated Nursing Education Program"，*Evaluation and Program Planning*，2016，pp. 21-38.

④ Ghaith M. Jaradat.，"Internship training in computer science：Exploring student satisfaction levels"，*Evaluation and Program Planning*，2017，pp. 46-49.

⑤ Karen F. Phillips Ed D，MSN，IBCLC，ICCE&Lizy Mathew Ed D，RN，ANP.，"Clinical education and student satisfaction：An integrative literature review"，*International Journal of Nursing Sciences*，2017，pp. 53-61.

⑥ Joseph A. Lin M. D.，M. P. H & Norma Farrow M. D.，"Impact of near-peer teaching rounds on student satisfaction in the basic surgical clerkship"，*The American Journal of Surgery*，2017，pp. 237-249.

### （二）国内混合式教学研究

混合式教学改革在国内尚属于教育学领域的理论前沿，其相关研究起步晚，但也取得了一定程度的进展。

1. 混合式教学基础、概念界定研究

自祝智庭首次将“混合式学习”理念应用于我国教育教学领域以来，该方式就引起了社会各界的广泛关注，其他教育研究者也围绕该理念展开了广泛、深入的研究，主要集中在混合式学习的理论基础、学习手段以及学习价值等层面，涉及混合式教学具体的应用实践则较少。① 何克抗指出，在混合式教学过程中，既要充分发挥教师在整个教学过程中的主导作用（如启发、掌控、引导），又要让学生能充分展现其作为学习过程主体所应有的积极性、主动性与创造性。② 余胜泉也认为混合式教学是通过优化教学环节，使用计算机辅助设备，将线下的传统教学与线上的网络教学直接连接，进行发展性的教学评价，有效地避免了原有教学方式的缺陷，能够取得较好的教学效果。③

2. 混合式教学的模式研究

国内学者从了解、学习混合式教学的理论至逐渐探索出混合式教学模式，经过了数年的实践与创新。李克东等基于混合式教学的理念，对其信息传递方式和教学技术创新进行了整合分析，最后总结出混合式教学的八个环节。④ 章木林依赖信息技术开展的过程性评价，与混合式教学方式进行融合创新，提出双主体式教学法，优化了课堂面授与远程学习以及自主学习的流程，创新了实践型混合式教学模式。⑤ 何克抗也在相关研究基础上，探究了如何创新课堂面授、网络交互式学习与自主学习的关系，重点是研究如何利用媒体技术对混合式教学提供支撑、如何评估混合式教学的效果。⑥

3. 混合式教学的应用领域

混合式教学的应用领域十分广泛，有根据课改规定或人才紧缺的实际情况开展的校企合作的混合式改革，现今又延伸出网络互动式的在线学习等方式。郃金俊对E-learning 软件功能的探究，对教师培训方式的创新等进行了深入分析，发现高校早已广泛采取了混合式学习模式。⑦ 赵可云等结合混合式教学对部分高校如何促进教师专业发展展开了深入的探索与实践；再者是混合式教学的企业培训，国内企业普遍学习国

---

① 参见祝智庭、管珏琪、邱慧娴：《翻转课堂国内应用实践与反思》，《电化教育研究》2015 年第 6 期。

② 参见何克抗：《从 Blending Learning 看教育技术理论的新发展》，《国家教育行政学院学报》2005 年第 9 期。

③ 参见余胜泉、路秋丽、陈声健：《网络环境下的混合式教学——一种新的教学模式》，《中国大学教学》2005 年第 10 期。

④ 参见李克东、赵建华：《混合学习的原理与应用模式》，《电化教育研究》2004 年第 7 期。

⑤ 参见章木林：《信息技术环境下的 ESP＋EGP 混合教学模式探讨》，《西安外国语大学学报》2013 年第 1 期。

⑥ 参见何克抗：《从“翻转课堂”的本质，看“翻转课堂”在我国的未来发展》，《电化教育研究》2014 年第 7 期。

⑦ 参见郃金俊：《职业学校物理教学中混合式学习理念的应用》，《文理导航》2011 年第 6 期。

外的人才培养模式，联合国外培训机构，对员工进行混合式的职业培训，绩效考核等，成效显著。[①] 例如，学者陶丽莎[②]、王雪[③]先后对将培训课程与混合式设计结合，对企业培训的混合式发展展开了探索。

综上所述，国内外相关学者对混合式教学创新改革展开了理论与实践探索，已初步形成了混合式教学模式，并在实践中不断创新、改革。第一，混合式教学的改革与创新重在宏观形式上，微观的实质性研究有待继续拓展。第二，混合式教学的应用领域越来越广泛，由课堂教学至网络课程，再延伸至企业培训等，但每个应用领域的应用实践都没有为教学对象构建开放、互动的学习环境，无法实现从“家庭—学校”或“家庭—企业”的混合创新系统。第三，混合式教学研究的相关领域不断拓宽，其相关文献数量也逐年递增，但关于混合式教学研究中的具体实践研究甚少，尚未建立系统的混合式教学系统，没有详细的、可操作执行的路径，还需要继续将理论与实践密切结合。

## 二、“互联网＋”背景下混合式教学创新的现存问题

混合式教学与“互联网＋”的最佳状态应是相互融合、互为基础。“互联网＋”是混合式教学中借助的工具，而混合式教学是“互联网＋”的产品之一。两者之间关系的协调处理是进行教学改革的前提。但在实践运作中，混合式教学与“互联网＋”表面形影相随，但实质却是貌合神离，未能展现两者融合后的教学魅力。具体问题表现为以下四个方面：

### （一）混合式教学与“互联网＋”貌合神离

混合式教学与“互联网＋”结合的初级形态是将传统的授课方式与多媒体设备结合，借助互联网提升教学质量，基本只做到了“互联网＋教学”，但实质上的教学方法未曾得到改变，致使二者一直处于貌合神离的状态。混合式教学与“互联网＋”结合的高级形态应是遵循互动、共享的核心理念，以互联网解构传统学习模式与教育体制，并且重新制定一套新的教与学互动模式，实现“教学＋互联网”，彻底颠覆传统的填鸭式教学模式。我国现有的混合式教学与“互联网＋”当前属于初级形态，要实现向高级形态的转变，需要革新观念与政策支持，在实践探索中积累经验，促进“互联网＋”与教学改革的深度融合。

### （二）混合式教学与“互联网＋”的融合理念不清、过程单向静止

制约混合式教学全面推进的主要因素是师生的混合式教学理念还不够明晰，如推行混合式教学的真正意义是什么？与高校教育的目标是否一致？教师与学生在这种改

---

① 参见赵可云、陈武成、何克抗：《混合式教师专业发展学校（B-PDS）的思考与实践》，《电化教育研究》2014 年第 5 期。

② 参见陶丽莎：《企业培训中的混合式学习设计研究》，华东师范大学硕士学位论文，2008 年。

③ 参见王雪：《混合式学习在企业培训中的发展研究》，上海师范大学硕士学位论文，2014 年。

革创新中各自能收获什么？在“互联网＋”的信息技术时代，教育者应该如何采用多样化的教学方法和手段，如何培养学生探究问题的能力，都是需要继续明晰的问题。正是无法明晰以上问题，致使混合式教学的过程依然是单向的、静止的，仅仅是知识传递的媒介产生了变化，互动、交流的过程实质未变。[①] 因此，对混合式教学的过程设计中，应增加角色体验、多样化互动、虚拟教学等环节，提升知识的传递效率，避免静止、单向的教学。

### （三）混合式教学的理念不够明晰

制约混合式教学全面推进的主要因素是师生的混合式教学理念还不够明晰。混合式教学理念是顺应时代发展要求而产生的，这种教学理念、教学模式的迅速推广，也让我们开始思考其在“互联网＋”时代的社会意义与存在价值，其被推广的路径、教学目标是否与教育的目标使命相吻合。同时，混合式教学与传统教学的实质差异在哪里？学校、教师以及学生在该模式中获得的最大收益具体体现在信息素养还是学习效率的提升？在“互联网＋”的信息技术时代，教育者应该如何采用多样化的教学方法和手段？如何培养学生探究问题的能力？这些都是需要继续明晰的问题。

### （四）“互联网＋”技术的教学平台、教学能力受限

经过 20 多年的发展，高校信息化建设已站在新的起点向更高水平迈进。目前，各类信息化基础平台已具有一定的普及率，应用效果总体较好，但教学资源及平台建设尚需加强。根据 2017 年中国高校信息化建设调研报告数据显示，调研高校中已建设慕课课程的普通本科高校占比仅为 53.0％，已建设慕课课程的高校占 45.7％。调研高校中已加入平台并进行 SPOC 教学的仅占 15.7％，已加入平台但还没有 SPOC 教学的占 5.3％。[②] 另外，师生在使用平台过程中遭遇技术瓶颈。学校组织定期技术培训以提升教师专业技能的仅占 43.1％。一方面是因为高校自身建设平台低，教师无法提升互联网的教学技术能力；另一方面，互联网平台管理与维护的人员缺乏，设计该平台的企业与高校使用之间也无任何交流，缺乏对高校课堂教学的相关了解。因此，技术传递与平台设计的问题严重影响了混合式教学的发展与创新。

## 三、“互联网＋”背景下混合式教学创新的改革方向

在“互联网＋”的时代背景之下，为继续推进混合式教学改革，整体提升教学改革效果，满足师生需求的增长和高校管理的变化，需要高校、师生、教学共同体的密切合作。[③]

---

① 参见秦楠：《互联网背景下混合式教学模式建构研究》，山东师范大学硕士学位论文，2017 年。

② 参见金智教育研究院：《2017 中国高校信息化建设调研报告》，2017 年 11 月 2 日，http://yjy.wisedu.com/clients_view.aspx?FId=t19：136：19&Id=774&TypeId=136。

③ 参见杨清红：《“互联网＋”背景下混合式教学改革创新研究》，《科学与财富》2020 年第 2 期。

（一）突出网络教学优势

伴随着“互联网＋”时代的到来，信息技术、教育理念、教学模式等因素都直接影响到高校的信息化建设，初级的信息化建设水平已无法满足师生的体验需求，他们期待更加智能化、交互式、实现数据实时共享等特征的信息教学平台。因此，高校亟待加强网络信息建设，在对现有教学资源整合的同时，要充分吸收、利用网络教学开放共享、交互协作、灵活自主等优势，根据不同学科特点、不同层次的学生展开合理、有效的混合式创新教学探索。

（二）培养师生信息素养能力

信息素养是一种对信息社会的适应能力，涉及信息的意识、信息的能力和信息的应用。因此，教学改革效果与师生信息素养水平的高低密切相关。在“互联网＋”背景下推行混合式教学改革的关键，是如何提升师生的信息素质水平。如高校要注重教师内在的专业技能发展，通过教研经费的支撑，组织教师观摩优秀的混合式课堂，鼓励教师自主创新混合式教学方式，将混合式课程尝试带入试点班级，从而再带动整个学科的发展。另外，也可通过开展混合式主题的教研教改活动，邀请校内外教师相互研讨，总结经验，学以致用，通过教师专业化技能的培养去帮助教师实现教学模式的高效转变。

（三）增强自主学习能力

混合式教学虽然具有灵活、方便、跨时空等优势，但同时也对学习者的自主学习能力形成了巨大的压力与挑战。与传统的面对面教学模式相比，混合式教学模式中的网络在线教学部分对学习者自身的分析判断能力与自制能力等要求较高，需要学习者根据自身情况和特点，制订适宜、全面的学习计划，以达到充分、合理分配和利用学习时间。同时，学习者在枯燥的学习内容面前，缺乏全过程的监督与管理，容易掉进与学习无关的网络资源中，降低了学习效率。为避免以上情况的发生，建议学习者邀约同伴制定相似的学习任务计划，通过相互交流、相互监督，共同完成在线学习。

（四）搭建混合式教学共同体

如何构建师生学习共同体，目前已成为国内外学界公认的高等教育教学改革发展中的一个难题。“互联网＋”背景下的混合式教学模式可能就是破解方法之一。混合式教学共同体由不同教龄、不同学科、不同专业背景的教师群体自愿组成，他们有共同的价值取向与事业期许，在工作和学习中一起参与，相互交流，分享经验，探讨问题，尝试从不同学科、不同专业角度去寻求解决问题的方法。搭建混合式教学共同体，与共同的教学意识、教学目标、教学管理方式等是否一致密切相关。因此，在组建教学共同体后，首先要统一教学共同体的教学意识，建立合作共享、创新协作的团队理念，才能积极主动地去改革混合式教学方式；其次要统一教学共同体的教学目标，突破传统教学方式，创新网络互动的混合式教学方式；最后要统一教学共同体的管理方式，通过项目申报、专家咨询、经验交流等方式，提供全方位的理论与实践指导。

“互联网＋教学”的搭配是混合式教学绝佳形态，“互联网＋”背景下混合式教学的改革研究是近年来教学方式变革的研究热点，对于当前高校教学完善、师生的全面发展意义重大。“互联网＋”背景下混合式教学改革目标是要培养出能应对国内与国际竞争的创新型人才。因此，混合式教学中的课堂面授环节是要着眼于培养学习者解决问题和提高逻辑思维的能力，线上自主学习重点是培养学习者的自我管理、资源利用与整合能力，而线上线下之间的师生互动则是提升学习者的语言表达、交流沟通以及合作交际能力。以“互联网＋”为基础开展的混合式教学改革是教学中各要素、资源相互协调、相互作用的过程，通过把握“互联网＋”的时代背景，结合相关的理论基础与建构原则，对现在的混合式教学进行全方位改进，探索出新型的混合式教学模式是其今后改革的重点方向。

# 基于创新创业型人才成长规律的“船舶柴油机”课程体系开发*

吴鹏鹏**

**摘　要**　船舶柴油机不仅为船舶提供动力保证，同时也是船舶电力系统的重要组成部分。根据《海船船员培训、发证和值班国际公约》（简称 STCW 公约）要求，“船舶柴油机”课程作为轮机工程技术专业的一门专业核心课，学生必须高质量地完成学习任务，才能满足海船船员三管轮岗位任职要求。本文针对“船舶柴油机”课程教学过程中存在的主要问题，基于创新创业型人才成长规律，科学合理地优化了教学主线，并借助教学器具的设计、安装、调试和检修四个环节，让学生在动手操作过程中完成学习任务，以点带面、以小见大，引申到船舶的实际工作岗位，取得了较好效果。

**关键词**　船舶柴油机　创新创业　教学改革

高校创新创业教育兴起于美国，后来得到全世界众多国家的认可与推崇。相对而言，英国的创新创业教育发展较为成熟，有学者将成功的经验整理为三个要点，分别是强有力的政策和资金支撑、规范的教育管理机制以及“三阶段”教学手段，即启蒙教育、通识教育、专业教育。国内对创新创业教育的研究始于 20 世纪初，随着国务院办公厅、教育部、国家人社部等政府机构的大力提倡，越来越多的高等院校开始对创新创业的理论和实践进行广泛的研究。从最初的试点教育研究，到最终的创新创业教育体系研究，总体来看，主要集中于五个方面：国外研究现状及其经验介绍、中国创新创业教育的发展及意义、创新创业教育课程体系构建、创新创业教育实践案例研究、人才培养模式优化提升。

在新形势下，随着山东省新旧动能转化重大工程的推进，高职院校作为服务地方经济发展的主阵地，对其创新创业教育提出了更高的要求。关于高职院校培养什么样的人才，如何提高人才培养质量，如何将新技术、新产业、新业态、新模式融入创新

* 本文系山东省高等教育人才研究会 2017 年课题“基于创新创业型人才成长规律的‘船舶柴油机’课程体系开发”（RK17-22）结项成果。

** **作者简介**：吴鹏鹏（1988～　），山东潍坊人，硕士，山东交通职业学院助教，研究方向为现代轮机管理工程。

创业教育，借助创新创业教育的渗透解决专业核心课程教学过程中存在的一些问题，最终助推地方经济发展。这是一项亟待解决的重要课题，也是相关研究领域的空白。

## 一、“船舶柴油机”课程教学过程中存在的问题

### （一）教材选用方面的问题

轮机工程技术专业的学生在毕业时需要考取海船船员适任证书，持证后方可获得职业准入资格。因此，在制订“轮机工程技术专业人才培养方案”时，除了应满足《高等职业院校专业教学标准》的要求，还要满足国际海事组织颁布的《STCW公约马尼拉修正案》和中国海事局颁布的《中华人民共和国海船船员适任考试、评估和发证规则》。对于“船舶柴油机”课程，学生需要掌握理论力学、材料力学、机械机构传动、金属材料及其工艺、船机零件的摩擦与磨损、船机零件的腐蚀及其防护、船机零件的疲劳破坏、船舶柴油机等方面的知识。

目前，部分航海类院校将“船舶柴油机”课程内容拆分为三门课程，分别是“轮机工程基础”“轮机工程材料”和“船舶柴油机”，选用教材各不相同。也有部分航海类院校选择中国海事服务中心编纂的统编教材《主推进动力装置》，教材将考纲前七部分的内容整合为基础的第一篇章，柴油机部分的内容独立为第二篇章，第三篇章为船舶推进动力装置，为后期职业晋升学习提供便利。不管采用何种教材，存在的主要问题仍是教材内容偏重于理论知识的讲解，内容之间缺乏系统性，知识点的连贯性不强，图画、事故案例较少，学习起来较为枯燥。这些都影响了教学效果，导致学生难以掌握，容易遗忘。

### （二）教学方法方面的问题

目前，大部分航海类院校的课堂教学手段还停留在主要依靠课件和黑板阶段，这就限定了教授方法仍主要以讲授法为主。理论课堂的教学过程主要以教师知识点讲解为主，学生被动学习，知识不是从实践中获得，而是死记硬背，船舶的实际应用场景也不清楚。课后学习环节也仅仅是让学生完成相关练习题，没有进行发散思维的训练与拓展，学生体会不到学习的成就感和喜悦感。另外，虽然有些教师已经开展理实一体化教学，但实物主要是大型柴油机构件，拆装不方便、场地设备有限、实训安全压力大，效果并不理想，能开展的理实一体化教学项目也较少。

对于实训课堂的教学过程，主要以教师演示为主，学生以小组为单位，按照实训手册进行训练，对于操作步骤是如何凝练的，学生并不清楚。另外，考虑到设备利用率和实训安全问题，实训教学大多安排在理论教学课程结束后，集中1～2周进行柴油机拆装和柴油机操作训练，这就导致利用理论知识指导实操训练的效果不明显。

### （三）师资队伍方面的问题

师资队伍是学校发展的核心要素，同时也是教育教学质量的重要保障。轮机工程

技术专业的教学师资必须满足《中华人民共和国船员培训管理规则》的最低标准要求，并需要取得交通运输部海事局颁发的师资认证证书。该规则明确要求院校教师须持有高一级的海船船员适任证书，这就意味着职业院校的教师必须具备相应海上资历。然而，具备相应海上资历的人员普遍学历不高，年龄偏大，最终导致师资队伍结构不合理，主要表现在两个方面：一是师资队伍学历偏低，全日制硕士研究生所占比例偏低，主要以本科学历工程学士为主；二是师资水平参差不齐，从事海船船员三管轮教学培训人员须持有海船船员大管轮适任证书。从大学毕业到取得海船船员大管轮适任证书，需要 3.5 年海龄，接近 7 个自然年，长时间处于海上航行，人员对船舶设备较为熟悉，但对教育教学改革比较陌生。对高职教育教学改革较为熟悉的教师，又对船舶工位岗位较为模糊，并且不能满足海事局对教学师资的要求。

## 二、创新创业教育与专业核心课程教学的双促进探究

### （一）创新创业教育的本质

创新创业型人才成长规律的探讨和研究早已有之，主要研究领域有三个方向，分别是：创新创业型人才成长的必备素质、适合创新创业型人才成长的环境条件、高校如何培养创新创业型人才。周其凤在主持的国家社会科学基金一般课题“研究型大学建设与拔尖创新人才培养”中指出：“拔尖创新人才是指，具有高尚品德、博专知识、创新能力，具有明确的目标选择、长期的优势积累和突出的创新业绩，被社会承认的学术、技术、企业和管理等方面具有国际竞争力的创新精英人才。”①

美国教育心理学家布鲁纳认为，教学不能是讲解式的，学生不是被动的知识接受者，而是积极的知识加工者，教师的角色在于创设可让学生自己学习的情境，而不是提供预先准备齐全的知识。在国内，常州大学的邱学华老师提出了“尝试教学法”理论，其基本的特点可归纳为“先学后教”“先练后讲”，即教师先“忍住”不讲，只是提出问题，让学生在旧知识的基础上，自学课本和相互讨论，依靠自己的力量，去试一试，初步解决问题，找到问题所在，最后由教师再作有针对性的讲解。②

随着国家的大力提倡，大部分高等院校均已开设创新创业课程。但从本质上讲，创新创业教育就是一种实用教育，通过学习以期达到自主创业或者带动他人创业。具体来讲主要包含三大要素：创业意识、创业精神、创新创业的能力，而这些都不能脱离专业教育而自成体系，必须借助学生所具备的专业知识储备，而这三个要素也都可以在专业课教育中进行渗透。

---

① 杨栩、管国政：《中国高校本科生拔尖创新人才培养的现状与思考》，《哈尔滨师范大学社会科学学报》2015 年第 1 期。

② 参见邱学华：《一教方法　二育习惯》，《小学数学教师》2020 年第 2 期。

### （二）专业核心课程教学本质

各大高校在确定专业核心课程时，需要经过一个比较复杂的过程。首先，需要开展人才需求调研和专业发展前景论证，通过大量数据资料分析，确定人才培养目标，形成调研报告。其次，要进行岗位群工作内容分析，提炼专业能力和职业素养。最后，进行专业核心课程设置和教学标准的开发。因此，专业核心课程的教学质量直接决定人才培养质量。专业核心课如果只追求岗位需求，容易带来人才能力僵化、人才发展空间狭窄等问题。具体落实到轮机工程技术专业领域，作为专业核心课程的“船舶柴油机”课程，不仅要求学生具备船舶柴油机结构认知和使用与维护能力，还应注意培养学生利用所学的专业技术创造一定的社会价值，将知识转化为生产力的能力。这些都需要创新创业教育的渗透，使教学规律符合创新创业型人才的成长规律，提高学生的综合竞争力。

## 三、“船舶柴油机”课程教学改革思路

本课题针对“船舶柴油机”课程教学中存在的问题，按照“一主线、一优化、六融通”的理念进行课程体系构建，同时注重双创教育和素质教育的融入，以期激发学习兴趣，优化学习方法，提高教学效果，最终培养高素质的海运人才。其中，“一主线”是科学合理的设计教学主线，并设计一套教学器具；“一优化”是利用教学器具，重新优化课堂教学过程，注重“双创”教育的渗透，培养学生创新能力；“六融通”是指“课证融通”“思政融通”“校企融通”“双语融通”“共享融通”和“专创融通”。具体课程改革思路如图 1 所示。

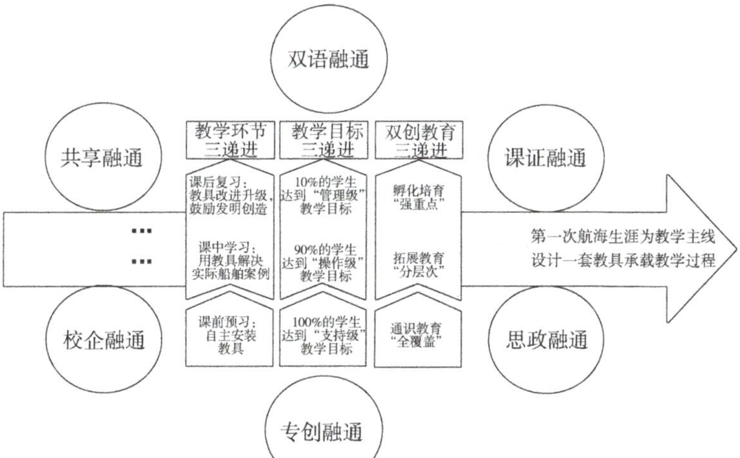


图 1　课程改革思路

## （一）科学合理地设计教学主线

针对课程教材存在的问题，开发活页教材，突破章节限制，重新设计教学主线。后期按照设计好的教学主线，综合考虑工作岗位要求，结合学生基础情况，按照由易到难、由浅入深、实用为主、够用为度的原则，重新设计、编排教材知识点。

1. 基础篇章教学主线设计

对于基础篇章，由于涵盖的内容多而杂，缺乏条理性。在课题研究过程中按照项目导入、任务驱动的原则，以具体设备研发为载体，让学生设计一条简易传送带，将相对独立的理论力学、传动学、材料学、摩擦学、腐蚀学等内容串成线，连成面，实现系统化、规范化。教学内容序化示意图如图 2 所示。

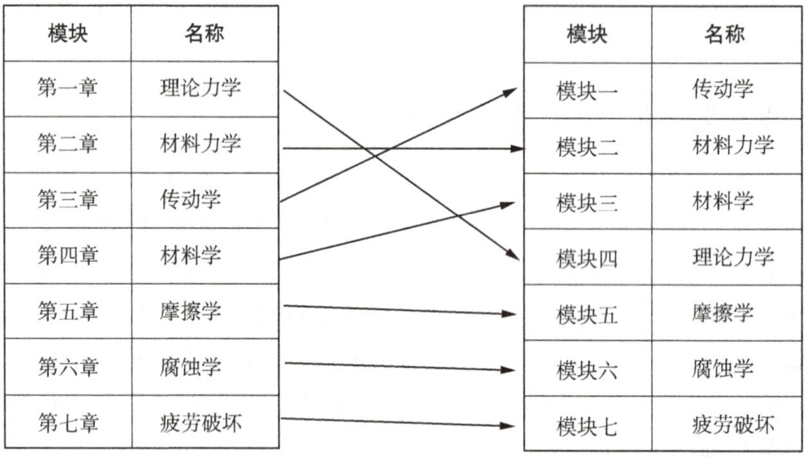


图 2　基础篇章教学内容序化

结合设计好的教学主线，自主研发一套教学器具，在给学生提供相关零件和技术支持的前提下，让学生完成从“设计”到“维护”的整个安装调试过程，具体来讲，分为四个项目：项目一是“设计”，主要对应传动学的内容，包括设计简易传送带、设计自动进料模块、设计间歇运动等教学任务；项目二是“安装”，主要对应材料力学和材料学的内容，包括零件材料的选择、零件尺寸的设计等教学任务；项目三是“调试”，主要对应理论力学的内容，包括论证电机转速和皮带传送速度等教学任务；项目四是“维护”，主要对应摩擦学、腐蚀学、疲劳破坏的内容，包括设备常见故障的维护检修等教学任务。提供的手工制作物件包括：小电机若干、电机固定底座、电池盒若干、电池若干、传动轮若干、吸盘基座若干、橡胶材质的平带若干、橡胶材质的三角带若干、橡胶材质的多楔形带若干、电源线若干。具体教学活动安排如表 1 所示。

表 1　　基础篇章教学活动一览表

| 教学项目 | 教学内容 | 学生活动 | 建议学时 |
|---|---|---|---|
| 设计 | 模块一：传动学 | 让学生设计一条简易传送带，并对设计的简易传送带进行升级，实现防止过载打滑、间歇进料、产品边料自动裁剪、模具自动冲刷、自动打包等功能 | 14 学时 |
| 安装 | 模块二：材料力学 | 对设计好的传送带进行尺寸优化，根据受力情况合理设计各部位尺寸，最大程度地降低设备成本 | 12 学时 |
|  | 模块三：材料学 | 对设计好的传送带进行材料优化，根据使用场景和受力分析情况，对各种零件的使用材料进行论证 | 12 学时 |
| 调试 | 模块四：理论力学 | 对设计好的传送带进行功能优化，根据客户使用要求，调整各部件运行速度，节能减排 | 10 学时 |
| 维护 | 模块五：摩擦学 | 对设计好的传送带进行整体优化，减少无用功的损耗，降低运行功率 | 8 学时 |
|  | 模块六：腐蚀学 | 对设计好的传送带进行使用培训，介绍设备日常维护保养注意事项，增加设备使用寿命 | 6 学时 |
|  | 模块七：疲劳破坏 | 对设计好的传送带进行功能优化，介绍设备日常使用注意事项，减少安全事故发生概率 | 4 学时 |

2. 柴油机篇章教学主线设计

对于柴油机篇章的教学，所有内容构成一个整体，课题按照知识点的应用顺序，以毕业生第一个航次的航海生涯为教学主线，按照时间顺序分成 5 个项目，分别是登船实习、主机备车、运行管理、应急处理、主机完车、进厂坞修。后期按照确定的教学主线重新对知识点进行梳理、分类，注重以职业为导向，每个项目用船舶实际案例为切入点，将教学场所直接转移到实训车间，实现教室中有实训设备、设备旁是教室，最大限度地保证“教、学、做”一体化。另外，在教学过程中要尽可能多地利用信息化技术开展案例教学，在活跃课堂气氛的同时也能够很好地激发学生的学习兴趣，提高了教学的质量。教学内容序化如图 3 所示。

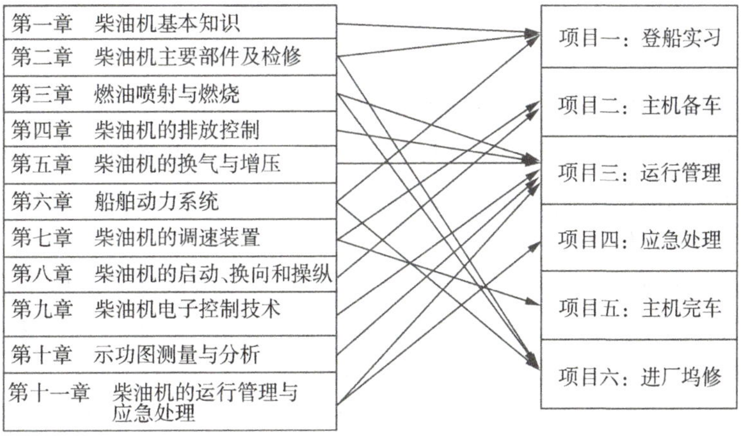


图 3　柴油机篇章教学内容序化

（二）重新优化课堂教学过程

目前，课堂教学过程主要分为三个阶段，分别是课前自学、课中导学和课后助学。在设计好教学主线后，按照创新创业型人才成长规律，将创新创业教育划分为三个层次后对应嵌入三个教学阶段。第一个层次是“通识教育”，对应课前自学和课中导学阶段，面向全体学生，以自主安装教学器具为载体，在开展专业教育的同时引入企业案例，鼓励学生利用所学知识解决企业实际困难，潜移默化地培养学生的创新创业意识。第二个层次是“拓展教育”，对应课后助学阶段，面向创新创业意愿较高、具有一定潜质的学生，通过课后拓展，鼓励学生利用所需知识进行小的发明创造，认知创业过程。第三个层次是“提升教育”，对应课后助学阶段，鼓励学生组队参加创新创业大赛，知识点也不仅仅是本节课的内容，以项目、活动为引导，有针对性地加强对学生创业过程的指导。

职业能力培养是高等职业教育课程建设的重点和难点，也是课程改革的根本。如果仅仅是完成教具的安装，则与实船工作岗位存在一定的脱节。因此，我们设计两条实操主线：课前实操主线是完成教具的安装，课前发布教学任务，课上查漏补缺、解答疑惑；课上实操主线是船舶典型工作任务的认知，将知识点横向迁移，“课证融通，双线并进”，既融入创新创业教育又保证职业综合能力的培养。

通过课堂教学过程的优化，实现“三级递进”。一是教学环节“三递进”：在课前预习环节，学生需要自主安装教学器具；在课中教学环节，依托教学器具展开教学，并能有力突破教学的重难点；在课后环节，对教学器具进行改进升级，鼓励发明创造。二是教学目标“三递进”：根据学生差异化水平，100%的学生完成支持级教学目标，能够考取海船船员机工适任证书；90%的学生完成操作级教学目标，能考取海船船员三管轮适任证书；10%的学生达到管理级教学目标，具备考取海船船员大管轮适任证书的能力。三是“双创”教育“三递进”：结合学生能达到的教学目标，划分为“全覆盖”“分层次”“强重点”三个层次。

（三）注重学生综合能力的培养

一是“课证融通”，将职业素养和实际操作技能深度融合。依托校内建设的山东省船员考试评估中心，将课程质量评价与职业资格证书或技术等级证书挂钩。根据国家教学标准和行业规范，合理调整教学内容。在课程结课后，组织学生考取海船船员三管轮适任证书，以证代评。

二是“思政融通”，突出立德树人、德育为先。在课堂教学中潜移默化地将航海文化融入专业课程教学过程中，通过事故案例、风土人情、职业准则等渗透思政教育，构建了思政教育贯穿人才培养全过程的育人机制。

三是“校企融通”，坚持依托行业、服务企业，聘请行业专家为兼职教师，共同分析岗位需求，提炼专业技术技能，添删优融，共同开发课程，保证所学知识及时更新，校企深度融合。

四是“双语融通”，开展双语教学，培育国际化船员队伍。在课堂教学过程中，不仅仅局限于专业词汇的翻译，通过开展英语案例分析、英语课堂辩论等环节，创新教学形式，切实提升英语水平。

五是“共享融通”，依托信息技术改进教学模式，丰富教学资源。在搭建好课程教学平台后，整合教学软件和社交软件的优缺点，并借助国家级教学资源库，实现两大突破。首先，借助职教云教学平台，将课程网站建设与本专业国家级教学资源库相结合，国家级教学资源库的内容侧重于理论知识的分析，在课程网站建设过程中侧重于收集大量的航行素材和事故案例，两者取长补短，短时间内丰富教学资源。其次，针对社会学员开展线上培训，将需要自主学习完成的内容划分为网络直播和自主观看教学视频，直播的内容实时录屏，并上传至教学网站，学习任务和教学直播通过社交软件完成，教学资料、课后作业、课后测验等教学环节利用职教云教学平台完成。

六是“专创融通”，通过教学器具的合理利用，促进专业教育和创新创业教育的深度融合，注重工匠精神的培养。

## （四）打造高水平师资队伍

良好的师资队伍是培养高素质海员的重要保障，而高素质海员又是船舶安全航行的重要保障，因此应针对不同情况的教师，因地制宜、科学合理地制定教师成长计划，逐步打造一支既有深厚教学基本功、又具有一定海上资历的专兼结合的师资队伍。

### 1. 适当加大政策支持

与普通专业教师相比，轮机工程技术专业的教师需具备一定海上资历，学校应适当加大对轮机工程技术专业教师的政策支持。对于青年教师，拥有较强的理论教学功底，学校可以鼓励其顶岗实习，并为教师顶岗实习提供便利条件和物质支持。一是通过顶岗实习，丰富自身实践经验，可以进一步提升教学水平。二是可以让每位教师带着教研项目去实习，提高其科研水平。三是有利于将船舶最前沿的技术引入课堂，保证所教授知识的适用性、先进性和专业性。对于从事高职教育时间短，而在船舶工作时间较长的技术能手，应加强教育理论素养的提升。

### 2. 以点带面，专兼结合

校内遴选一部分骨干教师，作为专业带头人进行重点培养，在取得一定学术成就后，以点带面，带动整个团队教学水平的提升。另外，必须加强与航运企业的合作，在人员管理方面可以通过双聘双管，引进一部分企业优秀的轮机长作为兼职教师，充实到教师队伍。航运企业也可以发挥自身优势，通过现代学徒制等教学模式，为学生提供实习岗位，在实习期间应配备企业导师，负责对学生进行实习指导和监督检查，以便于学生将理论技能转为实际技能。

## 四、研究意义

### （一）突破职业晋升瓶颈，提高学习效果

本文针对“船舶柴油机”课程中存在的问题查找原因，积极进行课程改革，重新设定教学主线，注重“双创”教育的渗透。学生在课堂中不再是简单地在课本上勾勾画画，而是真正动手去安装教具，在安装教具的过程中掌握所学知识点，变抽象为具体，提高教学效果。通过改革前后的对比发现，学生参加全国海船船员适任证书考试的一次性通过率大幅提升，职业素养有了较大提高，为后期职业晋升奠定了基础。2018 年，学校学生参加海事局适任证书考试中，“船舶柴油机”科目一次性通过率实现 98%，位居全国前列。

### （二）课程教学改革不断深入

通过对教学内容的有序整合，采用“项目导入，任务驱动”的教学模式，让教学过程符合学生的学习规律，提高他们的学习兴趣和学习效果，最终实现“四让”，让每个学生都想学、乐学；让每一个学生都得到主动发展的机会；让每一个学生都能得到全面发展，让每一个学生都有展示创新的舞台。其次，在教学器具设计完成之后，学生在安装教学器具的同时，可以自主完成大部分的教学任务，同时结合现代学徒制的改革试点，理实一体，工学结合。由此，实现教师由经验型、传统型向科研型、学者型转变；实现教师由单纯的知识传授转变为以课堂为主阵地，向课外辐射的网络状情感交流体系，实现教师向“综合素质＋特色”的转变。

### （三）促进高校专业发展

高校创新创业教育研究与实践的重要目标就是缓解就业压力，千方百计地解决大学生就业问题。通过课题的研究，坚持以市场需求为导向，注重问题导向与学科导向的辩证统一，及时调整人才培养方案，保证教授知识的整体性、时代性、开放性，提升高校专业建设水平，助推高校专业发展。

### （四）积极响应国家创新发展战略

在课题研究过程中将创新创业教育融入专业课教育，以创新创业型人才成长规律规划课程改革，通过教具的安装、发明创造的尝试、技能大赛的拼搏，在培养专业技能的同时，又可以培养学生的创新意识、尝试精神、实践能力。鼓励学生尝试自主创业，以创业带动就业，响应国家提出的“中国智造”“万众创新，大众创业”。

### （五）服务区域经济发展

在课程改革过程中，通过实践创新环节，以志愿服务的形式，带领一部分优异学生走出去，开展社会培训，借助“大篷车下乡”“田间课堂”，帮助农民工、退役军人寻找创新创业的突破口。同时，鼓励符合条件的学生以技术入股，借助潍坊市

政策红利，配套资金支持，在校孵化基地进行孵化，组建创新创业教育实验班，形成“导师＋项目＋资源＋文化”的梯队构成，鼓励大学生带着创业项目扎根农村，形成“大众创业，万众创新”的氛围，服务农村振兴战略。目前，针对企业开展技术服务一次，跨校共同开展社会培训一次。

（六）助推航海教育的发展

重新优化课程体系，制定课程标准，开发一系列配套资源，将教学资源上传至学校精品资源共享课建设平台。通过课程改革经验的总结推广，为其他航海类院校进行教学改革提供参考，预计受益学生达3000人左右。

# 实践探索

# 高职院校二级学院混合所有制办学的内部治理结构优化研究与实践*

刘　波**

**摘　要**　2019年《国家职业教育改革实施方案》明确提出，要完善现代职业教育体系服务产教融合发展。山东交通职业学院按照二级学院运行的全要素，发挥校企资源优势，建立了以资源配置和质量保障为重点，以灵活高效为目的的育人机制、用人机制、投入机制、共享机制、变更机制和保障机制等六大运行机制，在国内公办高等院校首创了校企合作股份共建专业的新模式，其研究与实践达到了国内领先水平，其成果可推广到我国同类院校办学体制机制创新、专业建设以及人才培养模式改革，为多元办学格局构建、技术技能人才高质量培养、高质量就业提供了应用标准和范式，为现代职业教育体系建立提供理论与实践依据，为我国高等院校产学融合、校企合作提供了成功范例。

**关键词**　高职　二级学院　混合所有制　治理结构　优化

《国家中长期教育改革和发展规划纲要（2010～2020年）》中指出："坚持教育公益性原则，健全政府主导、社会参与、办学主体多元、办学形式多样、充满生机活力的办学体制，形成以政府办学为主体、全社会积极参与、公办教育和民办教育共同发展的格局。"据此，教育部在国家骨干高等职业院校建设中，将办学体制改革列为高等职业教育改革的首要任务。2019年在《国际职业教育改革实施方案》中指出，要推动企业和社会力量举办高质量职业教育，推动职业院校和行业企业形成命运共同体。① 校企合作股份共建办学是以市场化办学理念为指导，以全新的投（融）资方式为主导，借

---

* 本文系山东省高等教育人才研究会2017年度课题"高职院校二级学院混合所有制办学的内部治理结构优化研究与实践"（RK19-25）结项成果。

** **作者简介**：刘波（1988～　），山东潍坊人，山东交通职业学院讲师、项目办主任，研究方向为航海职业教育教学与管理。

① 参见张红兵、任锋：《新形势下高职院校校企合作的实践困境与策略研究——以河南工业和信息化职业学院为例》，《教育现代化》2019年第6期。

鉴经济领域的股份制理论和实践，利用股份制的方式筹集社会（企业）资金为手段，以合同或契约的形式，将校企双方的资金有效地运用到合作办学的教育活动中，以此带动教育教学管理、学校经营以及教学方式的改革。实行和推广股份制合作办学模式，将可能成为办学体制改革创新的新趋势。合作模式将从契约型的合作转变为按现代企业制度组建股份公司并作为投资主体，由其出面独资办学。①

按照教育部提出的“人才共育，过程共管，成果共享，责任共担”校企合作理念，山东交通职业学院与山东通达国际船舶管理有限公司混合所有制办学特色二级学院，首创了一种国办高等院校与企业采取校企合作股份共建专业的新模式，真正实现了“人才共育，过程共管，成果共享，责任共担”的办学体制，为我国高等职业教育办学体制的创新提供一个可供借鉴和推广的范例；构建了董事会领导下的一种共建专业的管理和运行模式。在师资队伍建设、实验实训条件建设、人才培养模式改革、课程改革与建设、顶岗实习安排、学生对口就业等方面全方位融通，建立一种可供复制或借鉴的办学机制，为专业建设的可持续发展提供了新途径，积累了办学经验。创新实现了校企合作特色的“双主体、三层次、四融通”工学结合人才培养模式和“三线并行、三级递进”的“三线三级”课程体系，为航海类职业教育开辟了一种新的培养模式。构建了一种以合作企业为主的就业新模式，破解了特殊行业学生顶岗实习难、就业难的瓶颈。“校企融通，全程合作”的育人模式，构建了一种以学校和企业双主体的校内课堂、船上实践、对口就业的新模式，为高等职业教育办学体制的创新提供一个可供借鉴和推广的范例。②

## 一、混合所有制办学特色二级学院的可行性研究

### （一）混合所有制办学特色二级学院的背景

1. 混合所有制办学国外研究现状

从世界职业教育的发展历程来看，各国在职业教育的发展过程中逐步探索出各自行之有效的发展之路，其中产学研结合、校企合作被公认为是职业教育人才培养的有效途径。③

德国“双元制”模式。“双元制”职业技术教育为德国的经济社会培养了大批各种层次、各种类型的技术人才。在“双元制”模式中，企业要按给予学校的财力支援比例来分享教育成果，学校要通过培养企业所需人才来接受企业的资金援助。政府设立产业合作委员会，对企业和学校双方进行监控，对与学校合作的企业给予一

① 参见陈光：《高职教育校企股份合作办学的探索与实践》，《中国职业技术教育》2011 年第 33 期。

② 参见刘映华：《创新办学体制　校企共建双赢——青岛港湾职业技术学院校企合作回望》，《现代教育》2012 年第 1 期。

③ 参见谢宝智：《高职院校与小微型企业的产学研合作分析》，《浙江交通职业技术学院学报》2015 年第 1 期。

定的财政补偿。[①]

英国“工读交替”模式，也称“三明治”学制。在正规学程中，安排工作学期；在工作学期中，学生是以“职业人”的身份参加顶岗工作并获得报酬。实践证明，这一模式有利于学生更好地理解理论知识，掌握生产技巧和生产过程中较为重要的管理知识，熟悉自己所从事的生产活动在整个生产过程中的地位及其前后衔接的生产程序和关系。

澳大利亚“TAFE”模式。“TAFE”模式是政府主导、企业行业合作、教育和培训标准统一，主要以职业教育与培训为主的教育；是一个面向职业资格准入，融合职业资格和职业教育，强调终身教育培训，充分体现以“能力本位”为特点的职业教育模式，为培养实用型应用人才提供了强有力的保证。

日本“产学合作”模式。日本高等教育阶段的产学合作主要为：产业界向高校提供资助或捐赠，还有一些企业对在校学生提供“奖学金”，以吸引学生毕业后到企业服务和发展；企业与高校在人员上互相交流；企业委托高等学校搞科研项目；企业为高等学校学生提供实习场所；企业在大学建立“共同研究中心”。[②]

以上国家的校企合作办学模式的共同特征为：拥有完备的职教法规，企业全程参与办学，有政府财政和政策的积极支持。各国政府所采取的优惠政策或规定性政策，鼓励和促进了社会各界尤其是企业界积极支持和参与职业教育，形成了开展校企合作的动力机制。[③]

2. 混合所有制办学国内研究现状

我国教育股份制办学，开始于1997年浙江台州地区椒江市（今为椒江区）的教育股份制办学。关于教育股份制的内涵，靳希斌等给出的界定较为典型，指以入股融资取得社会资本的使用权，以持股份额分配利益和承担风险，以招聘名校长，实行科学化管理，进行教育教学活动的一种制度。[④] 目前在我国教育领域内的股份制办学形式，呈现出如下几个特点：

第一，从教育股份制兴起的原因来看，教育需求的扩大与教育投资的不足是其诞生的主要原因。由于我国财力对教育投资有限，国家政策对社会资本进入教育领域提供了良好的支持，一些以中小规模的个体经济为主体的社会资本就聚集起来进行教育投资。

第二，从教育股份制实施的范围来看，主要集中在民办学校。台州书生教育实业有限公司是比较典型的民办教育股份制。此外，也有些公立高校正在尝试，如上海师范大学奉贤校区，陕西师范大学国际商学院亦是按照股份制经营的二级学院。这是在

---

① 参见鲁立：《高职院校在校企合作中存在的问题及对策》，《教育与职业》2014年第33期。

② 参见常万顺、汤剑：《民办应用型本科院校校企合作的思考——以机电工程学院实验中心为例》，《课程教育研究》2019年第31期。

③ 参见贾涛：《校外实训基地建设策略研究》，《陕西教育》（高教版）2008年第10期。

④ 参见成长群、万玲莉：《地方公立高校能否实行股份制改革的标准和依据》，《湖北社会科学》2008年第5期。

普通本科教育层次上实行的股份制。

第三，从教育股份制管理模式来看，以公司制模式为主。多数股份制学校采取公司制管理模式，其管理系统由股东大会、董事会、监事会组成，实行董事会领导下的校长负责制。股东大会由全体股东组成；董事会由股东代表组成；监事会由股东代表和教师代表组成，监督董事会运作，对股东会负责。

第四，从教育股份制办学收益分配来看，以按股份额分配股息的形式为主。在办学收益分配环节，股东可以提取一定的股息。另外，根据办学效益的好坏、学校积累的多少，按照股东持股比例进行股权摊分。

第五，从教育股份制遵循的原则来看，奉行市场化原则。股份制学校是运用市场价值（策略）来管理及“经营”这些学校的，采取自负盈亏的市场管理原则，讲求市场主导课程，追求院校创收，强调办学效益，而国家作为教育提供者的角色减弱，这些都是教育市场化的表现。①

目前，各地以推进政府统筹、校企合作、集团化办学为重点，探索部门、行业、企业参与合作办学，积极开展委托培养、定向培养、订单式培养，深化工学结合、弹性学制、工学交替式教学等多种形式的改革如火如荼。但目前在国内，企业深度参与、以培养企业所需求的高素质职业人才为目的的股份制合作办学尚未出现。

（二）混合所有制办学特色二级学院的研究意义

高职教育校企股份合作办学模式的核心内容，是以非政府性质的民间资金筹措和运作方式，实行学校资产所有权与学校经营管理权相对分离。这是一种办学体制的创新，具有以下显著优势：

1. 校企股份共建的学院具有相对独立的管理权，保证了共建学院按照教育规律自主办学。共建学院拥有自主经营的权力，有自己的教育理念、教学方法、管理手段，不受企业的限制；共建学院接受学校（投资方）在业务上的指导，遵循高等职业教育的规律，不断提高办学质量。

2. 校企股份合作办学实现办学主体的多元化，有利于筹集办学资金。办学经费紧张是高等职业教育面临的共同难题，我国教育投入占国民生产总值的比例一直较低。《国家中长期教育改革和发展规划纲要（2010～2020年）》中提出“政府主导、社会参与、办学主体多元、办学形式多样”的办学体制，通过鼓励企业参股的形式投资高等职业教育，不失为一种积极的举措。通过政府资助投入、股东投入、学生学费和社会捐助等多种形式，为股份合作共建学院提供了稳定的资金来源。

3. 校企股份合作形式是在市场经济体制下的校企利益共同体，共建学院可持续发展有保障。企业通过设备、场地、技术等形式参与股份，让企业拥有共建学院的一定

① 参见成长群、万玲莉：《地方公立高校能否实行股份制改革的标准和依据》，《湖北社会科学》2008年第5期。

比例的股份，使学校与企业的联系更加紧密。校企双方在人才培养、专业建设、顶岗实习、学生就业和科技服务等方面有着广泛的利益共同点，因而能够实现深度融合。

4. 采取混合所有制办学特色二级学院的形式，可增强了学校的办学实力和社会竞争力，更好地服务于地方经济。通过校企股份合作的模式，学校在短期内实现了专业的拓展，实现了“水陆并举”的发展战略，更好地服务于山东半岛蓝色经济区的建设。通过办学体制的改革创新，能进一步发挥山东交通职业学院作为山东省高等职业教育示范院校的示范性作用。①

（三）混合所有制办学特色二级学院合作方式研究

1. 混合所有制办学特色二级学院合作方式的选择

按照教育部提出的“人才共育，过程共管，成果共享，责任共担”校企合作理念，调研相关学院合作办学模式，经山东交通职业学院和山东通达国际船舶管理有限公司协商，决定采用股份制合作共建航海类专业，办学经费按股份制筹措：学院投入股份51％；公司投入股份49％，收益按股份分享。

2. 混合所有制办学特色二级学院的办学机制

根据我国《教育法》《高等教育法》《民办教育促进法实施条例》的有关规定，参照法人合伙股份有限责任公司的成立程序和规范，双方共同投资成立股份形式的山东交通职业学院航海学院，共同组建董事会，设董事长1人、副董事长1人，设秘书长1人。

董事会决定聘任航海学院院长人选，聘期3年。航海学院设航海学院院长、党总支书记、教学干事等管理人员总计11人。航海学院各专业成立专业建设委员会，在整个教学过程中实行“人才共育，过程共管，成果共享，责任共担”的办学机制。

3. 混合所有制办学特色二级学院的运行模式

航海类专业按船员教育与培训质量管理体系的要求组织教学和管理，包括内部机构的设置与质量管理体系的运行。②

在人员管理方面，航海学院实行董事会领导下的院长责任制。董事会为航海学院最高决策机构。在师资队伍方面，航海学院教师由双方选派，并向社会公开招聘，所有工作人员按照聘用制度由航海学院管理。在专业设置与招生方面，山东交通职业学院支持航海学院优先申报、开设航海类专业，在统一招生。在人才培养方面，由航海学院拟定人才培养方案；由山东通达国际船舶管理有限公司提供优质师资和实训条件。在实习与就业方面，山东通达国际船舶管理有限公司负责学生的上船实训、毕业顶岗实习和就业工作；山东交通职业学院协助实现招生、教育、就业一条龙服务。

---

① 参见陈光：《高职教育校企股份合作办学的探索与实践》，《中国职业技术教育》2011年第33期。

② 参见谢林、阙小平、仲甜甜：《高职院校教学诊断与改进工作的研究与探索——以海南科技职业学院航海类专业实施船员教育与培训质量管理体系的实践为例》，《教育现代化》2018年第28期。

混合所有制办学特色二级学院，实现了办学主体的多元化，有利于筹集办学资金，使学校与企业的联系更加紧密，企业成为学校发展的坚强后盾。实现了在市场经济体制下的校企利益共同体，企业通过设备、场地、技术等形式参与股份，校企双方在人才培养、专业建设、顶岗实习、学生就业和科技服务等方面有着广泛的利益共同点，使得共建学院的可持续发展有保障，可实现“你中有我，我中有你”的深度校企融合，能使“人才共育，过程共管，成果共享，责任共担”理念得以充分体现。通过办学体制的改革创新，能进一步发挥山东交通职业学院作为山东省高等职业教育示范院校的示范性作用。因此，采用混合所有制办学特色二级学院，能适应市场经济，并符合山东交通职业学院、山东通达国际船舶管理有限公司的需求与航海学院的发展需求，是完全可行的。

## 二、建设高职院校二级学院混合所有制办学的内部治理结构优化研究与实践

### （一）构建混合所有制办学特色二级学院的体制机制

按照教育部提出的“人才共育，过程共管，成果共享，责任共担”校企合作理念，在人才培养模式改革、课程改革与建设、师资队伍建设、实验实训条件建设、顶岗实习安排、学生对口就业等方面全方位深度融通，建立一种可复制、可借鉴的办学机制。

1. 签订混合所有制办学特色二级学院协议

以人才培养为依托，以校企双赢为基本目的，以股份制合作办学为主要形式，经充分调研潍坊华洋水运学校、潍坊海运学校、上海师范大学、台州书生教育实业有限公司、湖南托普信息职业技术学院、东方领航教育集团、南通理工学院等学院的股份制合作办学模式。经学院和山东通达国际船舶管理有限公司协商，并报学院党委同意，签订股份制合作共建航海学院协议，初步确定共建航海类专业的合作形式、资金来源、举办地点、主要业务、运营方式、财务管理等合作方式。

2. 组建混合所有制办学特色二级学院董事会

参照调研的潍坊华洋水运学校、上海师范大学、台州书生教育实业有限公司、湖南托普信息职业技术学院、陕西师范大学国际商学院等股份制办学模式与东方领航教育集团、南通理工学院等专业共建、深层合作的混合制办学模式及董事会运行情况，经山东交通职业学院和山东通达国际船舶管理有限公司协商，并报山东交通职业学院党委同意，成立航海学院董事会。

3. 制定混合所有制办学特色二级学院董事会章程

为共建航海学院，形成“人才共育，过程共管，成果共享，责任共担”的紧密型合作办学体制机制，经董事会议，特制定股份共建专业董事会章程，明确董事会的性质、组织机构与职责。

4. 进一步签订混合所有制办学特色二级学院补充协议

根据双方筹建的航海学院的专业设置、招生、船员培训资质规模情况以及确定的董事会的性质、组织机构、职责、运行方式、财务管理等情况，为进一步明确双方权利与义务、理顺航海学院的工作机制，发挥联合办学的机制优势，经充分协商，签订校企合作股份制合作共建航海学院补充协议。协议进一步明确双方管理模式、双方投入、人员管理、师资队伍的建设、财务收入与支出管理；确定双方义务，由山东交通职业学院提供办学环境，负责招生与管理；山东通达国际船舶管理有限公司利用自身举办航海培训教育的优势，主动参与航海学院专业教学，为提高航海学院的教学质量提供支持。

5. 建立混合所有制办学特色二级学院的运行机制

在股份制合作方面，校企合作双方进一步共同对合作运行机制进行完善，在师资队伍建设、实验实训条件建设、课程建设方面全方位融通，健全教学质量为主导的相关运行制度，建立了一种可供复制或借鉴的办学体制。

（二）建设混合所有制办学特色二级学院的人才培养模式

1. 组建混合所有制办学特色二级学院的专业建设指导委员会

针对高职教育加强社会横向联系、为专业建设和培养具有高职特色的学生服务的原则，经校企合作股份共建山东交通职业学院航海学院董事会研究决定，组建由航运企业专家、高级技术人员和专业带头人等在内的股份共建航海技术、轮机工程技术专业建设指导委员会，定期召开会议，研究专业建设的相关问题，紧跟行业发展，指导专业建设，实现校企合作的深度融合。

2. 优化混合所有制办学特色二级学院人才培养方案

在专业建设指导委员会指导下，通过与山东通达国际船舶管理有限公司合作进行专业调研、岗位分析，将职业能力培养、素质养成贯穿于人才培养全过程，校企合作优化培养方案。将人才培养方案制订程序纳入船员教育和培训质量体系，生成人才培养方案制订程序，动态调整人才培养目标，规范人才培养方案的制订与修订工作，使其满足 STCW 公约马尼拉修正案、国家海事机关颁布的有关适任标准和企业对职业人才的培养要求；满足教育主管部门的相关法规和要求。

3. 制定混合所有制办学特色二级学院“双主体、三层次、四融通”的人才培养模式

根据船员职业能力培养要求，拓展股份制合作企业山东通达国际船舶管理有限公司的船上课堂，制定了实现山东交通职业学院和山东通达国际船舶管理有限公司下的双主体教学；按照从支持级、操作级到管理级三层能力递进的船员岗位晋升及人才成长规律，构建以能力培养为主线的课程体系；实施“校企融通，课证融通，学做融通，陆海融通”的育人计划，制定了“双主体、三层次、四融通”工学结合的人才培养模式。

4. 制定混合所有制办学特色二级学院的“教学做”一体教学模式

制定实施基于典型工作任务的“教学做”一体教学模式，在一体化教室完成基本知识和基本技能的学习和训练后，通过组织学生到山东通达国际船舶管理有限公司船上参观见习，到一体化教室阶段训练，到山东通达国际船舶管理有限公司船上顶岗实习等，实现与岗位的零距离对接。在课堂教学过程中，根据具体课程的特点，探索实施“项目导向，任务驱动，分组讨论”等集“教学做”于一体的教学方法。

5. 构建混合所有制办学特色二级学院的质量监控与保障体系

为了更好地履行STCW公约马尼拉修正案及新生效的一系列的法规，确保船员教育和培训质量，深化“校企合作，股份共建”的运行机制，充分利用学校、企业办学的各自优势，根据国家和国际有关航海教育方面的强制性法律、法规的现行有效版本《中华人民共和国船员教育和培训质量管理规则》和《中华人民共和国船员教育、培训和船员质量管理体系审核实施细则》以及《中华人民共和国交通运输部令》2009年第10号文件等有关精神，开展专业市场调研，动态调整人才培养目标和人才培养方案，优化专业课程体系，序化课程内容，加强教学实施、过程管理和考核评价等教学运行与质量监控，将办学机制纳入航海类专业的质量监控与保障体系，即船员教育质量管理体系文件。①

（三）构建混合所有制办学特色二级学院的课程体系和核心课程

1. 构建混合所有制办学特色二级学院的“三线并行、三级递进”的课程体系

参照中华人民共和国海船船员适任考试和发证规则，引入国际化的行业企业标准，构建了以职业能力培养为核心，基于船员综合素质、专业知识和职业专项技能的“三线并行”，同时兼顾岗位能力的“三级递进”的“三线三级”课程体系。

2. 混合所有制办学特色二级学院的核心课程建设及教学单元设计

充分发挥混合所有制办学特色二级学院的优势，在专业建设指导委员会指导下，引入山东通达国际船舶管理有限公司航海类岗位标准，参照国际化船员职业资格要求，融入航海类岗位职业规范，校企合作根据实船工作过程与工作情境，改变传统授课内容的组织与顺序，以船舶日常驾驶、维护、保养工作过程为主线，通过设计一系列“项目”，完成与实船工作过程相同的一系列工作任务，使教与学有载体。

3. 建立混合所有制办学特色二级学院课程考核机制

引入行业评价机制，专业核心课程全部实行校内考核和行业评价相结合的“双考”制。学生除参加学期末的课程考试外，由学院组织学生按教学进程，参加海事局组织的船员适任证书考试和技能评估，并以海事局考试中心的理论考试和海事局外派山东通达国际船舶管理有限公司评估员进行的评估考试作为对学生的行业评价结果。改革

① 参见曹青、吕颖、张振运：《航海职教培训质量评价标准与指标体系研究》，《天津职业院校联合学报》2015年第4期。

校内考核形式，建设航海类专业核心课程电子题库，引入计算机自主阅卷系统，实现教考分离。[①]

（四）建设混合所有制办学特色二级学院的师资队伍

1. 建立混合所有制办学特色二级学院师资队伍

充分运用股份制专业的灵活机制，通过积极引进山东通达国际船舶管理有限公司具有丰富远洋航海资历的管理级船员，经过培训后充实师资队伍，建成稳定的兼职教师资源团队。同时，加强兼职教师培训，使其及时熟悉教师基本业务，将丰富的实践经验融入教学中，提升教学能力，打造了一支结构合理、能够满足本专业国际化高端技能型人才培养需要、具有国际化视野的双师型师资队伍。

2. 提升混合所有制办学特色二级学院教师双师素质

分学期有计划地派出持有适任证书的教师到合作企业上船顶职，跟踪专业技术发展方向，及时更新教学内容。同时，对非航海专业背景的人员（包括学生管理人员、教学辅助人员）鼓励参加船员专项培训获取相关证书，具备上船资格。所有专业教师在 5 年内累计有不少于 1 年的船舶实践经历，整体提升了航海教育师资队伍的专业理论与实践教学能力。

## 三、混合所有制办学特色二级学院的实践效果

（一）混合所有制办学特色二级学院实践的创新点

1. 提出了“股份共建，决策共商，人才共育，成果共享”的校企合作新理念

为破解校企合作、产教融合不深入的难点，探索建立以股权为纽带的校企合作新形式，借鉴经济领域股份制企业组建的理念，按照“共商、共建、共育、共享”的校企合作新思路，2009 年校企股份共建了特色二级学院——航海学院，继而完善并提出了校企合作的新理念，构建了校企合作命运共同体，实现了校企合作理念的突破。

2. 创建了“学校主导，多元投入”的办学体制和完善的内部运行机制

参照股份制企业的组建模式，以资本、技术、管理等要素参与办学，并享有相应的权利，建立以股权为纽带的办学体制，既坚持了学校在办学中的主导权和控股权，又保障企业方的参与权，并以股权确定办学权和收益权。建立了董事会领导、监事会监督、二级学院院长负责的治理结构，建立了双主体育人、师资聘用、经费投入、利益共享、股权变更和质量保障六项运行机制。

3. 创新搭建了校企“共商、共建、共育、共享”的合作育人平台

按照“共商、共建、共育、共享”的原则，组建了山东航海职业教育协同发展联

---

① 参见吴峰：《基于 STCW 公约马尼拉修正案要求的〈船舶电气与自动化〉课程教学改革研究》，《武汉船舶职业技术学院学报》2014 年第 2 期。

盟，搭建了合作育人平台。校企股份共建了航海技术等三个专业，共同实施双主体育人，共同开发专业核心课程，开设“船上课堂”，采用“双向顶岗，薪酬置换”的方式共育师资，股份共建山东船员考试评估中心等校内实训基地，实施船长导师制共育学生，实现了企业全要素深度参与人才培养，解决了企业紧缺的技术技能型航海人才，实现了“人才共育，成果共享”。

（二）实践应用效果

1. 校内推广，成效显著

在校内推广应用至物流管理、云计算技术与应用和计算机应用技术 3 个专业，先后与北京络捷斯特科技发展有限公司、南京第五十五所技术开发有限公司、山东柏瑞科技有限公司共建了长风物流学院等 3 个股份制二级学院，引入社会资本 3000 余万元。

2. 示范辐射，推广交流

本成果得到了教育部、山东省教育厅等主管部门的高度关注，全国高等教育研究会潘懋元教授课题组对我校股份制共建专业、共育师资等做法给予肯定。将本成果在全国交通教育研究会、山东省船员服务协会等进行了交流，《大众日报》等 10 余家媒体进行了报道。贵州省教育厅、广东机电职业技术学院等 50 余所院校和单位来校考察学习，借鉴本成果，潍坊职业学院等建立了股份制形式的特色二级学院。

## 四、结语

通过混合所有制办学特色二级学院，山东交通职业学院与山东通达国际船舶管理有限公司建立了市场经济体制下的校企利益共同体。因此，校企双方在人才培养、专业建设、顶岗实习、学生就业和科技服务等方面实现了“你中有我，我中有你”的深度校企融合，“人才共育，过程共管，成果共享，责任共担”理念得以充分体现。采取混合所有制办学特色二级学院的形式，可增强学校的办学实力和社会竞争力，更好地服务于地方经济。通过校企股份合作的模式，学校在短期内实现了专业的拓展，实现了“水陆并举”的发展战略，更好地服务于山东现代海洋产业的高质量发展。

# 创新性应用型人才思想政治教育研究

## ——以艺术设计专业为例*

牛序茜**

**摘　要**　应用型大学培养的人才具有鲜明的职业化特点。思想政治教育要培养学生适应社会发展需要的综合能力，以最终实现学生学会做人、做事，学会学习、合作为目的。本研究以济南、青岛、烟台、淄博、聊城五市的10所高校为调研样本，通过对调研数据的分析，发现目前应用型大学的思想政治教育育人模式存在三个方面的突出问题。以实证方式进行论证后，提出应用型大学创新性人才思想政治教育的有效路径。

**关键词**　应用型　创新性　人才思想政治教育

2015年，教育部、国家发改委、财政部联合印发的《关于引导部分地方普通本科高校向应用型转变的指导意见》（教发〔2015〕7号）明确指出，各地高校应“紧紧围绕创新驱动发展、中国制造2025、互联网+、‘大众创业，万众创新’‘一带一路’倡议等国家重大战略，找准转型发展的着力点、突破口，真正增强地方高校为区域经济社会发展服务的能力，为行业企业技术进步服务的能力，为学习者创造价值的能力”。2016年12月，习近平总书记《在全国高校思想政治工作会议上的讲话》中强调：“高校思想政治工作关系高校培养什么样的人、如何培养人以及为谁培养人这个根本问题。要坚持把立德树人作为中心环节，把思想政治工作贯穿教育教学全过程，实现全程育人、全方位育人，努力开创我国高等教育事业发展新局面。”①《国务院关于印发〈中国制造2025〉的通知》和《中共山东省委办公厅、山东省人民政府办公厅关于推进高等

* 本文系山东省高等教育人才研究会2017年度课题“创新性应用型人才思想政治教育研究”（RK17-9）结项成果。

** **作者简介**：牛序茜（1964～　），山东济南人，山东工艺美术学院造型艺术学院党总支书记、教授，研究方向为思想政治教育。

① 习近平：《在全国高校思想政治工作会议上的讲话》，2016年12月10日，新华网，http://www.xinhuanet.com/politics/2016-12/10/c_1120090838.htm。

教育综合改革的意见》等文件都就高等教育适应国家发展、培养符合社会需求的合格人才提出了要求。有效提高大学生创新创业能力，培养新时代创新性应用型人才，是应用型高校适应国家发展需要尽快解决的问题。然而，就目前我国地方应用型高校的办学理念、办学特色、人才培养效果来看，在人才培养过程中，思想政治教育没有起到应有的作用和应该达到的效果。“艺术设计专业思政育人”课题组以山东济南、青岛、烟台、聊城、淄博五市的10所高校（山东师范大学、齐鲁工业大学、山东工艺美术学院、山东艺术学院、青岛大学、青岛科技大学、鲁东大学、烟台大学、聊城大学、山东理工大学）为调研目标，选取艺术设计专业教师和学生、教学管理人员、学生工作者为调研对象，就应用型高校（专业）思想政治教育协同育人分别设计调查问卷。问卷设计了六个方面的指标，就学校对思想政治教育的重视程度、思想政治理论课教学方法、专业课教学融入思想政治教育、教师育人职责、思政课教师队伍建设、学生对思想政治教育的认识、校园环境氛围、第二课堂活动、社会实践、实习实训等44个问题进行调查。每所学校均选取思政课教师、专业课教师、教务管理人员、学生辅导员、大三学生现场填写问卷，组织现场访谈，以实证方式获得调研结果。调研共发放问卷1400份，回收1359份，有效问卷1358份，有效回收率为97%。经检验，问卷内部的一致性和稳定性良好，相关量表均具有较高的效度，能够较为准确地反映调查对象的现实状况。问卷数据通过Epidata软件录入数据库，采用SPSS 23软件进行统计分析。结果显示，调查的10所高校中，教师和管理人员普遍对“95后”大学生的思想政治教育感到难度大。无论是教师还是管理人员，对所在学校的思想政治教育效果满意度不理想，尤其对思想政治理论课教学效果满意度较低；对全员育人认同度较高，但是对全员育人的效果评价不高。学生对思想政治教育的必要性、重要性以及对当代中国高等教育人才培养的积极意义均获得高度认可，但是对思想政治教育的方法却不尽满意，对多种方式参与社会实践有着较多期许。

## 一、应用型高校思想政治教育现状

顺应国家发展需求，应对“双一流”大学建设的机遇与挑战，应用型高校应该准确定位学科未来发展方向，培养与民生需求对接的多样化应用人才。明确学校办学特色定位，艺术设计专业以解决好“培养什么样的设计师”作为核心问题。对调查样本的分析显示，目前应用型高校（艺术设计专业）的思想政治教育普遍表现为顶层设计不足，很多学校没有形成“大思政”协同育人的环境，专业课教学中思想政治教育缺位，思想政治理论课主阵地育人方法守旧，实践育人总体不足，学生创作缺少鲜明的个性。思想政治教育育人模式存在的突出问题，不适应培养创新性人才的要求，这主要表现在以下四个方面：

### （一）顶层设计不足，专业课教学缺少思想政治教育内容

调查显示，在学生群体中，30.47%的学生认为学校对思想政治教育工作的重视程

度对自己的价值观有影响；67.8%的学生认为需要加强思想政治理论培养；46.07%的学生认为很有必要加强马克思主义理论教育。在教工群体中，89.78%的教师和管理人员认同“高校各门课程都具有育人功能，所有教师都负有育人职责”；94.18%的教工认为加强高校思想政治教育对提高学校教育教学质量有关系。准确定位是应用型大学办学成功的战略基础，也关乎学生未来的发展方向。受调查高校都把思想政治教育列入学校党委工作日程，明确党委书记是第一责任人，制定了相关工作制度和要求。但是，绝大多数学校对专业课教师在专业课程中进行思想政治教育没有明确要求，专业课教师在授课过程中贯穿思想政治教育变得可有可无，没有制定相关制度，也没有质量考核体系。同时，专业课教师入职以后，其思想政治理论素养的提升无从考察，教师在对学生进行专业技能训练和专业知识传授过程中缺乏主流意识形态的指导作用，难以满足创新性人才对思想上的引领需要。在人才培养方式上，大部分学校实行封闭为主的培养过程，使应用型人才的思想政治教育与社会需求严重脱节，学生在宏观上把握理论知识并综合运用于实际中的能力欠缺。

（二）教育方法传统，思想政治理论课教学手段缺少创新

思想政治理论课教学是对学生进行思想政治教育的主阵地。47%的学生认为所在学校思想政治理论课的教学效果一般，认为思想政治理论课教学内容陈旧、缺乏新意的学生约占57.43%。57.22%的教工认为学生不喜欢上思政课，63.41%的问卷反映许多高校思想政治理论课有学生旷课现象，故64.87%的教工对思想政治理论课教学效果的评价一般。调查发现，样本学校都能够按照国家规定开设思想政治理论课，教材使用规范，教师经验丰富，教学态度、教学水平都被学生认可。而且大部分学校的思想政治理论课都安排了一定的实践学时，但是由于教学班学生人数较多、课堂互动环节受限、实践学时偏少、学生理论学习与实践操作相结合不足，学生学以致用难以落到实处，思想政治教育主阵地的教育效果不理想。调查显示，51～120人的思政课中班教学占到被调查样本的37.06%，120～200人的大教学班占19.72%，200人以上的超大教学班仍有10.25%。大班制教学使得课堂授课师生互动受限，实践教学组织困难，教学方法难以创新。

（三）忽视实践育人，思想政治教育缺少实践

参与实践能够使学生对社会有更加深刻的理解，也能够在就业时更快地融入社会。调查发现，大部分学校都开展了丰富多彩的第二课堂活动，并且有学生工作者进行指导，这种情况占样本的53.94%；64.52%的教工认同开展第二课堂活动；大部分学生管理人员认为第二课堂是第一课堂的延伸，有助于提高学生人际交往和沟通能力，持这一观点的在五个选项中占比最多，占23.6%。调查显示，虽然80.39%的学校拥有校外实践基地，但是仍有9.61%的学校没有校外实习基地；有的学校虽有校外实习基地，但是实习基地不固定或者没有建立起长期良好的合作关系，无法满足教学需要。

因为缺少社会实践基地，学生不能经常进行真正意义上的社会实践。调查还显示，学校对学生实习状况的评估贯穿全过程，进行定期检查，并有较大规模的中期检查与最终评估的占56.1%；在学生实习后能组织工作小组阅读学生的实践记录及评价报告，并能给出较全面的实习效果评估指标和单位盖章，对学生实习进行多方面综合量分的占55.66%；指导老师在实习过程中与学生始终保持交流的占53.37%。实习单位在实习过程中关注不同实习生的进展程度、听取学生意见、适当调整实习教学计划的占59.16%。学生如果不能有效对应社会需求进行实践，就无法了解和适应社会对人才的要求，导致创业能力和适应社会能力不强，最终表现为学校育人效果不佳，思想政治教育成为纸上谈兵。

（四）人才培养同质化，学生创作缺乏个性

样本学校中的许多高校在人才培养方面存在着模式化倾向。随着高等学校人才培养从精英教育走向大众教育，过去十几人的专业教学自然班已经增至二十几人。教师一对一辅导难度增加，原本因材施教、因人而异的授课方式代为统一授课和集中辅导，相同的专业共性取代了独特的个性品质。人才培养成果如同标准线下生产的同一种“产品”，学生的创作技能技法雷同，模式化倾向严重。应用型人才独特的创新创业能力及社会适应能力缺乏，难以适应现代科技发展和经济社会发展的需要，也难以满足当代大学生多样化的个性发展需求。艺术设计人才具有较强的实践特性，专业人才培养目标定位不准确导致的人才培养同质化，会使人才培养缺乏针对性和专业性。如果不能在课堂教学和实践训练中有针对性地进行科学合理的思想政治教育，学生在与社会的直接接触中会脱离实际、照本宣科，缺少创新思维和创新能力，难以适应社会对设计人才的多样化需求。

## 二、“大思政”理念下协同培养应用设计人才对策

马克思主义是我们立党立国的根本指导思想，也是中国大学最鲜亮的底色。习近平总书记送给青年八字箴言：爱国、励志、求真、力行。“一是要爱国，即忠于祖国，忠于人民。”“二是要励志，立鸿鹄志，做奋斗者。”“三是要求真，求真学问，练真本领。”“四是要力行，知行合一，做实干家。”① 这是对青年的期望，也是对教育者的要求。应用型高校落实习近平总书记要求，需要立足自身特点。创新型国家的建设将使学生适应创意产业的发展，成为高技能、创新、实用、应用水平高的应用型人才。艺术设计专业的人才培养目标定位应更加注重适应国家经济建设和社会发展的需要，为创意产业的发展提供强有力的人才支持和智力支持。

---

① 习近平：《在北京大学师生座谈会上的讲话》，人民出版社2018年版，第11～13页。

## （一）学校党委重视，做好顶层设计

### 1. 树立“大思政”理念，营造思想政治教育协同育人的良好环境

2018年5月2日，习近平总书记在北京大学师生座谈会上发表重要讲话指出：“‘才者，德之资也；德者，才之帅也。’人才培养一定是育人和育才相统一的过程，而育人是本。人无德不立，育人的根本在于立德。这是人才培养的辩证法。”① 高校思想政治工作顶层设计的核心是树立“大思政”理念，把育人与育才有机结合，最大限度地实现协同育人。高校党委要做到胸中有情怀，才会脑中有格局，手中就会有方法，唯此方能做好思想政治工作的顶层设计。学校党委既要讲政治，提高政治站位和政治觉悟，又要牢记思想政治工作是做人的工作，以人为本，胸怀师生，对思想政治工作进行整体布局，使之产生系统联动效应，实现全员、全过程、全方位育人，才能形成思想政治教育协同育人的强大合力。应用型高校要从学校实际出发，构建党委统一领导、党政齐抓共管，宣传、学工、马克思主义学院、二级学院党组织、教务、共青团和社会服务办等部门分工负责，上下联动，干部师生共同参与，形成密切配合的领导体制和工作机制。习近平总书记强调：“建设社会主义现代化强国，发展是第一要务，创新是第一动力，人才是第一资源。”② 在新时代中国特色社会主义的伟大实践中，“文化强国”“乡村振兴”“中国制造2025”“工业4.0”“互联网＋”及“振兴传统工艺”等重大国家发展战略，都对应用型高校带来了新机遇和新要求。应用型高校必须结合党和国家的宏观战略，认真研究高等教育的发展趋势，在服务国家战略、创新型国家发展及经济转型、区域经济发展和民生需求方面担负起新的使命，提升思想政治教育协同育人的实效。

### 2. 形成全员育人共识，合力培养创新创业应用型人才

“重大科技创新成果是国之重器、国之利器，必须牢牢掌握在自己手上，必须依靠自力更生、自主创新。”③ 创新是设计的内生动力，设计驱动创新是经济社会发展的必然选择。近10年来，国家对应用设计创新持续关注并寄予厚望，出台了系列规划纲要、指导意见、行动指南等20余项，大力发展工业设计，推动文化创意和应用设计与相关产业融合发展，国家“十一五”“十二五”“十三五”规划中，都明确提出了设计在国家创新中的作用。2015年，中共中央、国务院发布了《关于深化体制机制改革加快实施创新驱动发展战略的若干意见》，从营造激励创新的公平竞争环境、构建创新型人才培养模式、构建更加高效的科研和社会服务体系三个方面阐明了创新型国家建设

---

① 习近平：《在北京大学师生座谈会上的讲话》，人民出版社2018年版，第7页。

② 习近平：《在北京大学师生座谈会上的讲话》，人民出版社2018年版，第13页。

③ 易昌良主编：《中国创新发展研究报告》，人民出版社2019年版，第125页。

机制与体制问题。[①] 这也给高校思想政治教育提出了新的使命：在育人过程中注重创新和创业精神的培育。

2017 届山东省艺术设计传媒大类毕业生就业率为 93.65%[②]，这其中包括了大量自主创业和灵活就业学生。这部分学生走上社会后，由于没有固定的供职单位，很少有机会继续接受有组织的思想政治教育，其价值观形成主要依赖于在校时期的思想政治教育。调查显示，67.81%的学生认为当代大学生很需要加强思想政治理论培养。作为“大思政”系统工程中的两个重要方面，大学生思想政治工作包括思想政治理论课程教育和日常思想政治教育，一个是主阵地，一个是主渠道。作为培养多样化就业创新创业人才的应用型高校，要在全校形成全员育人意识，明确思政课教师、专业课教师、学生辅导员、教学管理人员都肩负思政育人职责。避免大学生思想政治工作存在主阵地和主渠道各自为政、课堂教育和管理教育衔接不强、管理和服务融合不高的问题，形成教育育人、管理育人和服务育人的协同效应，达成“各门课程都有育人功能，所有教师都有育人使命，所有管理人员都有育人职责”的工作共识，确保培养的人才走上社会以后真正成为能够符合国家对人才思想素质的要求、能够对自己的行为负责任的合格公民。

3. 明确不同岗位职责，保障全方位全过程思政育人

进入新时代，中国特色社会主义发展新战略突出以人民中心，也提出了民本理念与设计命题。党的十九大报告在国家整体建设方面，有“加快建设创新型国家”“实现中华民族伟大复兴”“建设美丽中国”“贡献中国智慧和中国方案”“构建人类命运共同体”等重要论述，为应用型高校人才培养和高等教育发展提供了根本思想遵循。应用型高校要把中国特色社会主义道路自信、理论自信、制度自信、文化自信转化为办好中国特色一流大学的自信，思想政治教育要把“推动中华优秀传统文化创造性转化、创新性发展”“繁荣发展社会主义文艺”“推动文化事业和文化产业发展”“提高国家文化软实力”[③] 等重要论述作为指导思想，把“以人民为中心”“设计服务民生”“艺术弘扬主旋律”的创作思想贯彻始终。“为人民创作是社会主义文艺的根本宗旨”，“人民的文艺，是社会主义文艺最为内在的、本质的规定性”[④]。确立“设计为普通大众服务，体现人民利益，反映人民愿望，维护人民权益，满足人民对美好生活的需要”[⑤] 的理念，坚守中华传统艺术立场，坚持客观、礼敬、科学的态度，扬弃继承、转化创新，

---

① 参见中共中央、国务院：《关于深化体制机制改革加快实施创新驱动发展战略的若干意见》，2015 年 3 月 24 日，中华人民共和国科学技术部网站，http://www.most.gov.cn/kjzc/gjkjzc/gjkjzczh/201701/t20170117_130532.htm。

② 参见《山东省高校毕业生就业质量年度报告（2017 年）》，2018 年 1 月 17 日，山东省教育厅网站，http://www.sdedu.gov.cn/sdjy/resource/cms/2018/01/山东省高校毕业生就业质量年度报告（2017 年）。

③ 《党的十九大报告辅导读本》，人民出版社 2017 年版，第 41～43 页。

④ 《习近平总书记在文艺工作座谈会上的重要讲话学习读本》，学习出版社 2015 年版，第 55 页。

⑤ 潘鲁生：《设计服务民生》，2018 年 3 月 26 日，文创资讯网，http://news.vsochina.com/design/50887.html。

从各校实际出发，培养应用设计人才，通过设计介入，服务新时代“以人民为中心”的国家发展战略。推动中华传统艺术传承与创新，推动中华传统艺术的现代化。在建设中国特色社会主义的道路上，让应用设计进一步凸显民生主题。

（二）构建“大思政”一体化育人体系

1. 课程育人

课程是一切教学活动的核心，一体化育人的主战场在课堂。思想政治理论课是主渠道，课堂教学是主阵地。在思想政治理论课教学中，应该按照国家规定严格落实小班制教学，创造条件保障实践学时。调查发现，52.89%的教师认为应该更加注重思想政治教育实践教学，38.69%的教学和管理人员甚至认为思想政治理论课的最佳考试形式是社会实践。应用型高校培养学生的创新创业能力是根本，根据不同学生特点实施分层教学，采取分组讨论、布置个性化作业等方式组织课堂教学，可以最大限度地满足学生的个体需求，实现“以教师为中心，注重知识传授”的传统教学变革为“以学生为中心，注重学生知识扩展迁移能力培养”的智能课堂模式。

在专业课程教学全过程中嵌入思想政治教育，将一体化育人中的课程育人落到实处。在专业课程中融入思想政治教育，需要进行课程的职业素养目标设计，注重学生创新创业精神、职业技能和可持续发展能力的培养，提升专业课程在思想政治教育中的个性化品质和教师吸引力；艺术设计各学科应该把工匠精神作为技术技能人才的核心素养，列入各类专业课程的教学目标，在教学中激发学生树立高尚的道德信仰和践行崇尚劳动、敬业守信、精益求精、敢于创新的精神。

课程育人要求教师不仅要有丰富的专业知识储备，而且要牢记课程育人的根本任务，在教学过程中运用适当方法将专业知识与思想政治教育内容结合起来，在专业知识的传授过程中传播正能量、关注学生情感需求，用教师的人格魅力与渊博学识教育学生、活跃课堂，使学生在学业课程体验与情感行为体验中产生共鸣，让知识的传授更有亲和力和感染力。

2. 文化育人

校园文化陶冶气质。较之第一课堂，第二课堂更有利于创造开放自由的学习环境，引导和组织学生开展有意义的活动，培养自学能力，将教学方式转变为学生的自主学习方式。然而，现实中存在第二课堂活动效果与人才培养目标结合不紧密的问题。一是思想政治教育内容不突出。设计艺术专业第二课堂活动对学生德育的效果未达到预期。二是活动形式不丰富。艺术设计专业第二课堂活动虽然多样，但学生在第二课堂活动中学到的知识与第一课堂脱节，第二课堂缺乏与第一堂课的有机结合，对教学的辅助功能和影响不大。调查显示，32.47%的学生认为参加第二课堂活动有益于塑造道德品质，28.31%的学生认为第二课堂有利于提高人际交往和沟通能力，还有36%的学生认为在第二课堂学到了许多第一课堂学不到的内容，反映出学生在创业过程中团队合作经验不足，并希望得到能力提升的诉求。习近平总书记在全国高校思想政治工作会议上指出："要更加注重以文化人、以文育人，广泛开展文明校园创建，开展形式多样、健康向上、格调高雅的校园文化活动。"① 应用型高校应该充分利用专业优势，结合人才培养的学校特色，凝练学校育人的核心理念，并在以教师为主体的文化传承与发扬中内化形成具有师德师风的学校特质。

专业文化铸造精神。调查显示，56%的学生认为专业课程学习中较少有思想政治教育，思想内容单一。专业课教学不仅要有丰富的专业知识，还要蕴含丰富的创业精神，只有这样，才能更有魅力。应该精心提炼不同专业中工匠精神的内涵和特质，深入挖掘各门专业课程所蕴含的德育元素和承载的德育功能。在艺术设计各学科教学中，将"创"字精神融入育人的各个环节，使"创"文化的理念和精神结合起来，并渗透到各门专业课程教学当中，从而使专业课程各自"守好一段渠"，实现从单一的思政教育育人到专业课程育人的转变。

课堂文化彰显品位。思想政治理论课的教学要"种好责任田"。注重以问题、现象为导向，跟现实，找热点，把课堂学习设置到有现实意义的情境中，才能提高学生的参与度；在专业课教学中融入思想政治教育，积极探索工匠精神培育的平台、载体和途径，形成以创业精神和创业素养为内核的人才培养课堂文化。

实践文化涵养情怀。价值观要真正发挥作用，必须融入社会生活，在实践中感知、领悟。文化也同样具有生活性和实践性的基本特质，思想政治教育必须不断丰富实践活动的内容和形式。中华优秀传统造物文化中涵养着家国情怀、职业道德、仁义礼智，应用型高校要把这些文化精髓融入各类课堂学习实践、第二课堂实践以及社会服务实践中，让善于感性学习的学生在实践中进一步提高文化认知、增强社会责任感。

3. 实践育人

西方国家倡导的动手操作、精益求精、尚工重器的工匠精神，特别为社会所认同，因为高等教育与社会需求对接，能够为国家实体经济的发展做出巨大贡献。我国的高等教育也要符合我国社会对人才的实际需求，以社会需求为导向，在实践中培养学生的创新精神、创新能力和团队合作意识。当前应用型设计高校在"软件"教师团队建设和"硬件"教学与成果产出配套设施上要准确把握时代设计之脉搏，开放视野，与时俱进，深入调研，加大投入，不断提升参与社会设计服务的综合能力。教师团队建设应注重"双师型"教师的培养与引进，既要具有专业技术又要具备教师职业能力，是融教书育人、实践操作、创新创意启发于一身的复合型人才队伍。硬件设施方面应注重校企融合、产教融合实践中心的建设与运营，与国际接轨、与市场接轨，能充分验证理论并推进学生学习成果的产出和转化。

---

① 习近平：《在全国高校思想政治工作会议上的讲话》，2016 年 12 月 9 日，新华网，http://www.xinhuanet.com/politics/2016-12/10/c_1120090838.htm。

实习实训。发展大学生创业社团活动，组建大学生创业团队，邀请企业人员为大学生开设创业讲坛，组织参加创业竞赛。在丰富多样的创业活动中，提高思想政治教育的实效性，引导学生形成正确的价值观。调查显示，55%的学生认为大学生参加社会实践有必要，51.32%的学生认为自己的专业工作能力通过实习有一定提高，42%的学生认为实习对今后就业有较多帮助。同时，有56.82%的学生表示，实习的工作与专业对口很重要，能够锻炼自己的专业素养。

校企合作。科学选择创新创业人才培养模式有助于提高教育实效，将创新创业人才培养同校企合作相融合，整合创新创业教育资源和创业要素，有助于提高学生的创业能力。高校是创业者和企业的纽带，也是创新创业人才培养的设计者和实施者。借助创新创业教育、校企合作实践教学、竞赛比赛、项目孵化等活动，将企业、学校、学生相关资源整合到一个能充分共享的平台，在校产合作基础上建立创新创业实践基地，实现理论与实践结合。当前大部分学校的校企合作，主要是围绕着应用型高校设计类学科的发展建设、学生的实习就业和企业的人才需求及做大做强而展开的。这个过程缺乏适宜的民生关注度，校企双方主要关注的是自身利益及融合所带来的附加值和新增长点，而对社会民生尤其是乡村社会对设计的需求关注较少。双方融合完成的也多是企业产品的包装外观形象设计或者是参与的政府招标项目等，而这些项目往往都是阶段性的，无法满足社会民生需求并形成长久助力的态势。拓展“以生为本”的人才培养理念，必须要坚持人民立场，积极关注社会民生和国家人才发展战略，不断优化教育教学改革转型，实施“以学生为中心”的开放式实践教学，深化提升学生专业实践能力的校企融合，为培养满足社会需要的多元化创新型应用设计人才做好思想准备和资源配置。

社会服务。“产学研一体化”是提升高校服务于地方经济社会发展能力的重要途径，也是培养应用型人才的主要模式。在校产协作、校地协作等产学研平台的创新实践活动中，开展大学生思想政治教育。以正确的世界观、人生观、价值观为思想导向，树立艰苦奋斗、自强不息的创新创业精神；以基本的道德规范为基础，进行公民道德教育，提升大学生社会责任感和道德意识，为大学生创新创业保驾护航，同时也激励大学生勇于创业，学会感恩，树立远大抱负。

### （三）丰富思政育人手段和方式

#### 1. 提升教师素养

建设具有创新精神和能力的高水平师资队伍。大学建设的基础性工作是建设政治素质过硬、业务能力精湛、育人水平高超的高素质教师队伍。调查显示，59%的教师经常参与学生日常思想政治工作。因而，提高教师素养尤为重要。要加强创新素质师资队伍建设，让每一名教师拥有培养社会主义合格建设者与接班人的家国情怀，一方面，要有计划地安排教师在校内实训基地参加实践或到社会企业挂职锻炼，加强创新性、应用型教师队伍的培养；另一方面，邀请真正的创业者如企业家担任创新创业教育导师，分享他们的创新创业历程，帮助学生了解创新创业，并为学生提供必要指导。加强多方合作，构建立体创新创业人才培养合力。校内外实验实训场所、创新创业基地、技术研发中心，都是企业文化与企业创新的宣传阵地。通过企业培训、挂职、合作等方式，专业课教师可以掌握一套精益求精的课程教学流程，拥有工作室、实训室或技术研发中心，具有一家长期合作的典型企业。

2. 创新教学形式

构建完善的创新创业教育和专业教育相融合的教学体系。学生对高校课堂个性化、智能化改革的迫切需要和教育信息技术发展滞后之间的矛盾已制约着高等教育效果的提升，构建现代化智能课堂是教育改革的大趋势，“以生为本”日益成为许多高校人才培养的共识。

改变教学中的传统授受关系。从传统课堂的教师主导、望屏解读、低参与度，依靠教师个体经验决定教学策略变革为智能课堂的以生为本、互动协作、个性培养，做到有的放矢施教，实现“以学定教”。调查中发现，52.89％的教师认为应该更加注重实践教学，甚至有38.69％的教学和管理人员认为思政课的最佳考试形式是社会实践。应用型高校培养学生的创新创业能力是根本，根据不同学生特点实施分层教学，采取组织分组讨论、布置个性化作业等方式组织课堂教学，可以最大限度地满足学生的个性化需求，实现“以教师为中心，注重知识传授”的传统教学变革为“以学生为中心，注重学生知识扩展迁移能力培养”的智能课堂模式。第二课堂不应仅仅是课堂教学以外的分散活动，应该是课堂教学的有机延伸和补充。在“大思政”教育格局下，第二课堂是日常教学计划不可缺少的一部分，应该有完整的、明确的体系。应用型高校需要建立完善的二级素质教育支持体系，促进学生情商培养、陶冶情操、塑造个性、激发潜能，以提高创新实践能力，适应当今社会对人才的需要。

注重“学术共同体”环境建设。建设智慧教室，运用现代化手段切入整个教学过程，让课堂变得简单、高效、智能，开发学生自主思考与学习能力。促进教学改革，提升教学质量，推动人的个性、人的能力、人与自然关系、人与社会关系的全面发展。建设多元化教育资源体系，覆盖各年级、贯穿全过程，注重创新人才成长的伦理道德、社会责任和人文关怀的培养和塑造，激发学生对真理追求的执着信念和内在动力，培养学生知识文化的广度、深度。采取群创共享和开放协同的供给模式，多途径激励教师参与线上教育资源建设，鼓励校内教师分享电子课件；多举措提升学生参与资源建设的主动性。将学术前沿、灵活性强的课程根据创业模式、创业行业设置成一个模块，在保持创新创业课程体系完整的前提下，根据社会、企业对人才需求的变化趋势，灵活调整和优化部分创业课程，提升学生的社会适应力。增强专业课和专业实践教学环节培育工匠精神的有序性与有效性，大力开发专业课程中蕴含的工匠精神等教育资源，激发学生信仰和践行崇尚劳动、敬业守信、精益求精、敢于创新的精神。

3. 完善评价体系

教学目标中既要有“技术技能人才”工程项目的技术实现与系统性工程思维方法的习得，也必须嵌入“劳动者和接班人”的工匠精神与精益求精合作共事职业素养习得。专业教师要研究和分析本专业学生必须具有的职业素养，以就业能力为导向进行思政教育，在课程教学的目标、过程和评价等环节渗透工匠精神。在人才培养质量评价中，突出素质素养评价，评价内容上注重专业能力与职业精神的全覆盖，评价权重上强化职业素养、工匠精神、创新创业能力，评价主体上实现企业、教师的全程参与，评价过程实现专业课程、创新创业课程、项目课程的全覆盖，将职业精神评价嵌入专业教育的全过程。在创业教育课程和创业实践过程中，强化德育的考评环节。通过小组实践活动的开展，加强建设性学习与工作过程融会贯通的项目课程。在诚信、守法等方面实行一票否决制，使参与创业的大学生更加重视道德品质的养成。

建立健全创新创业扶持激励制度，为创新创业人才培养提供政策支持。高校要根据项目的运作情况，制定立体化思政育人制度，如大学生创新创业教育实施方案、大学生个性化教育实施方案、大学生创新创业基金管理办法，从学生个性发展、特长培育等方面分别设置相应学分，从学生和教师两个角度在思政教育实施措施、管理考核办法等方面作出规定，为实现个性化创新创业教育的思政育人在现行教学运行体制下的顺利开展提供必要保障。

构建高校个性化创新创业人才培养模式。创新人才是指具有创新精神、创新意识、创新思维、创新能力，并且能够取得创新成果的人才；创业人才则是懂得一定的专业技术，具备开拓创新、组织沟通、企业家素质，善于发现商业机会并通过创造性的生产或经营活动进行商业行为，并获取效益的人员。创新支撑着创业，是创业的基础和核心；创业是行为创新，是创新的行动化和体现形式。创新性应用型人才培养既要重视人的普遍成长规律和学生的身心发展规律，也要重视个体的成长特点。以立德树人为根本，提高社会服务能力，包容并蓄，进行多元化培养。

## 三、结语

为学生成长成才服务，是高等教育最基本的职责。应用型高校承担教育创新、服务创新型国家建设的使命。立足应用型高校教育属性，提高社会服务能力，以“文化、设计、技术、消费”的系统设计教育思路作为服务创新型国家建设的基点，才能正确把握应用型人才培养中艺术与科学、技术与文化、传统与现代、本土与世界、学校与社会的关系，科学合理地构建学科评价体系。思想政治教育则应丰富内涵，从目前我国应用型高校学科发展趋势及社会民生对应用设计的需求出发，实施创新与实践兼容的因材施教设计教育建设，立足工艺传承型、科技创新型、产业服务型、策略研究型等不同应用人才培养特点，树立为人民设计的理念，着重培养在校大学生和未来的设计师具有人文情怀、家国责任和使命担当。

教育是个性化的劳动，个性化教育是培养学生创新创业能力的有效途径。“文艺创作是一种带有强烈个人色彩的精神活动”，“创新是优秀作家艺术家的高度自觉和可贵品格”。[①] 设计艺术教育培养的人才不应该是相同模式下的流水线产品，而应该是彰显不同个性的创新性专业人才。所以，应用型高校人才培养必须具有个性。实现个性化教育需要做到两个方面，一是发现并尊重受教育者的既有个性，二是提供受教育者个性提升的教育产品，最终使受教育者成为符合社会需求、社会美誉度较高的创新创业人才。高校创新创业人才的培养必须正确理解和科学处理创新与创业之间的辩证关系。在尊重学生特质差异的基础上，注重学生个性和能力的培养，因材施教和差异化教学，使学生的个性潜能优势得到充分挖掘与发展，创新精神、创业能力及社会实践能力得以提高。在这其中，“大思政”理念下的全员、全过程、全方位协同育人起着保驾护航作用。

改革开放 40 多年来，我国高等设计艺术教育已经从探索经验阶段走向特色发展阶段。新的时代，中国设计艺术教育应当进一步创新发展理念和思路，对接国家发展战略和产业转型需求。《教育部、国家发改委、财政部关于引导部分地方普通高校向应用型高校转变的意见》和《中共山东省委办公厅、山东省人民政府办公厅关于推进高等教育综合改革的意见》都对应用型高校培养创新创业人才提出了具体要求。立足山东实际，创新创业人才思想政治教育必须坚持以“个性化教育”为根本导向，牢固树立以学生为本和以个性培养为核心的多元差异的教育理念与人才培养理念。

中国特色社会主义已经进入新时代，产业转型升级的步伐不断加快，不仅需要一大批拔尖技术技能人才，还需要数以亿计的创新性应用人才。2018 年 2 月 23 日，中共山东省委书记刘家义《在山东省全面展开新旧动能转换重大工程动员大会上的讲话》强调，“抓住重点突出特色，大力发展现代优势产业集群”，着力在做优、做强、做大“十强”产业上实现新突破。[②] 山东省财政厅、教育厅《教育服务新旧动能转换专业对接产业项目实施方案》提出，高校要聚焦服务山东省新旧动能转换重大工程，以立德树人为根本，以提高人才培养质量为目标，着力培养一批适应新旧动能转换“四新”要求的高素质应用型设计人才，为山东省十大产业发展、新旧动能转换提供更加有力的人才保障和技术支撑。设计艺术教育应当进一步创新发展理念和思路，对接国家发

① 《习近平总书记在文艺工作座谈会上的重要讲话学习读本》，学习出版社 2015 年版，第 42 页。

② 参见刘家义：《在山东省全面展开新旧动能转换重大工程动员大会上的讲话》，2018 年 2 月 22 日，闪电新闻，https://baijiahao.baidu.com/s?id=1593071843427156906&wfr=spider&for=pc。

展战略和产业转型需求。促进专业建设、人才培养与新兴产业培育、传统产业改造的紧密对接、深度融合，培养创新性应用型创新创业人才。创新创业人才的思想政治教育必须坚持以“个性化教育”为根本导向，牢固树立以学生为本和以个性培养为核心的多元差异的教育理念与人才培养理念。充分运用课程教学、校园文化、实习实训等方式开展启发式、探究式、研究式教学方法改革，注重技能训练和不同艺术观念的表现，全面实施创造力教育。把创新创业教育作为思政育人培养模式改革和教育教学改革的出发点和立足点，贯穿人才培养的全过程。

# 供给侧结构下高校食品科学类人才产学研创新培养模式研究

## ——以山东农业大学食品学院为例*

张仁堂　乔旭光　李大鹏**

**摘　要**　结合我国新时期食品产业及社会需求的变化，本文研究食品类人才应该具备的个人及团队知识架构，满足发展要求的“交钥匙工程”人才培养模式，创新地提出了“2521”培养模式。同时，对比国外食品科学类人才培养模式，经过实践应用，食品类人才的综合素质得到了切实提高，并受到了社会的高度认可。

**关键词**　新时期　食品类人才　知识结构　“交钥匙工程”　“2521”培养模式

随着新兴食品产业的发展及智能化、信息化、自动化、大数据、云平台等先进技术与食品工业相融合的发展，食品科学与工程作为实用性很强的专业之一，能够系统地掌握食品工艺设计、厂房车间布局、食品生产及品质控制、食品机械设备、电气自动化等具备综合能力的食品行业人才成为社会发展的迫切需求。

在现代化食品企业人才需求及管理模式和传统培养模式的基础上提出的食品科学与工程专业“交钥匙工程”人才培养理念，即培养的食品专业人才个体或团队能够完成食品产业链条所需的全部能力或知识储备，进而在毕业后可直接顶岗工作，缩短适应周期，迅速创造效益。

* **课题项目**：山东省高等教育人才研究会 2017 年度课题（RK17-13）；山东省本科高校教学改革研究项目“食品科学类本科人才分类培养模式创新研究与实践”（面上项目：2015M146）；山东农业大学教学改革研究项目“新形势下食品科学类本科人才产学研培养模式创新研究”；山东省研究生导师指导能力提升项目（SDYY17087）；山东农业大学教学改革研究项目“新兴食品科学类工科专业多学科交叉复合建设研究与实践”（X2017070）。

** **作者简介**：张仁堂，山东农业大学食品科学与工程学院副食品科学系副主任、教授，美国加利福尼亚大学戴维斯分校访问学者，研究方向为功能食品开发、果蔬加工、食品质量与安全及食品科学类人才培养；乔旭光，山东农业大学食品科学与工程学院院长、教授、博士生导师，研究方向为果蔬加工、食品科学类人才培养与管理；李大鹏，山东农业大学食品科学与工程学院副院长、教授，研究方向为功能食品、食品科学类人才培养。

## 一、当前我国食品类人才培养存在的主要问题

1. 学生在校内动手实践的操作机会较少，理论联系实践能力就不足

目前我国食品类人才培养主要存在四个方面的问题：一是实践教学所占比重低，导致部分实践项目无法开展；二是实践教学条件较差；三是实践教学方法手段单一，重复性实践内容较多；四是教师实践教学观念滞后，不能掌握食品企业发展的最新动态，普遍缺乏工程实践经历。①

通过紧密型校企联合，增加锻炼渠道，提高学生解决生产现场问题的能力，提升学生工程化水平；另一方面增加校内实践环节，以实验中心为依托，采用仿真模拟食品工厂生产环境，即将工厂化生产搬到校内实验中心。通过教学安排和课外大学生训练（SRT）等方式分阶段在校内实践，提高“交钥匙工程”人才培养质量。

2. 学生校内专业知识学习的系统性不强，理论知识碎片化，无法实现知识的融会贯通，进而无法解决食品生产中的实际问题

部分食品科学与工程专业的本科生侧重于工艺的学习，但是不太擅长对品质的控制及检测等方面，同时对于食品工厂整体设计、工艺策划、设备选型布局等方面较为欠缺，从而与当前食品企业的需求差距较大，无法学以致用，毕业后很难到岗后直接上岗、顶岗。

## 二、新时期我国食品类人才结构及培养模式理论方法研究

### （一）系统科学管理理论

系统性，即“交钥匙工程”人才培养（见图 3）的各个环节与平台之间有着很强的关联性，并相互制约或促进。在系统科学理论的基础上，关注“2521”培养模式过程中的各种关联，做到相互补充与促进，提高“交钥匙工程”人才的培养水平。

### （二）ISO 9000 质量管理体系 PDCA 理论基础

借鉴企业应用较多的管理理论基础，从策划、实施、检查、整改方面完善培养模式，具体如图 1、图 2 所示。

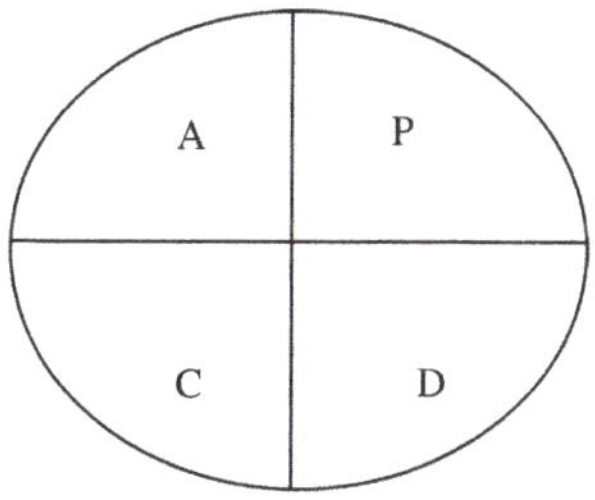

图 1　PDCA 培养模式

P：策划。策划“交钥匙工程”人才培养方案及培养要求、目标等相关内容。

D：实施。按照策划的培养方案实施，培养“交钥匙工程”人才。

C：检查。按照策划的培养要求及培养目标对培养学生的情况进行检查、考核。

① 参见廖彩虎等：《基于“卓越计划”构建食品科学与工程类专业“3+1”四段式工程类人才培养模式》，《教育教学论坛》2017 年第 33 期；杨振泉等：《大数据背景下食品科学与工程专业人才培养模式及课程体系探讨》，《科技视界》2015 年第 26 期。

A：整改。若检查过程中发现学生未达到策划的目标要求，或按照策划的目标培养的学生无法适应社会需求，这就需要对策划及实施环节进行整改，并进行跟踪验证，以达到所培养“交钥匙工程”人才的不断提升和改进。

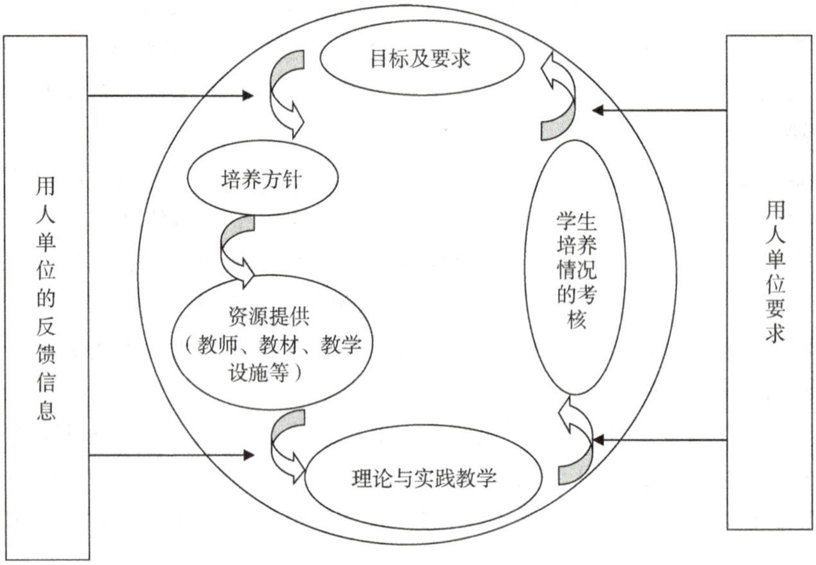


图 2　人才培养管理系统

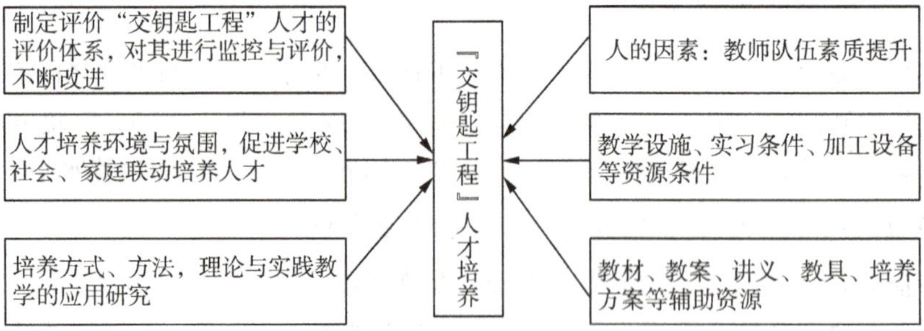


图 3　“交钥匙工程”人才培养模式

（三）人才教育培养规律理论基础

坚持以食品科学与工程专业的性质特点及教育发展规律要求，开展食品科学与工程专业“交钥匙工程”人才培养模式研究与实践。课题组根据食品科学与工程专业以应用为目标，以理论为支撑，及时修订专业人才培养方案。

## 三、新时期我国食品类人才知识结构及其培养模式研究

为适应我国新时期食品产业及社会发展的需求，食品类人才培养形成了“2521”模式，具体如表 1 所示。

表 1　　“2521”人才培养模式

| | |
|---|---|
| 2 | 两个知识框架体系，即个体构架和团队构架 |
| 5 | 五个支撑平台，即一是多师型师资平台；二是假期师生能力提升平台；三是校内实践与紧密型产学研合作平台；四是创新创业平台；五是校外企业家、专家平台 |
| 2 | 两个体系方案，即人才培养方案与课程体系建设方案 |
| 1 | 一个中心目标，即培养符合社会需求的“交钥匙工程”人才 |

## （一）建立“1＋1”“交钥匙工程”人才培养知识构架体系

根据食品产业发展的新形势、新变化，课题组通过社会实践调研，了解食品产业的新发展及新技术需求，确定食品科学类人才培养目标及方式。食品工业的现代化、自动化成为发展主流，食品企业的建设和发展需要掌握多方面的知识和技能，包括工艺设计、配方设计、厂房车间基建、设备选型安装、自动化控制、试制生产等多方面的能力。食品类人才“交钥匙工程”目标的研究与实践，提出了人才培养（包括个体及团队）的“1＋1”知识构架体系（如图 4、图 5 所示）。个人知识构架的储备和建立为团队组建奠定了坚实基础，进而可以完成“交钥匙工程”任务。

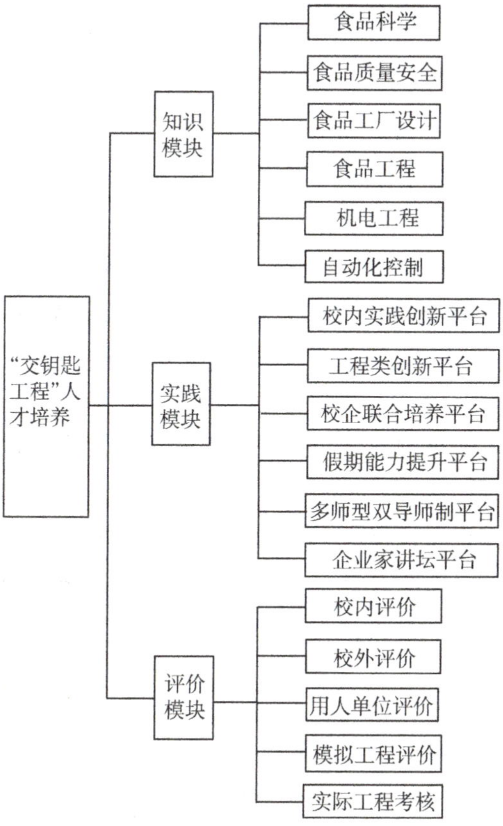


图 4　人才培养（个体）模块图

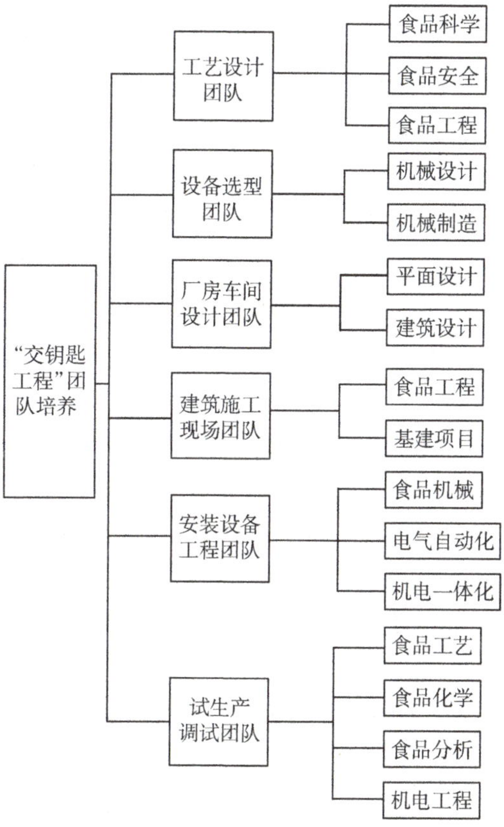


图 5　人才培养（团队）模式

（二）搭建“五个支撑平台”，满足食品类人才“交钥匙工程”培养及提升要求

1. 多师型师资平台建设，为“交钥匙工程”人才培养提供智力支撑

（1）外引内促，提高多师型师资队伍建设。一方面是积极引进“交钥匙工程”人才培养所需的师资力量。从2009年至今，山东农业大学食品科学与工程学院引进不同类型教师共20余名。在此基础上，根据学科发展和人才培养需要，学院组建了果蔬加工、粮油加工、畜产品加工、食品营养与安全、果蔬采后、蛋白质工程、食品发酵等教学团队。这样可以让学生根据自己的兴趣方向选择不同的教学团队进行锻炼和实习提高。另一方面，课题组对年轻教师实施了为期1年的食品生产企业锻炼实践项目。每名年轻教师结合自己的专业方向到相应的食品生产企业进行车间等实地锻炼，进而锻炼和提高教师生产一线的实践能力和工程化能力。教师能力水平的提高对“交钥匙工程”人才的培养作用重大。①

（2）积极实施青年教师教学能力能力提升计划（YTTAPP），成效显著。2015年以来，食品科学与工程学院已连续举办三届青年教师讲课技能比赛，通过邀请院内外教学比赛评委专家，客观公正地进行评选，有力地促进了学院青年教师教学能力的提升。2017年，学院1名教师获得山东农业大学第二届教学质量一等奖，1名教师获得学校教学质量二等奖，1名教师获得学校第九届青年教师讲课技能比赛二等奖。从2009年至今，均有教师获得不同等级的教学奖励。②

（3）实行年轻教师导师制，提高了年轻教师的实践及上课水平，保证了“交钥匙工程”人才培养的质量。为提高教师尤其是年轻教师的课堂教学及实践能力，学院实施教师导师制。年轻教师可以在第一年里跟随导师进行听课和学习，学习其教学方法，熟练掌握知识。同时，学院安排与年轻教师相似研究方向的食品企业作为实习基地，对其进行理论知识的应用锻炼。师资力量的提升，对食品科学类人才的培养大有裨益。③

（4）鼓励教师取得更多职业资格，壮大多师型师资队伍，提高人才培养能力。目前，专业教师中有国家管理体系注册审核员（拥有体系资格包括ISO 9000、ISO 22000、ISO 18000、HACCP）1人，食品生产许可证（SC）、食品添加剂、塑料包装、纸包装生产许可证审查员1人，良好农业规范（GAP）认证检查员1人，国家级葡萄酒品酒师2人，国家级白酒品酒师2人等。多师型师资力量的加强，促进了“交钥匙

① 参见杨涛等：《食品科学与工程专业应用型人才培养体系构建》，《中国教育技术装备》2014年第24期。

② 参见于洋等：《食品科学与工程类专业“3＋1”双线双循环人才培养模式的构建》，《黑龙江畜牧兽医》2014年第19期。

③ 参见项雷文等：《基于过程质量控制的食品科学与工程专业人才培养模式研究》，《农产品加工》（学刊）2014年第8期。

工程”人才的培养。

2. 打造师生假期综合能力提升计划平台，有效利用时间以保证“交钥匙工程”人才的培养①

（1）建立校内实践基地，提高教学效果。成果按照教学计划要求，提高计划内的教学实践效果。通过重点依托校内实验中心等条件，充分模拟仿真食品生产企业的实地操作环境，将工厂搬到校内实验中心，分别利用面积700平方米以上的果蔬加工、粮油加工、畜产品加工、冷冻冷藏等实验室，开展教学计划内的实践和实习工作，提高学生在各专业方向的实践能力，缩小校内和实际生产企业之间的差距。同时，成果利用课外时间，倡导和组织食品科学与工程专业本科生积极通过大学生训练计划（SRT）等方式进入校内基地进行自主设计和研究，提高解决问题的能力。另外，学生通过参与专家教授导师的科研项目也得到了极大地提高。

（2）除有效利用教学计划内及校内时间外，学校创建了假期师生综合能力提升计划平台。为了提高食品科学与工程专业“交钥匙工程”人才的水平，充分利用每年度的寒暑假时间拓展“交钥匙工程”人才实践环节，收效显著。课题组在2017年分别安排张仁堂、高鹏老师利用暑假时间进行了现场工程安装的实训活动。学院张仁堂、郭萌萌两位老师参加了2017年国家一级品酒师职业资格的培训和考核；在暑假期间，课题组通过学校的教学科研实践育人基地——洁翼流体技术（上海）有限公司，安排新进教师高鹏老师前往内蒙古乌兰察布集宁的雪原乳业进行了为期一个月的实训，取得了良好的成效。同时，课题组带领学生于2015年前往西王集团、济南庄氏食品等食品企业进行了参观实习，开阔了学生视野，了解生产一线所需的人才要求，进而提高了学生学习目标的精准性。组织学生利用暑假前往雪原乳业锻炼提高，在现场学会了看设计施工图纸、电路图等，亲自跟着师傅操作阀门、管道、零部件等的安装等，实现了理论知识与生产实际的结合，锻炼了完成“交钥匙工程”的能力。

3. 建立紧密型产学研合作平台，开辟“交钥匙工程”人才培养渠道。

为更好地使食品科学类人才适应社会需求，课题组积极前往食品相关企业或政府监管、事业单位进行调研，充分了解企事业单位在新形势下对食品科学类人才的要求和改变。

（1）巩固原有校外教学科研实践育人基地，开辟紧密型基地建设。通过调研及沟通交流，2016年学校先后与龙大集团有限公司、洁翼流体技术（上海）有限公司等建立了良好的合作关系；2017年学校先后与寿光检验检测中心、山东安谱检测科技有限公司、中粮长城葡萄酒、君顶酒庄等建立合作关系。山东农业大学在洁翼流体技术建立了教学科研实践基地，同时，公司为培养“交钥匙工程”人才，在学院内设立了洁

① 参见张钟等：《应用型本科大学食品科学与工程专业“3+1”人才培养模式研究》，《饮料工业》2013年第5期；胡兰英：《高等院校食品科学与工程专业人才培养体系研究》，《安徽农业科学》2012年第22期。

翼流体奖学金，并将于2018年开始设立大学生食品设计与实践项目及竞赛。龙大集团已于2015年设立了奖学金及项目研究竞赛，有力地推动了“交钥匙工程”人才的培养。

（2）创建企业与高校联合培养管理委员会，促进“交钥匙工程”人才培养。为了减少高校培养与企业需求之间的供给矛盾，成果与具有工程化优势的洁翼流体技术（上海）有限公司成立了食品科学与工程专业人才培养联合管理委员会，委员会主任和委员由双方共同组成，便于交流和沟通，为确定培养方案等要求搭建了有效平台。确定了“交钥匙工程”人才培养双方导师制要求，发挥各自特长，实现团队培养人才的目标，占领人才培养的制高点。

4. 利用创新创业平台，实现“交钥匙工程”人才创新能力的培养①

（1）借助创新创业平台，通过各种竞赛等渠道培养和塑造具有创新精神的“交钥匙工程”人才。2009年以来，课题组组织学生根据自己的兴趣爱好，就基础研究性课题、应用产品开发性、创业等项目进行学校、学院大学生训练计划（SRT）的申报。同时，校企联合共同开展了多类型项目的研究及竞赛活动。2016年，龙大集团在学院内设置了“龙大杯”食品创意设计大赛，大学生借助自己的专业学习基础，开动脑筋，发挥创造能力，开发出了众多消费者喜爱的新型食品，得到了企业及社会的高度认可。在此基础上，课题组还积极创造和搭建平台，帮助和推动学生参加学校、省内及国家层面的创新创业竞赛。食品科学类人才先后参加了学校的新思路、新生力等竞赛，山东省创青春科技大赛，国家挑战杯创新创业大赛，“萌番姬杯”创新大赛，山东省食品加工与安全设计大赛等。在各项比赛中均有学生获得优异的成绩，进而提高了学生的能力和兴趣，有利于“交钥匙工程”人才的培养。成果实施以来，有千人次获得了项目资助，占到了专业总人数的90%以上。

（2）以卓越班学生培养为契机，积极探索“交钥匙工程”人才培养的运行机制和评价体系。通过2015年、2016年、2017年三届卓越工程师班的运行，学校梳理培养方案及评价体系，跟踪就业现状，摸索人才培养模式。卓越工程师班实行双导师制或多导师制，实行“3+1”培养模式，即3年校内学习，1年校外实践锻炼。近年来，课题组及学生先后前往龙大集团、山东金保罗等企业进行实践学习，配备专业及实践能力很强的企业导师，与学院的指导教师一起指导，学生在各方面取得了快速发展和进步。

（3）引进校外专家及企业家，开展企业家讲坛活动，形成高校与社会共同培养“交钥匙工程”人才模式。引进社会及企业外部师资力量，与学院联合共同分类培养食品科学类本科人才。为了更好地了解社会及食品类相关企业对人才的需求，学院一方面聘请校外不同行业专家担任兼职客座教授，另一方面邀请校外专家及企业家开展了

① 参见刘俊梅等：《现代食品科学创新人才培养途径的研究与实践》，《吉林农业》2011年第12期。

企业家讲坛活动。定期邀请不同行业的企业家进行报告及交流活动，有力地开阔了食品科学与工程专业人才的眼界与思路。近年来，学院先后邀请了山东康发食品、泰山啤酒、山东成功集团、洁翼流体技术等企业的领导来学校作报告，促进了就业，也让学生知道了大学里该学什么该做什么，明确了就业方向和目标。

5. 建立“两个体系”方案，保证“交钥匙工程”人才培养方向

（1）修订食品科学与工程专业人才培养体系方案，加强专业引导与管理，适应当前和将来社会需求和发展。人才培养体系是能否完成“交钥匙工程”人才培养的关键，如何推进培养体系也同样重要。

①形成高校主导，食品企业参与的专业人才培养方案制定模式。为提高人才培养体系方案的合理性、符合性、有效性和适用性，课题组在制定培养方案过程中积极征求企业的合理化建议，从加强实践和工程化能力的角度进行修订，进而确保人才培养的质量。

②实施食品科学与工程专业班主任及导师制，推进人才培养体系的落实。为树立学生的专业思想，明确专业学习要求及方向，学校从大一开始就配备业务素质高的专业教师担任班主任，负责学生班级的专业引导及培养体系实施。另外，随着专业知识的进一步学习和深入，到了大二就开始给学生配备导师，按照学生的兴趣及爱好配备不同专业方向的导师进行指导，提高了人才培养质量。

（2）建设和完善课程教学体系，提高课程质量，提升“交钥匙工程”人才培养水平。优秀课程体系对专业人才的培养大有裨益，主要包括课程目标、课程内容、教材质量、教学方法及质量保障等方面。

①设立和实施课程体系建设的学生教学信息员制度，提高课程设置及教学效果。一方面，学生教学信息员可以参与课程体系的建设，对课程的设置与学期安排等反馈意见，提高课程设置的科学性和有效性；另一方面，学生教学信息员可以及时反馈课程上课的相关情况，对课堂教学质量等方面进行沟通，有利于及时发现问题并改进。

②成立校、院两级教学督导组制度，监督课程教学情况。为保证课堂教学的秩序及水平，建立校、院两级的教学督导组制度，对课程教学实施了良好的督促，达到了预期效果。

③课程体系建设注重“交钥匙工程”人才国际化视野的培养。结合当前国家的“一带一路”建设大背景，食品科学与工程专业本科人才借鉴中外食品质量与安全专业的课程体系建设，不断加强国际化思维和技术的引入，提高了国际化适应能力。目前，成果所建立的紧密型合作企业洁翼流体技术（上海）有限公司，其管理层均曾在行业内先进的国际化外企工作，从事管理及技术指导等业务，基地的建立为“交钥匙工程”人才的国际化视野培养提供了平台。

④提高使用教材的质量，及时更新课程内容，保证教学质量。教材作为人才培养重要的媒介之一，有着不可替代的作用。选择适应“交钥匙工程”人才培养的教材是

至关重要的。同时，成果对人才培养中的核心课程要求具有国际先进性、前沿性、特色性。例如，果蔬产品加工学的课程内容结合最新进展，课题组自己编写讲义进行授课，得到学生的高度认可。

⑤积极研究教学方法，建设在线慕课，提高学生学习兴趣及效率。教学方式应该创新多样，符合“交钥匙工程”人才培养的特色。随着互联网技术的发展，学生网络平台的利用日益增多，网上教学已成为趋势之一，课题组目前已经实施了果蔬产品加工学的混合式教学慕课的录制工作。

6. 紧紧围绕“一个中心”目标，加强“交钥匙工程”人才培养

根据当前食品企业的发展及市场需求的变化，成果紧紧与食品相关产业联系，确定“一个中心”目标，培养符合社会需求的“交钥匙工程”人才。通过构架支撑平台、体系建设等渠道，可以实现中心目标，并且经过 4 年的推广应用，所培养的“交钥匙工程”人才得到了各相关单位的高度认可。

## 四、国内外食品科学类本科人才培养比较研究

民以食为天。随着社会现代化的推进，人们对身体健康的关注程度也就日趋加强。在解决温饱的阶段，我们关注更多的吃饱问题，强调食物供给的数量以满足需求；当食物数量达到一定程度，人们收入及认知水平也不断提高，食物的质量就成为关注重点。因此，食品产业现代化也就成为推动社会发展、提高满足人们对美好生活日益需求的重要产业之一。据统计，全世界功能食品产值在今后的五到十年内将增长数千亿元人民币。由此可见，培养高素质食品科学类本科人才，支撑和推动现代化食品产业发展成为迫切需要解决的问题之一。

关于本科类人才培养，教学是主要的培养方式和平台。食品科学是一门基础理论研究与应用技术研究相结合，需要多学科知识交叉运用的学科。因此，食品科学类本科人才培养有着共性与特性问题。[①] 教学是由教师的“教”和学生的“学”两部分构成的一种人类专门的、培育人的社会实践活动，教学可以加强学生的自主意识、发展学生的学习能力和创新能力，还可以培养学生高尚的人格。教学是学校教育的核心环节，是一个教师“教”和学生“学”的交互过程，如何实现教学相长、有机融合，达到“润物细无声”的效果，培养出高质量食品科学类本科人才是需要探讨和研究的问题。因此，对比国外教学培养模式，取长补短，发挥自身优势，是我们需要做的课题之一。

### （一）背景

笔者于 2018 年 7～8 月前往英国切斯特大学进行短期交流，就食品创新与人才培养进行交流。2019 年 9 月至今，在美国加利福尼亚大学戴维斯分校做一年访问学者。

---

① 参见魏则文：《“互联网＋”时代我国高校教与学问题及对策研究》，西安理工大学硕士学位论文，2018 年。

加州大学戴维斯分校农林食品学科在国际排名位于前列，因此了解其食品科学类本科人才培养尤其是教学培养模式，对于提升国内教学质量和人才培养质量大有裨益。为充分了解食品专业本科教学及评价方式等培养状况，笔者于 2019 年 10 月旁听了本科课程“食品工程原理”，获得了本科教学的第一手资料和信息。同时，笔者制作了关于戴维斯分校食品类本科教学实践培养调研问卷，通过问卷填写与现场交流等方式进行了解，得出相对科学合理的结论。

（二）我国目前食品科学类本科人才培养存在的主要问题

从教师“教”的方面来讲，我国高校的排行主要是根据科研实力来评价，这导致教育界偏重高校的学术研究而弱化教学。“填鸭式”和“教师唱独角戏”等机械的教学方式仍较为严重。这样使得课堂气氛沉闷，学生学习兴趣不高，萌发了“上学无用”、学的都是过时的错觉。部分高校教师过多依赖课本，原原本本地灌输给学生，而不太注意学生的主体性、获得知识的本质过程以及其学习方法的掌握和思维方式的培养。随着国家和社会各个方面的发展，对人才的质量要求也越来越高，这也就意味着高校要培育出更优秀的人才，所以高校的教育质量备受关注。作为高校来讲，如何提高教学质量，如何培养出与时俱进的创新性食品科学类人才是应该关注的问题。①

从学生“学”的情况来看，首先，学生学习的积极性不是特别高，上课开小差、走神、玩手机等现象严重。其次，学生学习目的过于功利化。很多学生学习的目的就只是为了考试获得证书，忽略了对自己学习能力和习惯的培养，缺少对解决问题、创新方法的研究兴趣。再者，学生的学习效果不佳。这种情况集中体现为：平时学习不认真，临近考试开始集中背诵，只是在短时间内记住，并没有内化成自身的知识，导致学生对学过的知识不能很好地迁移，也很难进行创新。

食品学科有着自己的特殊性，这不仅包括基础理论与动手应用相结合，而且还包括加工原料的多样性、季节性、加工适应性、品质安全与营养功能的有机结合等特点。这就要求教师的“教”与学生的“学”更加突出学科知识交叉与理论应用创新相融合。

（三）国内外食品科学类本科人才培养模式探讨

近年来，我们国内对本科教育及人才培养质量方面进行了一系列改革与实践，很多方面都卓有成效。结合国外尤其是美国在食品科学类本科人才教学等方面的具体做法，对于进一步提升我国食品科学类本科人才质量将有较好的借鉴意义。

1. 专业课教师要真正做到“专而精”，并可全身心投入教学

从参与上课及调研交流中发现，国外专业课教师基本是多年从事一门到两门专业课的教学工作，不会出现一人承担 3～5 门的教学。这与国内有所不同，部分国内教师是多面手，什么课都能教，甚至是自己边学边教，这就导致教学过程中对知识点掌握

① 参见依有：《中美高等教育管理模式的比较与反思》，《沈阳工业大学学报》（社会科学版）2020 年第 1 期。

不透彻，不能融会贯通，只能照着课本读，教学过程枯燥无味，教学效果显著下降。国外这种现象很少，例如在“食品工程原理”课的本科教学过程中，任课教师会认真讲解果汁等流体食品黏度系数与流动特性之间的关系公式推导过程，而不是简单地对现成公式的应用进行讲解。这样将有助于培养学生的原创性精神和对新问题的发现和解决能力。目前，学校推行的每周教研小组例会制度非常有效。即每周固定时间，由教授同一门或相关课程的教师组成教研小组，对上课进度、教学方法、知识点等内容进行交流，这尤其对于年轻教师帮助很大。这也说明了学校需要进一步加强传帮带作用，加快年轻教师教学能力的提升，改变教学态度和观念。

2. 教学方式注重互动而非单纯依赖多媒体课件

在“食品工程原理”课程教学过程中，国外老师采用了胶片、多媒体与板书方式进行教学，讲授过程中更多地体现了公式的推导过程。对重点内容，老师都会用手写笔进行推导，通过胶片投影给学生看。这样就能很详细地阐述推导过程，而不是将公式过程直接放到课件上。除此以外，笔者还旁听了一门研究生课程“生物统计与实验设计”。老师是一位资深的老教授，讲课风趣幽默，内容掌握熟练。在讲课中涉及数理统计方法，例如对 SAS 中的方差分析、回归分析等，基本都是采用粉笔板书方式进行推导演算，每堂课不只要写四五块黑板。在展示大批数据案例时，采用胶片多媒体方式进行教学。多媒体教学只是教学的一种手段，而不是讲课的主要方式。2020 年 2 月，由于新冠疫情暴发，作者参与了网络视频授课，在讲课过程中，老师仍然注重手写推演过程，而不是一味地使用多媒体课件进行讲述。当然，注重多媒体的制作、创新技巧方法等容易引起学生兴趣，但是不能过于依赖多媒体课件。目前，部分年轻教师将所有知识点都放在课件上，照本宣科，没有办法做到教学互动，影响了教学与人才培养质量。

3. 课程网络平台设置科学合理

国外每门课程都有自己的一个课程平台，平台上包括课程大纲、教学目标、教学日历、教学资料、学生作业、成绩管理等内容。每个学生有一个选课账号，只能看到自己的学习情况和课程进度等。每次上课前，老师都会把讲课大纲上传到网络，便于学生预习和上课做笔记。虽然国内很多课程也有类似平台，但是平台的应用性和可操作性需要改进和提高。

4. 课堂作业注重实效，巩固提升教学质量

国外小学、初中相对轻松，到了大学却是学习紧张，这主要就在于教学过程中的作业环节。美国的课堂作业一般分为两类：一类是随堂作业，难度相对较小，做完后课堂内上交；另一类是回家作业（Take-home），相当于国内的宿舍作业。因为国外高校只有大学一年级有宿舍，其余几年都要在学校周边租房子住，所以称为回家作业。这部分作业难度就较大，一般都需要 3～4 个小时的潜心研究才能完成。国外大学生一般都要查阅文献资料，晚上熬夜学习，主要是完成老师布置的作业。因此，这就需要

作业有一定的难度、深度和广度，从而让学生掌握课堂学习的同时，可以发挥主观能动性，积极拓展知识面，增强自己的创新能力。相比国内教学方式，课堂或周作业较少，更多的是填鸭式的教学模式，即使是留下作业，也是相对比较容易的题目，学生不需要太多精力就可以完成，或者即使完不成也没有较好的考评方式。这就造成了学生课上听或不听，课下都没有太多压力去巩固和提升，影响了教学效果。

5. 助教辅助课堂教学与教师开放日答疑有机结合

为提高教学效果，同时也为了任课教师有更多时间和精力用于备课和部分其他工作，美国大学一般会为每门课程设置 TA（Teacher Assistant），也就是助教。助教一般是由同一方向或与课程相关的博士来担任，并由院系和任课教师共同考察选定。任课教师在课堂教学完毕后，助教每周会有两到三次的教学辅助时间，学生可以根据自己遇到的问题和困难与助教进行交流，以达到解决问题的目的。同时，助教负责部分作业的批改工作，最后结果交给任课老师。任课教师每周除了正常上课时间外，还有半天或一天是开放答疑时间。学生可以单独或三五一组去请教老师，解决遇到的问题。国内就可以借鉴这种做法，研究生本身有实践任务，可以选拔优秀的研究生担任助教，共同完成教学任务。另外一种方式就是确定年轻教师为主讲教师或老教授担任助教，负责批改作业和答疑工作，实现教学相长。

6. 诚信严格考试考评，总结提升人才培养质量

平时课堂教学严谨，作业要求严格，在完成过程教学的同时，考试仍然是重要的目标控制要素。很多关于考试方法的改革旨在如何体现动手能力等综合素质，但是前提条件是课堂教学知识的掌握，没有基础理论的动手操作是盲动，会造成不可预估的结果。因此，国外大学对考试也非常重视，对学生的最后评价一般包括多方面：作业占到 20%，小测验占到 10%，期中考试占 30%，期末考试占 40%。有部分课程也采用报告、项目完成等方式进行考核。国内对于考试考评进行了很多尝试和改革，也制定了考核方法，起到了一定的效果，但是部分考试未能严格按照考核办法执行，只是由期末考试成绩来判定。譬如，平时作业难度广度达不到要求，那所占的 20% 比重的成绩就没法证明学生是否真正做到学习和拓展。因此，考试考评方法改革是否有效，取决于所确定的每个环节的有效控制，最终才可以有效评价学生的课堂教学与培养效果。通过调研发现，国外大学的大部分课程的优秀率在 10%，通过率在 80%～85%，也就是不及格率在 15%～20%。

食品科学类本科人才培养质量，极大地影响了我国食品产业的现代化进程，同时也影响到研究生的培养质量。提高课堂教学质量，完善培养模式是重要举措之一。在前期本科教学改革取得成果的基础上，进一步借鉴和完善适应于我国特色的食品科学类本科人才培养模式，提高人才培养质量，对我国食品产业发展、保证食品健康安全营养、增强国民体质有着重要意义。

# 食品专业硕士教育项目中国际化人才培养模式创新实践与分析*

吴　澎**

**摘　要**　本文结合山东省高等教育人才研究会课题项目，以山东农业大学与英国切斯特大学食品加工与安全专业硕士教育项目为例，总结在高等教育国际化人才培养模式创新研究中探索出的经验，确定人才培养模式的理念定位，构建中英互融的课程体系，探索教学实践模式，建设双向导师合作的师资队伍，在实践中发现问题并完善管理体系。

**关键词**　国际化人才　食品专业　中英合作　培养模式

《国家中长期教育改革和发展规划纲要（2010～2020年）》中明确提出要进一步扩大教育开放，引进优质教育资源，提高交流合作水平，广泛开展国际合作与教育服务，促进教育事业共同发展。食品质量安全管理作为一门适应性强、社会亟须发展的学科，其专业人才培养要求学生既应具备一定的国际视野，通晓食品安全的基础理论，还同时兼具熟悉国际食品标准与法规的能力。在当前食品工业飞速发展、食品安全备受关注的背景下，食品安全高级人才供需面临着显著的结构性供求矛盾，这就迫切需要高等院校加大对国际食品安全人才培养的力度并提高培养标准。

山东农业大学在2007年与英国皇家农业大学合作开设了“4＋0”模式的中英合作食品质量与安全专业，在“中外合作办学”项目中，工科和商科结合的比较少，有关食品质量与安全方面的项目在山东省也仅此一家。10多年的办学情况表明，本项目的课程安排、教学内容、教学方式等得到了学生和家长们的一致肯定和好评。通过合作办学，引进了优质教育资源，对学校特别是食品学院各学科的建设与发展带来了良好影响和带动作用，并产生了良好的社会效益。

---

* 本文系山东省高等教育人才研究会2017年度课题“食品专业高等教育国际化人才培养模式创新研究”（RK17-17）结项成果。

** **作者简介**：吴澎（1972～　），山东新泰人，山东农业大学食品科学与工程学院副教授、专业主任，研究方向为食品法规与标准。

在此基础上，2017 年教育部批准山东农业大学与英国切斯特大学合作举办食品加工与安全专业硕士研究生教育项目。本文即以此为例研究食品专业高等教育国际化人才培养模式的创新，结合现有的本科国际合作项目实施经验，研究新的研究生国际合作项目人才培养模式。立足课题的研究内容，一年来山东农业大学中英合作硕士项目经过课题组的整体规划和具体实施，探索了培养模式的建设研究，实现了第一年的顺利招生，完成了以下方面的内容。

## 一、人才培养模式理念确定

通过调研、座谈、研讨等方法，在校院两级明确统一适应国际化发展的教育目标、人才规格及教育内容，做好定位工作，为项目的可持续发展奠定了坚实的基础。

在不断的沟通、协商、交流基础上，明确了双方合作培养国际化研究生的目标，包括具有强烈的爱国主义精神和高度的社会责任感，遵纪守法，品德优良；具有求实创新、严谨的科学作风，献身科学的精神；身心健康；熟练掌握一门外国语，能够阅读本领域的外文资料；掌握本领域坚实的基础理论、系统的专业知识以及相关的管理、人文和社会科学知识，具有创新意识和现代食品加工与安全理念，能够独立承担本领域较高层次的专业技术和管理工作，为我国经济和社会发展服务的人才。这就要求以发展现代农业和食品产业为宗旨，通过探讨食品供应链各个环节的影响以及未来预期将会影响食品质量与安全性的关键问题，阐述食品供应链中发生的污染物、过敏原和伪劣产品以及确保向消费者提供安全、营养和有益健康食品的必要策略和程序，为相关企事业单位和管理部门培养具有坚实的基础理论、宽广的专业知识和良好的外语水平，且具有创新精神、国际化视野和国际竞争力的复合型高级人才。

同时，明确了工程知识、问题分析、设计开发解决方案、实验研究、使用现代工具等基本能力的培养要求。

## 二、中英互融的课程体系构建

中英互融的课程体系构建，双方教师深入合作方教室，加大交流合作，实现真正意义上的合作办学。

按照教育部提出的四个“三分之一”，即英方提供课程数量占本项目全部课程的 1/3 以上、提供专业核心课程占项目核心课程的 1/3 以上、选派教师来华教授专业核心课程占全部课程门数的 1/3 以上、选派教师来华教授专业核心课程教学时数占项目全部教学时数的 1/3 以上的原则，以适应社会需要为主，注重学生综合职业能力的培养为目的设置了如下课程。

1. 学生加强个人修养、能够适应社会所必需的人文社会科学类通识教育课程。

2. 加强专业能力的领域主干课程。

3. 充分发挥合作办学特长，优化专业课程结构体系，按国家精品资源课要求由英方开设选修课。在达到了教育部要求的同时，满足中英双方的学分及基础学识要求。

4. 校外实践训练。校外实践训练是食品加工与安全领域农业硕士研究生培养中的重要环节，该项目要求硕士研究生到中外企业实习，采用集中实践与分段实践相结合的方式，必须保证不少于6个月的校外实践，并结合实践进行论文研究工作。以此保证国际化研究生能够在毕业前熟悉食品企业，积累解决实际问题的经验和能力。

## 三、培养模式的探索

通过现行的本科“4＋0”模式，进一步拓宽教学实践模式探索途径，确定了项目“1＋1”的合作教学方式。

1. 中英合作食品加工与安全全日制农业推广硕士研究生的培养实行双导师制

由山东农业大学食品科学与工程学院具有副高级以上职称且英语水平较高的研究生导师与英方切斯特大学食品科学和创新研究院的导师组成导师组进行联合指导，导师共同参与研究生的实践过程、项目研究、课程与论文等多个环节的指导工作。导师组负责学位点建设规划及硕士研究生培养方案的制定与修订，中方负责组织研究生入学考试命题、阅卷及复试工作，协助英方食品科学和创新研究院组织研究生论文开题报告的论证、专题讨论、中期考核、论文答辩，与英方协商研究决定与研究生培养有关的其他重要事项。英方负责部分课程的授课及论文的指导。双方导师共同负责制定培养计划、课程学习、文献阅读、教学生产或社会实践、论文选题、科学研究和撰写学位论文等事项。研究生与导师指导关系的确定采取研究生和导师双向选择的办法。

2. 采取校内课程学习和校外实践研究相结合的学习方式

实行学分制，采用多学科综合、宽口径的培养方式。课程学习在国内和国外分阶段完成，第一年在国内学习，第二年在英国切斯特大学学习；实习、实践可以在实习单位或实践现场完成。一方面通过相应专业基础知识和技能学习，构建其专业适应能力，培养其专业素质；另一方面，通过外语课程的强化训练及涉外选修课程的学习，提高其外语应用能力，拓展其国际视野，增强其国际竞争力。

国际教学模式的引进是合作项目工作的重中之重，如何在第一年的教学中通过英方教师和中方双语教师引导学生适应国际教学模式，并能够在第二年顺利适应英方课堂教学是我们探索实践的重点，今后将专门研究总结此项内容。

## 四、师资队伍建设

国内外联合培养的模式培养国际专业人才，使得较高专业水平及具有双语教学能力的师资队伍建设势在必行。由双方导师组成的联合导师组，共同培养研究生并进行学术及教研交流。

定期进行体验式交流，建立开放多元的教师教育体系，保证双方教师走进对方课堂。英方教师在中方课堂授课时，中方双语教师充分利用资源进课堂随听学习，每年组织中方骨干教师随学生进入英国课堂学习教学模式，进行探索实践。

积极开展各种教学改革活动，通过组织双语教学培训班、每年选派优秀教师和承担双语教学的骨干教师到国外合作方进行课程建设、项目合作研究等学术交流，使教师熟悉英语国家的文化背景知识以及专业课程设置。提高教师的综合教学能力，打造一支专业水平高、双语教学熟练的现代化师资队伍。

## 五、确定科学合理的考核制度，不断完善管理体系

食品加工与安全专业是以面向食品原料生产、食品加工、食品质量安全控制及监管等方面任职资格相联系的专业学位。这就要求我们准确把握中英合作办学视野下大学生的特点，建立与其相适应的教育管理模式，建立科学合理的考核制度，不断完善中英合作食品加工与安全专业和中外合作办学的管理体系。

确定原则，严格把关学位论文和毕业答辩质量。论文形式可以采用调查研究报告、项目策划书、研究论文、科技发明成果报告、新产品或样机研制报告、工程设计、项目（产品）设计等。论文选题应结合食品原料生产、食品加工、食品质量安全检测与监管等方面的实际，解决食品生产和管理中存在的具体问题，促进科研成果的转化，提高食品安全管理技术水平。学位论文必须在导师指导下独立完成，要体现研究生综合运用科学理论、方法和技术解决实际问题的能力。

研究生必须达到规定的学分，完成培养方案中规定的所有环节，成绩合格，方可申请参加学位论文答辩。学位论文的评审应着重考查作者综合运用科学理论、方法和技术手段解决食品生产与管理中实际问题的能力。评审及答辩应符合双方关于专业硕士学位的要求。对通过学位论文答辩者，按照要求，由双方学院学位评定分委员会审核推荐，报请中英双方学校学位评定委员会批准，授予硕士学位。

食品专业硕士教育项目建设过程中的经验总结可以为同类项目提供参考。将来的运行过程中也会针对合作办学中出现的一些诸如缺乏“教育输出”、国内外师生交流不够充分、缺乏具有双语教学能力并具备国际教育视野的专业教师队伍、合作办学中的教育主权和知识产权不明等普遍问题采取相应的具体措施，在实践过程中探索出最适合国际化学生的培养模式。在引进西方优质教育资源的基础上，保持我们传统文化教育的优良因素，融合中西方的教学特点，做到优势互补，从而提高我国合作办学的质量和效果，达到我们建设合作项目的初衷，为国家培养能够学以致用的国际化人才。

# 内地高校少数民族大学生认同教育实效性研究*

葛长波　李宝玺　汤斌飞　徐拥军**

**摘　要**　少数民族大学生培养工作是高等教育的重点，也是难点。民族团结工作更是重中之重，内地高校做好民族团结工作的关键在于少数民族大学生的认同教育。由于受宗教、环境等因素的影响，少数民族学生的学习动机、情感及性格特点各有差别，出现"文化休克"、民族意识强、政治意识淡薄等问题，造成内地高校少数民族大学生认同感缺失。本文分析了内地高校少数民族大学生认同感缺失的主要原因，并结合中国石油大学（华东）对少数民族学生教育管理的一些切实有效的方法，提出了坚持"以人为本"的工作理念，探索了解决少数民族大学生认同感缺失的多种途径和措施。

**关键词**　内地高校少数民族大学生　认同感　以人为本

## 一、加强内地高校少数民族大学生认同教育的背景

56个民族组成中华民族大家庭，也是中华民族共同体的根本，民族团结是实现中国梦的力量依托，是当代中国发展进步的基石，也是各族人民的生命线。党的十九大报告指出："深化民族团结进步教育，铸牢中华民族共同体意识，加强各民族交往交流交融，促进各民族像石榴籽一样紧紧抱在一起，共同团结奋斗、共同繁荣发展。"① 加强民族团结教育是内地高校思想政治工作的重点。认同是团结的前提和基础，团结的本质是认同，而民族团结的根本是要实现少数民族大学生对伟大祖国的认同、对中华

* 本文系山东省高等教育人才研究会2017年度课题"新形势下非民族高校新疆籍少数民族大学生思想政治工作实效性研究"（RK17-8）结项成果。

** **作者简介**：葛长波（1980～　），辽宁大连人，中国石油大学（华东）国际教育学院副教授、副院长，研究方向为大学生教育管理发展；李宝玺（1979～　），山东即墨人，中国石油大学（华东）讲师，研究方向为大学生思想政治教育；汤斌飞（1990～　），江苏江阴人，中国石油大学（华东）理学院讲师、辅导员，研究方向为大学生思想政治教育；徐拥军（1988～　），河南周口人，中国石油大学（华东）材料学院讲师、辅导员，研究方向为少数民族大学生教育管理。

① 习近平：《决胜全面建成小康社会 夺取新时代中国特色社会主义伟大胜利——在中国共产党第十九次全国代表大会上的报告》，人民出版社2017年版，第40页。

民族的认同、对中华文化的认同以及对中国共产党和伟大的中国特色社会主义的认同。①

随着国家对少数民族大学生培养工作的重视和政策倾斜，越来越多的边远地区少数民族大学生到内地求学，特别是新疆、西藏地区的少数民族大学生。目前，以“协作计划”“直招计划”“内高班计划”等各种形式在内地高校就读的新疆少数民族大学生已达到6.2万人，主要涉及内地400余所高校。从内地高校毕业的新疆少数民族大学毕业生绝大多数都回到了新疆工作，充实到政治、经济、农业、文化、教育、科技、卫生等各个领域，许多毕业生成为新疆各行各业、各条战线的骨干力量，为新疆经济社会发展进步和繁荣稳定做出重大贡献。以中国石油大学（华东）为例，近三年招收少数民族人数在400人左右，已经成为学校生源的重要组成部分。内地高校少数民族大学生由于受宗教、文化、环境等因素的影响，出现“文化休克”、民族意识强、政治意识淡薄等问题，一系列的问题造成了内地高校少数民族大学生认同感的缺失，因此，加强内地高校少数民族大学生认同感教育迫在眉睫。

## 二、内地高校少数民族大学生认同感缺失问题分析

### （一）个人发展困惑和竞争意识淡薄弱化了对祖国的认同

少数民族大学生在新疆、西藏等边远地区读书时，是家庭的骄傲，是学校的佼佼者，头上聚集着各种荣誉和光环，得到了家庭、学校和社会的重点关注。能有机会去内地求学的，往往是当地的骄傲。到了大学后，他们从相对偏远、艰苦的地区进入了更加开放、多元的环境，活动范围更大，信息也更加丰富。通过新媒体等社交信息平台，他们获得了更多的新知识，视野日益开阔，他们的思考、分析能力以及利用学习工具的能力大大提升。但同时因为远离了父母朋友，缺乏监督与庇护，加之基础薄弱、语言存在障碍，使得内地高校少数民族大学生感到学习压力大，成绩普遍较低。

大部分少数民族大学生在高校接受的教育都是汉字文字教育，较之前的教育有了本质区别，即便参加过预科班语言学习的学生，由于他们在接受知识过程中受语言翻译和转化因素影响较大，在学习上有极大的困难。加之语言沟通障碍，在学习求助方面受到制约，进而影响学习成绩。优越感的骤然消失，导致内地高校少数民族大学生自我评价急剧降低，竞争意识淡薄，个人自我发展定位出现问题，内心缺乏一套完整的、内在的自我评价准则。差距的产生和个人的发展困惑使得内地高校少数民族大学生怀疑现有的评价体系，同时对目前高校和社会存在的一些问题不能理性地分析和思考，弱化了对祖国的认同。

### （二）民族自豪感与个体自卑心理同在，中华民族共同体意识淡薄

共同的生活饮食习惯、语言交流、知识结构及宗教信仰等因素，在入学初形成少

① 参见邓新星：《论中华民族共同体认同感的建构》，《西北民族大学学报》（哲学社会科学版）2016年第5期。

数民族学生以族别聚团的现象。他们在生活上互相帮助，在心理上彼此信赖，在本民族内部有着较强的凝聚力。强烈的民族意识和民族认同体现在行为上，极大地减少了与内地学生的沟通和交流，表现出了一定程度上狭隘的民族观念。

强烈的本民族认同感、民族自豪感和浓重的乡土意识，导致了少数民族学生具有很强的自尊心。这一方面可以对个人的成长产生重要的激励作用，另一方面却容易产生现实困惑，极易形成自卑心理。在现有的大学评价体系里，竞争更加激烈、环境更加陌生，内地高校少数民族大学生知识水平和综合素质会有一些欠缺，再加上他们自身的生活习惯与思维方式难以为内地大学生所理解，在社交空间里找不到社会认同感，导致他们在交往时表现出不自信、被动、视野狭隘、适应社会能力较差等问题，甚至出现逃避、畏缩、对别人的言谈举止特别敏感的特征。

一般来说，少数民族大学生正处于人生的一个重要时期，是形成世界观、人生观和价值观的关键阶段，这种矛盾心理易让民族生产生更多抑郁、迷茫、反复的心理，会进一步影响他们的人际交往。强烈的民族自豪感、本民族认同意识强及个体的自卑心理都会在一定程度上弱化内地高校少数民族大学生对中华民族共同体的认同。

### （三）“文化休克”、自闭心理造成难以认同中华民族主流文化

汉语教学对少数民族学生带来极大的挑战。少数民族学生到内地求学，语言沟通产生较大障碍，生活环境的变化导致自己失去原有熟悉社会交往的信号，过渡到一个陌生的环境，部分少数民族大学生心理焦虑，产生“文化休克”。部分少数民族大学生固守本民族文化，不愿意去了解内地主流文化，更不愿意认同中华民族主流文化。

部分高校缺少促进民族交流的平台和机会，或是部分高校出于帮助少数民族大学生的目的，采取了不恰当的“特殊”教育，使得内地高校少数民族大学生在无形之中被贴上了标签，这在一定程度上造成内地高校少数民族大学生难以完全认同中华民族的主流文化。

### （四）政治意识淡薄、西方意识形态领域的渗透弱化了对党和社会主义制度的认同

西方国家从未放弃对我国少数民族学生的渗透和拉拢，尤其是“三股势力”披着民族宗教的外衣具有极高的迷惑性。高校是培养中国特色社会主义事业建设者和接班人的重要阵地，也是各种社会思潮夺取意识形态话语权的前沿地带。西方某些国家和组织一直有针对性地对我国青年学生大肆兜售传播西方价值观念，企图动摇青年学生尤其是少数民族学生对国家的认同、对中华民族的认同、对文化的认同、对社会主义的认同以及对中国共产党的认同，这些对涉世未深的少数民族大学生具有很大的蛊惑性和欺骗性。

我国现阶段的社会主要矛盾是人民日益增长的美好生活需要和不平衡不充分的发展之间的矛盾。改革开放以来，中国的经济建设和民生工程取得了重大的成就，社会

发展的同时也出现了一些现实的问题，如东、西部发展不平衡，生态环境破坏等。加上西方国家对我国青年一代在意识形态领域的分化和西化，让部分身处偏远地区的少数民族大学生在一定程度上不能深刻意识到中国共产党执政的重要性和在中国共产党领导下走中国特色社会主义道路的重要性，甚至对中国共产党的领导和中国特色社会主义道路产生怀疑。

在高速发展的信息化时代，网络对少数民族大学生的学习生活和思想观念也产生深刻的影响。网络信息良莠不齐，在获得知识的同时，也有各种非法信息涌现在少数民族大学生的生活当中，暴力、宗教极端化等虚假和不健康的信息对少数民族大学生产生很大的负面影响。他们缺乏对自我的认知能力和对网络信息的理性思考，极个别甚至受一些反动势力的诱惑，参与“三股势力”策划的恐怖事件，传播暴力、反动视频等活动，做出有损国家和民族团结的错误行为。

## 三、加强内地高校少数民族大学生认同感教育策略研究

内地高校少数民族大学生认同感缺失问题的出现，绝对不是个体的、单方的、静止的，而是有着典型的自然环境、文化环境、经济条件、宗教历史等原因，带有鲜明的时代特征，同时这些问题的出现还与民族间的互相尊重、交流、融合以及高校缺乏针对少数民族大学生配套的适应性教育、活动平台、文化教育等因素有关。高校解决少数民族大学生认同感缺失的问题，必须坚持“以人为本”的工作理念，在“尊重民族传统文化，弘扬民族精神，以少数民族学生为本”的前提下开展教育工作。

### （一）以人为本，合力育人，构建高校、家庭联动育人模式，增强国家认同的感召力

少数民族学生思想工作要做情感上的加法。高校作为教育的主体，在教育学生时要体现“以人为本”的关怀理念，以人为本，不仅是关注少数民族大学生的家庭经济状况，仅停留在经济物质层面的帮扶，还要在少数民族大学生思想和情感上做加法，深入了解学生内心的情感。在少数民族大学生的日常管理和教育中，应坚持以人为本，“爱”字当头，努力做到“四心”，用真心、诚心、爱心、细心去公平地关爱每一位少数民族学生。语速慢一些，认真听一些，称呼改一下，都是高校思政工作者提升工作效果的重要方法。

少数民族学生思想工作要形成育人合力。由于宗教信仰和生活方式的不同，少数民族大学生来到内地之后在生活起居和饮食方面都需要有一些调整和适应。中国石油大学（华东）坚持以人为本，以关爱为切入点，坚持四年不断线的持续教育。学校为少数民族学生配备专职的少数民族老师，讲述国际形势、国家民族政策。同时，在生活上给予帮助，在学习上给予指导，在情感上给予关爱，及时了解少数民族大学生思想和学习状况以及生活中的各种困难。在日常工作中，在尊重习俗、平等对待的基础

上，倍加关心爱护少数民族学生。同时，加强与家长的联系，及时汇报学生在校情况和了解学生家庭教育的情况，借助家庭教育达到育人效果。

少数民族学生思想工作要躬身力行。以中国石油大学（华东）为例，学校每年派辅导员、班主任利用寒暑假到少数民族学生家中进行走访，及时汇报学生在校表现及了解学生的家庭教育，讲述国家和学校对少数民族大学生激励政策以及国家取得的伟大成就。用“万里家访路，架起连心桥”的举措实现学校教育与家庭教育的无缝对接，建立长效畅通机制，取得了良好的教育效果，也增强了该校少数民族大学生对学校和国家的认同感。

（二）创新文化引领教育，树立正确的“三观”，着力培养文化认同感

文化认同是深层次的认同，也是民族团结的根本，是民族和睦的灵魂。只有实现了文化的认同，才能对少数民族大学生开展其他的认同教育。针对内地高校少数民族大学生的主流文化认同较低、内心封闭、信息鉴别意识差等问题，创新文化引领教育形式，开展形式多样的文化引领和思想教育活动是行之有效的解决方法。

中国石油大学（华东）在少数民族大学生入学初召开少数民族学生座谈会，了解少数民族学生的风俗习惯和民族文化，鼓励学生积极融入集体。结合时事，学校采取座谈会、个别谈话等方式对少数民族学生开展时事认知教育，提升少数民族大学生对事情和问题的认知能力，加强主流意识和民族团结教育。同时，学校邀请相关专业人士开展主题报告，通过主题班会讨论当代大学生的理想抱负，通过参与志愿服务和社会实践活动，体现个体价值，培育和践行少数民族大学生的社会主义核心价值观。以社会主义核心价值观和先进的当代文化为导向，坚决防止宗教极端分子披着宗教外衣宣扬极端宗教思想，搞分裂活动。

（三）拓展多元活动平台，促进民族和谐交流，强化中华民族共同体意识

内地高校少数民族大学生思维相对活跃，具有突出的文艺和体育才能。针对少数民族大学生中存在的交流少、交流障碍、小团体意识等问题，高校应根据学校和学生的特点，积极为少数民族学生搭建各种平台，充分调动少数民族学生的积极性，发挥他们在文艺、体育方面的特长，引导学生融入学校和学院的集体生活，让少数民族大学生在文化艺术活动和体育活动中积极展现他们的风采，以增进交流，加强民族团结。

中国石油大学（华东）积极为少数民族大学生搭建展示和交流的平台，组织诺鲁孜节文艺汇演、古尔邦节晚会，同时带领少数民族学生参加黄岛区民族团结进步宣传月主题晚会。学校领导积极参加少数民族学生传统节日和活动，在民族节日期间，老师以短信、QQ、微信等不同形式为他们送去祝福。就是这点点滴滴的细微之处，让少数民族大学生在“家”的温暖中健康成长。学校动员少数民族大学生积极参加文艺活动和志愿服务活动，通过多种多样的校园文体活动，帮助少数民族大学生在活动中逐步融入集体和校园环境，有所获、有所成，着力提升内地高校少数民族大学生中华民

族共同体的意识。

（四）提升少数民族学生专业知识和政治理论水平，认同党领导下的中国特色社会主义制度

全员参与少数民族学生教育活动。加强学习帮扶，关心少数民族学生学习情况。中国石油大学（华东）通过党员“一帮一”、任课老师答疑等多种形式，努力帮助少数民族学生提高学习成绩、完成学业。班主任、任课老师在课内外给予少数民族学生更多的关注和关爱，积极参与到学生培养和发展帮扶中来，形成“辅导员—班主任—任课教师”三位一体的培养体系。引导汉族学生与少数民族学生在宿舍做到关系融洽，树立榜样，引导少数民族学生参与校、院级学生组织，积极开展朋辈交流，提升自身素质。

坚持四年思想政治教育不断线，用心服务少数民族学生成长。新生入校后，辅导员在第一时间掌握少数民族学生的情况，常关心，常谈心，引导学生尽快适应入校后的学习生活，积极开展入党启蒙教育，争取更多优秀的少数民族大学生加入党组织。进入二、三年级后，辅导员会积极寻找学生身上的闪光点，通过赏识教育给予少数民族学生积极的关注，对学生开展个性化职业发展指导与服务，提升学生的学习能力和就业竞争力；进入四年级后，积极推荐少数民族学生就业，进行细致入微的就业帮扶和服务，解决少数民族大学生实际问题，运用形式多样的教育使少数民族大学生坚信，只有在中国共产党的领导下，走中国特色的社会主义道路，才能实现中华民族的伟大复兴。

## 四、结语

少数民族大学生思想政治工作不是一朝一夕的事情，而是全党和全社会必须长期坚持的大事。做好少数民族大学生思想政治工作，有利于少数民族大学生成长成才，进而促进少数民族边远地区经济建设和社会发展；有利于加强内地高校汉族大学生与少数民族大学生的交往、交流和交融；有利于内地高校少数民族大学生教育、管理、服务工作的有效开展，从而达到高等教育立德树人的总目标。

加强内地高校少数民族大学生“五个认同”的教育，是坚定少数民族大学生实现中华民族伟大复兴中国梦信念的重要举措，也是维护国家统一、民族团结和社会稳定的基础，更是凝聚中国力量的源泉。作为新时代下高校育人工作者，加强少数民族大学生“五个认同”教育更是任重道远，高校育人工作应充分认清当前形势和时代特征，以人为本，做好少数民族大学生的认同教育，助力中华民族伟大复兴中国梦的实现。

# 大数据背景下基于人才培养为导向的高校教学模式探究*

崔 琰**

**摘 要** 在大数据背景下促进教学行为发展与人才培养研究，将其作为主要研究对象展开探究。信息技术大数据的兴起，为教学行为的改革和人才培养的发展带来了机遇，而如何落实则是现阶段最关键的问题。大数据时代为精准教学提供了更为便捷的技术支撑，教育大数据使得学生的学习行为、学习状态以及学习结果等各类教育信息成为可捕捉、可量化、可传递的数字存在。在细致化的收集、分类、整理和汇总数据之后将其逐渐累积成为教育大数据基础，以数据分析为基础推动教学逐渐改进，从而提高教学质量，促进人才培养。

**关键词** 大数据 精准教学 人才培养

在当前的教育模式中，大数据正通过移动教学平台服务课堂教学，从不同方面促进教学行为的发展，主要包括洞察学习规律，实现个性化教育，施加教学干预；就学习行为方面实现自适应学习，改善学习支持。

## 一、大数据概况

“大数据”这个看似简单的名词，正在全球引领着新一轮技术和理念革新的浪潮，哈佛大学商学院访问教授托马斯·H. 达文波特（Thomas H. Davenport）指出：“大数据及其分析，将会在未来10年改变几乎每一个行业的业务功能。任何一个组织，如果早一点着手大数据的工作，都可以获得明显的竞争优势。”

### （一）大数据发展现状

在大数据快速发展阶段，2008年9月的《自然》（*Nature*）杂志上就出版了大数据

---

* 本文系山东省高等教育人才研究会2019年度课题“基于大数据的教学行为和学习行为与人才培养研究”（RK19-42）结项成果。

** **作者简介**：崔琰（1988～ ），山东济南人，山东协和学院讲师，研究方向为英语教学、信息化教学。

专刊。2010年，《有多少信息？企业服务器信息报告》（*How Much Information? 2010 Report on Enterprise Server Information*）中指出：全球服务器处理的数据总量已经跨入ZB时代，各种类型的数据呈指数级增长，人们需要依靠大数据技术解决传统数据库难以处理的数据激增问题。以美国为例，2012年3月美国政府公布了《大数据研发计划》（*Big Data Research and Development Initiative*），同时投入了2亿美元的资金支持，资金全部应用于提高数据的采集、储备、保留、管理、分析和共享所需的核心技术。2012年的10月，美国教育部发布了名为《通过教育数据挖掘和学习分析促进教与学》（*Enhancing Teaching and Learning Educational Data Mining and Learning Analytic*）的重要报告，报告涉及个性化学习阐释，教育数据挖掘和学习分析解读，自适应学习系统中的大数据应用介绍，教育数据挖掘和学习分析相关案例以及大数据教育领域应用面临的挑战和实施建议等五个方面的内容。该报告大大促进大数据在美国教育中的全面应用，并且对美国高等院校实际应用和研究相关教育数据产生了有效指导。这一重要报告的影响一直持续到今天，并且为我国大数据的发展提供了有效案例。

在这一过程中，大数据的数据总量和种类随着信息技术的飞速发展突飞猛进，社会和广大公众都建立起大数据意识和观念，大数据所产生的价值已经被逐渐认识和关注。教育数据的挖掘和分析技术进步显著，被广泛应用于教育实践之中，且形成了一定的规模效应。不论是政府、企业还是高校都在进行广泛的教育数据应用探索和相关科研工作，这一阶段标志着大数据在教育领域的应用已经进入快速发展阶段。

而现阶段国内外已经有不少对大数据的研究，大数据应用已经遍布各行各业，尤其是在公共服务领域所取得的成绩，而随着信息通信技术和互联网技术的普及和深入，大数据在教育领域的应用越来越广泛。教育领域一直被公认为是一个大数据可以大有作为的重要应用领域，根据上文提到的大数据在国外的发展轨迹，研究者们大胆地猜测：大数据已经为教育带来真正的变革。那么对于教育领域中的大数据的开发与利用就刻不容缓，对于研究大数据的教育者而言，其目的是促进大数据与教育的深度融合，并且有效实现教育数据的应用价值以推动教育的发展及改革。

### （二）大数据在教育领域的发展前景

当今社会所普遍应用的大数据与传统的普通数据之间存在着一定的区别，大数据是多种数据的集合体，相对于传统的数据库来说，大数据集成了多样化的数据信息，在具体的应用上对相对应的数据进行针对性的分析，从而获取到自己所需要的信息。与传统数据库相比较来说，大数据具有一些十分重要的特性，例如数据传输急速性、数据类型多样性等。这些特性的存在会让大数据在实际使用中具有更广更深的数据采集能力以及重要数据的深度挖掘能力，这些能力体现在多个方面。

随着国家“一带一路”建设的积极推进，相关相符的教育改革也逐步深入，而信息化教学的到来更为现代教育开创了新的篇章。自20世纪90年代中后期，我国开始大力推进教育信息化，全国许多地区的教育模式先后发生了巨大变化。在早期探索过程中，教育模式的改革首先致力于保证教育信息化顺利进行的软、硬件设施建设以及数字化教学平台和开发建设阶段，随后进入德育培育和学生个体成长关怀为标志的智慧教育阶段。这里所提到的所谓的智慧教育是指在“互联网+”、大数据、人工智能等信息技术的支持下，让学生能够主动学习、根据自己的需要学习、按照适合自己的方式学习、找到适合自己的学习环境学习、找到最适合自己的伙伴学习、得到最适合自己的老师帮助学习等，逐步形成系统的思维能力和创新性思维能力。在教学过程中，大数据的使用可以让学生提早接触现阶段各个行业数据的变化动态，这一举措对学生就业有着十分重要的作用。现在，各个行业对于大数据的依赖性越来越强，对大数据展开分析、清晰和可视化的操作之后，大数据的价值纷纷呈现出来，恰当地利用大数据能够为教学课堂带来更大的价值，使得企业在最大程度上掌握更多的战略信息，为未来的决策做出贡献。

对教育工作者而言，教育大数据分析的优势在于意味着基于教育数据的潜在信息构建更好的教学方法；对于研究者而言，可以揭示和剖析学习者与在线资源之间的互动状态和相关关系；对于学习者而言，移动教学平台能够通过数据分析为其创造更具互动性和个性化的学习体验。精准教学最终落脚的核心是数据，大数据时代为精准教学提供了更为便捷的技术支撑，教育大数据使得学生的学习行为、学习状态以及学习结果等各类教育信息成为可捕捉、可量化、可传递的数字存在。在细致化的收集、分类、整理和汇总数据之后将其逐渐累积成为教育大数据基础，以数据分析为基础推动精准教学的逐步改进，从而提高教学质量，而数据的支撑使得教学更加高效化和精准化。

## 二、民办高校教学现状分析

人才培养是高等院校的根本任务，而教学工作是学校建设发展的中心工作。《国家中长期教育改革和发展规划纲要（2010～2020）年》指出，高等教育发展的核心任务是要提高质量，是建设高等教育强国的基本要求。而提高教学质量是高校提高人才质量的核心工作，目前民办高校的教学工作还存在很多问题及不足。因此，探索以学生为中心，增强学生主体性建设，提高教学质量成为民办高校教学改革发展的新要求。在民办高校教学中，由于信息化教学以及移动教学平台普及刚刚起步，并不成熟，教学过程还存在一些传统教学模式所遗留的劣势。

其一，课前备课是教学工作得以开展的前提和基本环节，高校教师能达到基本的教学要求：充分备课、熟练课程内容、掌握课程重难点等，但是在课堂教学材料的准备过程中还会出现常年使用同一个课件、教学案例陈旧等情况。

其二，课堂讲授是教学活动的重头戏，是向学生传授知识、解答疑惑、培养能力的最基本教学形式。在传统的课堂教学过程中，普遍存在过分依赖课件、板书过少、讲授内容较多、理论联系实际较少等情况。在教学方法上存在形式单一的问题，有些教师仍旧无法改变以讲授法为主的教学方式，忽视学生的主体性。同时，考虑到科技发展的实际情况，学生上课玩手机的情况很难进行控制。

其三，课后进行适当的作业和课外辅导能帮助学生掌握重难点知识，加强知识的巩固，但是在民办高校的传统教学模式下却极易出现教师不能及时批改、讲解作业的情况，同时还会出现学生不认真对待课外作业，存在抄袭、错误较多等情况。

其四，课程考核是督促学生全面系统地掌握所学课程的有效手段，也是检查教学质量和学习情况的重要形式。传统教学模式的考核方式十分单一，基本只有卷面考试一种；有些试卷所涉及的题目不够全面；而大部分试卷命题陈旧，不能及时更新，即使有些课程建立了试题库也只是重复利用已有试题重组试卷。这样的考核方式并不能很好地了解学生的学习情况，无法得到精确的学习效果反馈。

## 三、大数据背景下基于人才培养为导向的精准教学模式的建立

随着民办高校的英语专业教育环境发生的变化，未来教师将是具有知识整合力、教学设计力与技术应用力的新一代智慧型教师，会充分利用网络教学平台来实现智慧教学、促进学生发展、为人才的培养打下全面的基础。教学是一种目的性的行为，融合教与学两个动因，结构复杂、内容丰富，既包括教学语言、教学组织等能够直接传递信息的行为，也包括情感、态度、价值等多种因素综合而成的内在行为。教师教学行为的主要数据是教师授课过程中的言行，反映了教师的教育信念、知识储备、对学情的把握以及备课的充分程度等情况，这些数据为教师教学行为的改进提供了参考和数据。在当前的教育模式中，大数据正在通过移动教学平台服务课堂教学，从不同方面促进教学行为的发展，包括洞察学习规律、实现个性化教育、施加教学干预等。

### （一）明确精准教学目标

教学的逻辑起点是确立明确的教学目标，这也是验收教学成败的关键依据所在，这表明精准教学的第一任务便是确立精准化的教学目标。在传统的教学环境之下，教学目标多会模糊化。简单来说，在实际的精准教学中，每一条教学目标都应该准化为与之相对应的精准问题，在具体的教学中将其精准化、细致化，将大问题细化为可以量化描述的小问题，便于学生学习和领悟。这里的“熟练掌握”在经过分解、细化和量化之后，不仅包含对知识或者是技能的精准掌握，而且还包含能够运用知识或者是技能的速度，因此和精准教学的顺利和流畅度衡量指标相契合。

### （二）构建精准教学模式

大数据背景下教学模式的建立和优化首先要落实教学模式，信息化教学在民办高

校的英语专业教学中应符合民办高校学生的学情特征，同时贴合英语专业的语言教学需要。现代教学要做到充分利用移动教学平台，将平台充分运用在英语专业教学中，达到有效改进学生学习态度，提升英语教学效果，完成设定的教学目标。例如，疫情期间，在综合英语 2 课程的线上教学过程中，教师通过超星移动教学平台——学习通设计并实施 96 个教学课时后，学生的听、说、读、写能力以及学习态度相较于传统教学模式都取得了明显的提高。

1. 根据学情特征

一门专业课的建设首先要准确地定位和分析教学对象，这是确保实现教学目标的第一前提。同时要考虑到学生主体性，应能以结合学生的个体特性开展教学活动为基础，进而实现有意义的教学行为。学生是英语学习的主体，其已有的知识结构和认知水平，是教师授课的依据与出发点。以笔者所教学生为例，民办高校英语专业学生基础相对较差，在学习上通常表现出自学能力差、课堂注意力分散、学习目标不明确等普遍状况。随着科技的进步和网络的不断发展，各类游戏和娱乐软件充斥于学生的日常学习生活，因此学生的学习态度和状态都会受到极大的影响。移动教学平台大都是贴合教学环节需要来设计其功能的，有很大的实用价值，基于上述情况，老师应采取时效性和针对性较强的授课方式。

以“超星学习通”为例，平台设置的“投票”功能可以让教师了解学生的学习态度和学习要求，通过设计各类问卷调查性质的题目（比如“赞成/反对”）来把握学生的兴趣点，然后依据学生的基础水平通过“分组任务”设置学习活动，激发学生参与学习的积极性；在课堂活动板块里设计了类似抢答、选人、主题讨论等课堂互动的功能，以实现学生注意力的高度集中，并且能进一步激起学生的学习兴趣；通过各种章节测验和作业的设定来规范学生的学习行为。通过上述不同的加分方式，运用教学平台产生的大数据记录学生的过程性评价，达到激发学生上进心的效果和目的。整个学习过程的记录通过大数据的呈现可有力佐证学生的学习效果，促使学生充分认清和分析自身学习的短板。随着现今信息化的高度发展，学生作为信息化时代的原生代，已完全不能接受传统教学模式的单一运转，如果教师仍然保持传统的教学模式，不能够顺应时代，掌握和运用“信息化教学”，那么课堂只会是形式上的课堂，也无法实现知识真正的传授，更无法指望学生能够掌握自主学习的方法。

2. 根据语言学习特征

语言作为一种交流的工具，是需要依据情境的变化灵活地进行选择、组合、输出运用的工具。语言的学习尤其是英语语言的学习需要在尽可能多的情境下进行各种训练，由此便于学习者观察、辨析并记忆语言符号在实际运用上的要点。整个教学过程都要充分考虑英语语言的特征，各类“移动教学平台”都具备随时通过图片、音频、视频等各种形式的微课推送到学生，具备输出知识的功能。同时，学生在平台上或者借助其他辅助平台可同步交流提问，教师能够及时做出解答并能通过数据的实时更新掌握学生的实际学习情况。在教学前、中、后等不同的时间段，及时把阶段性任务通过“移动教学平台”设计的不同教学环节推送到学生手机上，促使学生多次复习。如此，根据艾宾浩斯记忆曲线明显改善语言学习效果。在英语语言学习过程中，无论是书面交流还是口头交流都要求有交流对象，这样在学习过程中如果能具备练习搭档配合训练，会使得语言学习更具有成效性。在传统教学模式中课堂上的语言交流练习中，通常学生都会拥有固定的搭档，但在“移动教学平台”上，教师可随机分配任务、随机分组，实现交流练习对象多元化。

（三）完善移动教学平台建设

大数据集成了多样化的数据信息，在大数据的基础上可以综合获得特定用户的活动轨迹，并对其活动进行详细的建模分析。在实际教育活动中，可以将大数据的这一特征充分发挥出来，并借助大数据的力量降低教学质量监控的难度，教师利用学生数据进行详细的收集、整理和分析，能够有效地监控学生的学习情况，了解学生的基本特征和心理动态。在分配学生资源时也可以借助大数据模型的分析结果，将学生的不同特点总结出来，按照这些特征推动各种各样的学习资源，进一步提升学生的学习积极性，从而提高其学习主动性和积极性，发挥其主观能动性。由此辅助学生形成自适应的学习系统。同时，模型分析结果也可以有效捕捉学习者的学习行为，为后续的学习安排提供保障和参照。

移动教学平台的建设是基于输出驱动理论，遵循移动终端和移动媒体的交互促学原则，基本要涵盖课前预习、课后巩固、课外训练和教学反馈四大模块，通过环环相扣的方式帮助学生查漏补缺，提升获得语言知识的完整性。四大模块具有较强的黏合性和灵活性，比如，通过“教学反馈”模块，教师可根据大数据提供的教学效果反馈来调整实际教学内容，网络教学平台通过“教学反馈”模块改革传统教学模式重形式轻内容的缺点，实现教师、学生及网络平台三方的高效教学互动，通过丰富多元的网络平台这一教学手段提升学生的学习能力。教师依据教学目标、教学知识点制作完善教学资料，如课程 PPT、影音、课堂活动、阅读材料等多种形式的教学资源，并学会充分利用教学平台和互联网提供的网络教学资源，将平台提供的资源用于课程，将自己制作的课程资源分享在移动教学平台，供学生学习。

（四）秉承精准教学准则

精准教学的核心任务在于准确获取每一个学习者的学习困难点，并利用数据基础下的精准教学将其解决，保障教学的速度和准确性，教师在教学过程中要遵守精准教学的三个核心原则。首先，要帮助学习者了解自身的学习情况，每一位学习者都是学习的主体，能够清楚自己的学习情况；其次，记录学生的每日表现，使得教师以及学生可以精准辨别并充分应用相关表现变化的因素；最后，个人内在行为的记录和师生之间的分享结果。

在大数据背景下促进精准教学发展，将其作为主要研究对象展开探究。在信息技术大数据的兴起之时，为日常教学的改革和发展带来了机遇，而如何落实精准教学措施是现阶段最关键的问题。通过梳理精准教学的理论方法以及应用困境探究大数据对精准教学的影响，从教学主体关系、数据理论等角度出发，对基于大数据的精准教学进行深刻反思，旨在提升大数据技术在精准教学领域激发精准教学的活力，从而进一步优化升级精准教学的有效性。

精准教学的开发和应用能够快速弥补传统课堂的一些问题和短板，为进一步提升学生的学习积极性，增强教师与学生之间的互动和交流，为学生在精准教学过程中取得更好的学习成效提供支持，为后续的学习成绩提供保障。

要想改善民办高校的教学工作，提高人才培养质量，除了从教师的角度出发优化教学模式，还可以集中改变以下几点：

首先，应加强课程思政建设。在课程思政的推行过程中，专业课程教育教学的教师需要结合不同学科专业特点，引导学生学好专业知识，掌握专业本领，拓展多方面的能力，全面成长成才的同时，注重培育学生的独立思考能力、创新创业创造精神、文化素质、人文与科学精神、协作精神、沟通和交流的能力，引导学生学会做人，学会做事。

其次，高校尤其是民办高校可以致力于提高教师的业务能力。除了积极开展教研活动，组织集体备课、深化教学研究等，学校应努力打造“金课”，完善教学质量评估方面的制度，加强对教学工作的重视程度，促进教学工作的良性发展。

再次，学生应积极参加实践活动。参加社会实践，能更多地了解社会。学生可参加学校学院组织的文化交流活动，积极参加名师的专题报告会和讲座，开阔视野。

最后，学校、辅导员、班主任、任课教师应多管齐下，加强各方沟通，一定要与学生家长密切联系，让家长参与到对学生的教育和管理中。

# 基于校企合作的PDCA-CDIO人才培养模式在机械类专业中的应用研究*

林春梅** 张德军

**摘　要**　针对当前我国毕业生过剩而跨国公司招人难的现象，结合烟台南山学院机械设计制造及其自动化专业的人才培养模式及目标，提出了PDCA-CDIO人才培养模式，着重对课程体系和考核方式的改革、项目课程的设置、工程项目的设计及实施进行了深入的探讨。实践证明，在机械类专业中推行PDCA-CDIO人才培养模式，对有效提高学生分析和解决问题的能力、个人创新能力、人际交往能力、团队合作精神和工程系统开发能力起到了积极的推动作用。

**关键词**　PDCA　CDIO　工程项目　校企合作

目前，我国的工程教育虽然有了一定的发展，但是仍然缺乏工程性与创新性。麦肯锡全球研究院（MGI）与麦肯锡中国分公司的《应对中国隐现的人才短缺》报告称："只有10%的大学生符合跨国公司的人才要求！过剩与稀缺的悖论凸显中国大学生为就业准备不足。""就业危机"根本的问题不是人才过剩，而是培养的学生不能满足社会的需要，因此我们应把目光聚焦到高等教育改革中来。我国提出在2020年前完成建立创新型国家的目标，这就需要我们培养出基于工程实践的新型工程人才。因此，更新教育观念、实施工程教育改革成为第一要务。在这一方面，欧美一些发达国家已经走在了我们的前面，这些国家在工程教育改革方面实施的方法和措施值得我们研究和借鉴。而当前我国高校创新型工程科技人才培养存在很多问题，工程性与创新性的严重缺位，是当前我国高等工程教育难以提供满足国家发展对创新型工程科技人才迫切需要的原因。

机械类专业是近年来工科专业中发展较快、实践性很强的专业之一。对机械类专

* 本文系山东省高等教育人才研究会2017年度课题"基于校企合作的PDCA-CDIO人才培养方式创新研究"（RK17-3）结项成果。

** **作者简介**：林春梅（1979～　），山东高唐人，烟台南山学院副教授，研究方向为材料成型与数值模拟、PDAC-CDIO人才培养模式。

业毕业生进行跟踪调查，结果显示：毕业生大多具有一定的专业技术能力，但普遍缺乏综合解决问题的能力、系统的工程设计意识和团队协作能力及职业能力。因此，培养的人才规格必须是知识、能力、素质的全面发展。本文基于提高学生职业能力的目的，在 PDCA-CDIO 人才培养模式导向下，对烟台南山学院机械设计及其自动化专业进行项目化教学的研究和实践。

## 一、工程教育存在的问题

### （一）创新教育思想尚未全面贯穿工程科技人才培养的各个环节

虽然创新教育在我国开展已有很长一段时间了，但目前我国的创新教育在很大程度上还处在思想理念宣传层面，尚未全面贯穿工程科技人才培养的各个环节之中去。高校传统的以知识灌输为主要特征的人才培养模式和体制还没有实现结构性突破，没有真正形成科技创新型人才的培养模式与体制。

### （二）教学内容和教学方法陈旧

不少高校教学内容依然陈旧落后，远远未跟上现代科学技术的发展脚步，没有从足够的高度、广度、深度和力度上对现行教学内容进行全面系统的梳理、辨析、选择、更新和重组。一些已经随着科技发展失去原有价值的内容，仍然出现在教材当中，并占有相当一部分比例，而那些已经或正在转化为新知识体系内核的科学前沿知识，却被拒于教学大门之外。此外，在教学方法上，多数高校仍以灌输式的传授方式为主导，偏重教师“教”而忽视了学生乃“学”的主体，缺乏启发式教学及师生间的交流。这种教学方式强调接受性而忽略其能动性，不注重培养学生自主获取知识的能力，结果束缚了学生独立人格的发展和个性的张扬，限制了学生的想象空间和创造空间，极易使学生形成千篇一律的思维方式。

### （三）工程教育中面向实际的工程训练不足，实践环节薄弱

工程训练是高等工程教育中必不可少的重要环节，但近年来工科院校的实践教学被不同程度地削弱，实验课的比重下降，学生亲自动手操作的机会减少，这使工程训练达不到最基本的要求，严重影响工程教育的质量。目前，工程教育基本上是在学校中完成，与企业联系不密切，课程设计、毕业设计脱离工程实际，在实践教学过程中存在着重理论轻实践的倾向，技术性和实践性内容少，虚拟性的学术性和理论性内容多，导致工程教育沦为纸上谈兵。生产实习的时间大幅度地压缩，学生在实习中往往是参观多而参与少，学生的动手能力得不到提高。课外科技活动由于受各种条件限制也难以大面积展开。

### （四）教师本身缺乏工程实践经验与能力

法国教育社会学家埃米尔·涂尔干指出，教育的成功取决于教师，然而教育的不成功也取决于教师。目前，工程教育的教师一般较少参加过工程实践项目训练，缺乏工程

及生产的实践经历，学院也缺少实践经验丰富的工程师到大学任教，许多工科院校的教师大都来源于高校毕业生，其中很多都是一毕业就走上了讲台，直接由学生变成教师。这些青年教师虽然具有较高的学历和深厚的专业理论知识，但由于缺乏丰富的实践经验，不能用工业操作中的实际问题来充实课程的教学内容，更难以在讲授专业课时引用工程实例来阐述基本理论和原理，只能纸上谈兵。这就导致教学流于形式，空洞且乏味，严重阻碍了学生在工程实践训练中综合性和创造性的发挥，不利于工程教育质量的提高。

## 二、创新型工程人才的培养策略

基于当前高校创新型工程科技人才培养中存在的问题，要培养创新型工程科技人才必须采取相应的策略来改善现状。

### （一）营造有利于创新教育的氛围和环境

环境的好坏，是关系到创新教育顺利开展的重要条件。学校要注重营造有利于创造型人才培养的氛围和环境，要尽快形成有利于创新教育的激励机制，努力转变妨害学生创新精神和创新能力发展的教育观念、教育模式，改善学校的人文环境，形成有利于创新的学术氛围，创建创新教育的实践基地，为优秀人才的脱颖而出创造条件。要尽快制定相关的政策和规定，鼓励和引导创新教育的开展，并形成创新教育的保障机制。要建立有利于创新的教育评价体系，学生学习成绩的评判要向创新能力方面倾斜。

### （二）改革教学内容和教学方法

各门课程的教学内容要根据科学的最新发展及时更新，进行合理的筛选、补充、更新和重组，使教学内容既能反映该学科领域最基本、最核心的知识，又能与时俱进地反映出该学科最新的进展情况和研究动态，同时又符合学生认知发展规律的逻辑结构。在教学方法上，应逐步由灌输式转向启发式，侧重培养学生自主思维、发散思维，教会学生学习方法，授之以渔而非授之以鱼。教师应遵循学生的认知规律，不只是从某种知识体系出发，还需要从学生的认知特点出发去开展教学活动，真正做到因材施教。

### （三）强化实践教学环节

1. 鼓励学生参与科研项目

学校应引导鼓励大学生积极参与教师的科研项目，以科研项目为依托，培养学生的创新精神和实践能力。参与科研项目就是进行科研训练的过程，培养学生发现问题、提出问题、解决问题的能力，提高学生理论与实际相结合的实践能力和创新能力。通过参与科研项目，学生可以及时了解学科的最新研究动向，并根据兴趣爱好尽早确定自己的研究方向。

2. 组织学生参与工程实践

通过这种实习方式，不断拓宽眼界。让学生在与工程一线各类人员的接触中学习教材以外的东西，切身感受工程一线人员的奉献精神、创新精神和敬业精神，培养学生的工程意识和专业素质，激发学生主动完善自我的愿望，使他们的思想在实践中得到升华。

3. 重视毕业设计

毕业设计是学生在走出象牙塔、走向社会前的一次“实战演示”，是培养工科大学生工程实践和创新能力的一个重要环节，整个过程能够体现综合分析和解决实际问题的能力。在毕业设计过程中，要求指导教师不仅要引导学生大量阅读专业刊物，广泛查阅相关文献，还要在设计思想、设计方法上给学生提供有价值的建议，启发学生充分发挥独创精神，引导学生在实践中不断提升其创新能力。

（四）建设一支理论与实践紧密结合的高素质教师队伍

创新型工程科技人才培养需要高素质的教师队伍作保障。高等工科院校应针对目前工程教育教师缺乏工程实践训练和创新意识不足的问题，加强教师队伍建设。一方面，努力设法从社会中大量吸纳人才，引进工程实践经验丰富的高级工程师充实教师队伍。同时，高校还应该通过校企结合的方式进行联合培养，选派教师到工厂、企业参观、实习或调研，选派教师到工厂、企业挂职或不挂职锻炼，选派教师参与校内、校外实验实习基地建设，参与学生实践实训指导等，以提高实践能力和工程技术应用能力，改善教师队伍的能力结构，提高教学的针对性和应用性，培养“双师型”教师。另一方面，要求教师不断转变教育观念，树立创新教育理念，具有很强的创新意识和创新精神，能够身体力行地站在创新的最前沿去教导和引导学生，培养学生的创新意识和创新精神，养成自觉体验创新的习惯。

（五）营造具有浓郁人文氛围的校园文化环境

人文精神的培养要靠自身的学习、实践、感悟、内化和升华，更重要的是环境的影响和熏陶。良好的校园文化对学生人文知识的内化起到潜移默化的作用，校园环境具有潜在的教育价值和教育功能。加强校园文化建设，建设良好的校园文化环境和学术气氛是进行文化素质教育尤其是人文素质教育的重要途径。因此，借助于一定的物质实体或活动载体来营造和形成特定的人文精神环境和文化氛围，对改善大学生人文精神缺失的状况大有裨益。通过邀请名校大师级人物来校讲学，定期开展人文讲座，开展各种丰富多彩的社团活动，鼓励学生参加社会调查、参观访问、文艺下乡等途径建设校园的人文环境，利用环境育人来达到人文精神教育的目标。

## 三、PDCA-CDIO人才培养模式

（一）CDIO简介

CDIO是麻省理工学院和瑞典皇家工学院等四所大学经过四年的探索研究创立的工程教育理念，是构思（Conceive）、设计（Design）、实现（Implement）和运作（Operate）四个英文单词的缩写。它是“做中学”和“基于项目教育和学习”的集中表达，

以培养学生的工程基础知识、个人能力、人际交往团队精神和工程系统开发能力为目标；以产品研发到产品运行的生命周期为载体，让学生以主动的实践方式学习工程。①目前有30多所世界知名高校正在积极推行CDIO教育改革。我国的CDIO改革始于2005年，目前第一、二批试点高校对人才培养方案、课程体系、教学实施、实践环节、考评机制等方面也进行了重新构建，多方面探索了CDIO的中国化、本土化和特色化。

（二）PDCA-CDIO人才培养模式的提出

PDCA是Plan（计划）、Do（执行）、Check（检查）和Action（处理）的缩写，PDCA循环就是按照这样的顺序进行质量管理，并且循环不止地进行下去的科学程序。②四个过程不是运行一次就结束，而是周而复始地进行，一个循环完了，解决一些问题，未解决的问题进入下一个循环，形成阶梯式上升。

PDCA-CDIO教育模式，为工程教育提出一种更为前沿的教育思想和理念，在CDIO中，每个工程项目的实施作为一个循环，每个PDCA循环像爬楼梯那样，学生的能力水平不断得到提高（如图1所示）。各级工程项目都是一个PDCA循环，形成一个大环套小环、一环扣一环、互相制约、互为补充的有机整体。

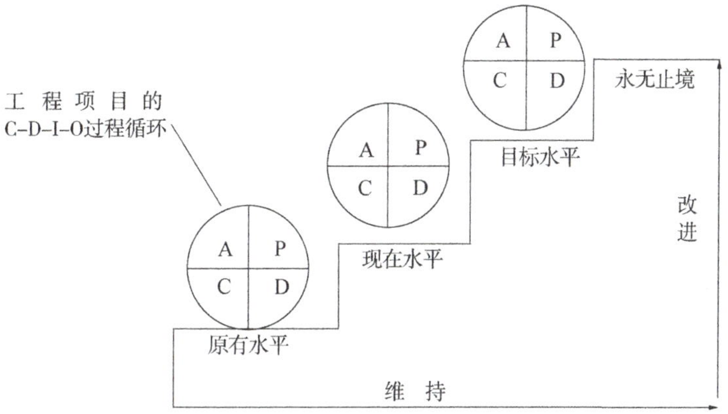


图1 PDCA-CDIO人才培养模式循环示意图

在PDCA循环中，一般说上一级的循环是下一级循环的依据，下一级的循环是上一级循环的落实和具体化。每个PDCA循环，都不是在原地周而复始地运转，而是像爬楼梯那样，每一循环都有新的目标和内容，经过一次循环，解决了一批问题，学生水平有了新的提高。

---

① 参见路刚兰：《基于CDIO理念的项目教学模式应用与研究》，《中国成人教育》2013年第24期；陈新民：《应用型本科的课程改革培养目标课程体系与教学方法》，《中国大学教学》2011年第7期；邢素霞：《基于CDIO教育理念的DSP课程教学设计与实践》，《实验技术与管理》2014年第6期；周文根：《项目课程理论与开发技术研究》，《中国职业技术教育》2014年第15期。

② 参见肖爱武：《基于PDCA循环的高职机械类专业教学改革初探》，《现代企业教育》2014年第4期。

## 四、PDCA-CDIO 人才培养模式在机械类专业中的应用

### （一）制定新的人才培养方案和培养目标

通过研究烟台南山学院机械设计制造及其自动化专业的人才培养目标和方案，确定该专业人才培养的知识范围和知识水平，研究如何打通课程之间的界限，将不同的学科知识融入有限的 CDIO 案例中。构建以产品研发到产品运行维护和废弃的全生命周期为背景环境、相互支撑和有机联系的课程体系；同时，对教学内容、教学方法、教学手段等方面进行改革。要使学生更好地掌握和运用所学知识，培养出具有更好的技术基础知识、能领导创新开发与运行、具有社会与历史责任感的工程师。

1. 制定明确的培养目标

转变工程教育理念，树立 CDIO 教育模式新概念。利用推广“学习、实践、创新、再学习”学习模式，有利于培养高素质的创新型人才。制定明确的培养目标，在项目学习的基础上，培养学生的创新意识和学习能力，将项目设计与不同课程学习结合在一起，保证学生将学习知识与应用知识联系在一起。为进一步激发学生的学习热情，可以引入综合性集成项目，这种学习模式要求跨年级学生、不同专业学生同时参与，高年级学生可以指导低年级学生，不同专业学生可以在相互交流中得到提高，以掌握坚实的理论基础。强化创新才能发展的理念，引导学生参加国内各种学科或科技竞赛活动，提高学生的合作能力，让学生掌握发现问题和解决问题的技能。不断拓展大学生的创新思维，锻炼动手操作能力。明确的培养目标要重点关注培养方向、知识结构、能力结构、素质结构等四个核心要素。

（1）培养方向

高校培养的人才，主要以应用型为主。应用型人才要求学生不仅具有专业的知识，而且还要求学生具有吃苦耐劳、勇于创新的精神，有更加广泛的知识面以及社会适应能力。高校通过引入 CDIO 教育理念，进而明确学校的培养方向。学生所学的专业知识要以市场需求为导向，能力以立足于社会为根本。在实际的教学中，促进学生在掌握知识的前提下，提高工作能力以及个人的整个素质，进而促进学生为社会建设贡献自己的力量。

（2）知识结构

知识结构是由文化知识和专业技能组成的，并且保证两者的合理结合。高校的各个专业应该依据本专业的特点，找出可以胜任本专业工作的知识结构点，另外还可以邀请专家对其进行相应的补充，最终确定学生所需的知识结构。知识结构还要做到与时俱进，要根据市场发展进行相关的改进，从而保证各专业的毕业生可以在毕业之际胜任相关工作。

（3）能力结构

能力结构是指人们从事职业以及适应社会发展的基本能力，对于个人发展规划是

非常重要的。依据CDIO教育理念，能力结构包含的范围非常广泛，比如职业的专业技能、沟通能力、与人相处的能力、发现解决问题的能力等。高校应该依据各个专业的发展情况来培养学生各个方面的能力，从而使学生得到全方位的提升。

（4）素质结构

素质结构涉及的内容更加广泛，主要包括学生的专业素养、责任心、工作态度等。在进入CDIO教育理念后，高校要及时了解市场需求，以市场企业对人才的需求为基础，从而建立一个符合市场发展的素质结构体系。另外，高校还要做到与时俱进，及时了解市场需求，以便保证素质结构的完善。

2. 建立科学的培养体系

（1）改革课程体系，培养具有创新意识的专业人才

课程学习在专业设置中具有不可替代的地位，只有具备一个完善的课程体系，才能帮助学生掌握坚实的专业知识，也有利于提高学生发现问题、解决问题的能力，使学生认识到团队合作的必要性。课程体系要在项目的实施中进行，尽量开设与应用能力相关的知识课程，多开设一些实践性的课程，促进理论与实践的融合。利用项目实施保证学生完成构思、设计、实施、运行的全部过程，使学生早日成为应用型创新人才。

很多学生在学习过程中会产生疑惑："学习这门课程，对我将来工作或者职业发展到底有什么作用?"出现这种现象的原因是学习理论知识过难，而在以后发展中又较少用到。因此要尽量减少这些学习内容，为培养学生创新能力提供更多的教学时间，为学生参加实践创造更多的机会。

一个好的课程体系对于任何专业来说都是至关重要的。良好的课程体系是学生掌握专业知识和技术能力的有力保障。通过CDIO教育理念的引入，学生除了掌握理论知识和专业技能外，还要掌握更多的社会能力。比如，社交能力、发现和解决问题的能力、自我认知的能力等。结合PDCA-CDIO人才培养模式推出机械设计制造及其自动化专业的课程体系（如图2所示），制定新的适合该专业发展的人才培养方案；构建以产品研发到产品的运行维护和废弃的全生命周期为背景环境、相互支撑和有机联系的课程体系，即围绕一级项目设置课程，利用二级项目将各门项目课程进行有机联系；同时对教学内容、教学方法、教学手段等方面进行改革，使学生更好地掌握和运用所学知识，培养出具有更好的技术基础知识、能领导创新开发与运行、具有社会与历史责任感的工程师。

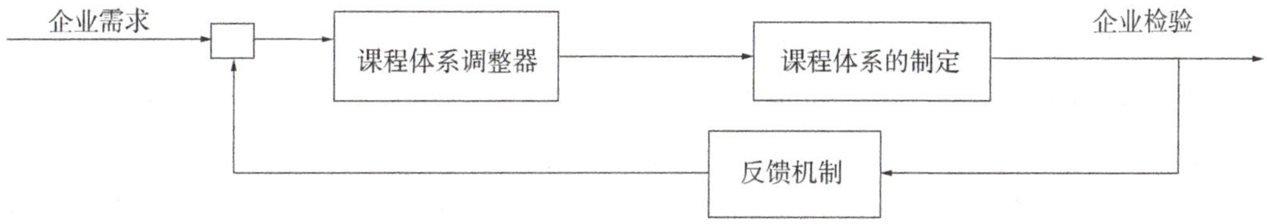


图2　课程体系方框图

（2）制定新的教学模式，提高学生解决实际问题的能力

传统的教学模式，主要以教师为主。在CDIO教育理念中，学校的教学活动应该以学生为主。教师的职责主要是指引学生学习，教会学生如何发现问题，并找出解决问题的方法，这样才能让学生进行自主学习。在实际的教学过程中，教师可以通过采用多种教学方法，比如小组讨论或者学生讲解的方法。这样的教学方式可以让学生参与到解决问题的过程中来，进而培养学生独立思考的能力。另外，还可以培养学生团队合作的精神和解决问题的能力。

要培养应用型人才，环境建设是必不可少的。环境建设主要分为硬件环境建设与软件环境建设。所谓的硬件环境建设主要是指学生的实训基地。基于CDIO教育理念，学校的实训基地建设应该与外部企业相似。这样可以为学生提供一个现实的工作场景，让学生了解企业的整体运营，同时也可以让学生参与产品的设计和运行，从而培养学生的创新能力。另外，学校通过校企合作可以让学生真正了解企业。在校外进行实训时，可以采用师带徒的形式，让学生真正参加到工作中来，从而提高学生的工作能力。软件环境建设主要是高素质人才的建设。首先，可以聘请专业的技术型人才，使其带动学校师资的成长，进而提高学生的专业能力。其次，提高现有教师的教学能力，学校可以通过研讨或者竞赛的形式，不断提高现有师资的教学能力。

（二）深入企业研究开发教学实践案例

骨干教师要深入企业学习掌握企业生产过程，结合学生专业的培养目标，制定基于企业实践、适合学生知识水平的CDIO案例，并根据企业生产过程确定CDIO案例教学的开展实施步骤。重点研究如何使案例更加生动，如何更好地在实施过程中提高学生的积极性和主动性。

按照PDCA-CDIO人才培养模式中的课程体系，首先设计出合适的以贯穿本科四年的一级团队工程项目，将某些课程进行有机联系的二级团队工程项目，每门课程的三级团队工程项目，课程中每个知识单元的四级工程项目。

一级项目要求能完整、有衔接地贯穿整个本科教学阶段，使学生能系统地得到构思、设计、实施、运行的整体训练。例如，可通过对一个产品的解剖，了解其构成与设计，使学生提前了解即将学习的本专业核心内容与实际产品的关系，从而从一个工程师的角度去面对即将开始的专业课学习。由此，激发学生对工程问题的兴趣和掌握解决问题的途径。

二级项目以相关核心课程群和相关能力要求为基础。作为一级项目的支撑，二级项目既是对相关课程群的综合，也是对整个教学体系的补充，主要培养学生综合应用相关课程内容的能力，特别是注重学生的创新思维能力与终身学习能力的培养。

三级项目是单门课程内的项目。在所学课程为学生提供充足的基础知识背景和数学、科学方法训练的基础上，三级项目根据课程教学自身需要设立小规模实践项目，

通过三级项目的训练使学生加深对课程内容的理解与应用（如图 3 所示）。

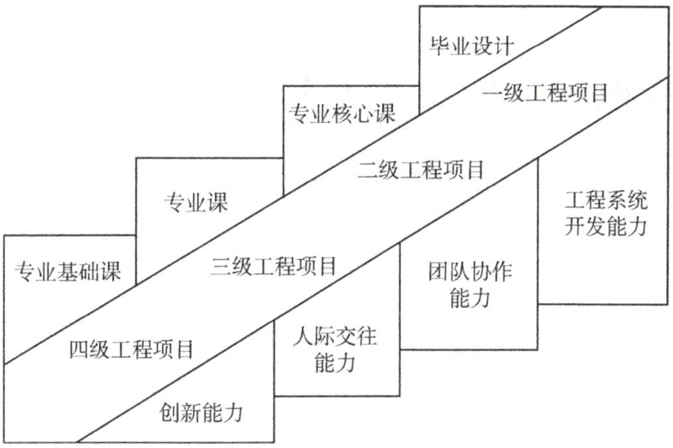


图 3　课程设置与工程项目关系示意图

（三）改革课程过程考核制度

为了能够对学生的工程基础知识、个人能力、人际交往团队精神和工程系统开发能力进行全面考核，改变过去传统的以教师为主体单一“满堂灌”的教学方式和课程结束时“一考定成绩”的做法，实施课程过程考核（团队项目完成质量情况、团队成员对团队贡献大小、教师评价、总结报告）的方式对学生学习情况进行评估，使教师能够更加详细地了解学生学习状态和学习中存在的问题。

通过把 PDCA-CDIO 人才培养模式引入烟台南山学院机械类专业教学，为学生提供了一种强调工程基础、建立在真实世界的产品“构思—设计—实施—运行”（CDIO）过程的环境基础上的工程教育。在此教学过程中以学生为主体，充分调动学生的积极性，培养学生独立思考和创新能力、团队协作精神。实践证明，PDCA-CDIO 教学模式在很大程度上培养了学生解决实际问题和系统工程设计的能力，提高了他们的职业能力和素质。

# 鲁作品牌视阈下的山东家具文化附加值提升研究*

宋瑞波　郑　蕾**

**摘　要**　提升山东家具产品的文化附加值，能够加强家具产品的品牌影响力和市场竞争力，本文分析了传统鲁作家具的特征，总结出鲁作家具的选材、制作工艺、装饰和造型语言以及鲁作品牌天人合一、中庸之道的儒学文化内涵和地域文化内涵，提出了建设鲁作品牌文化内涵和鲁作品牌文化外延，提高产品附加值的方法，通过加强鲁作家具品牌的内涵建设，能够建立影响整个家具市场的鲁作家具品牌整体形象；通过强化传统民间手工技艺的传承与创新，能够创造更多更加优秀的具有浓郁鲁作品牌特征的家具产品。通过建设鲁作品牌的外延，建立鲁作品牌建设与推广的系统架构，并开展数字化的品牌管理与用户建设，能够创新家具产品的用户体验，不断满足新时期的消费需求，有效提升家具文化的附加值。

**关键词**　鲁作　家具　品牌　附加值　提升

提升山东家具产品文化附加值可以从多角度、多层次进行，依托民间手工技艺进行的文化附加值提升，既能够满足大众基本的功能消费需求，又能够满足人们更高层次的文化和精神需求。

## 一、山东家具产品现状分析

### （一）规模较大，竞争力不强

山东家具行业规模在全国居第二位，实木家具的营业收入在全国稳居第一，这种成绩主要依靠家具行业的规模化得以实现，是以量取胜。但是，当前的山东家具行业缺少较具有影响力的大品牌和特色品牌，区域品牌实力不强，高端家具品牌市场中山东所占数量较少，且缺乏竞争力优势。家具是传统的劳动密集型产业的典型代表，家

* 本文系山东省高等教育人才研究会2017年度课题“传统手工技艺传承基础上的设计专业人才创业教育研究”（RK17-21）结项成果。

** **作者简介**：宋瑞波（1978～　），山东诸城人，山东青年政治学院教授，研究方向为服务设计、设计思维；郑蕾（1979～　），山东淄博人，山东女子学院副教授，研究方向为品牌文化与新媒体。

具产品的基本加工工艺存在趋同性和单一性，差异化力度不够。随着劳动力、环境保护、实木资源等成本的不断增加，山东家具行业发展的压力越来越大。[①]

（二）家具产品附加值较低

从生产方式上，山东家具企业目前的技术制造密集度不高，高技术、新技术以及新材料等利用度不高，在生产过程中对手工依赖度依然较强。从品牌经营上，从消费者认知的国内知名家具品牌中，只有赖氏家具、U＋家具、天地儒风等寥寥数家，山东家具品牌内涵较低，文化体验不足。从经营模式上，大部分企业依旧是传统的商场展销模式和售后服务模式，消费者的体验不足。另外，在家具材料、加工工艺、设计等方面也存在较大的缺项，导致山东家具产品的整体附加值较低。

（三）文化附加值需求增加

日益提升的工业生产技术、新材料、新设计，使产品的功能越来越完善，消费者通过产品获得基本的物质层面的需求越来越简便。从企业竞争角度来看，不同企业生产的产品在质量方面的差别也越来越小，差异化越来越难体现，产品的价值需要形成新的突破点。从消费者角度看，消费的内容也从物质层面拓展到精神层面，产品的文化内涵便是最好的内容。文化的内涵可以非常广泛，有传统文化，也有时尚文化，消费者对文化的需求自然也是多种多样。据统计，德国生产的各类工业产品，消费者普遍感到满意，这是其传统精工制造文化的影响。一些家居品牌产品所独有的简约特征，便是其品牌深刻影响世界的核心原因。

## 二、鲁作家具特征及品牌文化内涵

### （一）鲁作家具的界定与特征

“鲁”为山东，“作”为制作，“鲁作”意为山东制作，是明清时期形成的一个家具流派。中国家具发展文化渊源深厚、历史悠久，到明清时期达到兴盛，逐渐形成了京作、苏作、广作、晋作、仙作等流派，其中以京作、苏作、广作三大流派影响力较大。鲁作是融合了京作和苏作特长的一个流派，其影响力虽然不如其他三大流派，但受山东独特的地域优势和儒学文化影响，也形成了自己独特的风格。[②] 鲁作家具的工艺和艺术风格上分别融合了苏作、广作、京作和晋作，鲁作家具的整体造型较为拙朴厚重，用材上主要以柳木、杨木、榆木、核桃木以及柏木等北方常见木材为主。

1. 鲁作家具的选材

鲁作家具的木质大多是北方盛产的柳木、杨木、榆木、核桃木以及柏木等木材。其中，榆木是山东家具重点选用的材料，榆木质地非常坚硬，木材稳定性好，纹理也

---

① 参见卢晓梦、薛坤、牛广霞：《山东家具产业协同创新模式研究》，《家具》2017 年第 2 期。

② 参见刘振川：《鲁作民间家具的流变研究》，青岛科技大学硕士学位论文，2012 年。

很独特，使用榆木制作的家具粗犷、古朴、岁月感强，其肌理既有写意山水的豪放，又有工笔绘画的细腻。鲁作榆木家具的用料也较足，雕梁画栋。①

2. 鲁作家具的品格

家具体现的是木品，鲁作家具体现更多的是山东的人品，即是在儒家文化仁、义、礼、智、信等观念深深影响之下，所形成的憨厚、直爽、朴实、忠诚等品格。鲁作家具外表平素简洁，内部的结构却细致入微，多以复杂的榫卯结构精细连接组合，一榫一卯都透露出匠人的无限智慧，一切如同山东人稳重内敛的性格。鲁作家具多使用简洁的线条表达，对雕刻和装饰不刻意强调，并且在结构处理上着重表达。明清家具收藏研究专家王世襄先生评价明式家具有“十六品”，其中简练、淳朴、厚拙“三品”便是鲁作家具的核心品格。山东青岛的鲁作家具博物馆于 2017 年从嘉德春拍上得到一款明末清初的架子床（如图 1 所示）。此床造型为典型的“四面平”式，线条快利平直，不加任何雕饰。用料粗犷大气，均以整块榆木直角整挖，板材皆为独板，两边皆以榫卯连接，稳固完整。从用料、结构上，体现了当时的人们追求朴实平淡的生活面貌和生活态度。

3. 鲁作家具的制作工艺

木工祖师鲁班在建筑构造中首先使用榫卯技艺，使中国建筑得以经久不衰，成为经典。后人在其基础上不断创新拓展，在家具中大量使用榫卯工艺作为基本的构件连接方式，使每一件家具产品都成为符合力学原理、方便拆装、经久耐用的工艺品，也具备了建筑学的体系结构。明清以后的鲁作家具，依旧传承了传统榫卯工艺的优秀品质，在制作过程中尽量减少使用胶、钉等方法，让家具始终保持其淳朴自然和充满生命力（如图 2 所示）。

图 1　榆木四腿架子床

图 2　鲁作黄柏脚儿

4. 鲁作家具的装饰与造型语言

鲁作家具既具有京作家具的粗犷典雅，又具备苏作家具的温婉柔情。其大多以方

① 参见黄金鑫、朱晓东、尹西竹等：《浑厚质朴内敛中庸：鲁作家具的艺术价值》，《设计艺术研究》2015 年第 3 期。

中带圆、圆中带方的基本线条为主，配以温雅又不失刚劲的传统纹样，纹样大部分以蝠纹、回纹为主，少量使用福、双喜等文字作为装饰元素。同时，鲁作家具充分与山东地域的传统手工技艺的组合，如在木质中嵌入银质配饰①，使用黄铜作为提环、合页以及饰件。鲁作家具还充分与地域的藤、草、竹等材料结合，寻求一种由特殊的材料带来的装饰风格（如图 3 所示）。

方正、内敛、不张扬，是鲁作家具的典型造型特征，这种内敛又不是全封闭式的，其还注重空间的延伸，通过木料造型的曲折回旋和出头，给人们带来视觉上的空间延伸，让家具更好地融入周围空间，给人带来舒展而不蜷缩、动态又不失平衡感的精神享受（如图 4 所示）。②

图 3　藤面官帽椅

图 4　四出头官帽椅

（二）鲁作品牌的文化内涵

1. 儒学之天人合一

儒学思想重视天人合一，把人与自然的关系比作一个整体，人的精神与自然万物相融相合，自然与人相互依存、相互促进。《论语·阳货》说："天何言哉？四时行焉，百物生焉。"这讲述天的运行是自然的一种表现，自然界中的万物出生、成长也是自然而然的。因此，大自然是一个和谐整体。在这种思想影响下的鲁作品牌，也将人的需求和自然万物作为一个整体，围绕融合、和谐、依存，从家具的造型、选材、加工工艺等多方面进行表达。

鲁作家具尊重自然，主要选用本地较为丰富的榆木、核桃木、榉木等木材。鲁作家具惜"材"如金，使用木料常常少之又少，不向自然无限度地索取。根据木材的自然属性，采用榫卯的组合方法和保留木材的天然纹理，尊重木料淳厚、质朴的禀性（如图 5 所示）。③

---

① 参见纪燕：《潍坊红木嵌银漆器工艺表现蕴含探析》，《装饰》2014 年第 2 期。

② 参见王世襄：《明式家具研究》，三联书店 2008 年版。

③ 参见许美琪：《中国当代家具文化的重建及其价值目标》，《家具》2018 年第 1 期。

2. 儒学之中庸之道

中庸之道是儒学文化思想的人性论道德观，《论语·庸也》："中庸之为德也，其至矣乎。"中庸的内涵，实际上是指不偏袒、不偏激，保持折中调和的一种态度。既表现在为人处事方面，又表现在具体的事物上。中是指适宜、合适、恰好，即在一定的规矩、标准制约下的最佳状态。鲁作家具追求的是一种"实用"境界，既不张扬又不拖沓。鲁作家具融合了苏作家具的秀气，吸收了京作家具的雍容，弱化了两者的夸张过度之处，造型上重视结构线条、轻视雕饰，形成了含蓄的独特风韵，所制作的家具大都线条简洁、结构细致。这都是中庸之道的外在表达（如图6所示）。

图5　核桃木椅

图6　四面平桌

3. 独特的地域文化

山东为齐鲁旧地，山东的地域文化是齐文化和鲁文化的结合，经过历史不断的积累沉淀，山东的地域文化内涵日渐丰富，逐渐具有了多元性、开放性、务实性和含蓄知礼、崇尚气节等有理有节不张扬的重要特征。无论是文化内涵的数量，还是文化内涵的种类都已经初步形成较为完整的体系（如表1所示）。①

表1　山东地域文化类别及相对应的鲁作品牌文化内涵

| 文化类别 | 相对应的鲁作品牌文化内涵 |
|---|---|
| 泰山文化 | 尊贵、气节、刚健自强、责任 |
| 黄河文化 | 开拓、坚韧、博爱 |
| 海洋文化 | 包容、开放、博纳 |
| 运河文化 | 交流、共赢、传承 |

① 参见杨慧全、郭琼：《区域文化对中国古典家具设计的影响》，《包装工程》2014年第4期。

续表

| 文化类别 | | 相对应的鲁作品牌文化内涵 |
|---|---|---|
| 儒学文化 | 孔孟文化 | 仁、义、礼、智、信、万世师表、天人合一、中庸 |
| | 水浒文化 | 义、忠、孝、粗犷、豪气、合作、团结 |
| | 沂蒙文化 | 忠诚、奉献、大无畏 |

## 三、建设鲁作品牌内涵与外延，提升山东家具文化附加值

随着经济发展和时代变化，大众的消费观念正在由传统的消费观念向战略性、共享型转变，这种消费观念成为影响经济发展的重要因素。消费者对品牌的要求，已经从产品的单一的质量高低向多维度的品牌体验转变。产品给消费者带来的体验附加值，成为选择产品的另一个重要指标。

山东家具产业的发展，要通过提升鲁作家具的品牌附加值来实现，鲁作家具品牌附加值的提升需要从品牌的内涵建设、外延建设、消费者定位研究、传统手工技艺传承与创新等多方面进行。

### （一）鲁作家具品牌的内涵建设

1. 儒学文化内涵是鲁作家具品牌的核心

鲁作家具品牌未能很好地形成和发展，不仅是因为重视程度不够，也因为没有形成自己的特色和优势。发展鲁作品牌的内涵建设，首先就要提高重视度，从时代发展角度凝练鲁作品牌的特色和文化，打造自己独特的优势。从家具产品的质量、设计、用户体验等多维度进行，将儒学文化的天人合一、中庸之道以及新时期齐鲁文化的精神内涵融入其中，打造山东地域的鲁作大品牌文化，并在此基础上形成具有典型特征的企业小品牌文化。如此，才能使鲁作家具品牌的内涵与儒学文化、地域文化等相同，给人带来的是一种信任、一种责任、一种象征、一种文化和一种体验。

2. 历史故事是鲁作家具品牌的纵向脉络

家具产品是一个国家、民族、家族的重要故事载体。加强鲁作家具品牌文化的内涵建设，需要深度挖掘与家具有关的历史故事，即能够通过鲁作家具品牌发展过程中较有意义的典型事件、典型人物，讲述品牌的发展历史和变化转折。齐鲁大地历史文化悠久，各个时期的圣贤精英等优秀人物故事层出不穷，围绕家具这一具有“食”“坐”“供奉”等基本功能的特殊器具，展现了历代人民的信仰、风俗和习惯，这些内容都足以将鲁作家具品牌的内涵有效提升，从而加强消费者对鲁作家具品牌的高度认知，强化消费者对鲁作品牌的精神满足和价值观的认同。

3. 传统手工技艺是鲁作家具品牌的重要表征

加强鲁作家具品牌文化内涵，还需要重视传统技艺的传承和创新，家具承载了数千

年人类发展史的物质载体，凝结积累了历代匠人的丰富经验。家具制作中的榫卯工艺、编织工艺、金属锻造工艺等都是体现品牌文化内涵的重要内容，既要得到有效传承，又要在满足用户需求的基础上不断创新。同时，具有典型山东特征的陶瓷工艺、草柳编工艺等形式要充分融入家具当中，增加家具中手工技艺的文化感知点。类似潍坊嵌银家具的制作工艺就是将编织工艺、金属锻造工艺融入家具制作的典型代表；山东淄博的藤木家具则是将藤、木两种材料结合，采用藤编工艺制作而成的较具特色的家具产品。

（二）鲁作品牌的外延建设

1. 建立鲁作品牌建设与推广的系统架构

鲁作品牌建设要通过政府主导、协会主管、企业主抓的层级制度来实施，共同建立鲁作家具品牌名录和评价录入体系，建设鲁作家具行业标准和职业规范，提升鲁作品牌家具的质量。同时，要围绕鲁作品牌推广开展知名度管理、口碑管理、市场推广等工作。

山东家具协会已经牵头建立了山东家具学会定制家居专业委员会、山东家具协会鲁派家具品牌联盟等组织机构，虽然已将省内知名家具生产制造企业纳入其中，但还缺少高等院校、设计企业、研究机构的力量支撑，在品牌建设方面还存在一定的不足。打造用户与市场研究、品牌建设、创新设计和生产制造多维度的品牌建设机制迫在眉睫。

2. 数字化的品牌管理与用户建设

数字时代现状下，目标消费人群越来越精细化，人群达到微分，个性化品牌体验的价值越来越凸显。新的一代消费群体，其购买家具产品的习惯有较大的变化，因此要依托“互联网＋”在“文化＋”语境下创新，依托大数据、云处理的“互联网＋”产业模式，在“文化＋”的消费模式语境下，充分发挥信息时代的优势，将传统手工技艺生产与互联网密切结合，创新生活方式，引领大众消费。

要通过互联网络进行大规模定制等方法，满足消费者不同层次的功能需求。据近期腾讯家具、腾讯数据实验室和暨南大学生活方式研究院的一项数据统计，有51.26％的消费者选择部分个性化定制，25.57％的消费者选择全屋定制，仅有15.3％的消费者选择成品家具。数据分析显示，消费者对传统的成品家具缺少兴趣，而更多地倾向于定制化产品。

品牌是顾客与产品制造之间的利益相关关系，品牌既是一种口碑，也是一种体验。鲁作家具品牌要基于消费者新时期的消费观念，开展品牌的定位与研究，围绕用户的品牌体验和产品体验，打造品牌消费的意见领袖和用户群体。要创造更多的用户体验，贯穿到产品的定制、设计和生产等全过程，创造更多的服务设计内容，使消费者不仅能得到产品功能上的满足，而且还能在过程中得到愉悦和自信。

山东家具产业的发展需要在传承鲁作品牌的基础上，不断加强设计创新，注重家居产品的文化内涵凝聚和外延建设，要将历史积淀的优秀文化内涵兼容并蓄，并不断创新外延内容，拓展外延范围，才能够提升山东家具的文化附加值，并推动山东家具产业的发展壮大。

# 高职院校工匠精神培养路径研究

## ——以山东交通职业学院为例*

赵 静 王海燕 葛续华**

**摘 要** 高职院校工匠精神培育是一项系统性工程，需要全方位、多渠道共同发力。要做好这项工作，需要构建以工匠精神为内核的文化育人机制，坚持专业知识与行业文化、职业技能与职业精神双融合，积极打造工匠精神培育的多维课堂、深入挖掘行业文化育人资源。

**关键词** 高职院校 工匠精神 路径

2017年9月，中共中央办公厅、国务院办公厅印发的《关于深化教育体制机制改革的意见》指出，强调职业教育"要健全德技并修、工学结合的育人机制。坚持以就业为导向，着力培养学生的工匠精神、职业道德、职业技能和就业创业能力"。大力探索文化育人的基本规律，挖掘并发挥文化育人的最大功效，通过文化的传承与创新、碰撞与交融以化解人的文化身份焦虑，提升社会整体的文明化水平。高职院校应紧密结合《教育部关于深化职业教育教学改革全面提高人才培养质量的若干意见》，将工匠精神与人才培养相结合，引导高职教育主动对接"中国制造2025"，全方位、多层次地创新高职人才培养研究，为我国经济社会发展创造更大的人才红利。从新的产业形态看，工匠精神是推进供给侧结构性改革、实现从制造大国向制造强国转变的重要推手，也是提高全民就业创业能力、实现全面发展的重要动力，是引导立足本职岗位劳动创造、切实提升技术技能素质、不断发展工人阶级先进性的有力抓手。要充分发挥校园文化对职业精神养成的独特作用，倡导"劳动光荣、技能宝贵、创造伟大"的时代风尚，促进优秀产业文化、企业文化和职业文化进校园、进课堂，强化培养学生的职业

---

* 本文系山东省高等教育人才研究会2017年度课题"高职院校工匠精神人才培育研究与实践"（RK17-12）结项成果。

** **作者简介**：赵静（1980～ ），黑龙江宝清人，山东交通职业学院副教授，研究方向为思想政治教育；王海燕（1979～ ），辽宁锦州人，山东交通职业学院讲师，研究方向为思想政治教育；葛续华（1978～ ），山东费县人，山东交通职业学院副教授，研究方向为思想政治教育。

理想与职业精神；坚持以文化人、以文育人，要用中华优秀传统文化、革命文化和社会主义先进文化为师生“树魂，立根，打底色”。高校必须运用好这三大文化资源，使之有机融入课程、活动和校园环境中，融入师生日常生活中。

## 一、构建以工匠精神为内核的文化育人机制

从广义上讲，工匠精神涵盖各行各业，是对从业者提出的普遍要求，折射出人们对待职业精益求精的态度，同时也影响着人们职业能力的高低。作为交通行业类高职院校，山东交通职业学院肩负着为我国交通行业产业培养能够胜任一线工作技术技能人才的使命。其人才培养质量的高低，反过来也影响着学校的发展。因此，交通行业类高职院校在育人过程中，着力融入工匠精神的培养，需从工匠文化建设、工匠能力培养等方面多管齐下，同时要借助其行业属性和特色，做优做强品牌文化，让学生在校内历练成才。

山东交通职业学院始建于1973年，2002年经山东省人民政府批准成立全日制普通高等职业院校，实行山东省交通运输厅与山东省教育厅双重领导、以山东省交通运输厅为主的管理体制。40多年来，坚持“立足交通行业，服务区域经济，紧密融合企业，培养技术技能人才”的办学定位和“校企融通，全程合作”的办学模式，不断加强内涵建设，提高教育教学质量，办学水平显著提高，综合实力大大增强，走在了山东省高职院校的前列。通过深入挖掘办学历史和办学特色，弘扬“艰苦创业、无私奉献、勇于创新、精益求精”的“马棚办学”精神，深度凝练“一训三风”。系统培育以交通文化为内核的“大道”文化特色品牌，发挥文化育人功能，培育学生的职业精神和价值认同，培养学生的自我发展能力，提高学生的综合素质。以学校优质高等职业院校人才培养模式重构为契机，依托交通行业产业文化和文化成果资源，围绕立德树人，培养具有工匠精神的高素质交通运输技术技能人才的目标，对交通运输的汽车、道桥、物流、航海等主干专业，进行广泛的专业调研，明确专业知识、能力、素质规格要求和培养目标，开发并形成具有“德技兼修、工学结合”特色的人才培养方案。学院与企业共同研究制定人才培养方案，以企业用人需求与岗位资格标准为服务目标，共同制定专业教学标准、课程标准，共同开发岗位技能课程与教材，把企业精神、企业文化和岗位对员工的能力素质要求融入其中，赋予了交通职业院校技术技能型人才培养新的目标内涵，使教育教学全过程极具人文性、价值性和思想性，助力学生持续成长，实现职业生涯优质发展。

将素质教育渗透到专业教育教学的全过程，与专业知识的传授及专业技术技能训练紧密结合。在专业课程设计和教学实施过程中，将行业企业文化融入教学全过程，使学生接受行业企业文化的熏陶，树立良好的职业道德和敬业精神，提高职业素养和履行职业岗位职责的能力。在学习和实训中加强团队合作、职业沟通、解决问题等能力的训练，实现由“校园人”向“职业人”的转变。

## 二、坚持专业知识与行业文化、职业技能与职业精神的双融合

2014年，教育部财政部出台了《关于建立完善以改革和绩效为导向的生均拨款制度加快发展现代高等职业教育的意见》（财教〔2014〕352号），明确提出“从2014年起，教育部每年从优化专业结构、深化校企合作、加快教学改革与产业转型升级衔接、加强双师型教师队伍建设、鼓励社会力量兴办高职教育、提升高职院校社会服务能力等方面，对各地推进高职院校改革的进展情况进行监测”。从而以此为依据，建立完善以改革和绩效为导向的生均拨款制度。显然，教学改革已经成为高职院校经费来源的重要考量。在此背景下，如何提升专业内涵建设尤为关键。文件中特别强调“加快教学改革与产业转型升级衔接”。不难发现，专业“内涵”建设中的内涵应该是内外兼修，意味着专业内涵不是封闭于学校内部，而是外接产业，与产业市场密切相关。由此可见，专业内涵建设不仅是该专业学生的知识技能体系的建构，还是产业所在的行业领域内职业者的全面发展体系的建构。专业内涵建设过程，应该是专业知识技能构建和行业文化传承创新的过程。高职院校专业内涵建设，重在契合行业特征，适应行业要求，并能在此基础上形成自身的专业特色，使学生在学习的过程中受到专业核心价值与行业文化的熏陶，进而达到专业学习与职业人格养成相协调、专业人才培养与行业文化传承创新相促进的目的。

将专业教育与行业文化融合，职业技能培养与职业精神养成相融合。职业教育与经济发展密不可分，这就决定了高职院校应根据社会发展和产业需求设置专业、安排课程，并按照工作过程系统化的理念和方法构建专业课堂教学模式，形成对学生知识、技能与职业素养的综合培养，解决了人才培养方向与经济社会需求脱节的问题。在以工匠精神为导向的课程观引导下，让学生认识到课堂学习的重要性，从而自觉配合教师的课堂教学活动。专业课堂教学是进行工匠精神教育的主阵地，专业课堂教学需要在工匠精神引领下不断研究、行动、评价和反思，教学内容要主动对接最新的职业标准、行业标准和岗位规范，通过深化专业课堂教学改革，精心设计教学环节和教学策略，充分发挥学生的主体作用，激发学生的学习兴趣与积极性，在活跃的课堂气氛中全面渗透工匠精神，加深高职学生对工匠精神内涵的理解，使学生的专业知识和职业精神高度融合。

以物流管理专业为例，一是将专业教育与行业文化融合。实行“校内学习—工学交替—企业学徒”的教学组织模式，建立起校企“双主体、双身份、双导师、双管理、双考核”的现代学徒制一体化育人机制，为学生锤炼工匠之技和校企协同发展提供了坚实保障。探索文化交融机制，企业文化进校园，在学生管理、教学、实习实训中引入企业管理制度，使学生较早融入企业、认同企业，切实体会“安全、成本、效率、质量”的物流行业文化，培养学生职业素养。设计融入行业文化的素质教育课程体系，优化素质教育必修课及选修课，从思想政治素质、身心素质、科学文化素质及职业素

质四个方面对学生进行素质培养；物流行业文化融入学生的职业素质培养全过程，培育学生的专业特质，培养学生的正确的价值观、人生观和良好的职业道德。

二是将职业技能培养与职业精神养成相融合。发挥人文学科的独特育人优势，注重学生文化素质、科学素养、综合职业能力和可持续发展能力培养。坚持知识、技能和职业素养的统一，将人文素质教育纳入人才培养全过程。在教学设计中，结合行业标准和岗位任职要求，通过课外实践活动提高学生的职业技能和职业素养，培育学生的工匠精神；举办校内职业技能大赛，锻炼学生的团队协作精神，培养学生的职业素养；开展“企业文化体验”活动，利用专业认知教育、阶段实训等活动，带领学生到企业去，参与到企业的生产活动中去，切身体会“安全、成本、效率、质量”的物流行业文化，培育学生的专业特质。构建了“课内课外、双线并行”的素质教育课程体系和“123”创新创业教育体系，人才培养质量显著提高。2017 年，经第三方评价，物流管理专业毕业生平均起薪超出国内同类院校的 15%，就业率超出同类院校的 5.6%，工作与专业相关度超出同类院校的 6%。学生获全国技能大赛一等奖 4 项、二等奖 2 项、三等奖 1 项；获省技能大赛一等奖 8 项、二等奖 3 项、三等奖 4 项；获省部级创新创业大赛一等奖 7 项、二等奖 8 项、三等奖 8 项。

## 三、打造工匠精神培育多维课堂

1. 制定第一课堂教学案例

通过第一课堂，加强对学生工匠精神的培育，用工匠精神引导学生静心学习，刻苦钻研、开拓创新、精益求精。加强教师的匠心文化建设，从现行高校管理体制来看，思政课教师与专业课教师分属不同的部门和学院，各自有独立的工作机制和管理体制，横向和纵向交叉比较少，很难形成有效的沟通。山东交通职业学院选取了优质校重点建设的汽车、道桥、物流、航海、机械五大主干专业，由分管教学的副校长牵头，思政课教师和五大主干专业的教研室主任开展座谈，在思想上达成思政课和专业课深度融合的共识，并制定了教学案例共享实施方案。

首先，将思政课教材和课程标准发给专业教研室主任，针对思政课每一章节的教学任务和教学目标提供专业的案例。如《思想道德修养与法律基础》中“坚定理想信念”章节，道桥专业提供了港珠澳大桥钳工管延安、北京地铁项目总工程师薛洪松、川藏铁路爆破师彭祥华、沪通长江大桥总设计师高宗余的案例；航海专业提供了航海家翟默、“全国十佳海员”杨贺祥、马少利“我要让肩上的钢枪发出金色的光芒”的案例；机械专业提供了宁允展“高铁上的中国精度”、孟剑锋“匠人精神制国礼”、张冬伟“80 后造船工匠”、胡双钱“精益求精　匠心筑梦”等案例。思政课教师利用这些具有专业特色和代表性的案例分别针对不同专业更新授课内容，制作了专属各个专业的教学资源，授课效果明显好于所有专业使用同一案例的授课效果。通过调查，90%以上的学生非常认可将思政课的有关思想和要求与自身所学专业结合，表现出较大的兴趣和期待。

其次，实现思政课和专业课教学同步推进。专业课教师了解思政课教学内容和进度，在课堂教学中可以针对专业教学的内容穿插思想政治方面的引导，可以从专业课的角度分析讲解同一案例，和思政课教育形成强大的教育合力。只有这样，职业教育方能实现“以德为重，以技为长”。为保证学生在轮岗实习和企业实习期间思想政治教育不断线，通过思政课教师和专业课教师对接，在专业课教师带学生轮岗实习或企业实习期间，思政课教师要拿出一定时间一同深入行业和企业一线，并且联合企业师傅，一起组织思政课现场教学。例如，公路检测技术专业教师带学生到山东高速公路集团济青改扩建项目轮岗实习，对接公路专业的思政课教师也一同来到施工现场，将思政课堂搬进项目工地，思政教师开展学习建设港珠澳大桥钳工管延安、总工程师林鸣的事迹学习活动；专业课教师讲授科学检测、实事求是等职业素养；企业师傅对学生养成正确职业素养提出具体要求。思政课教师、专业课教师和企业师傅一起在工地上给学生上一堂生动的思政课。这种教学方式离开了传统的课堂，思政课教师运用更加贴近专业的案例，在施工工地现场教学，更好地引起学生的共鸣和认同。同时，通过座谈的方式倾听同学的实习感悟，获得了更多鲜活的案例。在谈到实习体会时，学生们表示到了工地后，学到做人做事都要严谨，尤其是在工作上，来不得半点马虎和懈怠。有同学因为马虎，把数据写错了，多了一个零，结果一组数据都出了问题，多亏企业师傅及时发现，才没有影响之后的检测结果。这样活生生的案例，如果不来到企业现场教学，是很难在课堂上学到的。思政课堂不一定拘泥于校内或教室中，可以因时因地转换空间，思政课教师、专业课教师和企业师傅三元融合，理论与实践融为一体，创新方法、现场教学，取得良好效果。思政课教师通过积极参与顶岗锻炼，深入行业一线、企业车间，汲取优秀企业文化中工匠精神和企业家精神营养，将优秀的企业文化和能工巧匠的案例用于思政课教学中，将道德的力量和工匠精神融合起来。

2. 开展第二课堂校园文化建设

通过第二课堂，开展大国工匠和劳模精神进校园活动。在校园文化建设上，广泛弘扬工匠精神和劳模精神。当今世界已迎来“工业 4.0”的黄金时代，工匠精神是社会文明的重要组成部分，要实现中国制造业转型升级、赶超西方发达制造业大国，就必须建立以工匠精神为支撑的文化体系。文化育人是创新高职人才培养模式的柔性举措，高职教育要与“中国制造 2025”对接，就必须把工匠精神作为高职教育的内在追求，营造让工匠精神得以健康生长的良好的人文生态环境，提升高职院校文化底蕴和校园文化建设内涵，切实发挥文化育人作用。例如，高职院校可通过相关的主题演讲、班会、竞赛、黑板报、广播站等校园文化活动和载体加强工匠精神养成教育，使工匠精神得到广泛传播与弘扬。工匠精神是推动企业发展的重要精神力量。参与高职院校学生工匠精神培育，既有利于学生的成长，也有利企业深化对工匠精神的认识，有利于企业培育工匠精神。所谓“教学相长”，为了将学生教育培养好，参与高职学生培育的企业工匠们需要进一步提升自己的技能，进一步深化自身的理论水平，因此也将促进企业工匠持续学习与提升自身，有利于企业进一步营造重视能工巧匠、培育能工巧匠的氛围，从而培育出数量可观的优秀工匠甚至“大国工匠”，汇聚企业基业长青的不竭动力。行业领军企业往往有着培育高职学生工匠精神的动力，企业名师、能工巧匠以各种形式参与高职人才培养，并在参与高职人才培养过程中悉心传授工匠精神。企业名师与能工巧匠具有扎实的专业技术基础与职业技能，具备良好的工匠精神和职业素质，掌握较丰富的专业培育方法与技巧，能够帮助学生更好地掌握各种职业技能、潜移默化地进行职业精神熏陶，更有利于学生成才。行业领军企业名师、能工巧匠参与高职院校学生工匠精神培育的形式可以灵活多样，主要有以下三个方面：一是名师、能工巧匠参与高职院校的专业建设、课程建设、课题与科研工作。二是鼓励企业名师、能工巧匠到学校任兼职教师；开展各种讲座，充分发挥他们技艺精湛特点，通过教学与指导，以精湛技艺传授为载体，让学生感知工匠精神。三是引导学生拜企业名师、能工巧匠为师，到企业跟随名师学习。企业名师、能工巧匠往往是企业技术骨干，学生可以跟随老师在工作中学习技艺，感受工匠精神。同时，通过开展能够展示工匠精神的比赛活动，激励学生工匠精神的实践和养成。

3. 在社会和企业课堂中加强实践锻炼

通过社会和企业课堂，在学校的引导下利用寒暑假、课余时间进行实践活动。如通过适当的兼职、“三下乡”或者社会考察、志愿者服务，学习职业技能，培养个人素质；大三学生与企业结对子、顶岗实习，进行专业实践锻炼，在实践中培养敬业、踏实、严谨、创新、专注、拼搏的工匠精神和职业操守。通过对轮岗实习学生的访谈，了解到学生非常认同到企业参加实训实践活动。如 2017 级土木工程检测技术专业的梁同学认为，通过到企业锻炼，感到“做人做事要严谨，要按照规章制度，不能天马行空。要有规划，而且要坚持执行”。徐同学说：“我们将来是向技术型发展，在学校学习的大多是理论方面，来到项目基地，可以亲手试一试，加深了印象，对材料、规格也更加熟悉，能学到很多东西。”陈同学说：“能更快、更深入地了解工地上发生的事，对自己未来就业充满期待，在校内也实训过，但两周的时间太短，大多是走马观花，来到工地后能够更深入地了解，而且知道做人做事都要严谨，不能记错数据。”赵同学说：“学校的老师每天都来指导，工地的师傅都是手把手地教，而且一个师傅就带几个徒弟，不像在学校里，一个指导老师带一个班的学生，在学校里上课上不下去，有的同学还逃课、玩手机。这次在工地上学到了很多东西。有一次因为马虎把数据写错了，多了一个零，导致一组数据都错了，受到师傅严厉的批评，自己也长了记性。在实习中，自己深刻地体会到了工匠精神就是要精益求精。”学生对职业素养的认识也将是从整体上进行认识，从整体上感受企业文化、环境、员工的精神状态等。在轮岗与顶岗实习阶段，学生将从具体细节方面直接接触企业文化，在具体的工作中感受与学习职业素养。例如，对于生产制造企业来说，从学生到员工的转变过程，实现身份的转变只是一个表面的，实质上是要实现思维、行动的转变。如对于质量的要求方面，在学校实习实训时生产加工一个零件，通常会根据学生完成作品的正确项进行评价，如一个产品有多项尺寸、形状等方面的要求，学生完成了其中的部分要求，则相应给分。然而，在企业实际生产中大多并不是这样要求的，一个有多项技术要求的产品只有当所有技术要求都达到要求时，产品才是合格的，即多项单独的技术要求构成了产品技术要求的整体，只要其中的某一项及以上技术要求不能满足，则这个产品就是个次品或不合格品，而在学校训练时，是将产品的技术要求进行了分割与独立，实际与零件使用过程中是不能分割的。

## 四、深入挖掘行业文化育人资源

习近平同志在系列重要讲话中指出："一个国家、一个民族的强盛，总是以文化兴盛为支撑的，中华民族伟大复兴需要以中华文化发展繁荣为条件。"① 作为高职生，他们将在高职院校中生活和学习3年的时光，在此期间不仅要学习理论知识和提升技术技能，还将不可避免地受到文化环境的影响。高等职业院校作为我国最直接、最密切的人才培养学校之一，其大多数学生毕业后将走入社会，走进生产、建设、服务、管理等一线工作岗位。高职毕业生要适应新常态下经济与社会发展的需要，不仅要具备较强的专业理论知识和专业技术技能，还要求具备过硬的道德素质和职业素养，只有这样才能在市场经济的浪潮中守得住、有传承、敢创新。在实际教育过程中，将工匠精神融入思想政治教育，要在加强专业技能培养的基础上，强化学生的职业精神、职业态度以及职业素养的培育，让学生在未来的职场中具备工匠精神，实现做人与做事、技术素质与非技术素质有机统一，确保学生用认真、敬业和执着的精神作为自身的人生追求，进而更好地促使高职学生步入社会，适应社会，成长成才。在融人文素养、职业精神、职业技能为一体的育人文化机制初步形成的基础上，建设思政课教学平台，建设课内与课外相结合、理论与实践相结合、线上与线下相结合、校内校外相结合的四种资源。

首先，大力推进工匠精神活动进校园、进课堂活动，帮助学生树立崇高的职业理想和良好的职业道德。通过营造积极肯干、努力踏实、尊重劳动、尊重人才的校园氛围，提高学生对社会责任感的担当意识，提升高等职业学院校园文化的软实力。通过开创多样化的创新创业课程，开发学生动手能力和创新意识。开展创新知识讲座活动，邀请知名的成功创业者或企业家来校分享创业经验。在校园中营造出创新创业的氛围，鼓励学生追求创新；通过校企合作模式，企业与高职院校积极配合，将行业发展动态、创新点等内容与学生分享，广泛开展科技服务、相关比赛活动。同时，还可以根据高职院校和企业自身的实际情况，建立创新创业基地，为学生提供更多的实践机会。实施的"创新创业"工程，就是通过建设大学生创业孵化基地和大学生悦创空间，引进

① 转引自赵明仁、肖云：《民族伟大复兴要以中华文化发展繁荣为条件》，《光明日报》2013年12月4日。

校外实体企业驻校对学生进行创业技能培训，培养学生的创新意识。

其次，坚持理论与实践相结合。加强思政理论课与专业课教师合作，创新人才培养方案，发挥思政课教学理论层面的内容拓展和实践层面的价值导引功效，让学生在认知、践行、提升专业技能过程中，体悟“实践情境的再现与学生参与的实践活动的进行是职业教育教学不可或缺的关键因素和环节”，内化马克思主义中国化的意识形态，践行大国工匠精神。

再次，做好传统阵地与互联网阵地的融合。“互联网＋”是促进制造业转型升级的重要方式。在课程设置上要满足“互联网＋”行动计划对各专业的需要，既要熟悉互联网技术、物联网技术、3D打印技术，还要加强在创新驱动理念引领下对绿色制造技能型人才的培养。随着大数据时代的到来，从当前经济发展的大背景来看，课程建设要更加多元化和人性化，例如，慕课和微课的多资源精品课程的学习等，从而助力职业教育信息化的均衡发展。因此，在“互联网＋”新业态背景下，将职业教育培养的技能型人才工匠精神融入国家“互联网＋”行动计划，依托互联网平台，顺应信息技术的发展，以国家产业结构调整和经济发展方式转变为导向，以增强职业院校课程吸引力为出发点，以调动技能型人才的学习主动性为切入点，以提高职业院校课程教学效果为落脚点，设置适应“互联网＋”业态的课程模式，为技能型人才工匠精神的培养提供广阔的交互式教育学习平台。拓宽多元文化交融路径，提升学校“大道文化”的辐射能力；线上借助智能校园建设，实现同思政教育、心理健康教育、校园服务等多面融合，发挥“互联网＋”对文化传播的支撑作用，建设“大道文化”网站，实现微信群矩阵分布，丰富文化的解读与诠释，提升网络文化育人效果。

最后，坚持校内与校外相结合。高职院校主动在企业、实训基地、社区加强交通文化的融入，在明确职业院校和企业双主体的基础上，企业要建设支撑工匠精神的管理文化，让技能型人才不仅在学校中进行理论学习，还要在企业实体环境中亲身感受。比如，企业的管理文化就是要有自己的做事标准和行为方式。企业秉承精益求精、消费者至上的工匠精神文化价值理念，才有可能最大限度地提高企业的生命力，实现企业的核心价值和目标。企业的核心因素是人，企业文化中工匠精神的融入，有利于凝聚形成员工和企业共同的价值观，促进企业长久发展，也有利于技能型人才工匠精神的养成和职业生涯的发展。同时，企业对技能型人才工匠精神的培养不仅要在这种企业文化的氛围中熏陶，还要在现实情景中进行实践教育。通过搭建“校中企”“企中校”“校外企”“企外校”等合作平台，校企双方实现资源共享，互通有无，让学生在学习和实践中感受真实的企业环境和氛围，有利于学生从思想、行为、意识等方面与企业文化要求接轨，从而毕业后尽快适应从学生到员工的转变。打造集校园文化、企业文化于一体的特色文化，培育社会主义核心价值观，引领学生成长成才成功。整合资源、创新载体、搭建平台，不断探索育人规律。